建築学テキスト

ARCHITECTURAL TEXT

Mechanics of Building Structures I

建築構造力学 I

静定構造力学を学ぶ

坂田弘安
Sakata Hiroyasu

島﨑和司
Shimazaki Kazushi

学芸出版社

シリーズ刊行の趣旨

「建築学」は自然との共生を前提としたうえで，将来にわたって存続可能な建築物を設計するための指針を与えるものだと考える．また言うまでもなく，建築物は人間のためのものであり，人間は〈自然〉のなかで生きる動物であるとともに，自らが作りだす〈社会〉のなかで生きる動物でもある．このような観点から，現時点で「建築学」を〈自然〉・〈人間〉・〈社会〉の視点からとらえ直し，その構成を考えることは意義があると考える．

以上のような考えに立って「建築学」の構成をとらえ直すにあたり，従来行なわれてきた〈計画系〉と〈構造系〉という枠組みで「建築学」をとらえることをやめる．そして，建築物を利用する主体である〈人間〉を中心に据え，建築物や人間がそのなかにある〈自然〉および人間が生きていくなかで必然として生みだし，否応なく建築物や人間に影響を及ぼす〈社会〉を考える．

そこで，「建築学」を構成する科目を大きく〈人間系〉・〈自然系〉・〈社会系〉の枠組みでとらえるとともに，〈導入〉や〈総合〉を目的とした科目を設定する．さらに，「建築学」はよりよい建築物の設計法を学ぶことを目的とするとの考えから，これまで「建築計画学」における「各論」でまとめて扱われることが多かった各種建築物の設計法を，建築物の種別ごとに独立させることによってその内容を充実させた．

なお，初学者が設計法を身につける際には，その理解のための「叩き台」となるものを示すことが有効であると考えた．そこで，各種建築物の設計法に関するテキストには実在する建築物の企画段階から完成に至るまでの設計過程を示すことにした．さらに，学習の便を図るとともに，正しい知識を身につけるための関連事項や実例を充実させることにも留意した．

〈建築学テキスト〉編集委員会

まえがき

　構造力学は，外力が作用したときの建築構造物の挙動を知る上で必要不可欠であるが，建築学を学習するなかで苦手としている人も多い分野の一つである．

　我々は日常生活において，力を受ける物体がどのような挙動をするのか，無意識のうちに多くの経験をしている．たとえば，1) 重い物でもてこの原理を使って小さな力で動かせる．2) ナットを締め付けたりゆるめたりする時に，長いスパナを使ったほうが小さな力ですむ．3) 2点で支えられた木材に載ったときに，支える点の距離が2倍になったら木材のたわみは，2倍ではすまない．などなど，このような経験をしている人は多いと思う．これらのことを感覚で感じ取るときに，その感じ方は人によって異なる．これに対して科学的な裏づけができれば，皆が同じ物差しを使ってその現象を理解することができる．その物差しの一つが力学である．

　建築構造物は大規模であるし，一品生産物である．それゆえ，実際に造っては壊してみて安全なもの，より良いものにしてゆくというのは難しい．だからこそ，安全で経済的な建築構造物を造るためには建築構造力学が重要なものとなる．

　本書では，静定構造物を対象とした建築構造力学を理解するために例題・図・写真を豊富に示して説明している．前半では，構造物の反力および部材内に生じる力を扱い，後半においては，断面に生じる力，部材の変形を扱っている．執筆にあたり，これまでの講義で様々な学生と接してきたことが大いに役立っている．特に，数学・物理を受験せずに入学した学生に教えた経験が貴重であった．

　本書が読者の勉学の一助となることを切望する．

2003年9月

執筆者を代表して　坂田弘安

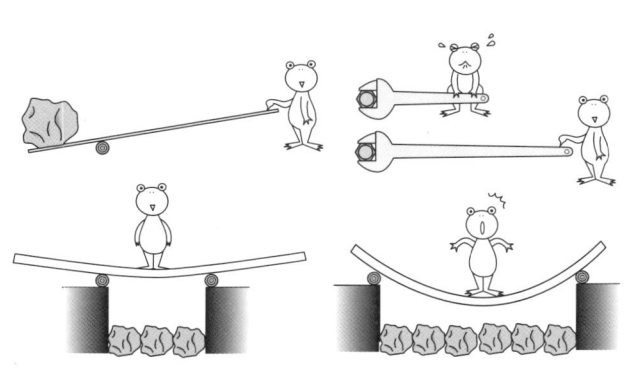

目 次

第1章　概論 ……………………………… 5
1・1　建築物と建築構造力学 …………… 6
1・2　建築物に作用する外力 …………… 8
1・3　建築物のモデル化 ………………… 8
1・4　節点と支点 ………………………… 9

第2章　力の基本 ……………………… 11
2・1　力の表し方 ………………………… 12
2・2　力のモーメント …………………… 12
2・3　力のモデル化 ……………………… 13
2・4　力の合成と分解 …………………… 13
1．1点に作用する力の合成
2．力の2力への分解
3．平行な力の合成
4．平行な2力への分解
2・5　力の釣り合い ……………………… 16
2・6　反力 ………………………………… 18
1．支点と反力
2．反力の求め方
3．3ヒンジ系構造物の反力の求め方
2・7　構造物の安定・不安定，静定・不静定 ……… 21

第3章　部材に生じる力 ……………… 23
3・1　静定トラス ………………………… 24
1．トラス部材に生じる力
2．節点法
3．切断法
3・2　静定梁 ……………………………… 30
1．梁部材に生じる力
2．梁部材に生じる力の求め方と描き方
3．荷重・せん断力・曲げモーメントの関係
3・3　片持梁 ……………………………… 33
1．集中荷重を受ける場合
2．等分布荷重を受ける場合
3．等変分布荷重を受ける場合
4．モーメント荷重を受ける場合
3・4　単純梁 ……………………………… 37
1．集中荷重を受ける場合
2．等分布荷重を受ける場合
3．等変分布荷重を受ける場合
4．モーメント荷重を受ける場合

3・5　静定ラーメン ……………………… 41
1．部材に生じる力の描き方
2．片持梁系静定ラーメン
3．単純梁系静定ラーメン
4．3ヒンジ静定ラーメン，ゲルバー梁，合成ラーメン

第4章　断面に生じる力 ……………… 51
4・1　応力度とひずみ度 ………………… 52
1．軸方向応力度
2．ポアソン比
3．せん断変形
4．主応力
4・2　曲げを受ける部材 ………………… 61
1．モーメントと回転量（対称断面）
2．モーメントと回転量（非対称断面）
4・3　断面の性質 ………………………… 70
1．断面1次モーメントと図心
2．断面2次モーメント
3．断面の主軸
4．断面係数
5．その他の係数
4・4　曲げモーメントとせん断を受ける部材 …… 77
1．せん断応力度
2．梁の主応力線
4・5　曲げと軸力を受ける部材 ………… 81
1．バネに生じる組み合わせ応力
2．連続体の組み合わせ応力

第5章　部材の変形 …………………… 85
5・1　モーメントによる変形 …………… 86
1．モーメントと変形
2．片持部材の変形
3．曲率と変形
4．モールの定理
5・2　せん断力による変形 ……………… 91
5・3　軸方向力による変形 ……………… 92

■問題の解答　93
■索引　100

第1章　概　論

　街には，様々な建築物が存在する．

　建築物は，それに作用する外力に対して安全でなければならない．

　これを実現するためには，建築構造力学が不可欠となる．

　このことを踏まえ，本章では以下の項目に関して説明する．

　　1．建築物と建築構造力学
　　2．建築物に作用する外力
　　3．建築物のモデル化
　　4．建築物の節点と支点

1・1　建築物と建築構造力学

街には様々な形の建築物が存在している（図1・1）。東屋のようなごく単純なものや，公園の売店，戸建住宅，集合住宅，超高層ビルなど，多種多様な材料と構造形式を用いて造られている。これらの建築物の中では，人々が生活をしており，安全で快適な空間である必要がある。特に，建築物の安全性は人々の命に直接かかわることであり，建物を設計する上での必要条件である。

建築物には，それ自体の重さである自重やそこに居住する人や家具などの重量が常に作用し，時には雪が積もるというように，これらの鉛直荷重に耐える必要がある。また，季節によっては，台風がやってきて強風による強い風荷重が壁面あるいは屋根面に作用したり，忘れた頃に**地震**がやってきて建築物が大きく振動させられる。このような自然現象により生じる力に対しても建築物は抵抗して，安全性を保たなくてはならない。

図1・1　街の様々な建築物

もしもこれらの外力に対して，建築物が抵抗できない場合には，1995年1月の阪神・淡路大震災のときのように建築物が倒壊して，多くの死傷者を出したり，2002年10月の台風21号による被害のように，送電鉄塔や家屋が倒れたりする（図1・2，図1・3）．

　建築物が受けるこのような被害を少しでも低減するためには，以下のようなことが必要となる．

1．建築物に作用する外力を見極める．
2．その外力に対して建築物をどのように抵抗させるかを決定する．
3．実際の建築物を構成する部材に作用する力を求める．
4．その力により部材断面にどのような力が作用するかを算定する．
5．部材がどのような挙動をするかを把握する．
6．建築物の安全性を総合的に評価・検定する．

　ここに示したような部材設計や安全性検定を行う作業は，すべて建築構造力学の理論に基づいている．建築構造力学は，構造設計作業の根幹をなしており，これらの諸理論を解説することが本書の目的である．

図1・2　2002年10月の台風21号による送電鉄塔と家屋の被害
（上：毎日新聞社提供，下：神奈川大学下村祥一氏）

図1・3　阪神・淡路大震災（1995年1月）における建築物の被害（下2点：日本建築学会・土木学会編「1995年　阪神・淡路大震災スライド集」丸善より）

1・2　建築物に作用する外力

建築物には，図1・4に示すようにさまざまな外力が作用する．建築物自体の重量である**固定荷重**，人や家具などの物品の重量である**積載荷重**，雪の重量である**積雪荷重**，風による**風荷重**，地震による**地震荷重**，地下室の壁や擁壁に作用する水圧，土圧などがある．このうち，固定荷重，積載荷重は重力によって生ずる外力で鉛直力である．これに対して風荷重，地震荷重は水平力である．風荷重は，壁面や屋根面に垂直に作用し，地震荷重は主に床面に作用すると考えて扱う．

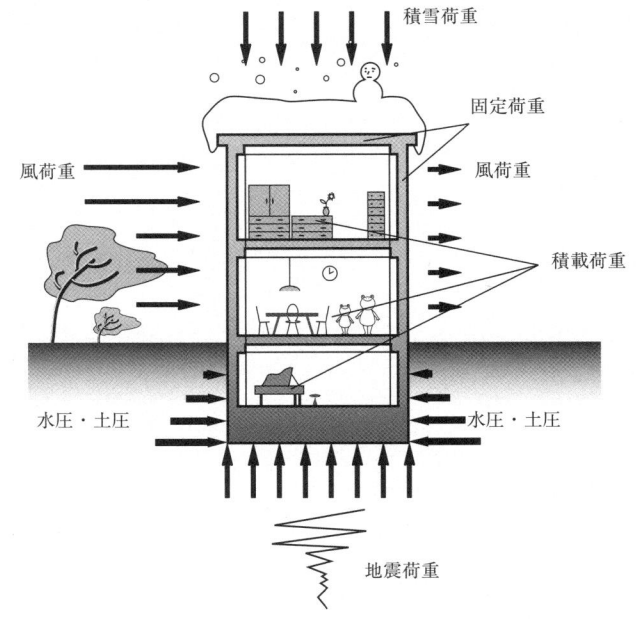

図1・4　建築物に作用する外力の種類

1・3　建築物のモデル化

建築物は，複雑な構造をしており，そのままの形では部材に作用する力を算定することは非常に難しい．そこで，建築物から外力に対抗しない部分を剥ぎ取ってゆき，柱・梁・壁・床・基礎などの構造部材のみを考える．さらに，この柱・梁などを1本の線材に置換する．

これを建築物のモデル化といい，モデル化して線で示したものを**骨組構造モデル**という．図1・5に示すように外力に抵抗する壁（耐力壁）をブレースに置換して考えることもある．

骨組構造モデルには**立体架構モデル**と**平面架構モデル**があるが，多く使用されているものは平面架構モデルである．

構造力学では，建築空間を形成する骨格である建築骨組を，先に述べた線材を用いて図1・6のように，骨組の部材断面重心（**図心**）を通る線（**材軸**）により表現する．

図1・7(a)に示すように，部材に材軸方向の外力のみが作用する場合には，断面内に均等な圧縮力あるいは引張力が作用する．しかし，図1・7(b)，(c)のように部材を曲げるような力を受ける場合には，断面内には圧縮力と引張力が作用し，しかも断面内でその大きさは変化する．構造モデルを作成する際に部材を表す線材は1本の線で表現されるが，このような断面内の力の分布も表現していることに注意してほしい．

部材同士の接合点を**節点**，構造物を支えている点を**支点**という．

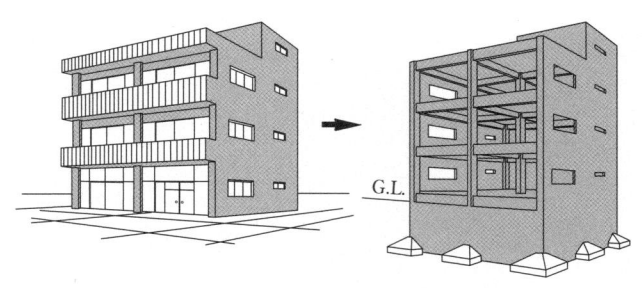

(a) 実際の建築物　　(b) 建築構造物を構造部材（柱・梁・壁・床・基礎など）の集まりと考える

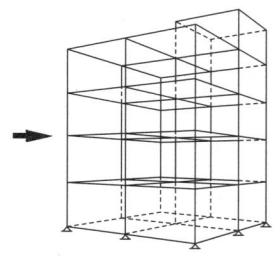

(c) ねじれなどの立体変形をも考慮できる立体架構モデル

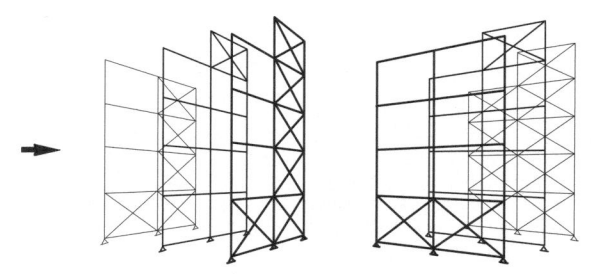

(d) 建築物から切り出された平面架構モデル（もっとも多く使用されているモデル）

図1・5　実際の建築物とその構造力学モデル
（日本建築学会『構造用教材（第2版）』丸善，p.2-3，1995より）

1・4 節点と支点

部材同士の接合点である節点には，図1・8のように多くの種類がある．図1・6では，柱と梁は接合点において，お互いに回転も移動も同一となるように接合されている．これを**剛節点**と呼ぶ．

この他に図1・9のように，接合点で，部材同士の回転は自由だが，上下・左右の移動は同一となるような**ピン節点**があり，ヒンジともいう．

支点には，図1・10に示すように3種類ある．回転および上下・左右に拘束されている**固定支点**．回転は自由だが上下・左右に拘束されている**ピン支点**．そして支持台に平行方向の移動と回転は自由だが，支持台に垂直な方向には拘束されている**ローラー支点**がある．

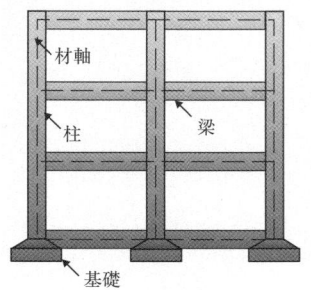
(a) 建築物の骨組

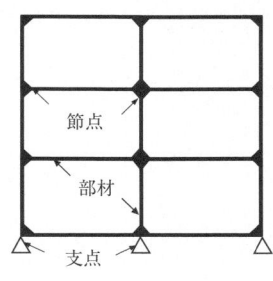
(b) 構造力学上のモデル化

図1・6 建築物の骨組と構造力学モデル

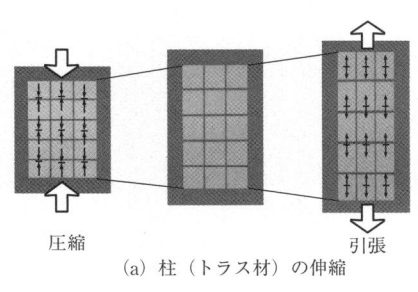
(a) 柱（トラス材）の伸縮

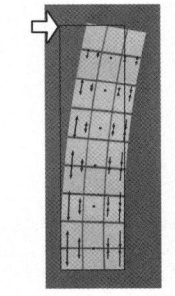
(c) 梁・柱の曲げ

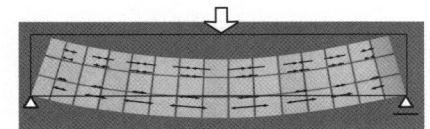
(b) 梁の曲げ

図1・7 外力を受ける部材の変形と部材内の力

図1・8 様々な節点

第1章 概論

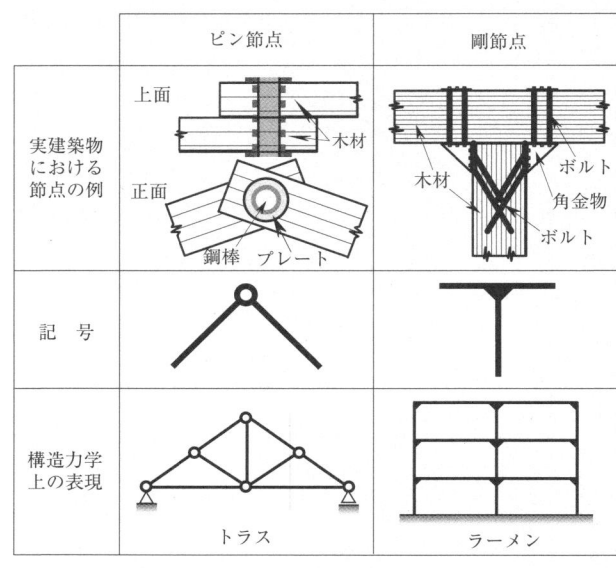

明らかにトラス構造，ラーメン構造とわかる場合には，ピン節点・剛節点の記号を省略することが多い．

図1・9 ピン節点と剛節点

概念図	記号	移動と回転	例示
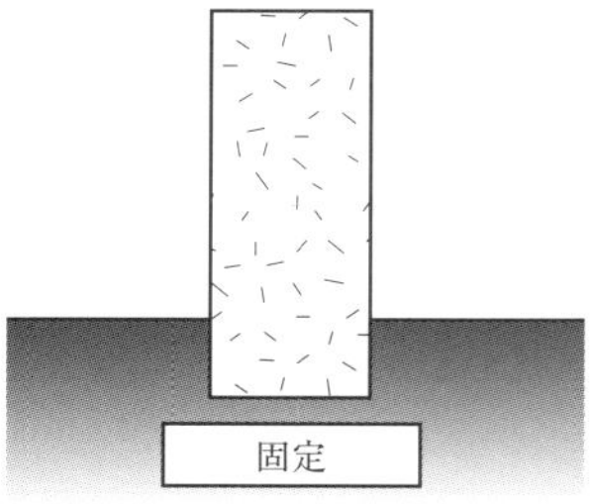 固定	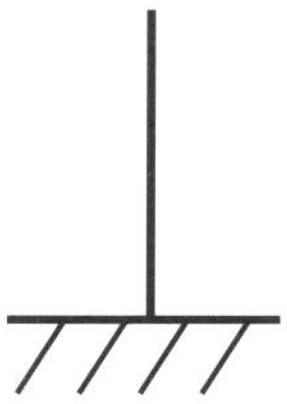	移動：拘束 回転：拘束	 (a) 固定支点
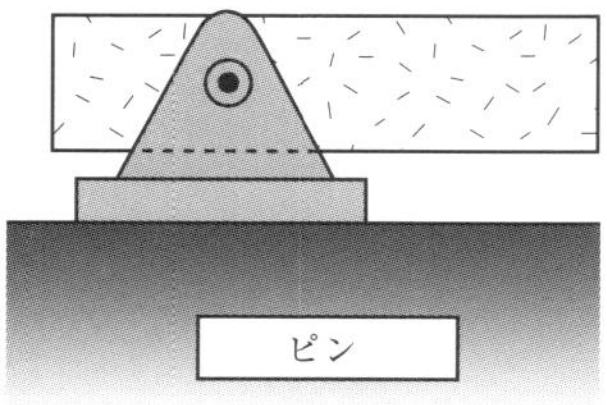 ピン	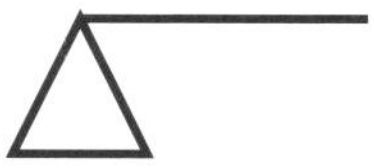	移動：拘束 回転：自由	 (b) ピン支点
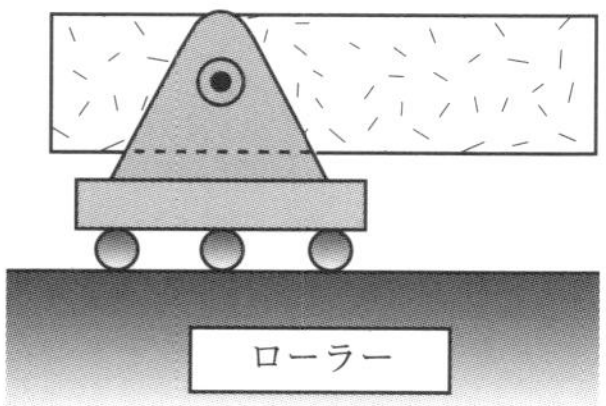 ローラー	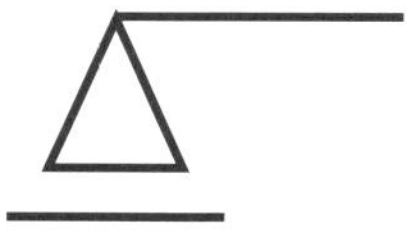	鉛直移動：拘束 （支持台に垂直） 水平移動：自由 （支持台に平行） 回転：自由	 (c) ローラー支点

図1・10 支点の種類

第2章　力の基本

　建築構造力学を利用するためには力の基本を知る必要がある．

　本章では，力に関連する基本事項として以下の項目に関して説明する．

　　1．力の表し方
　　2．力のモーメント
　　3．力のモデル化
　　4．力の合成と分解
　　5．力の釣り合い
　　6．反力
　　7．構造物の安定・不安定，静定・不静定

2·1 力の表し方

物体に作用する力は，ベクトルにより表す．すなわち，図2·1に示すように力の3要素：力の大きさ（矢印の長さ），力の方向と向き（矢の先），力の作用点（矢の根元または先とする*注で表す．図2·1では，矢印の根元を力の始点，先を力の終点として示している．

また，力の符号に関して本書では，図2·2に示すように水平方向の力は右向きを正（＋），左向きを負（－），鉛直方向の力は上向きを正（＋），下向きを負（－）として扱う．

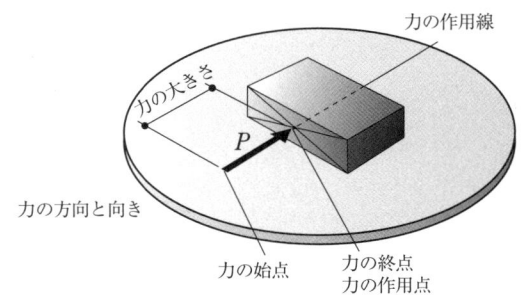

図2·1 力の3要素

2·2 力のモーメント

スパナでナットを締め付けるとき，スパナを握る手の位置により，必要な力の大きさが違うことを実感したことがある人は多いだろう．図2·3(a)のように，スパナの軸に直角な方向に力 P を作用させると，ボルト（ナット）芯O点を中心に回転する．図2·3(b)は，これを力学的に表現したものである．物体を回転させる力の効果を，P の O 点に対する力のモーメント M といい，O点から P までの距離を l とすると M は以下のように表せる．

$$M = P \times l \qquad (2.1)$$

すなわちモーメントの単位は，（力の単位）×（距離の単位）で $kN \times m$，$N \times cm$ などで表される．本書では，時計回り（右回り）のモーメントを正，反時計回り（左回り）のモーメントを負として扱う．

図2·4に示すように，大きさが等しく向きが反対の一対の力を**偶力**といい，偶力による力の効果を**偶力のモーメント**と呼ぶ．大きさ P の偶力によるモーメント M は，2力間の距離を L とすると，以下のように表せる．

$$M = P \times L \qquad (2.2)$$

つまり偶力のモーメントは基準点（図2·3ではO点に相当）の位置には無関係であり，単位は一般のモーメントと同様である．

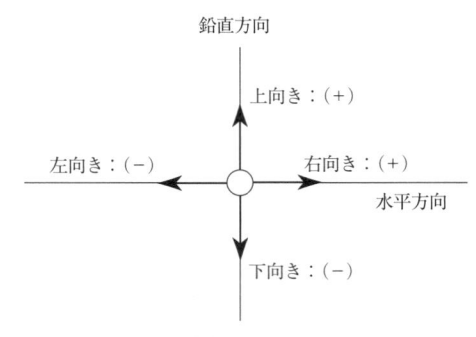

図2·2 力の符号

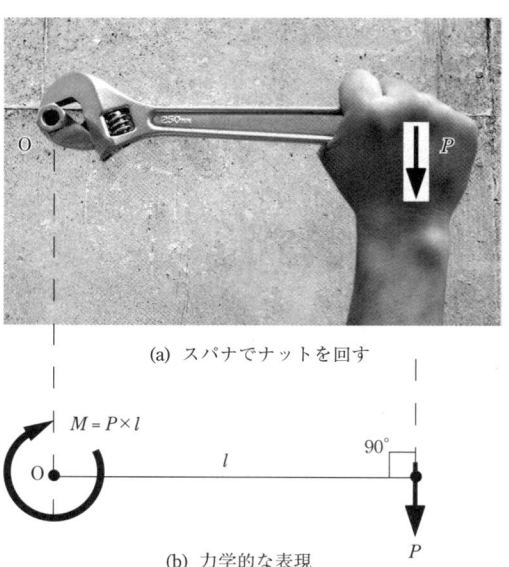

(a) スパナでナットを回す

(b) 力学的な表現

図2·3 力のモーメント

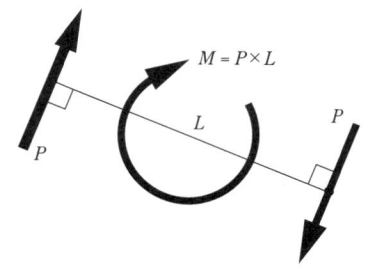

図2·4 偶力によるモーメント

例題2·1 O点回りのモーメントを求める

図2·5に示すようにO点回りに3力 P_1, P_2, P_3 が作用している．3力の O 点に対する力のモーメントを求めよ．

解　答

先に示したように，モーメントは（力×距離）で表されるので，距離を正確に求めることが重要である．P_1 との距離は 4 m，P_2 との距離は 5 m，P_3 との距離は 0 m である．P_1 の矢印の始点までの距離は 8 m と示されているが，モ

注　変形を考えない物体（剛体）に作用する力は，力の作用点は同一作用線上で変化させてもその力は変わらないという，力の移動性の法則がある．ここでは力の作用点を矢印の根元または先とする．

ーメントを求めるときの距離は，O点からその力の作用線までの垂直距離であるので，4mとなる．以上より，

$M_O = -10\text{kN} \times 4\text{m} + 20\text{kN} \times 5\text{m} + 30\text{kN} \times 0\text{ m}$
$= 60\text{kN} \cdot \text{m}$（時計回り：右回り）

2・3 力のモデル化

構造力学では，図1・5，1・6に示したように線材により構造物をモデル化して表現する．構造物に作用する外力も図2・6に示すように集中荷重，等分布荷重，等変分布荷重，モーメント荷重，移動荷重のようにモデル化して扱う．図2・6では，左側には両端をピンとローラーにより支持された単純梁を例に，右側には固定端と自由端からなる片持梁を例に，これらの荷重を示している．

2・4 力の合成と分解

物体に作用するいくつかの力を，これと等しい効果をもつ1つの力に集約することを力の合成といい，集約した力を合力という．これと反対に，物体に作用する1つの力を，これと等しい効果をもついくつかの力に分けることを力の分解といい，分けられた力を分力という．

1. 1点に作用する力の合成

図2・7に示すように，ぱちんこで玉をとばす場合を考える．このとき，左右のゴムが引張られてゴムには力が作用する．この力を利用して玉をとばすことができるが，玉をとばす力の大きさ，方向を知るためには力の合成が役立つ．

図2・8(a)に示すように，1点Aに作用する2力 P_X, P_Y の合力 R を求める．ここでは，簡単に理解するために2力が直交している場合を示している．以下に，図式解法および数式解法の両方を示す．

図式解法により合力を求めるには，図2・8(b)に示すように平行四辺形を用いる方法と図2・8(c)に示すように三角形を用いる方法がある．図2・8(b)のABDCを力の平行四辺形，図2・8(c)のABCを力の三角形という．力の平行四辺形は，それぞれの力 P_X, P_Y に平行な線を引き，それらの交点Dを求めて作る．力の三角形は P_Y に平行な P_Y' の始点を P_X の終点に移動し，P_Y' の終点C点を求めて作る．

数式解法を用いる場合は，合力の大きさは，三平方の定理を使い，次式のように求める．

$$R = \sqrt{{P_X}^2 + {P_Y}^2} \quad \cdots\cdots\cdots(2.3)$$

合力が X 軸となす角 θ は，次式の関係を持つ．

$$\tan\theta = \frac{P_Y}{P_X} \quad \cdots\cdots\cdots(2.4)$$

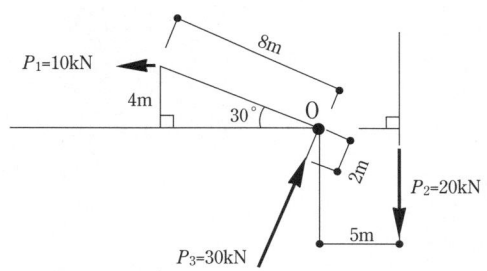

図2・5　例題2・1　O点回りのモーメントを求める

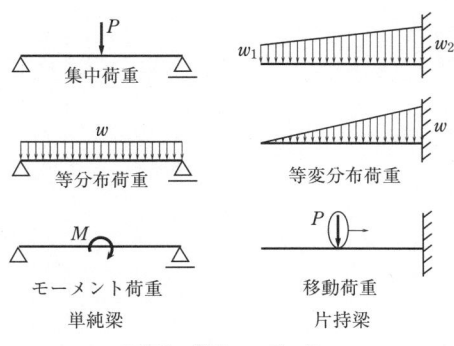

図2・6　荷重のモデル化

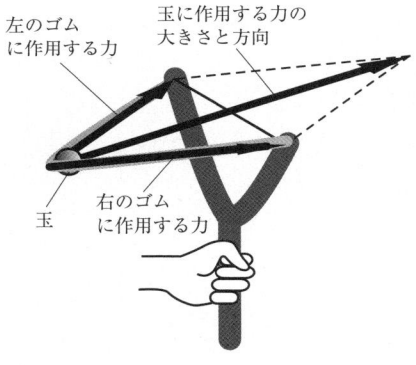

図2・7　ゴムに作用する力と玉に作用する力

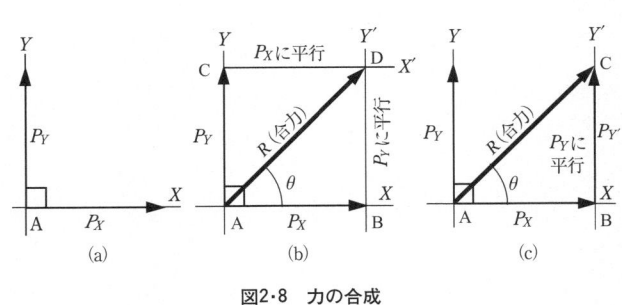

図2・8　力の合成

第2章　力の基本

なお，ここでは2力の合成を示したが，多数の力がある場合でも，ここで示した方法を繰り返し用いることにより合力を求めることができる．

数式解法による力の合成・分解には三角比を用いるので，代表的なものを図2・9に示す．

2. 力の2力への分解

図2・10に示すように，2人でバケツを持つ場合を考える．A君とB君は身長に差があるために，腕の角度が違っている．A君の方が大きな力を負担しなければならないことは感覚的にわかるであろう．腕のところに描いた力の大きさを求めるためには，力の分解を利用することができる．

図2・11(a)のように，力Pを点Aを通るX, Y軸上の2力に分解する．合成の時と逆のことを行う．

図式解法により力を分解するには，図2・11(b)のように平行四辺形を用いる方法がある．力PをベクトルADとし，D点からY軸およびX軸に平行に引いた直線とX, Yの交点B, Cを求める．このときベクトルABがX軸上の分力P_X，ベクトルACがY軸上の分力P_Yとなる．また図2・11(c)のように力の三角形を用いる方法もある．力PをベクトルACとし，C点を通るY軸と平行な直線とX軸との交点Bを求める．このときベクトルABが軸上の分力P_Xとなり，ベクトルBCがY軸上の分力P_Yとなる．このときP_YをY軸上に平行移動すればよい．

数式解法を用いる場合は，以下のような式で表せる．

$$P_X = P\cos\theta$$
$$P_Y = P\sin\theta \quad \cdots\cdots\cdots\cdots\cdots\cdots\cdots\cdots (2.5)$$

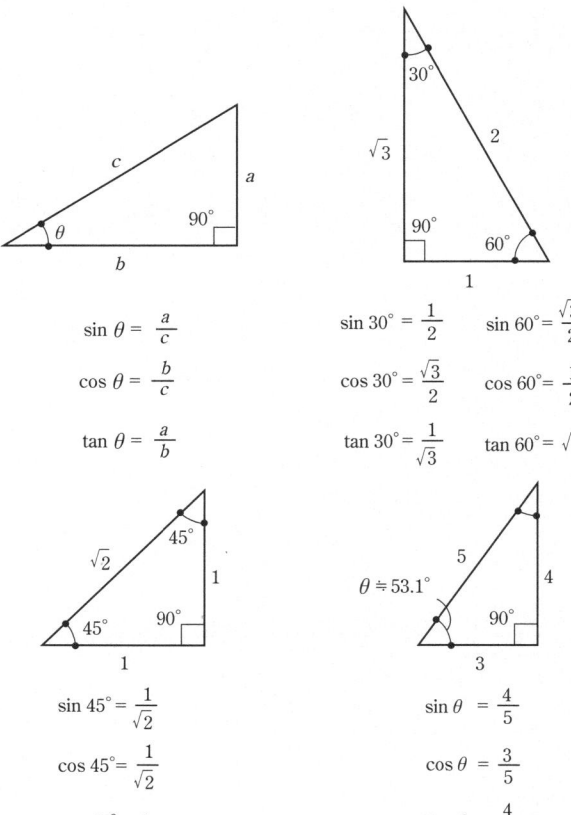

図2・9　基本的な三角比

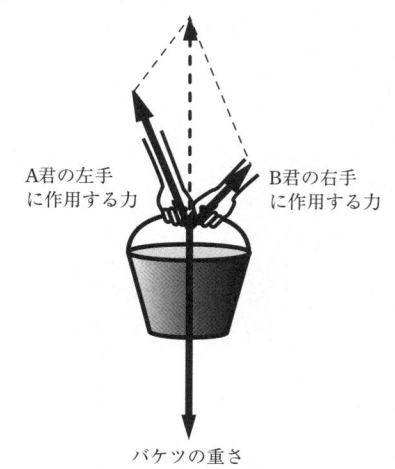

図2・10　バケツを2人で持つ場合

【問題2・1】

図に示す2力の合力を，以下のように求めなさい．

1) 力の平行四辺形，力の三角形を用いて求めなさい．
2) 数式解法により求めなさい．

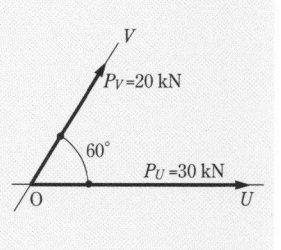

【問題2・2】

図に示すようにX軸に対して60°の角度をなす600 kNの力を，図式解法および数式解法を用いて，X軸上とY軸上の2力に分解しなさい．

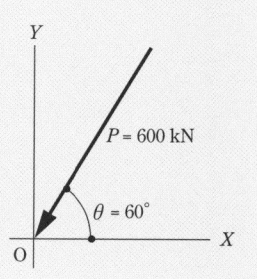

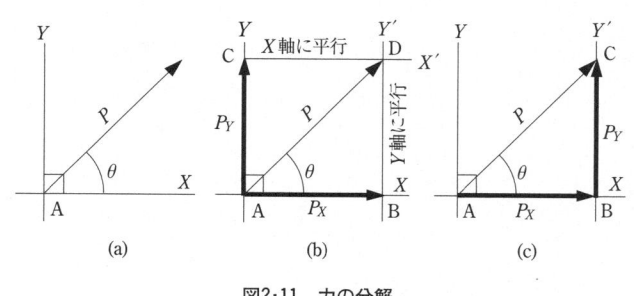

図2・11　力の分解

3. 平行な力の合成

図2·12(a)に示す互いに平行な2力 P_1, P_2 の合力を求める．

平行な2力の合力を図式解法で求めるには，平行四辺形，三角形を描くことはできず，図2·12(b), (c)に示すような示力図，連力図を用いる．

まず，図2·12(b)のように P_1, P_2 を平行移動してつなぎ，ベクトル ac を求める．これは，合力 R の大きさおよび方向，向きを表している．

次に図2·12(b)において任意の位置に点O（極点）を設け，この極点と a, b, c 点を直線で結び**極線**1, 2, 3を求める．このときできる図を，**示力図**という．

連力図（図2·12(c)）において，P_1 の作用線上に任意点 A をとり，示力図（図2·12(b)）の極線1, 2を平行移動させ連力線Ⅰ, Ⅱを引く．連力線Ⅱと P_2 の交点 B を求め，B 点を通るように図2·12(b)の極線3を平行移動させ連力線Ⅲを求める．連力線ⅠとⅢの交点 C は合力の作用線上の点となるから，示力図2·12(b)で求めた合力 R を C 点に平行移動すれば求める合力となる．

次に図2·13に示すような平行な2力 P_1, P_2 の合力を数式解法により求める．図式解法にも示したように，合力の大きさは2力 P_1, P_2 のベクトル和になる．この合力が作用する位置を以下のように求める．

まず図2·13のように任意の O 点を設ける．この任意点に対して「2力によるモーメントとこの2力の合力によるモーメントは等しくなる」という**バリニオンの定理**を用いる．バリニオンの定理が成り立つような位置を求めるとそれが合力の作用位置となる．図2·13に示したように合力の作用位置が O 点から右側に r の位置に作用していると考えると，右回りのモーメントを正として，

$$P_1 l_1 - P_2 l_2 = -Rr, \quad r = \frac{P_2 l_2 - P_1 l_1}{R} \quad \cdots\cdots (2.6)$$

と求めることができる．このとき，r が正なら合力 R の位置は仮定どおり O 点の右側であり，負なら仮定と逆の O 点の左側位置になる．

計算を簡単にするためには，図からわかるように，たとえば O 点を P_2 の作用線上にとり $l_2 = 0$ となるようにすればよい．また，O 点を合力 R の作用線上に仮定すると $r = 0$ であるから，(2.6)式を用いて，$l_1 : l_2 = P_2 : P_1$ となることがわかる．

(a) 平行な2力

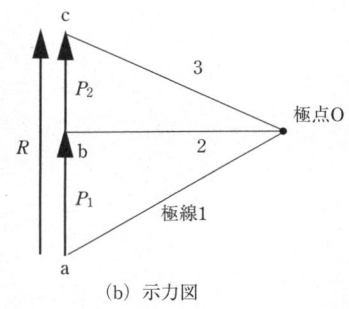

(b) 示力図

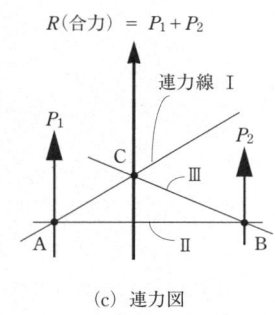

(c) 連力図

図2·12 図式解法による平行な2力の合成

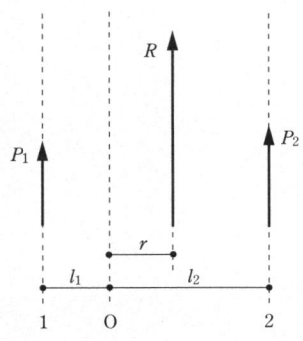

図2·13 数式解法による平行な2力の合成

【問題2·3】
図に示す平行な2力 P_1, P_2 の合力 R を図式解法および数式解法を用いて求めなさい．

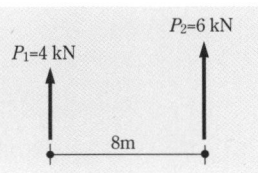

4. 平行な2力への分解

図2·14(a)に示す力 P を，これに平行な2本の作用線M，N上の力に分解する．

図式解法を図2·14 (b) (c) に示す．示力図（図2·14(b)）のように，力 P をベクトルABで表し，任意の極点Oをとる．極点OとA点，B点を結び，極線1, 2を描く．

次に連力図（図2·14(c)）のように力 P の作用線上に任意点Qをとり，極線1, 2に平行な連力線Ⅰ, ⅡをQ点から描き，作用線M，Nとの交点S，Tを求める．S，Tを結び，これを連力線Ⅲとする．

示力図（図2·14(b)）の極点Oから連力線Ⅲと平行な極線3を引き，ベクトルABとの交点をCとする．ベクトルACが作用線M上の分力 P_M で，ベクトルCBが作用線N上の分力 P_N である．

連力図（図2·14(c)）のように，図2·14(b)で求めた分力 P_M, P_N をそれぞれの作用線上に表す．その際，P_M, P_N の作用点はこの図のようにS，T点である必要はなく，作用線上であればどこでもよい．

次に数式解法による平行な2力への分解を示す．図2·15に示す力 P を作用線1, 2上に P と平行な2力 P_1, P_2 に分解する．P_1 と P_2 の和は P である．すなわち，

$$P_1 + P_2 = P$$

である．また，P_1, P_2, P の間でもバリニオンの定理が成立するのでこれを利用する．たとえば任意点Oを作用線2上にとると，以下の式が成り立つ．

$$P_1 l + P_2 \times 0 = Pl_2, \quad P_1 = \frac{l_2}{l}P$$

$$P_1 + P_2 = P \text{より} P_2 = \frac{l_1}{l}P$$

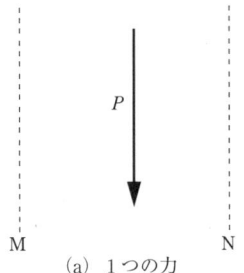

(a) 1つの力

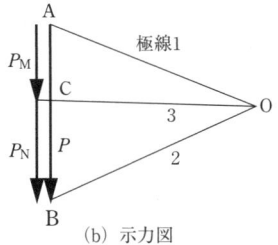

(b) 示力図

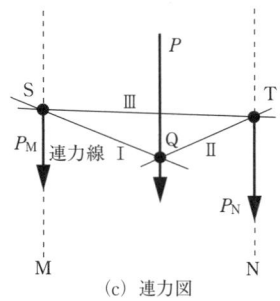

(c) 連力図

図2·14 図式解法による平行な2力への分解

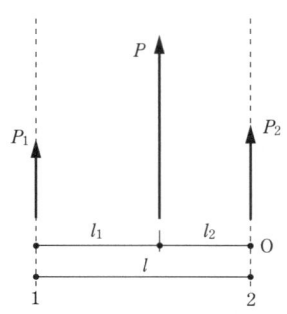

図2·15 数式解法による平行な2力への分解

【問題2·4】

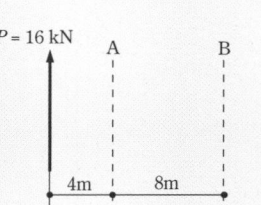

図に示す力 $P = 16$ kN を図式解法および数式解法により，作用線A，B上の2力に分解しなさい．

2·5 力の釣り合い

図2·16に示すような綱引きで，両組の力が同じ大きさなら綱は動かずにじっとしている．このとき，綱に作用する力が釣り合っている状態である．また，図2·17に示したものは，ある物体を3人が人差し指で押し合い釣り合っている状態である．物体は左右上下に動くことはなく，回転もせずに静止している．

図2·16 綱引きにおける力の釣り合い

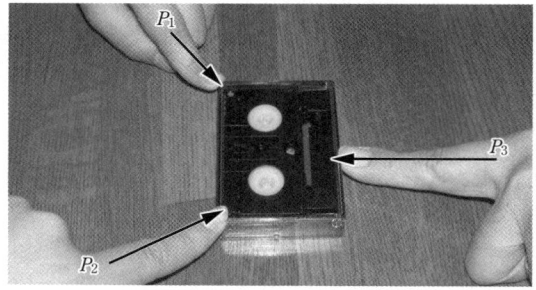

図2·17 3人が人差し指で押し合っているときの釣り合い

図2·17に示した人差し指から物体に作用している力 P_1, P_2, P_3 を図2·18(a)に示す．ここで図2·18(a)のように，X, Y軸を導入し，各力を X, Y 軸方向に分解する．

物体に作用する力が釣り合っている状態は，先にも述べたようにその力が作用している物体が動かず静止している状態である．図2·18(a)のような直交する X, Y 軸を採用すると，釣り合いの状態は以下の3つが成り立つ状態といえる．

1) X 軸方向に動かない．
2) Y 軸方向に動かない．
3) 回転しない．

これらは，次のようにも言い替えができる．

1) X 軸方向の力が釣り合っている．
2) Y 軸方向の力が釣り合っている．
3) 任意の点回りのモーメントが釣り合っている．

また，これらは以下のように数式で表すこともできる．

1) $\Sigma X = 0$
2) $\Sigma Y = 0$ ……………………………(2.7)
3) $\Sigma M = 0$

これらは釣り合いの条件を数式で表したものであるが，図式的な条件では次のようにいえる．

① 1点に作用する力の場合は示力図が閉じること
② 作用点の違う力の場合は，示力図と連力図がともに閉じること

上の3つの釣り合い式を図2·18(a)に対して適応すると，符号に注意して以下のようになる．

$\Sigma X = 0 \rightarrow P_{1X} + P_{2X} - P_3 = 0$
$\Sigma Y = 0 \rightarrow -P_{1Y} + P_{2Y} = 0$
$\Sigma M_O = 0 \rightarrow P_{1X} l_1 - P_{2X} l_2 = 0$

これらの釣り合い式では，符号に関しては2·1節および2·2節に従い，モーメントの釣り合いに関しては図2·18(a)の O 点回りのモーメントの釣り合いを考えている．

図式的に考えると，1点に作用している力なので，図2·18(b)に示したように示力図が閉じることになる．

例題2·2 3力に対して釣り合う力を求める

図2·19のように3力が X, Y 軸の原点に作用している．このときにこの3力に釣り合う力を図式解法および数式解法により求めよ．

解答

図式解法による方法を図2·20(a)に示す．P_1 の終点に P_2 の始点を移動し，移動後の P_2 の終点に P_3 の始点を移動し，移動後の P_3 の終点と P_1 の始点を結ぶことにより，3力に釣り合う力 R が求められる．

次に数式解法を示す（図2·20 (b)）．

$\Sigma X = -x_1 + x_2 + x_3$

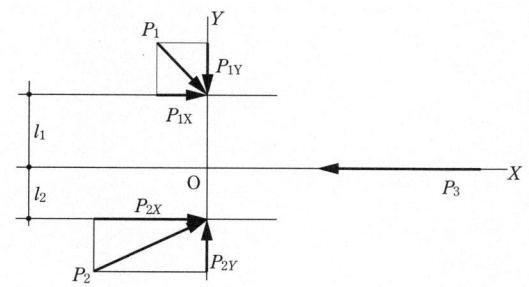

(a) X, Y軸と力の分解

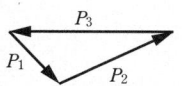

(b) 示力図が閉じる

図2·18 力の釣り合い

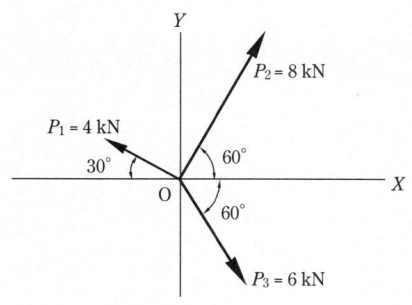

図2·19 例題2·2 3力に対して釣り合う力を求める

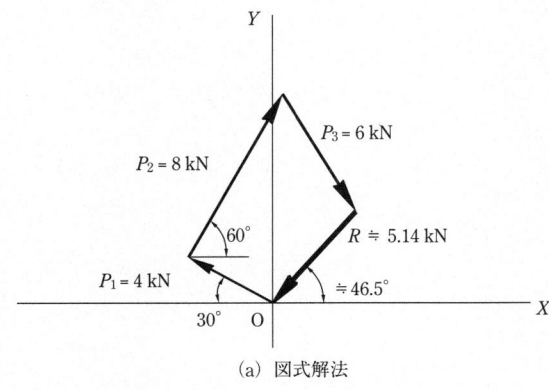

(a) 図式解法

図2·20(1) 例題2·2の解法

$$= -4\cos 30° + 8\cos 60° + 6\cos 60°$$
$$= -4 \times \frac{\sqrt{3}}{2} + 8 \times \frac{1}{2} + 6 \times \frac{1}{2}$$
$$= -2\sqrt{3} + 7 \text{ (kN)}$$
$$\Sigma Y = y_1 + y_2 - y_3$$
$$= 4\sin 30° + 8\sin 60° - 6\sin 60°$$
$$= 4 \times \frac{1}{2} + 8 \times \frac{\sqrt{3}}{2} - 6 \times \frac{\sqrt{3}}{2}$$
$$= 2 + \sqrt{3} \text{ (kN)}$$
$$R = \sqrt{(\Sigma X)^2 + (\Sigma Y)^2}$$
$$= \sqrt{(-2\sqrt{3}+7)^2 + (2+\sqrt{3})^2}$$
$$= 2\sqrt{17 - 6\sqrt{3}} \text{ (kN)}$$
$$\tan\theta = \frac{\Sigma Y}{\Sigma X} = \frac{20 + 11\sqrt{3}}{37}$$

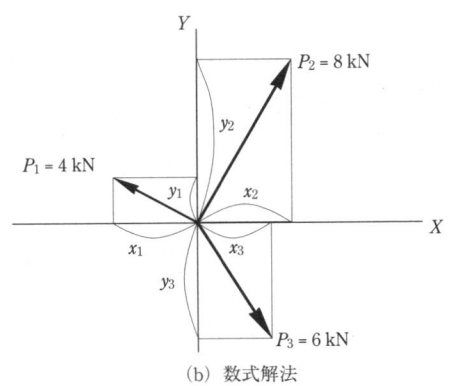

(b) 数式解法

図2・20(2) 例題2・2 の解法

2・6 反力

構造物に外力が作用したときに，構造物が静止の状態を保つには，支点に反力が生じ，これらが外力と釣り合う必要がある．この釣り合いの条件を用いることにより，構造物に外力が作用したときの支点の反力を求めることができる．

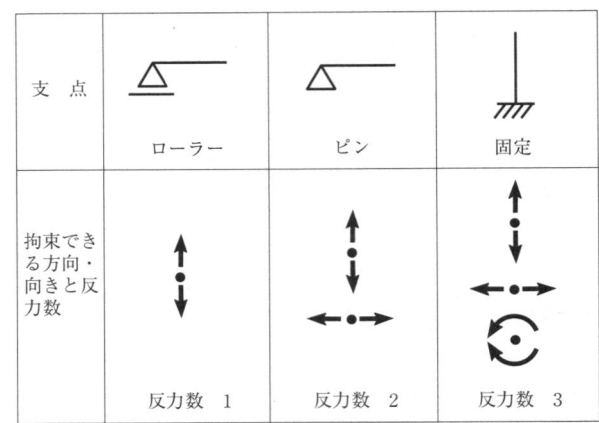

図2・21 支点と反力

1. 支点と反力

図1・10に示したように支点には，固定，ピン，ローラーの3種類がある．これらの支点に対する動きの自由度を先に示したが，外力が作用したときに動きを拘束するためには，その方向に反力が生じる必要がある．よって，各支点に対して生じうる反力は図2・21に示したようになる．

2. 反力の求め方

支点の反力を求めるためには，力の釣り合い条件を用いる．実際の構造物では，一般に外力が作用すると変形が生じるが，この変形量は構造物の大きさや部材の太さに比べて十分に小さいので，変形による影響は無視して扱うのが普通であり，本書でもこの影響は無視して扱う．

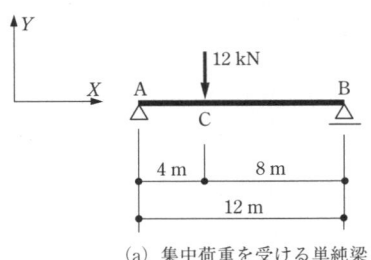

(a) 集中荷重を受ける単純梁

例題2・3 集中荷重を受ける単純梁

図2・22(a)に示すようなピンとローラーにより支持された単純梁を考える．C点に12kNの集中荷重が作用しているときに支点A, Bに生じる反力を求めよ．

解 答

図2・22(b)に示すようにA点に生じる水平反力をH_A，A点およびB点に生じる鉛直反力をそれぞれV_A, V_Bとし，矢印によりその方向と向きを仮定する．

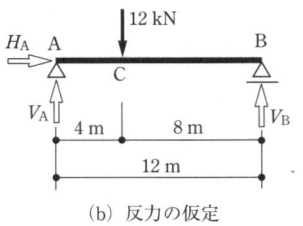

(b) 反力の仮定

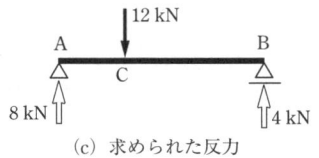

(c) 求められた反力

図2・22 例題2・3 集中荷重を受ける単純梁

これに対して釣り合い式を適用する．モーメントはB点回りの釣り合いを考える．

$\Sigma X = 0 \rightarrow H_A = 0$

$\Sigma Y = 0 \rightarrow V_A - 12 + V_B = 0$

$\Sigma M_B = 0 \rightarrow V_A \times 12 - 12 \times 8 = 0$

水平方向（X方向）の釣り合い式$\Sigma X = 0$より，水平反力が生じないことがわかる．これは，水平方向の外力が作用していないので明らかなことである．このような場合は，以降は仮定する反力は矢印も含めて省略する．

次に，$\Sigma M_B = 0$の釣り合い式より，$V_A = 8$となる．正の数値が求められたので，仮定した矢印の向きが正しかったことを示している．つまり$V_A = 8$kN（上向き）と求められる．

これを$\Sigma Y = 0$に代入することで$V_B = 4$kN（上向き）が求められる．以上をまとめると，図2·22(c)に示したように，

$H_A = 0$ kN, $V_A = 8$ kN, $V_B = 4$ kN

となる．

例題2·4　等変分布荷重を受ける単純梁

図2·23(a)に示すような単純梁に，等変分布荷重が作用しているときに，支点A, Bに生じる反力を求めよ．

解答

図2·23(a)のように分布荷重を受ける場合は，これを集中荷重に置き換えて考えると，反力を求めやすくなる．この場合は，三角形の等変分布荷重であるから，これを集中荷重に置き換えると，その大きさは三角形の面積から求められる．したがって，

12 (m) ×2 (kN/m) ×1/2 = 12 kN

となり，その作用位置は三角形の重心位置である．つまり梁左端から1：2に分ける点であり，左端から，

12×1/3 = 4 m

の位置となる．これを図2·23(b)に示す．このように集中荷重に置き換えたあとは，先の例題2·3と同じものとして扱えるので，これ以降の計算は省略する．このように分布荷重を集中荷重に置き換えた後は，釣り合い式により反力を求めることができる．

例題2·5　モーメント荷重を受ける単純梁

図2·24(a)に示すような単純梁で，B点に30kN·mのモーメントが作用しているときに，支点A, Bに生じる反力を求める．

解答

図2·24(a)に示すように，反力の方向と向きを仮定し，B点回りのモーメントの釣り合い式をたてると，

$\Sigma M_B = 0 \rightarrow V_A \times 10 + 30 = 0$

となり，$V_A = -3$kNが求められる．ここで示しているマイ

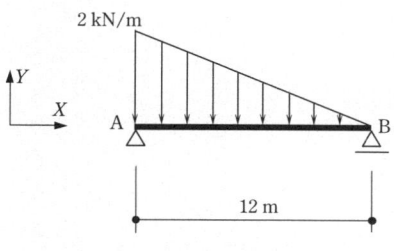

(a) 等変分布荷重を受ける単純梁

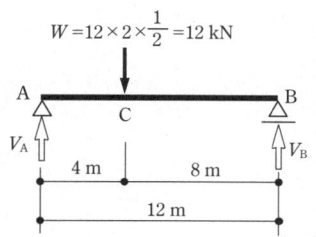

(b) 等変分布荷重を集中荷重に置き換える

図2·23　例題2·4 等変分布荷重を受ける単純梁

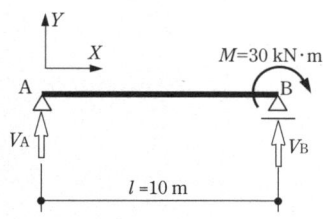

(a) モーメント荷重を受ける単純梁

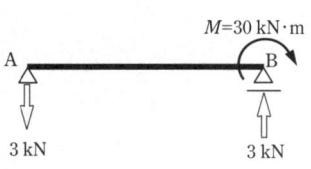

(b) 求められた反力

図2·24　例題2·5 モーメント荷重を受ける単純梁

ナス符号は，A点の鉛直反力が仮定の向きと反対，すなわち下向きであることを示している．次に，鉛直方向の力の釣り合いより，

$\Sigma Y = 0 \rightarrow V_A + V_B = 0$

すなわち，$V_B = -V_A = 3$ kNと求まる．

以上より，図2·24(b)に示すようにA点では下向きの3kN，B点では上向きの3kNの反力が生じる．

【問題2·5】
図に示すような単純支持されたラーメン※がある．左柱に等分布荷重，梁に集中荷重が作用しているときの反力を求めなさい．

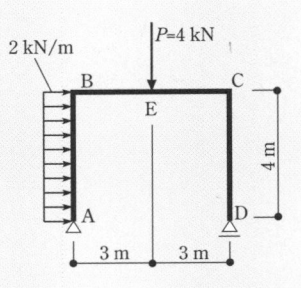

3. 3ヒンジ系構造物の反力の求め方

図2·25(a)のように，ピン接合された左右2つのラーメンがそれぞれピン支点により支持されたものを，3ヒンジラーメンという．

これまで示してきた構造物では，未知数となる反力数が3つのものであったから，(2.7)式の3つの釣り合い式，

$\Sigma X = 0, \ \Sigma Y = 0, \ \Sigma M = 0$

を用いることにより，反力を求めることができた．しかし，3ヒンジラーメンでは，図2·25(b)に示すように未知数である反力が4つとなるために，これら3つの釣り合い式の他に，もう1つの釣り合い式を用意する必要がある．

ここではE点がピン節点であることから，この点で曲げモーメントがゼロになることを利用して，第4番目の釣り合い式をたてる．すなわち，図2·25(c)のようにE点で左右に分けて，E点の左側もしくは右側に対してモーメントの釣り合い式をたてる．このとき，E点回りに構造物全体に対してモーメントの釣り合い式をたててしまうと，実際にやってみるとわかるが，(2.7)式の3番目の式と同値になってしまい，方程式が解けなくなってしまうので注意を要する．

例題2·6　3ヒンジラーメンの反力

図2·25(a)に示す3ヒンジラーメンの反力を求めよ．

解答

図2·25(b)のように反力の方向と向きを仮定すると，釣

※ 各節点で部材どうしが，剛に接合された骨組である．ラーメンはドイツ語であり，Rahmenと書く．問題2·5では節点B，Cが剛節点となっている．

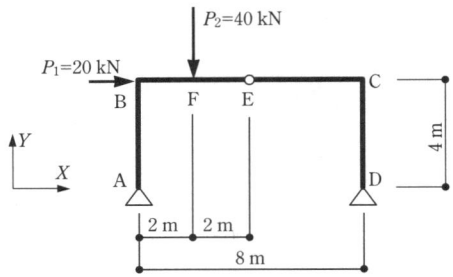

(a) 集中荷重を受ける3ヒンジラーメン

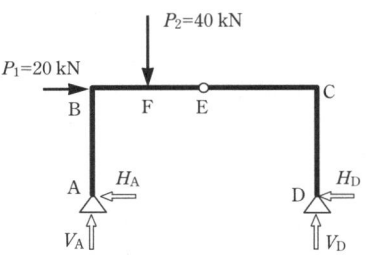

(b) 反力の仮定

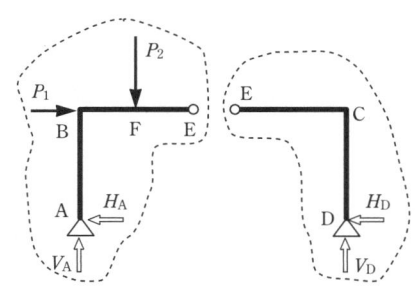

(c) ピン節点位置で分離した自由体の釣り合い

図2·25　例題2·6　3ヒンジラーメンの反力

り合い式は以下のようになる．

$\Sigma X = 0 \quad \rightarrow \quad 20 - H_A - H_D = 0$

$\Sigma Y = 0 \quad \rightarrow \quad V_A - 40 + V_D = 0$

$\Sigma M_A = 0 \quad \rightarrow \quad 20 \times 4 + 40 \times 2 - V_D \times 8 = 0$

さらに，図2·25(c)の E 点の右側のラーメンに対して，E 点回りのモーメントの釣り合い式をたてると，

$\Sigma M_{E右} = 0 \quad \rightarrow \quad H_D \times 4 - V_D \times 4 = 0$

以上の4式を解くと，

$H_A = 0 \text{ kN}, \quad V_A = 20 \text{ kN}, \quad H_D = 20 \text{ kN}, \quad V_D = 20 \text{ kN}$

と求められる．

2·7　構造物の安定·不安定，静定·不静定

構造物に外力が作用したときに，それに耐えられる限度までは元の形を保つことができ，容易に移動を起こすことがない構造物を**安定構造物**という．これに対して，外力を受けたときに簡単に形が崩れたり移動してしまう構造物を，**不安定構造物**という．

いま，図2·26の上段に示したようにダンボールを折り曲げて，四角形を作ってみよう．四角形の角は折り曲げて作ったので自由に回転することができて，ちょうどピン節点と同じ働きをする．この四角形の左上ピン節点に右方向の水平力を加えると，(a)に示したように簡単に変形し，元の形を保てない．つまり，不安定構造物である．同じダンボールに，(b)に示すように対角線上に押しピンで紐をとめたり，(c)に示すように右上ピン節点を，発泡スチロールで補強して回転できなくすると，水平力を加えても元の形を保つことができる．つまり，安定構造物となる．

これらのことを構造力学モデルで表したのが図2·26の下段である．(b)は，筋違を入れることと同じであり，(c)は右上ピン節点を，剛節点に変更したことと同じである．ここに示したものは，形の不安定·安定による不安定構造物·安定構造物である．

図2·27(a)に示すように水平力を受ける構造物の両支点がローラーであると，破線のように簡単に水平移動してしまう．よって図2·27(a)の構造物は不安定構造物である．

これに対して1つのローラー支点をピン支点に変えるだけで簡単に移動することはなく，元の位置に留まることができ，安定構造物となる．これらは，支持の不安定·安定による不安定構造物·安定構造物である．一般に，支持の安定構造物は反力数が3以上でなければならない．

安定構造物のうち，これまで示した力の釣り合い条件を適用して，反力や部材内に生ずる力を求めることができる構造物を，**静定構造物**という．静定構造物では，一部材を取り除いたり，1つの剛節点をピン節点に変えるだけで不

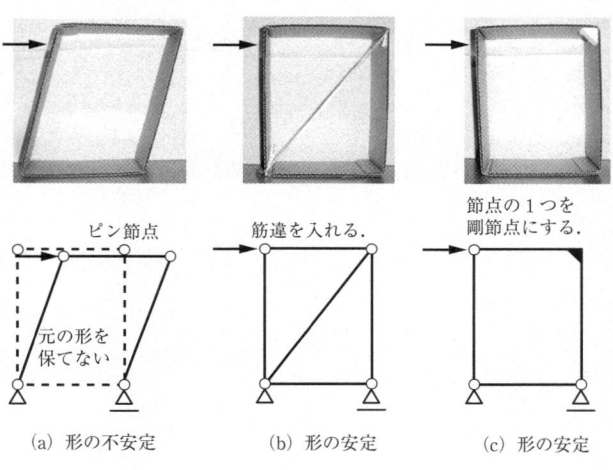

(a) 形の不安定　(b) 形の安定　(c) 形の安定

図2·26　形の不安定と安定

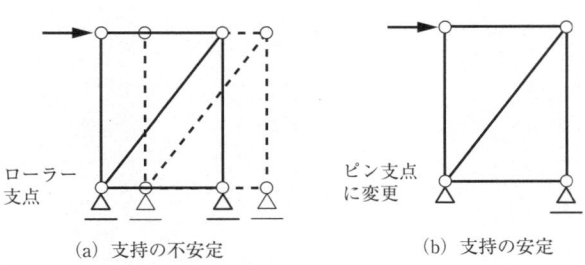

(a) 支持の不安定　(b) 支持の安定

図2·27　支持の不安定と安定

安定構造物となる．

これに対して力の釣り合い条件のみではなく，部材に生じる変形なども考慮しなければ，反力や部材内に生ずる力を求めることができない構造物を，**不静定構造物**という．不静定構造物では一部材を取り除いたり，1つの剛節点をピン節点に変えても安定構造物である．

構造物の安定・不安定，静定・不静定を判別するための式を（2.8）に示す．この判別式は，必要条件ではあるが，十分条件ではないので注意を要する．

$$n + s + r - 2k = m \qquad (2.8)$$

 n：支点反力数の合計
 s：部材数
 r：各節点で1つの材に剛に接合されている他の部材の数の総和（図2・28参照）
 k：節点数（支点，自由端も加える）
 m：不静定次数

各節点での r に関しては，図2・28に例を示すのでこれを参照するとわかりやすい．

不静定次数 m と構造物の安定・不安定，静定・不静定の間には，以下のような関係がある．

構造物 { 不安定構造物 ……………………… $m < 0$
   安定構造物 { 静定構造物 ……………… $m = 0$
        不静定構造物 …………… $m > 0$
         （m 次不静定構造物）

例題2.7 構造物の安定・不安定，静定・不静定の判別

（2.8）式を用いて図2・29に示す構造物の安定・不安定，静定・不静定を判別せよ．

解　答

(a) $n = 3，s = 4，r = 2，k = 5$
 $n + s + r - 2k = 3 + 4 + 2 - 2 \times 5$
      $= -1$（不安定）

(b) $n = 4，s = 4，r = 2，k = 5$
 $n + s + r - 2k = 4 + 4 + 2 - 2 \times 5$
      $= 0$（安定・静定）

(c) $n = 4，s = 4，r = 3，k = 5$
 $n + s + r - 2k = 4 + 4 + 3 - 2 \times 5$
      $= 1$（安定・1次不静定）

【問題2・6】

（2.8）式を用いて図に示す構造物の安定・不安定，静定・不静定を判別せよ．

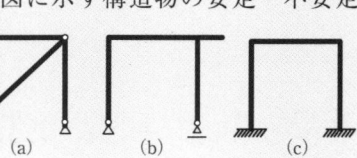

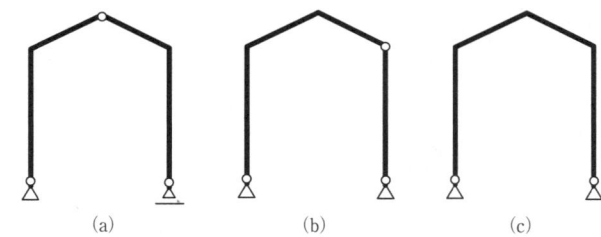

部材の脇に書いてある数字は，その部材に着目したときに，その部材に剛に接合されている部材の数を表している．それぞれの節点に接合している部材のこの数字の最大値が，その節点の r：剛接接合部材数．

図2・28 剛に接合されている部材の数 r

図2・29 **例題2.7** 構造物の安定・不安定，静定・不静定の判別

第3章
部材に生じる力

　建築物が外力を受けたときに，部材の内に生じる力およびその求め方に関して述べる．
　本章では，構造物として
　　1．静定トラス
　　2．静定梁（片持梁，単純梁）
　　3．静定ラーメン
を取り上げ，それぞれに対して豊富な例題を使いわかりやすく説明する．

3・1 静定トラス

部材を，三角形状にピン接合した単位を組み合わせてできる構造骨組を，トラス（構造）という．トラスのうち，静定構造物のものを，静定トラスという．

静定トラスは，力の釣り合い条件のみで反力や力を求めることができる．図3・1に一般的に用いられている単純梁型の静定トラスを示す．ここでは，ピン節点の表示は簡略的な表現になっている．

トラスを構造力学で扱う場合に，以下のような仮定を設ける．

1) 節点はすべてピン接合である．
2) 部材は直線として扱い得るものである．
3) 骨組の基本構成はすべて三角形である．
4) 荷重および反力（外力）は，節点に作用する．
5) 部材の伸縮は微小で，これを無視し得る．

1. トラス部材に生じる力

先に示した5つの仮定により，複雑な条件が取り除かれトラスを簡単に扱うことができる．トラス部材には，部材の材軸方向の力，すなわち軸方向力のみが生じることになる．

図3・2に示すように軸方向力には，部材を伸ばそうとする引張力と縮ませようとする圧縮力とがある．図3・2（a）には引張力を受けるときに，部材内に生じる力と外力を示している．引張力を受けるときに部材内に生じる力は，ピン節点を部材内側に引張ろうとする力であり，ピン節点から部材内に向かう矢印で表せる．これは，ピン節点位置において力の釣り合いを考えると，外力 P の向きと反対方向になることから理解できるであろう．図3・2（b）には圧縮力を受けるときを示している．なお，本書では，軸方向力として N の記号を用いる．

2. 節点法

トラスの各節点において，その点に作用する力（荷重，反力，軸方向力）が釣り合うことを利用して，各節点での釣り合い式により軸方向力を求める方法が節点法である．先に述べたように，部材に生じる力は軸方向力のみである．よって節点における釣り合い式としては，水平方向の釣り合い式 $\Sigma X = 0$ および，鉛直方向の釣り合い式 $\Sigma Y = 0$ のみであるから，未知の軸方向力数が2以下でないと解くことができない．

a）節点法による数式解法

部材に作用する力を求めるには，構造の種類および用い

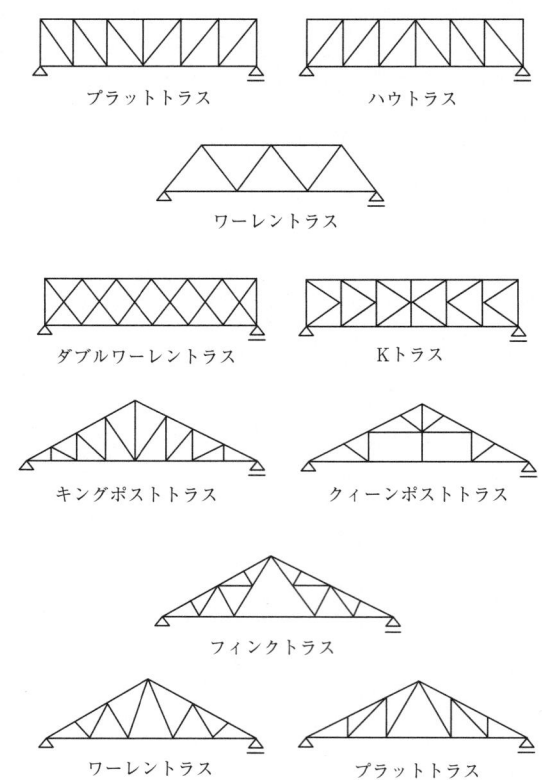

図3・1　単純梁静定トラス
明らかにトラス構造とわかるときは，節点の○を省略し，このように表すことが多い

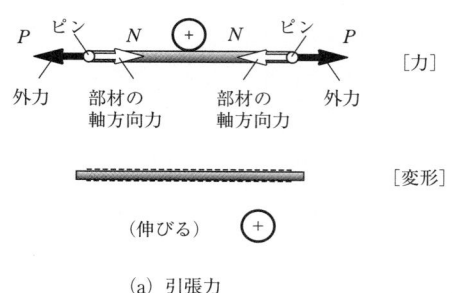

（a）引張力

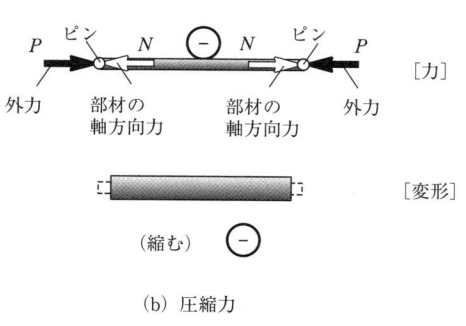

（b）圧縮力

図3・2　部材の軸方向力と伸縮

る解法にかかわらず，一般的にはまず支点に作用する反力を求める必要がある．反力は「第2章 力の基本」で示した方法により求めることができる．すなわち，

$\Sigma X = 0, \Sigma Y = 0, \Sigma M = 0$

から求められる．トラス構造であるから，部材には曲げモーメントが作用していないので，上述したように節点における釣り合い式としては，$\Sigma X = 0$，$\Sigma Y = 0$ のみである．しかし，反力を求める際には，釣り合い状態にある構造物全体が回転しないという条件から，$\Sigma M = 0$ を用いることになる．

以下，例題により，その手順を示す．

例題3・1 静定トラスを節点法による数式解法で解く

図3・3に示すトラスを節点法による数式解法により解け．

解 答

○反力

図3・3のように反力を仮定し，釣り合い式より求める．

$\Sigma X = 0 \rightarrow -H_{A'} = 0$

$\Sigma Y = 0 \rightarrow -4-4-4-4-4+V_A+V_{A'} = 0$

$\Sigma M_A = 0 \rightarrow 4\times4+4\times8+4\times12+4\times16-V_{A'}\times16 = 0$

$V_A = 10\,\text{kN},\ V_{A'} = 10\,\text{kN},\ H_{A'} = 0\,\text{kN}$

○各節点における力の釣り合い

A節点 N_{AC}，N_{AB} を求める．

N_{AC}，N_{AB} は図3・4(a1)のように，部材内に生じる力を引張力と仮定する．これより釣り合い式を用いて，以下のように求められる．

$\Sigma X = 0 \rightarrow N_{AB} + N_{AC} \cos 30° = 0$

$\qquad\qquad\qquad N_{AB} + N_{AC} \times \dfrac{\sqrt{3}}{2} = 0$

$\Sigma Y = 0 \rightarrow 10 - 4 + N_{AC} \sin 30° = 0$

$\qquad\qquad\qquad 10 - 4 + N_{AC} \times \dfrac{1}{2} = 0$

これを解いて，

$N_{AC} = -12\,\text{kN},\ N_{AB} = 6\sqrt{3}\,\text{kN}$

となる．$N_{AC} = -12\,\text{kN}$ は，N_{AC} に対して仮定した矢印の向きが反対であったことを示している．すなわち AC 材の軸方向力は，A 節点においては，A 節点に向かう方向の矢印で表せ，これは軸方向力が A 節点を押すような力となっていることを示している．先に示した図3・2でいうと(b)と同じである．よって AC 材の軸方向力は圧縮である．

一方，AB 材では，軸方向力が A 節点を引張るような矢印として表されており，図3・2(a)に対応していることからも，この軸方向力は引張であることがわかる．

以上をまとめると，図3・4(a2)に示すように，

AC 材：12 kN（圧縮力），AB 材：$6\sqrt{3}$ kN（引張力）

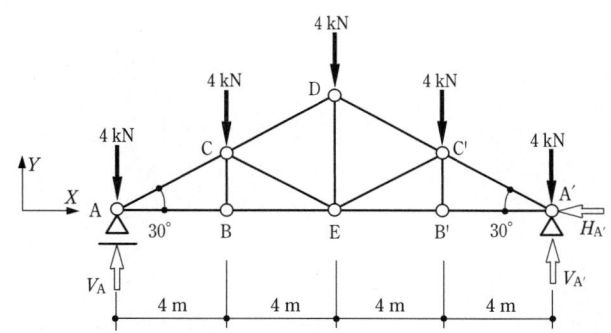

図3・3 **例題3・1** 静定トラスを節点法による数式解法で解く

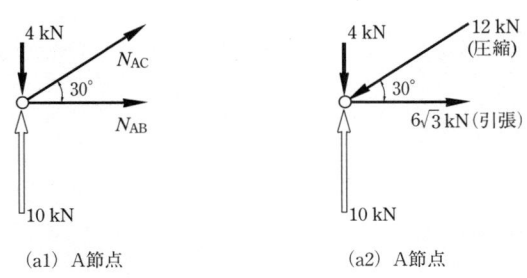

(a1) A節点　　　　(a2) A節点

図3・4(1) 各節点に作用する外力と軸力

B節点　N_{BC}, N_{BE} を求める.

図3·4(b1)のように, N_{BC}, N_{BE} を引張力と仮定する. N_{BA} はA点に対する釣り合いから引張力が求まっているので, 図3·4(b1)のように示せる. 釣り合い式を用いて,

$\Sigma X = 0 \rightarrow -6\sqrt{3} + N_{BE} = 0$

$\Sigma Y = 0 \rightarrow N_{BC} = 0$

$N_{BC} = 0$ kN, $N_{BE} = 6\sqrt{3}$ kN（引張力）

これを図示すると図3·4(b2)のようになる.

C節点　N_{CD}, N_{CE} を求める.

図3·4(c1)のように, N_{CD}, N_{CE} を引張力と仮定する. 釣り合い式を用いて,

$\Sigma X = 0 \rightarrow 12 \times \dfrac{\sqrt{3}}{2} + N_{CD} \times \dfrac{\sqrt{3}}{2} + N_{CE} \times \dfrac{\sqrt{3}}{2} = 0$

$\Sigma Y = 0 \rightarrow 12 \times \dfrac{1}{2} - 4 + N_{CD} \times \dfrac{1}{2} - N_{CE} \times \dfrac{1}{2} = 0$

$N_{CD} = -8$ kN（圧縮力）, $N_{CE} = -4$ kN（圧縮力）

これを図示すると図3·4(c2)のようになる.

D節点　N_{DE}, $N_{DC'}$ を求める.

図3·4(d1)のように, N_{DE}, $N_{DC'}$ を圧縮力と仮定する. 釣り合い式を用いて,

$\Sigma X = 0 \rightarrow 8 \times \dfrac{\sqrt{3}}{2} - N_{DC'} \times \dfrac{\sqrt{3}}{2} = 0$

$\Sigma Y = 0 \rightarrow 8 \times \dfrac{1}{2} - 4 + N_{DC'} \times \dfrac{1}{2} + N_{DE} = 0$

$N_{DC'} = 8$ kN（圧縮力）, $N_{DE} = -4$ kN（引張力）

これを図示すると図3·4(d2)のようになる.

E節点　$N_{EC'}$, $N_{EB'}$ を求める.

図3·4(e1)のように, $N_{EC'}$, $N_{EB'}$ を引張力と仮定する. 釣り合い式を用いて,

$\Sigma X = 0 \rightarrow -6\sqrt{3} + 4 \times \dfrac{\sqrt{3}}{2} + N_{EC'} \times \dfrac{\sqrt{3}}{2} + N_{EB'} = 0$

$\Sigma Y = 0 \rightarrow -4 \times \dfrac{1}{2} + 4 + N_{EC'} \times \dfrac{1}{2} = 0$

$N_{EC'} = -4$ kN（圧縮力）, $N_{EB'} = 6\sqrt{3}$ kN（引張力）

これを図示すると図3·4(e2)のようになる.

以上をまとめて, トラスに作用する反力および軸方向力を図3·5に示す. なお, 軸方向力を図示する方法として, 図3·13(2)の(f)のように表すこともある.

図3·5からわかるように, 節点BおよびB'では材が直線的につながる水平材に取り付いており, かつ, これらの節点には外力が作用していないため, BC材およびB'C'材には軸力が生じない.

b) 節点法による図式解法

次に, 同様に節点法を用いるが, ここでは図式解法を説

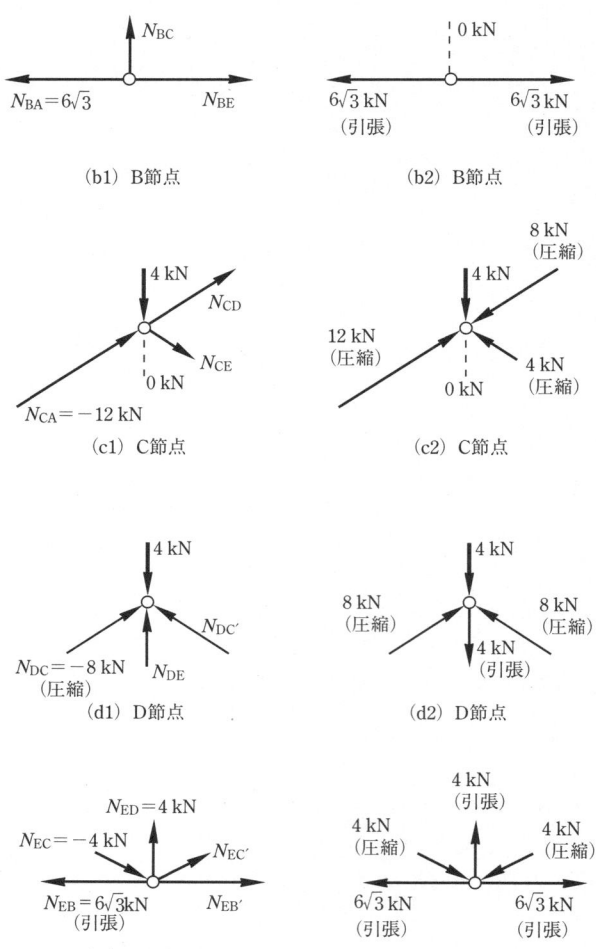

図3·4(2)　各節点に作用する外力と軸力

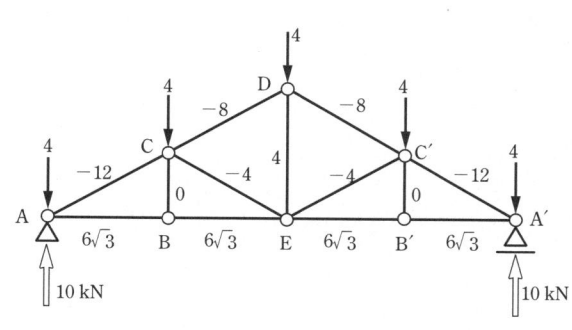

図3·5　トラスの反力および軸方向力

明する．これは，各節点において力が釣り合っていることから，各節点に作用する力の示力図が閉じることを利用するものである．

以下，例題により，その手順を示す．

例題3・2 静定トラスを節点法による図式解法で解く

図3・6に示すトラスを節点法による図式解法により解け．

解答

○反力

図3・3に示したものと同じ例題を，図式解法にて解く．この場合もまず，反力を求める．例題3・1と同様に，

$V_A = 10$ kN, $V_{A'} = 10$ kN

と求められる．

○領域を表す記号

次に外力，反力，部材により分けられる領域に記号を付ける．図3・6において○数字で表したものがそれにあたる．

○示力図

軸方向力が未知である部材数が2以下である節点から，示力図を描き始める．ここでは，A節点から描き始める．示力図の描き方をA節点を例に示したのが，図3・7である．図3・7(a)に示すようにA節点の回りには，4つの領域①，②，③，⑤がある．ここでは①を始点として時計回りに①→②→③→⑤→①と，順番に力の示力図を図3・7(b)のように描く．

1) ①→②と移動すると，そこには上向きの反力10kNがある．これを始点①からベクトルとして描き，終点を②とする．
2) ②→③と移動すると，そこには下向きの外力4kNがある．これを②からベクトルとして描き，終点を③とする．
3) ③→⑤と移動すると，そこには未知であるAC材の軸方向力N_{AC}がある．軸方向力は未知ではあるが，方向はAC材と同じであるから，③を通りAC材に平行な直線Ⅰを描く．
4) ⑤→①と移動すると，そこには未知であるAC材の軸方向力N_{AB}がある．軸方向力は未知ではあるが，方向はAB材と同じであるから，①を通り部材ACに平行な直線Ⅱを描く．
5) ⑤は，直線Ⅰと直線Ⅱの交点として求めることができる．
6) ⑤が求まったので，③→⑤と矢印を引くことによりN_{AC}の向きが求まる．すなわち，CからAに向かう矢印となり，これはN_{AC}が圧縮力であることを示している．
7) ⑤→①と矢印を引くことにより，N_{AB}はAからBに向かう矢印となり，これはN_{AB}が引張力であることを示している．

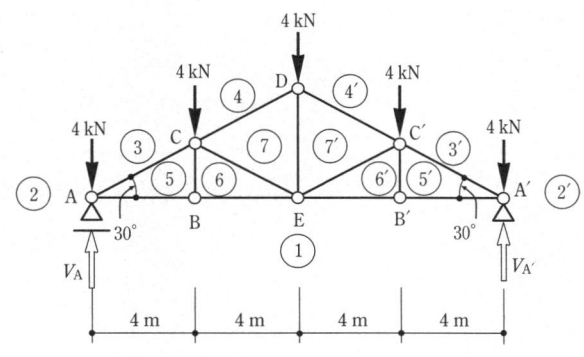

図3・6 例題3・2 静定トラスを節点法による図式解法で解く

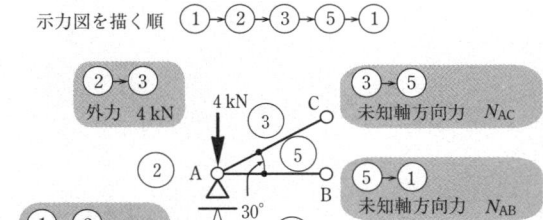

(a) A節点回りの領域と示力図を描く順

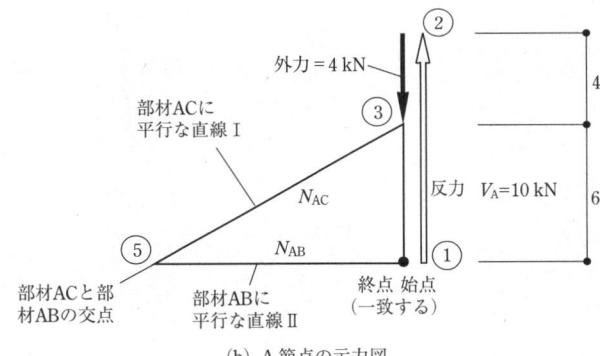

(b) A節点の示力図

図3・7 示力図の描き方（A節点）

このようにして，力の多角形が閉じるように描くことにより求めた示力図を，図3･8(a)に示している．この示力図により，矢印の向き（圧縮，引張）および矢印の長さ（大きさ）を求めることができる．これを次の節点へと移って，繰り返してゆく．

（例題3･2）のトラスは左右対称であるから，節点A, B, C, D, E のみについて，その示力図を図3･8に示した．これらの示力図を重ねて描き１つにまとめると，図3･9のようになり，この図をクレモナ図と呼ぶ．

【問題3･1】

図に示すトラスを，節点法の数式解法および図式解法を用いて解きなさい．

3. 切断法

切断法には，図式解法（クルマンの図解法）と数式解法（リッターの切断法）とがあるが，ここでは簡便なリッターの切断法について説明する．

これは，トラスの中間にある任意の部材の軸方向力だけを求めたいときや，節点法では未知の軸方向力が３つ以上で解けないときに，１部材の軸方向力を求めるのに便利な方法である．

以下に例題とともに，解法の手順を示す．

（例題3･3） トラスをリッターの切断法を用いて解く

図3･10に示す静定トラスにおいて，BD, CD, CC′ 材に生じる軸方向力をリッターの切断法により求めよ．

（解　答）

○反力を求める

まず反力を求める．釣り合い式 $\Sigma Y = 0$, $\Sigma M = 0$ より，

$V_A = 4$ kN, $V_{A'} = 4$ kN

と求めることができる．

○トラスを切断し，軸方向力を仮定する

図3･11に示したようにBD, CD, CC′ 材を通るよう切断し，この切断面に各部材の軸方向力 N_{BD}, N_{CD}, $N_{CC'}$ の向きを図のように仮定する．すなわち，ここではすべて引張力と仮

(a) A節点

(b) B節点

(c) C節点

(d) D節点

(e) E節点

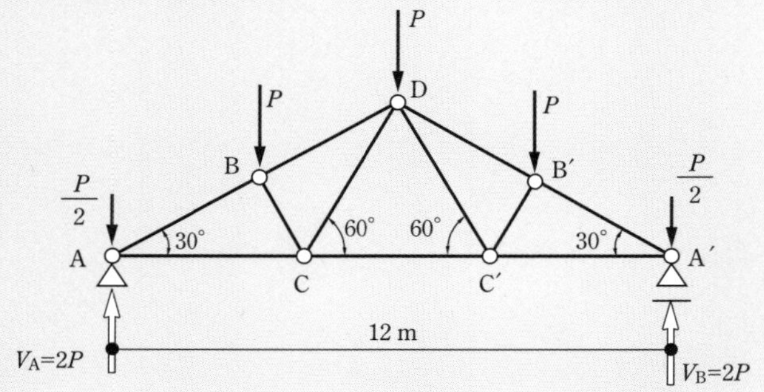

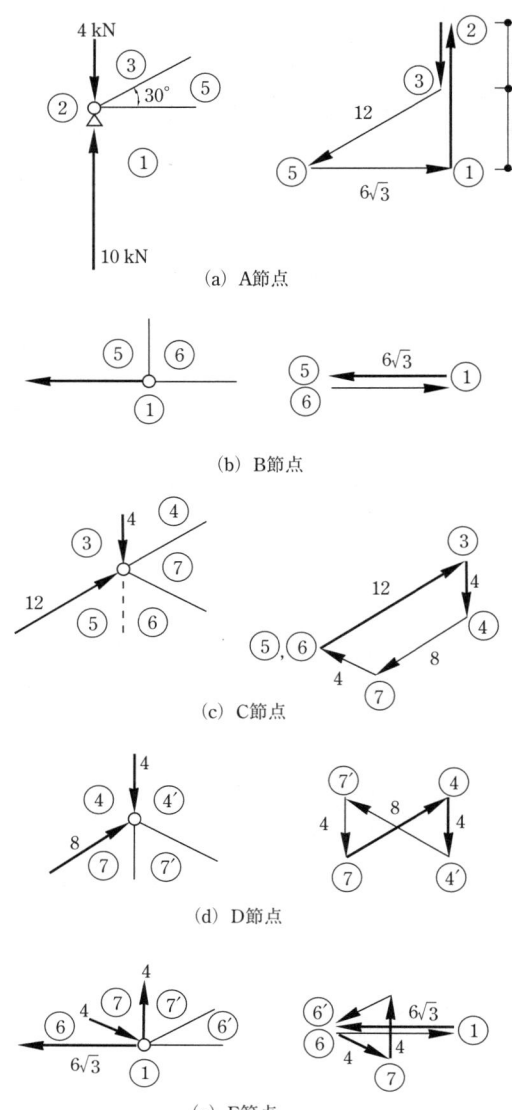

図3･8　各節点における示力図

図3･9　クレモナ図

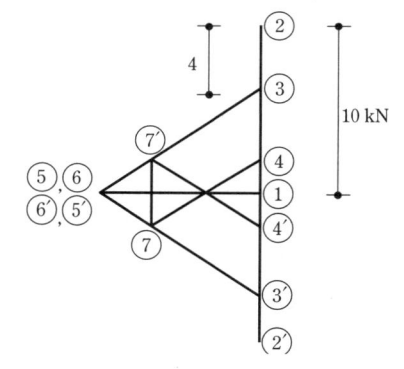

定したことになる.

○モーメントの釣り合い式を用いる

部材BD

部材BDの軸方向力を求めるために，他の2つの未知の軸方向力N_{CD}, $N_{CC'}$がモーメントの釣り合い式に登場しないように，N_{CD}, $N_{CC'}$の交点であるC点回りの外力・反力と，切断面に作用している力のモーメントの釣り合い式を用いる（図3・11(a)）.

$\Sigma M_C = 0$　→　$4 \times 4 - 1 \times 4 - 2 \times 1 + N_{BD} \times 2 = 0$

$N_{BD} = -5$ kN（圧縮力）

部材CD

部材CDの軸方向力を求めるために，他の2つの未知の軸方向力N_{BD}, $N_{CC'}$がモーメントの釣り合い式に登場しないように，N_{BD}, $N_{CC'}$の交点であるA点回りのモーメントの釣り合い式を用いる（図3・11(b)）.

$\Sigma M_A = 0$　→　$2 \times 3 - N_{CD} \times 2\sqrt{3} = 0$

$N_{CD} = \sqrt{3}$ kN（引張力）

部材CC′

部材CC′の軸方向力を求めるために，他の2つの未知の軸方向力N_{BD}, N_{CD}がモーメントの釣り合い式に登場しないように，N_{BD}, N_{CD}の交点であるD点回りのモーメントの釣り合い式を用いる（図3・11(c)）.

$\Sigma M_D = 0$　→　$4 \times 6 - 1 \times 6 - 2 \times 3 - N_{CC'} \times 2\sqrt{3} = 0$

$N_{CC'} = 2\sqrt{3}$ kN（引張力）

以上をまとめると，図3・11(d)のようになる.

【問題3・2】

図に示す静定トラスにおいて，部材FH, EH, EGに生じる軸方向力を，リッターの切断法を用いて求めなさい.

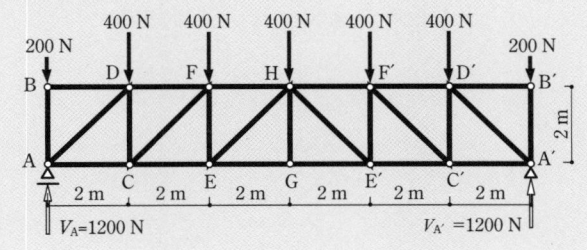

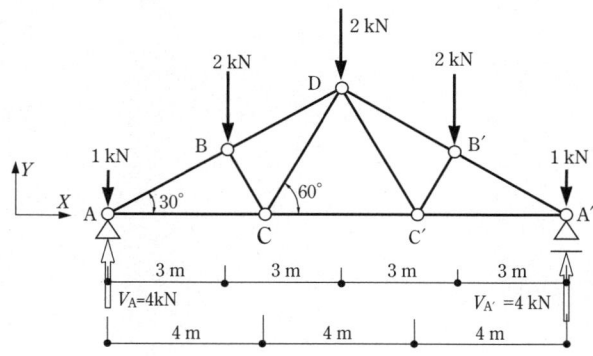

図3・10　（例題3・3）トラスをリッターの切断法を用いて解く

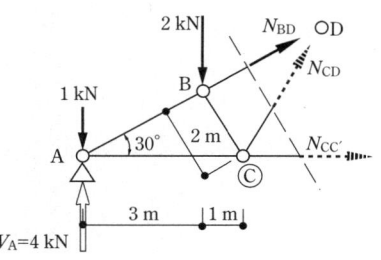

(a) 部材BDに生じる力

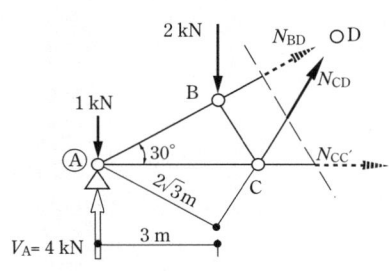

(b) 部材CDに生じる力

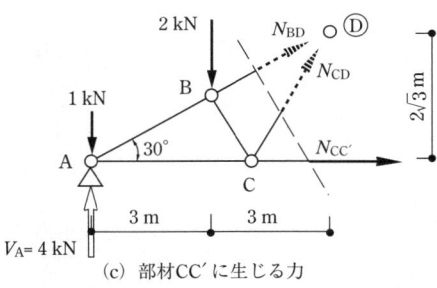

(c) 部材CC′に生じる力

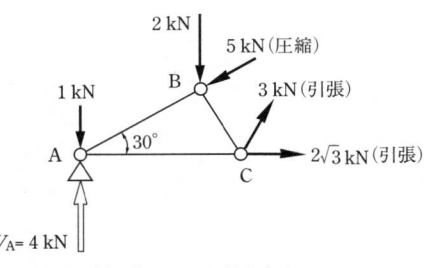

(d) 求められた軸方向力

図3・11　切断後のトラス（切断面に作用する軸方向力，モーメントの釣り合いを考える点Ⓒ, Ⓐ, Ⓓ）

3・2 静定梁

静定梁には，一方の梁端が固定端で他方の梁端が自由端である**片持梁**，およびピンとローラーにより支持された**単純梁**がある．これらは支持点の条件は異なるが，部材に生じる力の求め方は同じである．

1. 梁部材に生じる力

トラス節点に外力が作用するとトラス部材には軸方向力のみが生じたが，梁に外力が作用すると梁部材には**軸方向力の他にせん断力，曲げモーメント**が作用する．これらを図3・12に示す．

軸方向力は，「3・1節　静定トラス」で説明したように，材軸方向に作用し，部材を伸ばそうとする引張力と縮ませようとする圧縮力がある．図3・12の写真では，圧縮力を受けた場合を示しており，部材は一様に縮んでいる．

せん断力は，部材の材軸に対して直交方向に作用し，部材に図3・12に示したようなずれを生じさせるような力である．はさみで物を切断するときに作用する力がこれにあたる．写真では，負（−）のせん断力を受けた場合を示している．本書では，せん断力として Q の記号を用いる．

曲げモーメントは，図3・12に示したように材を曲げようとするモーメントである．写真では，正（＋）の曲げモーメントを受けた場合を示しており，部材は上端で縮み，下端で伸びている．本書では，曲げモーメントとして M の記号を用いる．

軸方向力の符号に関しては，既にトラスのところで示したものと同じであるが，せん断力，曲げモーメントに関しても図3・12のように符号を定義する．すなわち，せん断力に関しては，時計回りに回転させるようにみえるせん断力を正（＋），その反対を負（−）とする．曲げモーメントに関しては，下端引張となるような場合を正（＋），上端引張となる場合を負（−）とする．

2. 梁部材に生じる力の求め方と描き方

○軸方向力

図3・13(a)に示すような外力を受ける片持梁を例に，軸方向力を求め，描く．

1) 図3・13(a)に示したように，力の釣り合い条件式から図中の固定端反力は $H_B = 5$ kN のみで，鉛直反力 V_B もモーメント反力 M_B も生じない．部材に任意の点 C をとり，ここで材軸に直交するように作った切断面に作用する力の記号と向きを，図3・13(b)のように仮定する．この片持梁は釣り合いの状態にあるから，切断面で左右に切り離した自由体（図3・13(c)および図3・13(d)）においても

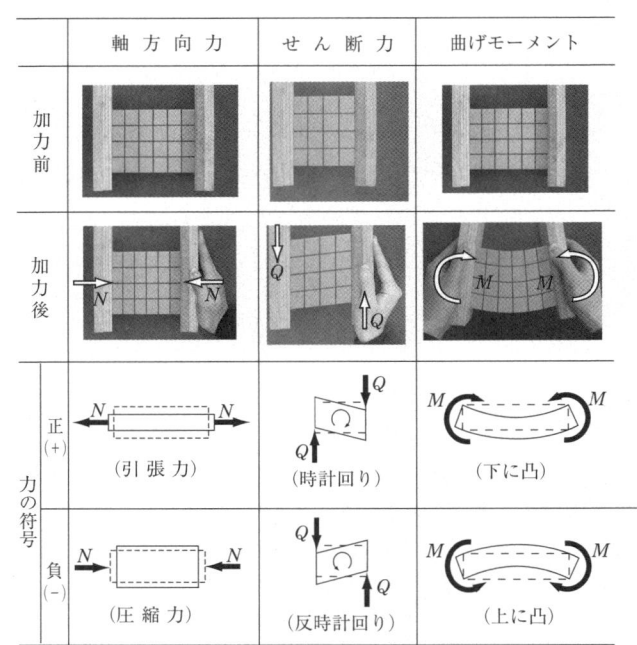

破線は変形前の状態を示す．

図3・12　力による部材の変形と力の符号の定義

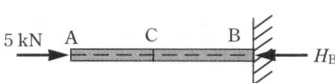

(a) 自由端に圧縮力を受ける片持梁

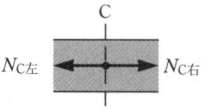

(b) 断面Cに作用する軸方向力の仮定

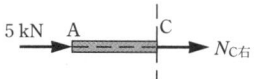

(c) 断面Cの左側の自由体の釣り合い

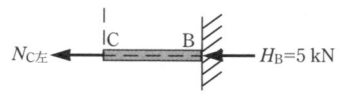

(d) 断面Cの右側の自由体の釣り合い

図3・13(1)　自由端に軸方向外力を受ける片持梁

力の釣り合いが成立している．

2) 図3・13(c)に示した左側の自由体に対して，力の釣り合い式を適用すると，

$\Sigma X = 0$ → $5 + N_{C右} = 0$

$N_{C右} = -5$ kN

ここで$N_{C右}$の値が負になったのは，仮定した矢印の向きが反対であったことを示している．同様にして，図3・13(d)に示した右側の自由体に対する力の釣り合いから，

$\Sigma X = 0$ → $-N_{C左} - 5 = 0$

$N_{C左} = -5$ kN

ここで$N_{C左}$も，仮定した矢印の向きが反対であったことを示している．

3) 以上の結果を図にして描きなおすと，図3・13(e)のようになる．

この図から，どちらの自由体にも圧縮の軸方向力5kNが生じていることがわかる．C点の切断面における$N_{C右}$と$N_{C左}$は常時一対で生じており，C点の軸方向力はN_Cで表し，図3・13(c)，図3・13(d)のどちらの自由体を用いて求めてもよい．図3・12に従うと軸方向力の符号は負であり，これを考慮して軸方向力図（N図）として示したのが図3・13(f)である．

図のように，引張，圧縮の違いは図中に＋，－を記入し，大きさは数字で表す．このときに，部材軸に垂直に線を引いていることには意味がある．この線の長さは，その点における部材軸に垂直な断面に生じる軸力の大きさを表している．

○せん断力および曲げモーメント

図3・14(a)に示すような集中荷重を受ける単純梁を例に，せん断力，曲げモーメントを求め，描く．

1) 図3・14(a)に示したように，力の釣り合い条件式からA, B点の反力は$V_A = 8$ kN，$V_B = 4$ kNとなる．部材のAC間にA点からx離れた点Dをとり，ここで材軸に直交するように作った切断面に作用する力の記号と向きを図3・14(b)のように仮定する．この単純梁は釣り合いの状態にあるから，切断面で左右に切り離した自由体（図3・14(c)および図3・14(d)）においても力の釣り合いが成立している．

2) 図3・14(c)に示した左側の自由体に対して，力の釣り合い式を適用すると，

$\Sigma Y = 0$ → $V_A - Q_{D右} = 0$

$8 - Q_{D右} = 0$，$Q_{D右} = 8$ kN

$\Sigma M_D = 0$ → $V_A \times x - M_{D右} = 0$

$8x - M_{D右} = 0$，$M_{D右} = 8x$ kN・m

同様にして，図3・14(d)に示した右側の自由体に対する力の釣り合いから，

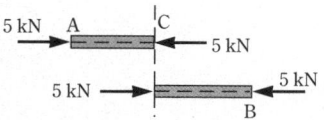

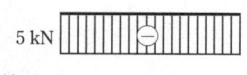

(e) 2つの自由体に作用する軸方向力

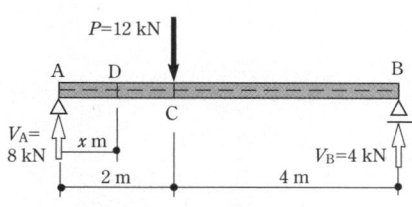

(f) N図

図3・13(2) 自由端に軸方向外力を受ける片持梁

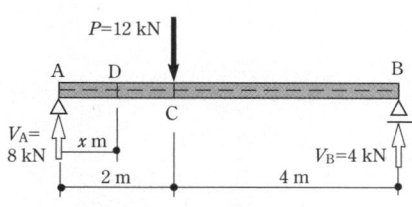

(a) 集中荷重を受ける単純梁

(b) 断面Dに作用するせん断力と曲げモーメントの仮定

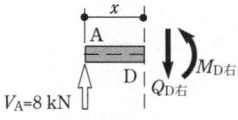

(c) 断面Dの左側自由体の釣り合い

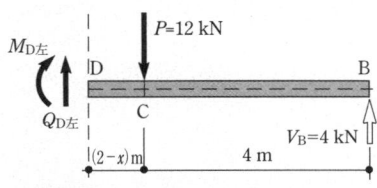

(d) 断面Dの右側自由体の釣り合い

図3・14(1) 集中荷重を受ける単純梁

$\Sigma Y = 0 \rightarrow Q_{D左} - 12 + V_B = 0$

$Q_{D左} - 8 = 0,\ Q_{D左} = 8\ \mathrm{kN}$

$\Sigma M_D = 0 \rightarrow$

$M_{D左} + 12 \times (2 - x) - V_B \times (6 - x) = 0$

$M_{D左} - 8x = 0,\ M_{D左} = 8x\ \mathrm{kN \cdot m}$

$Q_{D右}$と$Q_{D左}$，$M_{D右}$と$M_{D左}$は，常時一対として生じているので，D点におけるせん断力，曲げモーメントは，軸方向力で説明したものと同様に，Q_D，M_Dで表し，図3·14(c)，図3·14(d)のどちらの自由体を用いて求めてもよい．

3) C–B 間の任意の点でも，切断して自由体を作りQ，Mを同様に求めることができる．以上の結果を図にして描きなおすと，図3·14(e)のようになる．AC材のせん断力は図3·12に従うと，符号は正となる．曲げモーメントは$8x$ kN·m（x：A点からの距離）であるが，この曲げモーメントにより，図3·14(f)に示したように変形するので，下側引張となることがわかる．よって，曲げモーメントの符号は正である．

本書においては，モーメント図は部材が引張を受ける側に描くこととするので，下側に描く．

C 点において外力が作用しているので，CB 材のせん断力および曲げモーメントに関しては，CB 間の任意の点で切断して同様の方法で求めることができる．最終的な結果をせん断力図（Q図），曲げモーメント図（M図）として示したのが，図3·14(g)である．

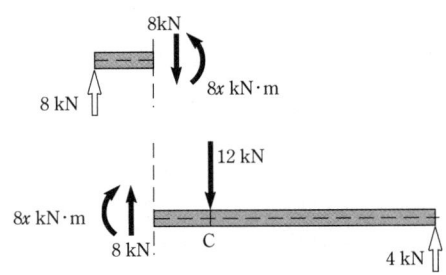

(e) 断面Dの両側にできた自由体の釣り合い

(f) A–B間の変形

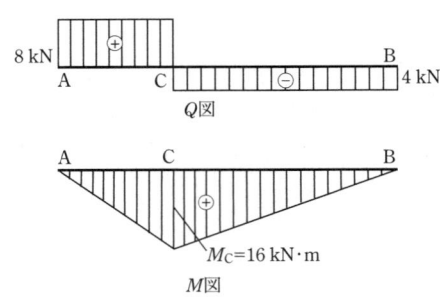

(g) Q図とM図

図3·14(2)　集中荷重を受ける単純梁

3. 荷重・せん断力・曲げモーメントの関係

一般に直線部材に生じる力，せん断力 Q と曲げモーメント M の間，およびこれらの力と荷重 w の間には一定の関係がある．

ここで，図3·15のように直線部材から微小長さΔxの自由体を取り出す．これに加わる等分布荷重をwとし，またその左右両断面に加わるせん断力と曲げモーメントをそれぞれ，Q，Mならびに$Q + \Delta Q$，$M + \Delta M$とする．wおよびQの符号に関しては，図2·2に従い，上向きを正とし，モーメントMに関しては時計回りを正とする．

自由体は静止しており，釣り合いの状態にあるので，以下の釣り合い式が成立する．

$\Sigma Y = 0 \rightarrow$

$Q - w\Delta x - (Q + \Delta Q) = 0$

$\therefore \dfrac{\Delta Q}{\Delta x} = -w$ ………………………………(3.1)

$\Sigma M_A = 0$ （A点回り） $\rightarrow$

$M + Q \times \Delta x - w\Delta x \times \dfrac{\Delta x}{2} - (M + \Delta M) = 0$

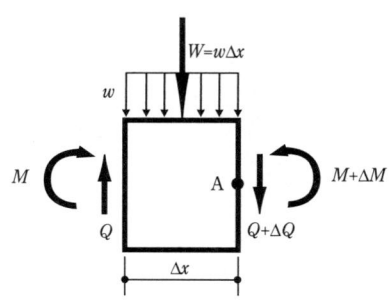

図3·15　部材の微小部分に作用する力の釣り合い

$$\therefore \frac{\Delta M}{\Delta x} = Q - \frac{w\Delta x}{2} \quad \cdots\cdots\cdots\cdots\cdots (3.2)$$

Δx を極めて小さくとれば，(3.1) および (3.2) 式は，(3.3) および (3.4) 式となる．

$$\frac{dQ}{dx} = -w \quad \cdots\cdots\cdots\cdots\cdots\cdots\cdots\cdots\cdots (3.3)$$

$$\frac{dM}{dx} = Q \quad \cdots\cdots\cdots\cdots\cdots\cdots\cdots\cdots\cdots\cdots (3.4)$$

すなわち，曲げモーメント図の勾配がせん断力の大きさを示し，せん断力図の勾配が，外力の大きさを示していることになる．

あるいは (3.3) および (3.4) 式の関係から (3.5) 式の関係も導かれる．

$$\frac{d^2M}{dx^2} = \frac{dQ}{dx} = -w \quad \cdots\cdots\cdots\cdots\cdots (3.5)$$

ここでは，外力として等分布荷重を例に示したが，(3.3) から (3.5) 式は，いかなる荷重でも成立する関係である．これらの関係は，非常に重要な関係であり，以下に示す全例題において，この関係が成立していることを常に意識してほしい．

3・3 片持梁

以下に，片持梁が集中荷重，等分布荷重，等変分布荷重，モーメント荷重を受ける場合を例題を用いて示す．解法の過程でしばしば切断面が登場するが，特にことわらない限り，材軸に直交する切断面のことである．

1. 集中荷重を受ける場合

例題3・4　集中荷重を受ける片持梁を解く

図3・16に示す集中荷重を受ける片持梁を解け．

解　答

片持梁では，自由端 A が存在する．そこで，部材を切断して自由体を作った場合，自由端を含む自由体に対する力の釣り合い式を用いれば，反力を求めなくても部材に作用する力が求められる．

1) 作用する外力を水平・鉛直方向に分解する．この例題では，C 点に作用する集中荷重 P_C が斜めに作用しているので，図3・17に示すようにP_{CX}, P_{CY}に分解する．釣り合い式は水平・鉛直方向およびモーメントに対するものを用いるから，このように分解しておくと間違えにくくなるからである．

2) 部材に生じる力を求めるために，切断点を設ける．本例題では，A–C 間では自由端Aから C点まで外力が作用していないので，部材に生じる力 N, Q, M はゼロである．

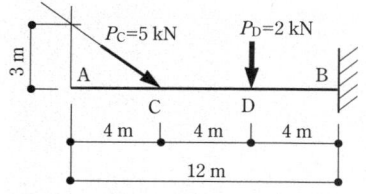

図3・16　例題3・4　集中荷重を受ける片持梁を解く

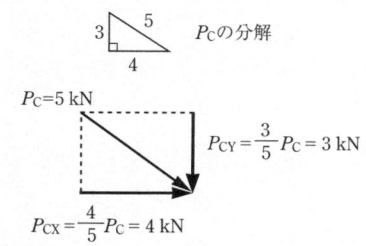

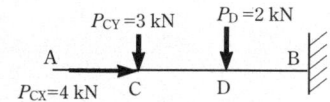

図3・17　例題3・4 の節点に作用する力

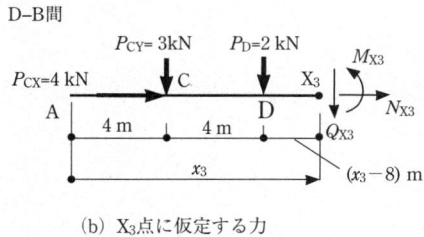

図3・18　例題3・4 の切断面に仮定した力

C–D 間に任意の切断点 X_2 を，D–B 間に任意の切断点 X_3 を設けて，図3·18(a)，図3·18(b)のように部材に生じる力 $N_{X2}, Q_{X2}, M_{X2}, N_{X3}, Q_{X3}, M_{X3}$ を仮定する．

3) $\Sigma X = 0$ より軸方向力を求める．

A–C 間　N_{AC}

外力・反力が作用していない．

$$\therefore N_{AC} = 0$$

C–D 間　N_{CD}

$$P_{CX} + N_{X2} = 0$$
$$N_{X2} = -P_{CX} = -4 \text{ kN （C–D間で一定）}$$
$$\therefore N_{CD} = -4 \text{ kN （圧縮）}$$

D–B 間　N_{DB}

$$P_{CX} + N_{X3} = 0$$
$$N_{X3} = -P_{CX} = -4 \text{ kN （D–B間で一定）}$$
$$\therefore N_{DB} = -4 \text{ kN （圧縮）}$$

4) $\Sigma Y = 0$ よりせん断力を求める．

A–C 間　Q_{AC}

外力・反力が作用していない．

$$\therefore Q_{AC} = 0$$

C–D 間　Q_{CD}

$$-P_{CY} - Q_{X2} = 0$$
$$Q_{X2} = -P_{CY} = -3 \text{ kN}$$
（反時計回りのせん断力，C–D間で一定）
$$\therefore Q_{CD} = -3 \text{ kN}$$

D–B 間　Q_{DB}

$$-P_{CY} - P_D - Q_{X3} = 0$$
$$Q_{X3} = -P_{CY} - P_D = -3 - 2 = -5 \text{ kN}$$
（反時計回りのせん断力，D–B間で一定）
$$\therefore Q_{DB} = -5 \text{ kN}$$

5) $\Sigma M = 0$ より曲げモーメントを求める．

A–C 間

外力・反力が作用していない．

$$\therefore M_A = 0, \quad M_C = 0$$

C–D 間（X_2 点回り）

$$-P_{CY} \times (x_2 - 4) - M_{X2} = 0$$
$$M_{X2} = -P_{CY} \times (x_2 - 4)$$
$$= -3x_2 + 12$$

C 点では，$x_2 = 4$ m
$$M_C = -3 \times 4 + 12 = 0 \text{ kN·m}$$

D 点では，$x_2 = 8$ m
$$M_D = -3 \times 8 + 12 = -12 \text{ kN·m}$$
（上側引張）

D–B 間（X_3 点回り）

$$-P_{CY} \times (x_3 - 4) - P_D \times (x_3 - 8) - M_{X3} = 0$$
$$M_{X3} = -P_{CY} \times (x_3 - 4) - P_D \times (x_3 - 8)$$

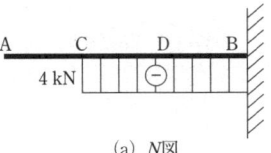

(a) N 図

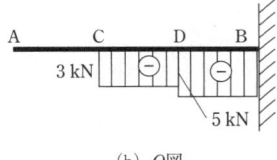

(b) Q 図

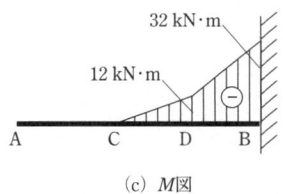

(c) M 図

図3·19　(例題3·4)の N 図，Q 図，M 図

図3·19で曲げモーメントの勾配とせん断力の関係を調べてみよう．
(c) の曲げモーメントの勾配は，
A–C 間：0
C–D 間：$(-12 - 0)/4 = -3$ kN
D–B 間：$\{(-32) - (-12)\}/4 = -5$ kN
となり，(b)に示したせん断力図の値と一致している．

$$= -3 \times (x_3 - 4) - 2 \times (x_3 - 8)$$
$$= -5x_3 + 28$$

D点では，$x_3 = 8$ m
$$M_D = -5 \times 8 + 28 = -12 \text{ kN·m}$$
（上側引張）

B点では，$x_3 = 12$ m
$$M_B = -5 \times 12 + 28 = -32 \text{ kN·m}$$
（上側引張）

以上の結果をまとめて，図3·19のようにN図，Q図，M図が求められる．

2. 等分布荷重を受ける場合

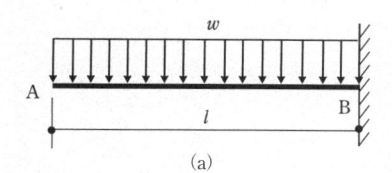

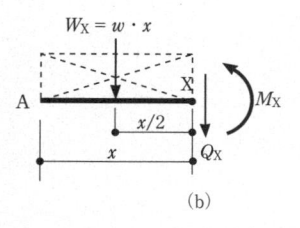

例題3.5 等分布荷重を受ける片持梁を解く

図3·20(a)に示す等分布荷重を受ける片持梁を解け．

解答

片持梁であるから，反力を求めなくても，部材に作用する力が求められる．

1) 図3·20(b)のように自由端 A から x の位置で切断し，この切断面に作用するせん断力および曲げモーメントを図のように仮定する．x までの等分布荷重を集中荷重 W_X に置き換えて考える．外力は鉛直方向の等分布荷重のみであるから，軸方向力は作用しない．

2) $\Sigma Y = 0$ より，せん断力 Q_X を求める．
$$-Q_X - W_X = 0 \Rightarrow Q_X = -W_X = -wx$$
A点：$x = 0 \Rightarrow Q_A = 0$
B点：$x = l \Rightarrow Q_B = -wl$

3) $\Sigma M = 0$ より，曲げモーメントを求める（X点回り）．
$$-M_X - W_X \times \frac{x}{2} = 0 \Rightarrow M_X = -\frac{wx^2}{2}$$
A点：$x = 0 \Rightarrow M_A = 0$
B点：$x = l \Rightarrow M_B = -\frac{wl^2}{2}$

以上の結果をまとめて示すと図3·21のように Q 図，M 図が求められる．(3.3)，(3.4)式が成立していることを確認してほしい．

3. 等変分布荷重を受ける場合

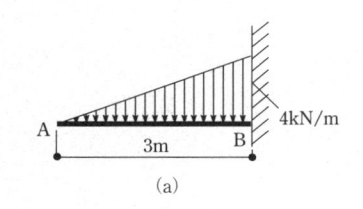

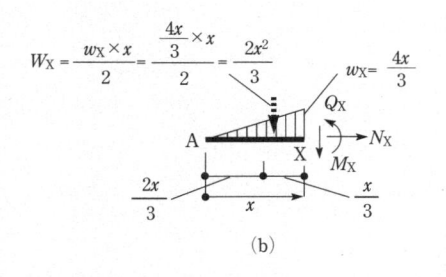

例題3.6 等変分布荷重を受ける片持梁を解く

図3·22(a)に示す等変分布荷重が受ける片持梁を解け．

解答

1) 図3·22(b)のように先端から X の位置で切断し，この切断面に作用するせん断力および曲げモーメントを図のように仮定する．X までの等変分布荷重を集中荷重 W_X に置き換えて考える．X の位置における荷重の大きさは $w_X = 4x/3$（kN/m）であるから，$W_X = 1/2 \times x \times 4x/3 =$

図3·20 **例題3.5** 等分布荷重を受ける片持梁を解く

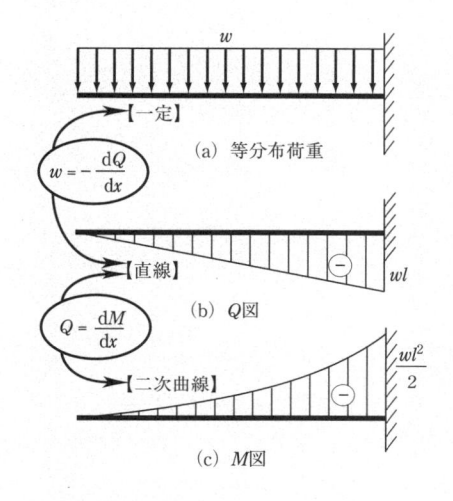

図3·21 **例題3.5** のQ図，M図

図3·22 **例題3.6** 等変分布荷重を受ける片持梁を解く

$2x^2/3$ (kN) となる．外力は，鉛直方向の等変分布荷重のみであるから，軸方向力は作用しない．

2) $\Sigma Y = 0$ よりせん断力 Q_X を求める．

$$-Q_X - W_X = 0 \Rightarrow Q_X = -W_X = -\frac{2x^2}{3}$$

A点：$x = 0 \Rightarrow Q_A = 0$
B点：$x = 3 \Rightarrow Q_B = -6$

3) $\Sigma M = 0$ より曲げモーメントを求める（X点回り）．

$$-M_X - W_X \times \frac{x}{3} = 0 \Rightarrow M_X = -\frac{2x^3}{9}$$

A点：$x = 0 \Rightarrow M_A = 0$
B点：$x = 3 \Rightarrow M_B = -6$

以上の結果をまとめて示すと，図3・23のようにQ図，M図が求められる．(3.3)，(3.4)式が成立していることを確認してほしい．

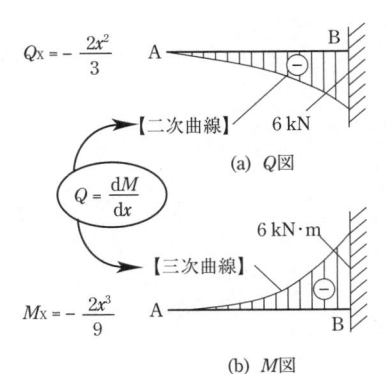

図3・23 例題3・6のQ図，M図

4．モーメント荷重を受ける場合

例題3・7 集中荷重とモーメント荷重を受ける片持梁を解く

図3・24に示す集中荷重およびモーメント荷重を受ける片持梁を解け．

解答

1) 外力は鉛直方向の集中荷重とモーメント荷重のみであるから，軸方向力は作用しない．A–C間に任意の切断点X_1を，C–B間に任意の切断点X_2を設けて図3・25(a)，(b)のように切断面に生じる力$Q_{X1}, M_{X1}, Q_{X2}, M_{X2}$を仮定する．

2) $\Sigma Y = 0$ より，せん断力を求める．

A–C間　Q_{AC}

$$-4 - Q_{X1} = 0 \Rightarrow Q_{X1} = -4 \text{ kN}$$

$$\therefore Q_{AC} = -4 \text{ kN}$$

C–B間　Q_{CB}

$$-4 - Q_{X2} = 0 \Rightarrow Q_{X2} = -4 \text{ kN}$$

$$\therefore Q_{CB} = -4 \text{ kN}$$

3) $\Sigma M = 0$ より，曲げモーメントを求める．

A–C間（X_1点回り）

$$-4 \times x_1 - M_{X1} = 0 \Rightarrow M_{X1} = -4x_1$$

A点：$x_1 = 0 \Rightarrow M_A = 0$
C点：$x_1 = 2 \Rightarrow M_C = -8 \text{ kN·m}$

A–C部材のC点では，仮定した曲げモーメントの向きは反対で，時計回りに8 kN·mである．よって上側が引張となるのでモーメント図は上側に描かれる．

C–B間（X_2点回り）

$$-4 \times x_2 - 6 - M_{X2} = 0 \Rightarrow M_{X2} = -4x_2 - 6$$

C点：$x_2 = 2 \Rightarrow M_C = -14 \text{ kN·m}$

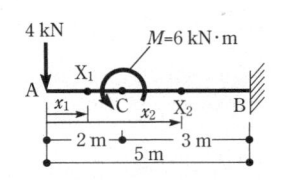

図3・24 例題3・7 集中荷重とモーメント荷重を受ける片持梁を解く

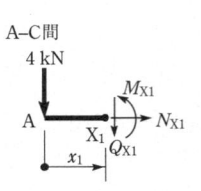

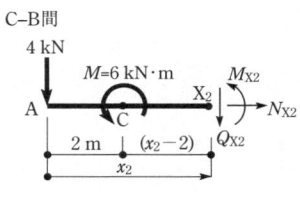

図3・25 例題3・7の切断面に仮定した力

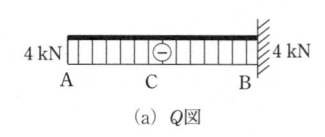

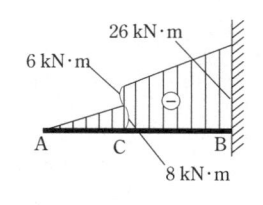

図3・26 例題3・7のQ図，M図

B点：$x_2 = 5$ ⇒ $M_B = -26$ kN·m

仮定した曲げモーメントの向きは反対で，C–B 部材のC点では時計回りに14 kN·mであり，B 点では時計回りに26 kN·mである．よって C–B 間では上側が引張となるので，モーメント図は上側に描かれる．

以上の結果をまとめて示すと，図3·26のように Q 図，M 図が求められる．M 図をみると，モーメント荷重の作用する点で，この外力モーメント分だけ不連続になっている．

3·4　単純梁

単純梁も静定構造物の1つである．部材に生じる力を求めるには，まず反力を求める必要がある．反力を求めたあとは，片持梁と同様な手順で部材に生じる力を求めることができる．

以下，単純梁が集中荷重，等分布荷重，等変分布荷重，モーメント荷重を受ける場合を，例題を用いて示す．

1. 集中荷重を受ける場合

例題3·8　集中荷重を受ける単純梁を解く

図3·27に示す集中荷重を受ける単純梁を解け．

解　答

1) 図3·28(a)のように外力を水平・鉛直に分解し，反力の向きを仮定する．釣り合い式は，

$\Sigma X = 0$ → $H_A - 1 = 0$

$\Sigma Y = 0$ → $V_A - \sqrt{3} + V_B = 0$

$\Sigma M_B = 0$ → $V_A \times 5 - \sqrt{3} \times 3 = 0$

となり，

$H_A = 1$ kN，$V_A = 0.6\sqrt{3}$ kN，$V_B = 0.4\sqrt{3}$ kN

が求められる．これを図3·28(b)に示す．

2) 図3·29(a)に示すように，A–C 間の任意点 X_1 で切断して，左側の自由体を取り出し，切断面に図3·29(a)のような力の向きを仮定する．また，C–B 間の任意点 X_2 で切断して，左側の自由体を取り出し，切断面に図3·29(b)のような力の向きを仮定する．

3) $\Sigma X = 0$ より軸方向力を求める．

A–C 間

$1 + N_{X1} = 0$ ⇒ $N_{X1} = -1$

∴ $N_{AC} = -1$ kN

C–B 間

$1 - 1 + N_{X2} = 0$ ⇒ $N_{X2} = 0$

∴ $N_{CB} = 0$

4) $\Sigma Y = 0$ よりせん断力を求める．

A–C 間

$0.6\sqrt{3} - Q_{X1} = 0$ ⇒ $Q_{X1} = 0.6\sqrt{3}$

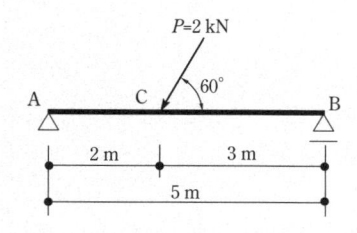

図3·27　**例題3·8** 集中荷重を受ける単純梁を解く

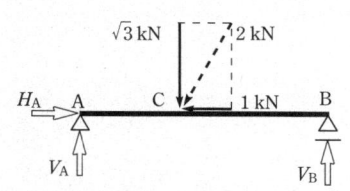

(a) 外力の分解と反力の仮定

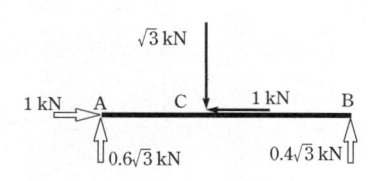

(b) 求められた反力

図3·28　**例題3·8** の反力

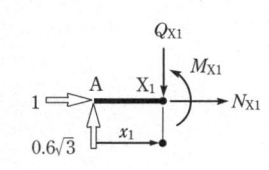

(a) X_1点に仮定する力

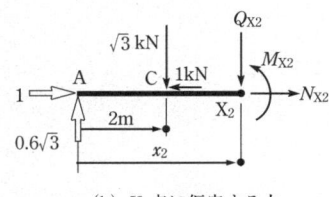

(b) X_2点に仮定する力

図3·29　**例題3·8** の切断面に仮定した力

∴ $Q_{AC} = 0.6\sqrt{3}$ kN

C–B 間

$0.6\sqrt{3} - \sqrt{3} - Q_{X2} = 0 \Rightarrow Q_{X2} = -0.4\sqrt{3}$

$Q_{CB} = -0.4\sqrt{3}$ kN

5) $\Sigma M = 0$ より曲げモーメントを求める．

A–C 間（X_1 点回り）

$0.6\sqrt{3} \times x_1 - M_{X1} = 0 \Rightarrow M_{X1} = 0.6\sqrt{3} x_1$

A 点：$x_1 = 0 \Rightarrow M_A = 0$

C 点：$x_1 = 2 \Rightarrow M_C = 1.2\sqrt{3}$ kN·m

C–B 間（X_2 点回り）

$0.6\sqrt{3} \times x_2 - \sqrt{3} \times (x_2 - 2) - M_{X2} = 0$

$\Rightarrow M_{X2} = -0.4\sqrt{3} x_2 + 2\sqrt{3}$

C 点：$x_1 = 2 \Rightarrow M_C = 1.2\sqrt{3}$ kN·m

B 点：$x_1 = 5 \Rightarrow M_B = 0$

以上の結果をまとめて示すと，図3·30のように N 図，Q 図，M 図が求められる．

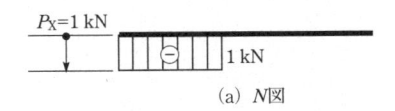

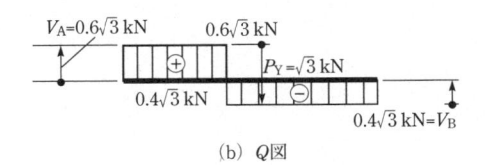

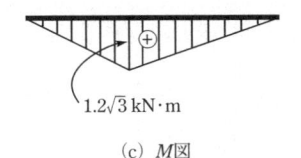

図3·30　(例題3·8)の N 図，Q 図，M 図

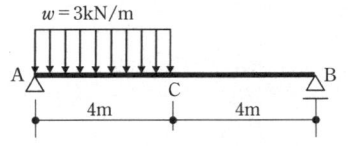

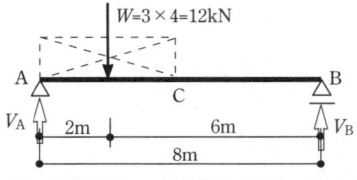

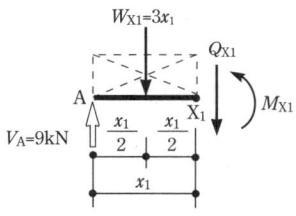

2．等分布荷重を受ける場合

例題3·9　等分布荷重を受ける単純梁を解く

図3·31(a)に示す等分布荷重を受ける単純梁を解け．

解答

1) 反力を図3·31(b)のように仮定し，釣り合い式により求める．等分布荷重を，図3·31(b)のように集中荷重に置き換えると考えやすい．

$\Sigma Y = 0 \rightarrow V_A - W + V_B = 0$

$\Sigma M_B = 0 \rightarrow V_A \times 8 - W \times 6 = 0$

$V_A = \dfrac{6}{8} \times W = 9$ kN,　$V_B = W - V_A = 3$ kN

2) 図3·31(c)，(d)に示すように，A–C 間の任意点 X_1 および C–B 間の任意点 X_2 で切断し，それぞれ左側の自由体を取り出して切断面に図のような力の向きを仮定する．

3) $\Sigma Y = 0$ よりせん断力を求める．

A–C 間

$V_A - W_{X1} - Q_{X1} = 0 \Rightarrow$

$Q_{X1} = V_A - W_{X1} = 9 - 3x_1$

A 点：$x_1 = 0 \Rightarrow Q_A = 9 - 3 \times 0 = 9$ kN

C 点：$x_1 = 4 \Rightarrow Q_C = 9 - 3 \times 4 = -3$ kN

C–B 間

$V_A - W - Q_{X2} = 0 \Rightarrow Q_{X2} = V_A - W = -3$ kN

4) $\Sigma M = 0$ より曲げモーメントを求める．

A–C 間（X_1 点回り）

$V_A \times x_1 - W_{X1} \times \dfrac{x_1}{2} - M_{X1} = 0 \Rightarrow$

$M_{X1} = V_A x_1 - W_{X1} \times \dfrac{x_1}{2} = 9x_1 - \dfrac{3}{2}x_1^2$

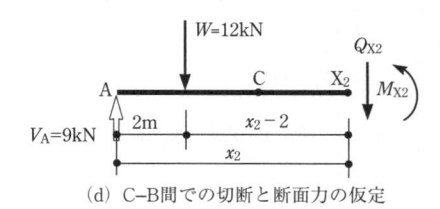

図3·31　(例題3·9)等分布荷重を受ける単純梁を解く

A 点：$x_1 = 0$ ⇒ $M_A = 9 \times 0 - \dfrac{3}{2} \times 0^2 = 0$

C 点：$X_1 = 4$ ⇒ $M_C = 9 \times 4 - \dfrac{3}{2} \times 4^2 = 12 \text{ kN·m}$

C–B 間（X_2 点回り）

$V_A \times x_2 - W \times (x_2 - 2) - M_{X2} = 0$ ⇒

$M_{X2} = V_A x_2 - W_{X2} + 2W = -3x_2 + 24$

B 点：$x_2 = 8$ ⇒ $M_B = -3 \times 8 + 24 = 0$

以上の結果をまとめて示すと図3·32(a)，(b)のようにQ図，M図が求められる．

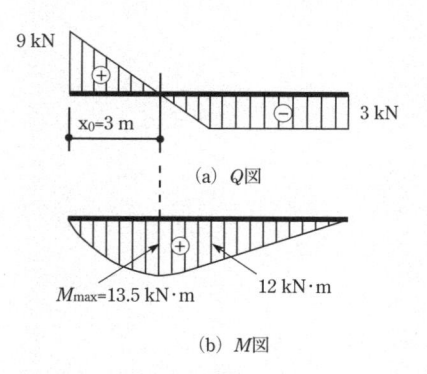

図3·32　(例題3·9)のQ図，M図

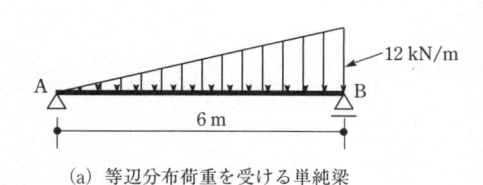

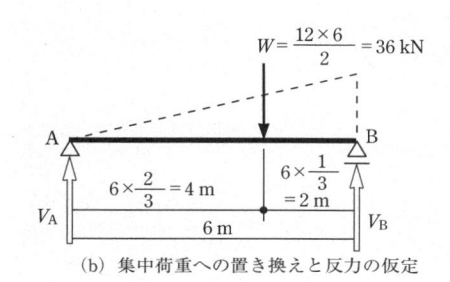

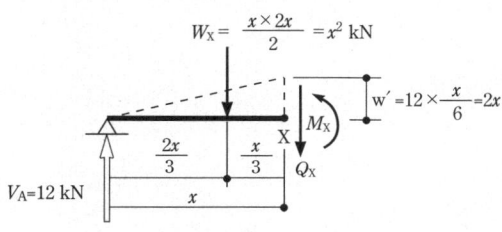

3. 等変分布荷重を受ける場合

(例題3·10)　等変分布荷重を受ける単純梁を解く

図3·33(a)に示す等変分布荷重を受ける単純梁を解け．

(解　答)

1) 反力を図3·33(b)のように仮定し，釣り合い式により求める．等変分布荷重を図3·33(b)のように集中荷重に置き換えると考えやすい．

$\Sigma Y = 0$ → $V_A - W + V_B = 0$

$\Sigma M_B = 0$ → $V_A \times 6 - W \times 2 = 0$

$V_A = \dfrac{2}{6} \times W = 12 \text{ kW}$, $V_B = W - V_A = 24 \text{ kN}$

2) 図3·33(c)に示すように，任意点 X で切断し，左側の自由体を取り出して，切断面に図のような力の向きを仮定する．

3) $\Sigma Y = 0$ より，せん断力を求める．

$V_A - W_X - Q_X = 0$ ⇒

$Q_X = V_A - W_X = 12 - x^2$

A 点：$x = 0$ ⇒ $Q_A = 12 - 0^2 = 12 \text{ kN}$

B 点：$x = 6$ ⇒ $Q_B = 12 - 6^2 = -24 \text{ kN}$

4) $\Sigma M = 0$ より，曲げモーメントを求める（X 点回り）．

$V_A \times x - W_X \times \dfrac{x}{3} - M_X = 0$ ⇒

$M_X = V_A x - \dfrac{W_X x}{3} = 12x - \dfrac{x^3}{3}$

A 点：$x = 0$ ⇒ $M_A = 12 \times 0 - \dfrac{0^3}{3} = 0$

B 点：$x = 6$ ⇒ $M_B = 12 \times 6 - \dfrac{6^3}{3} = 0$

曲げモーメントは3次曲線となる．先に述べたように曲げモーメントMの傾きがせん断力Qの大きさであるから，$Q = 0$となるところでは$dM/dx = 0$，すなわち曲げモーメントが極値となる．

$\dfrac{dM}{dx} = 12 - x^2 = (\sqrt{12} - x)(\sqrt{12} + x)$

図3·33　(例題3·10)等変分布荷重を受ける単純梁を解く

第3章　部材に生じる力

であるから，

$$\frac{dM}{dx} = 0 \text{ より } x = \sqrt{12} = 2\sqrt{3}$$

すなわち，$x_0 = 2\sqrt{3}$ で $Q = 0$ となり，ここで曲げモーメントは最大値 $M = 16\sqrt{3}$ kN·m をとることになる．

以上の結果をまとめて示すと，図3·34(a)，(b)のように Q 図，M 図が求められる．

4. モーメント荷重を受ける場合

例題3·11 モーメント荷重を受ける単純梁を解く

図3·35(a)に示すモーメント荷重を受ける単純梁を解け．

解答

1) 図3·35(a)のように，反力の向きを仮定する．釣り合い式は，

$$\Sigma Y = 0 \rightarrow V_A + V_B = 0$$
$$\Sigma M_B = 0 \rightarrow V_A \times 5 + 50 + 20 = 0$$

となり，

$$V_A = -14 \text{ kN（下向き）}, \quad V_B = 14 \text{ kN（上向き）}$$

が求められる．

2) 図3·35(b)に示すように，A–C 間の任意点 X_1，および C–B 間の任意点 X_2 で切断し，切断面に図3·35(b)のような力の向きを仮定する．

3) $\Sigma Y = 0$ よりせん断力を求める．

A–C 間

$$-14 - Q_{X1} = 0 \Rightarrow Q_{X1} = -14 \text{ kN}$$
$$\therefore Q_{AC} = -14 \text{ kN（負）}$$

C–B 間

$$-14 - Q_{X2} = 0 \Rightarrow Q_{X2} = -14 \text{ kN}$$
$$\therefore Q_{CB} = -14 \text{ kN（負）}$$

4) $\Sigma M = 0$ より，曲げモーメントを求める．

A–C 間（X_1 点回り）

$$-14 \times x_1 - M_{X1} = 0 \Rightarrow M_{X1} = -14 x_1$$

A 点：$x_1 = 0 \Rightarrow M_A = -14 \times 0 = 0$

C 点：$x_1 = 2 \Rightarrow M_{C左} = -14 \times 2 = -28 \text{ kN·m}$

C–B 間（X_2 点回り）

$$-14 \times x_2 + 50 - M_{X2} = 0 \Rightarrow M_{X2} = -14 x_2 + 50$$

C 点：$x_2 = 2 \Rightarrow M_{C右} = -14 \times 2 + 50 = 22 \text{ kN·m}$

B 点：$x_2 = 5 \Rightarrow M_B = -14 \times 5 + 50 = -20 \text{ kN·m}$

以上の結果をまとめて示すと，図3·36のように Q 図，M 図が求められる．この梁には鉛直方向の荷重が作用していないため，せん断力は一定となり，M 図において不連続な箇所が生じてもその傾きは一定になる．

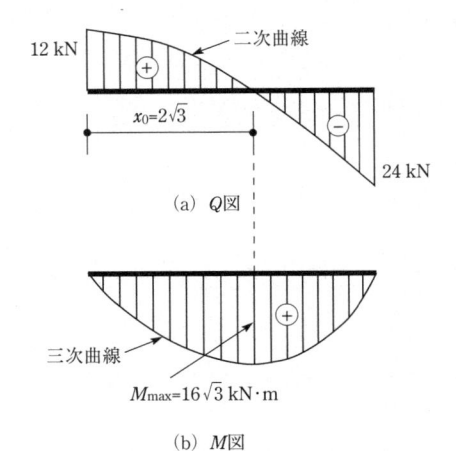

図3·34 （例題3·10）の Q 図，M 図

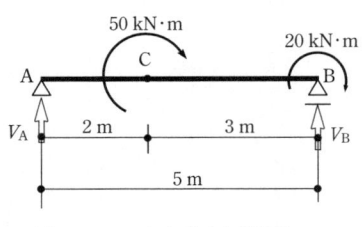

(a) モーメントを受ける単純梁

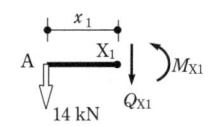

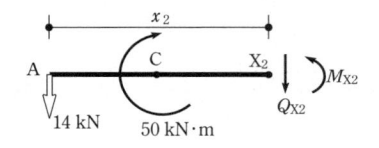

(b) 部材の切断と断面力の仮定

図3·35 （例題3·11）モーメント荷重を受ける単純梁を解く

(a) Q 図

(b) M 図

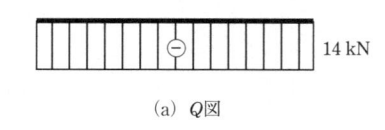

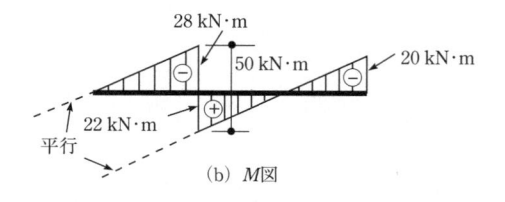

図3·36 （例題3·11）の Q 図，M 図

3・5 静定ラーメン

図3・37に示す構造物の静定次数を，(2.8) 式により求めると，

(a) $n + s + r - 2k = 3 + 4 + 3 - 2 \times 5 = 0$
(b) $n + s + r - 2k = 3 + 3 + 2 - 2 \times 4 = 0$
(c) $n + s + r - 2k = 4 + 4 + 2 - 2 \times 5 = 0$

となり，いずれも静定構造物であることがわかる．

これらを**静定ラーメン**と呼び，部材に生じる力の求め方は**静定梁**と同じである．節点において接合されている部材が互いに平行でないだけで，どのタイプにおいても力の釣り合い式を用いて解くことができる．

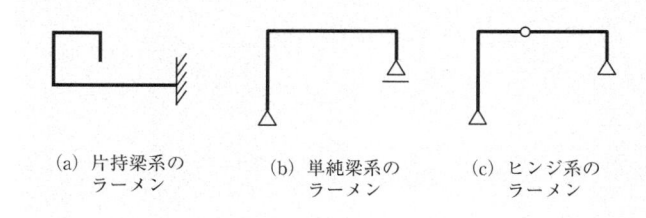

1. 部材に生じる力の描き方

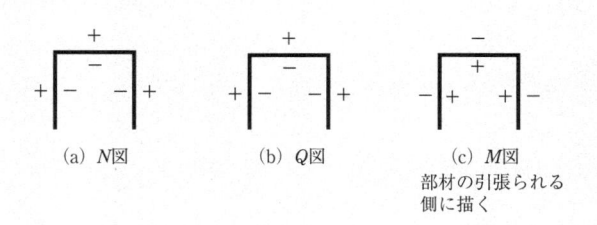

各力の描き方を図3・38に示す．本書では，軸方向力およびせん断力は負をラーメンの内側に描き，正を外側に描く．曲げモーメント図は，静定梁のところで述べたように部材の引張側に描き，ラーメンの内側を正とし，外側を負とする．

2. 片持梁系静定ラーメン

以下に，例題を用いて集中荷重を受ける片持梁系静定ラーメンの解き方を示す．

a) 集中荷重を受ける場合

例題3・12 集中荷重を受ける片持梁系ラーメンを解く

図3・39に示す集中荷重を受ける片持梁系の静定ラーメンを解け．

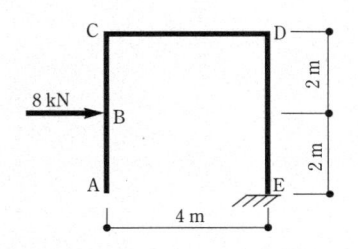

解 答

片持梁系であるから，自由端側の自由体を取り出すことにより，反力を求めずに部材に生じる力を求めることができる．

1) 部材に生じる力を求めるために，切断点を設ける．A–B間，B–C間，C–D間，D–E間でそれぞれ任意の切断点 X_1, X_2, X_3, X_4 を設けて，図3・40のように切断面に生じる力 N_{X1}, Q_{X1}, M_{X1}, N_{X2}, Q_{X2}, M_{X2}, N_{X3}, Q_{X3}, M_{X3}, N_{X4}, Q_{X4}, M_{X4} を仮定する．なお，以下で釣り合い式をつくる際には，切断面を作った部材の軸方向に x 軸を設け，これに直角方向に y 軸を設ける．

2) $\Sigma X = 0$ より軸方向力を求める．

A–B 間　N_{AB}
　$N_{X1} = 0$
　∴ $N_{AB} = 0$

B–C間　N_{BC}
　$N_{X2} = 0$
　$N_{BC} = 0$

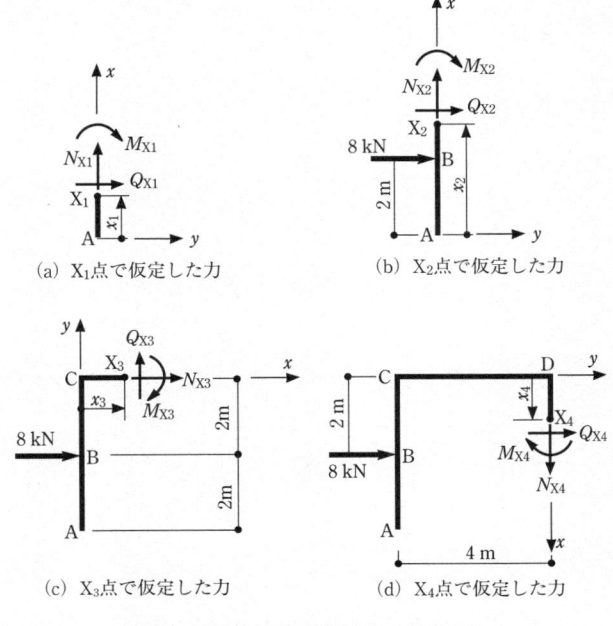

C–D 間　N_{CD}

　　$8 + N_{X3} = 0$

　　$N_{X3} = -8$

　　∴ $N_{CD} = -8$ kN

D–E 間　N_{DE}

　　$N_{X4} = 0$

　　∴ $N_{DE} = 0$

4) $\Sigma Y = 0$ より，せん断力を求める．

A–B 間　Q_{AB}

　　$Q_{X1} = 0$

　　∴ $Q_{AB} = 0$

B–C 間　Q_{BC}

　　$8 + Q_{X2} = 0$

　　$Q_{X2} = -8$

　　∴ $Q_{BC} = -8$ kN

C–D 間　Q_{CD}

　　$Q_{X3} = 0$

　　∴ $Q_{CD} = 0$

D–E 間　Q_{DE}

　　$8 + Q_{X4} = 0$

　　$Q_{X4} = -8$

　　∴ $Q_{DE} = 8$ kN

5) $\Sigma M = 0$ より，曲げモーメントを求める．

A–B 間（X_1 点回り）

　　$M_{X1} = 0$

　　∴ $M_A = 0$，$M_B = 0$

B–C 間（X_2 点回り）

　　$-8 \times (x_2 - 2) + M_{X2} = 0$

　　$M_{X2} = 8x_2 - 16$

　　B 点：$x_2 = 2$　⇒　$M_B = 0$

　　C 点：$x_2 = 4$　⇒　$M_B = 8 \times 4 - 16 = 16$ kN·m

　　［左側が引張（∴図3·41(b)）］

C–D 間（X_3 点回り）

　　$-8 \times 2 + M_{X3} = 0$

　　$M_{X3} = 16$

　　∴ $M_C = -16$ kN·m，$M_D = 16$ kN·m

　　［上側が引張（∴図3·41(c)）］

D–E 間（X_4 点回り）

　　$-8 \times (2 - x_4) + M_{X4} = 0$

　　$M_{X4} = 16 - 8x_4$

　　D 点：$x_4 = 0$　⇒　$M_D = 16$ kN·m

　　［右側が引張（∴図3·41(d)）］

　　E 点：$x_4 = 4$　⇒　$M_E = -16$ kN·m

　　［左側が引張（∴図3·41(e)）］

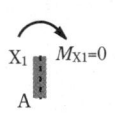

(a) A-X_1（無応力）

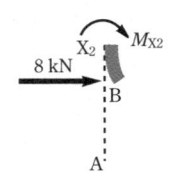

(b) B-X_2（左側：引張）

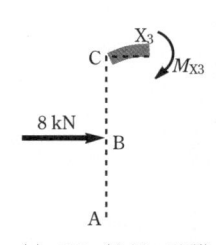

(c) C-X_3（上側：引張）

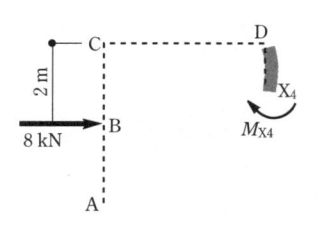

(d) D-X_4（$x \leq 2$ m ⇒ 右側：引張）

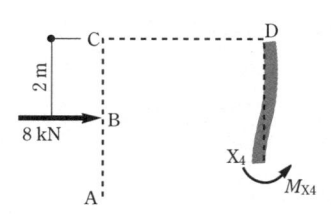

(e) D-X_4（$x > 2$ m ⇒ 左側：引張）

図3·41　（例題3.12）の曲げモーメントによる変形概念図

M_Eの符号がマイナス（－）になったので，図3・40では時計回りと位置したM_{X4}を，図3・41(e)では反時計回りとして変形図を描いていることに注意してほしい．

以上の結果をまとめて示すと，図3・42のようにN図，Q図，M図が求められる．

【問題3・3】
図に示す等分布荷重を受ける片持梁系の静定ラーメンを解きなさい．

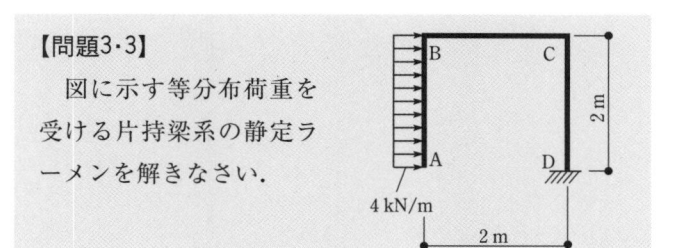

【問題3・4】
図に示すモーメント荷重を受ける片持梁系の静定ラーメンを解きなさい．

図3・42　(例題3・12)のN図，Q図，M図

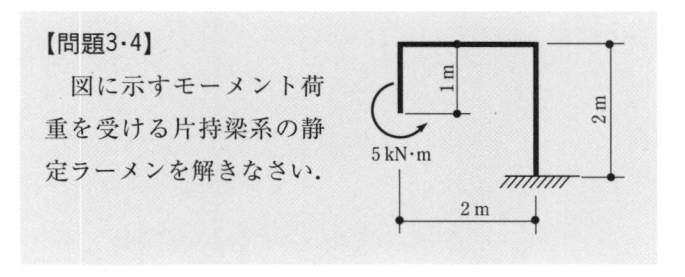

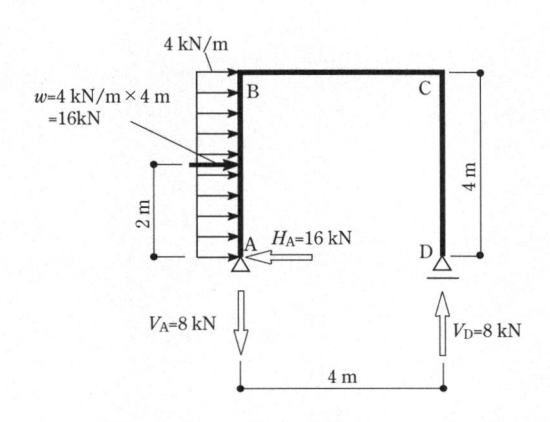

3. 単純梁系静定ラーメン

以下に，例題を用いて等分布荷重を受ける単純梁系静定ラーメンの解き方を示す．

a) 等分布荷重を受ける場合

(例題3・13)　等分布荷重を受ける単純梁系ラーメンを解く

図3・43に示す等分布荷重を受ける単純梁系静定ラーメンを解け．

解 答

1) まず反力を求める．図3・43に示したように反力の向きを仮定する．

$\Sigma X = 0 \rightarrow -H_A + 16 = 0$
$\Sigma Y = 0 \rightarrow -V_A + V_D = 0$
$\Sigma M_D = 0 \rightarrow -V_A \times 4 + 16 \times 2 = 0$
$\therefore H_A = 16\,\text{kN},\ V_A = 8\,\text{kN},\ V_D = 8\,\text{kN}$

2) 部材に生じる力を求めるために，切断点を設ける．A–B間，B–C間，C–D間でそれぞれ任意の切断点X_1，X_2，X_3を設けて，図3・44のように切断面に生じる力N_{X1}，Q_{X1}，M_{X1}，N_{X2}，Q_{X2}，M_{X2}，N_{X3}，Q_{X3}，M_{X3}を仮定する．

3) $\Sigma X = 0$より，軸方向力を求める．

A–B間　N_{AB}

$-8 + N_{X1} = 0$
$N_{X1} = 8$
$\therefore N_{AB} = 8\,\text{kN}$

B–C間　N_{BC}

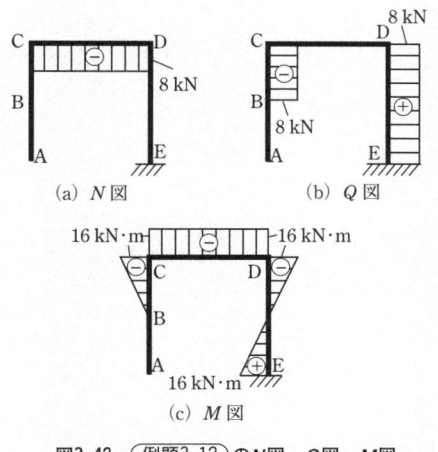

図3・43　(例題3・13)等分布荷重を受ける単純梁系ラーメンを解く

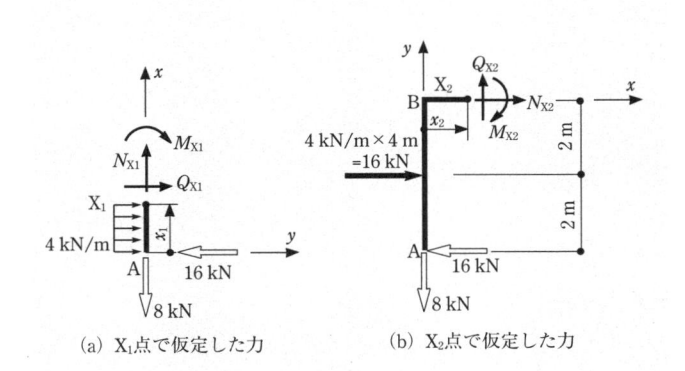

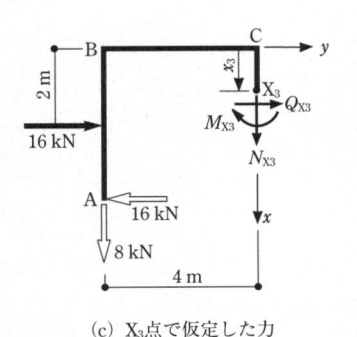

(a) X_1点で仮定した力

(b) X_2点で仮定した力

(c) X_3点で仮定した力

図3・44　(例題3・13)の切断面に仮定した力

第3章　部材に生じる力

$$-16 + 16 + N_{X2} = 0$$

$$N_{X2} = 0$$

$$\therefore N_{BC} = 0$$

C–D間　N_{CD}

$$8 + N_{X3} = 0$$

$$N_{X3} = -8$$

$$\therefore N_{CD} = -8\,\text{kN}$$

4) $\Sigma Y = 0$ より，せん断力を求める．

A–B間

$$-16 + 4 \times x_1 + Q_{X1} = 0$$

$$Q_{X1} = 16 - 4x_1$$

A点：$x_1 = 0$ ⇒ $\therefore Q_A = 16\,\text{kN}$

B点：$x_1 = 4$ ⇒ $\therefore Q_B = 0$

B–C間　Q_{BC}

$$-8 + Q_{X3} = 0$$

$$Q_{X2} = 8$$

$$\therefore Q_{BC} = -8\,\text{kN}$$

C–D間　Q_{CD}

$$-16 + 16 + Q_{X3} = 0$$

$$Q_{X3} = 0$$

$$\therefore Q_{CD} = 0$$

5) $\Sigma M = 0$ より，曲げモーメントを求める．

A–B間（X_1点回り）

$$16 \times x_1 - 4 \times x_1 \times \frac{x_1}{2} + M_{X1} = 0$$

$$M_{X1} = -16x_1 + 2x_1^2$$

A点：$x_1 = 0$ ⇒ $\therefore M_A = 0$

B点：$x_1 = 4$ ⇒ $\therefore M_B = -32\,\text{kN}\cdot\text{m}$

［右側が引張（∵図3·45(a)）］

B–C間（X_2点回り）

$$16 \times 4 - 8 \times x_2 - 16 \times 2 + M_{X2} = 0$$

$$M_{X2} = 8x_2 - 32$$

B点：$x_2 = 0$ ⇒ $\therefore M_B = -32\,\text{kN}\cdot\text{m}$

C点：$x_2 = 0$ ⇒ $\therefore M_C = 0$

［下側が引張（∵図3·45(b)）］

C–D間（X_3点回り）

$$16 \times (4 - x_3) - 8 \times 4 - 16 \times (2 - x_3) + M_{X3} = 0$$

$$M_{X3} = 0$$

$$\therefore M_C = 0,\ M_D = 0$$

以上の結果をまとめて示すと，図3·46のようにN図，Q図，M図が求められる．

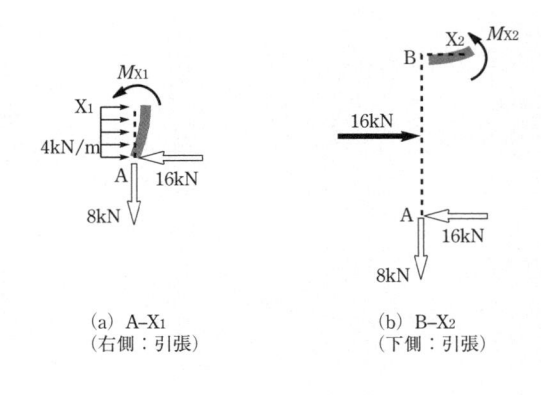

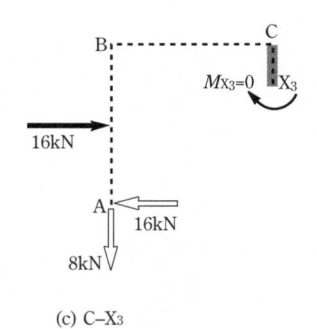

図3·45 例題3.13 の曲げモーメントによる変形概念

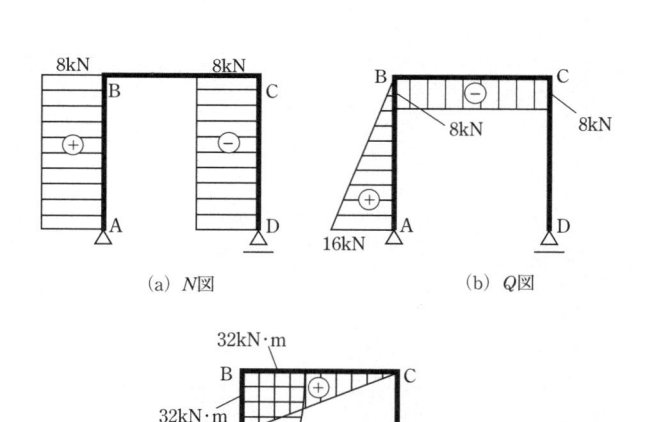

(a) A–X_1（右側：引張）

(b) B–X_2（下側：引張）

(c) C–X_3

図3·46 例題3.13 のN図，Q図，M図

(a) N図

(b) Q図

(c) M図

【問題3・5】

図に示す集中荷重を受ける単純梁系静定ラーメンを解きなさい．

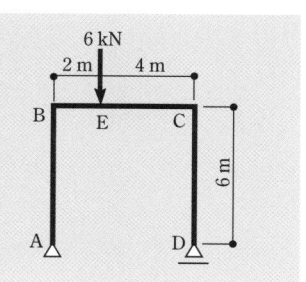

【問題3・6】

図に示すモーメント荷重を受ける単純梁系静定ラーメンを解きなさい．

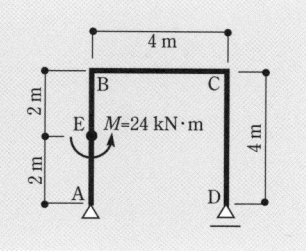

4. 3ヒンジ静定ラーメン，ゲルバー梁，合成ラーメン

以下に，例題を用いて3ヒンジ静定ラーメン，ゲルバー梁注，合成ラーメンの解き方を示す．

a) 3ヒンジ静定ラーメン

例題3・14 集中荷重を受ける3ヒンジラーメンを解く

図3・47(a)に示す集中荷重を受ける3ヒンジ静定ラーメンを解け．

解　答

1) まず反力を求める．図3・47(b)に示したように，反力の向きを仮定する．

$\Sigma X = 0 \rightarrow -H_A + 8 - H_D = 0$

$\Sigma Y = 0 \rightarrow -V_A + V_D = 0$

$\Sigma M_D = 0 \rightarrow -V_A \times 4 + 8 \times 2 = 0$

$\Sigma M_{E右} = 0 \rightarrow H_D \times 4 - V_D \times 2 = 0$

$\therefore V_A = 4$ kN，$H_A = 6$ kN，$V_D = 4$ kN，$H_D = 2$ kN

2) 部材に生じる力を求めるために，切断点を設ける．A–F間，F–B間，B–E間，E–C間，C–D間でそれぞれ任意の切断点 X_1，X_2，X_3，X_4，X_5 を設けて，図3・48のように切断面に生じる力 N_{X1}，Q_{X1}，M_{X1}，N_{X2}，Q_{X2}，M_{X2}，N_{X3}，Q_{X3}，M_{X3}，N_{X4}，Q_{X4}，M_{X4}，N_{X5}，Q_{X5}，M_{X5} を仮定する．

3) $\Sigma X = 0$ より，軸方向力を求める．

A–F間　N_{AF}

$-4 + N_{X1} = 0$

$N_{X1} = 4$

$\therefore N_{AF} = 4$ kN

F–B間　N_{FB}

注　連続梁の支点間の適当な位置にピン節点を設けた梁で，静定構造物である．

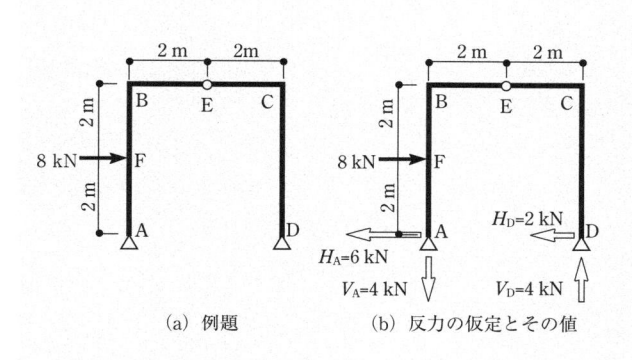

図3・47　**例題3・14** 集中荷重を受ける3ヒンジラーメンを解く

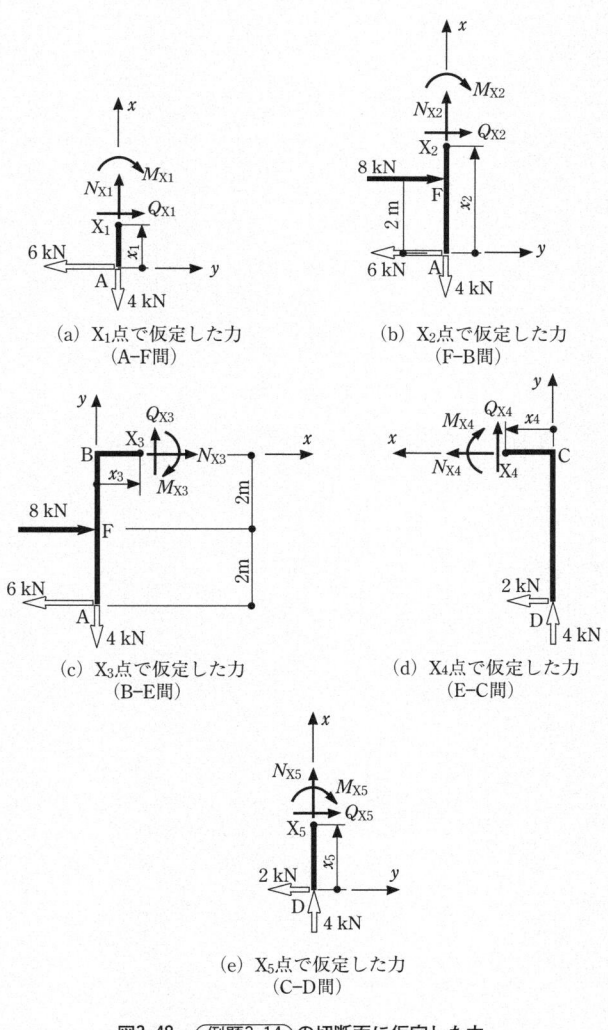

(a) 例題
(b) 反力の仮定とその値

(a) X_1点で仮定した力（A–F間）
(b) X_2点で仮定した力（F–B間）
(c) X_3点で仮定した力（B–E間）
(d) X_4点で仮定した力（E–C間）
(e) X_5点で仮定した力（C–D間）

図3・48　**例題3・14** の切断面に仮定した力

$\qquad -4 + N_{X2} = 0$

$\qquad N_{X2} = 4$

$\qquad \therefore N_{FB} = 4 \text{ kN}$

B–E 間　N_{BE}

$\qquad -6 + 8 + N_{X3} = 0$

$\qquad N_{X3} = -2$

$\qquad \therefore N_{BE} = -2 \text{ kN}$

E–C 間　N_{EC}

$\qquad -N_{X4} - 2 = 0$

$\qquad N_{X4} = -2$

$\qquad \therefore N_{EC} = -2 \text{ kN}$

C–D 間　N_{CD}

$\qquad 4 + N_{X5} = 0$

$\qquad N_{X5} = -4$

$\qquad \therefore N_{CD} = -4 \text{ kN}$

4) $\Sigma Y = 0$ より，せん断力を求める．

A–F 間　Q_{AF}

$\qquad -6 + Q_{X1} = 0$

$\qquad Q_{X1} = 6$

$\qquad \therefore Q_{AF} = 6 \text{ kN}$

F–B 間　Q_{FB}

$\qquad -6 + 8 + Q_{X2} = 0$

$\qquad Q_{X2} = -2$

$\qquad \therefore Q_{FB} = -2 \text{ kN}$

B–E 間　Q_{BE}

$\qquad -4 + Q_{X3} = 0$

$\qquad Q_{X3} = 4$

$\qquad \therefore Q_{BE} = -4 \text{ kN}$

E–C 間　Q_{EC}

$\qquad Q_{X4} + 4 = 0$

$\qquad Q_{X4} = -4$

$\qquad \therefore Q_{EC} = -4 \text{ kN}$

C–D 間　Q_{CD}

$\qquad -2 + Q_{X5} = 0$

$\qquad Q_{X5} = 2$

$\qquad \therefore Q_{CD} = 2 \text{ kN}$

5) $\Sigma M = 0$ より，曲げモーメントを求める．

A–F 間（X_1 点回り）

$\qquad 6 \times x_1 + M_{X1} = 0$

$\qquad M_{X1} = -6x_1$

$\qquad x_1 = 0 \Rightarrow \therefore M_A = 0$

$\qquad x_1 = 2 \Rightarrow \therefore M_F = -12 \text{ kN·m}$

$\qquad$［右側が引張（$\because$図3・49(a)）］

F–B 間（X_2 点回り）

$\qquad 6 \times x_2 - 8 \times (x_2 - 2) + M_{X2} = 0$

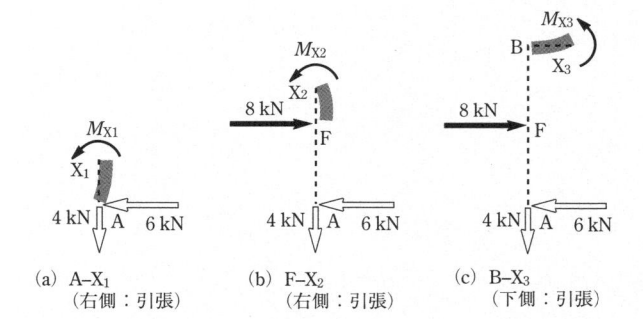

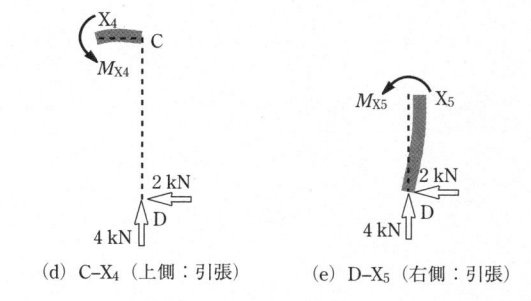

(a) A–X_1（右側：引張）

(b) F–X_2（右側：引張）

(c) B–X_3（下側：引張）

(d) C–X_4（上側：引張）

(e) D–X_5（右側：引張）

図3・49　(例題3・14) の曲げモーメントによる変形

$M_{X2} = 2x_2 - 16$

$x_2 = 2 \quad \Rightarrow \quad \therefore M_F = -12 \text{ kN·m}$

$x_2 = 4 \quad \Rightarrow \quad \therefore M_B = -8 \text{ kN·m}$

［右側が引張（∵図3・49(b)）］

B–E 間（X_3 点周り）

$-4 \times x_3 + 6 \times 4 - 8 \times 2 + M_{X3} = 0$

$M_{X3} = 4x_3 - 8$

$x_3 = 0 \quad \Rightarrow \quad \therefore M_B = -8 \text{ kN·m}$

$x_3 = 2 \quad \Rightarrow \quad \therefore M_E = 0$

［下側が引張（∵図3・49(c)）］

E–C 間（X_4 点回り）

$-4 \times x_4 + 2 \times 4 + M_{X4} = 0$

$M_{X4} = 4x_4 - 8$

$x_4 = 2 \quad \Rightarrow \quad \therefore M_E = 0$

$x_4 = 0 \quad \Rightarrow \quad \therefore M_C = -8 \text{ kN·m}$

［上側が引張（∵図3・49(d)）］

C–D 間（X_5 点回り）

$2 \times x_5 + M_{X5} = 0$

$M_{X5} = -2x_5$

C 点：$x_5 = 4 \quad \Rightarrow \quad \therefore M_C = -8 \text{ kN·m}$

D 点：$x_5 = 0 \quad \Rightarrow \quad \therefore M_D = 0$

［右側が引張（∵図3・49(e)）］

以上の結果をまとめて示すと，図3・50のように N 図，Q 図，M 図が求められる．

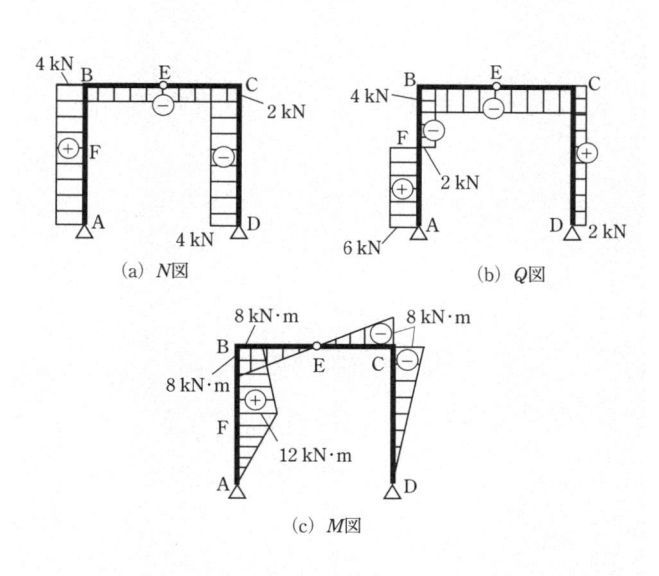

図3・50 （例題3・14）の N 図，Q 図，M 図

b）ゲルバー梁

例題3・15 集中荷重を受けるゲルバー梁を解く

図3・51(a)に示す集中荷重を受けるゲルバー梁を解け．

解答

1) まず反力を求める．図3・51(b)に示したように，反力の向きを仮定する．

$\Sigma X = 0 \quad \rightarrow \quad H_A = 0$

$\Sigma Y = 0 \quad \rightarrow \quad V_A - 4 + V_D - V_E = 0$

$\Sigma M_A = 0 \quad \rightarrow \quad 4 \times 2 - V_D \times 7 + V_E \times 10 = 0$

$\Sigma M_{C左} = 0 \quad \rightarrow \quad V_A \times 4 - 4 \times 2 = 0$

$\therefore V_A = 2 \text{ kN}, \ H_A = 0, \ V_D = 4 \text{ kN}, \ V_E = 2 \text{ kN}$

2) 部材に生じる力を求めるために切断点を設ける．A–B間，B–C間，C–D間，D–E間でそれぞれ任意の切断点 X_1, X_2, X_3, X_4 を設けて，図3・52のように切断面に生じる力 $N_{X1}, Q_{X1}, M_{X1}, N_{X2}, Q_{X2}, M_{X2}, N_{X3}, Q_{X3}, M_{X3}, N_{X4}, Q_{X4}, M_{X4}$ を仮定する．

3) $\Sigma X = 0$ より軸方向力を求める．軸方向の外力および反力が存在しないことから，すべての区間で軸方向力はゼロである．

4) $\Sigma Y = 0$ より，せん断力を求める．

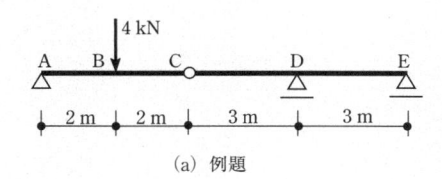

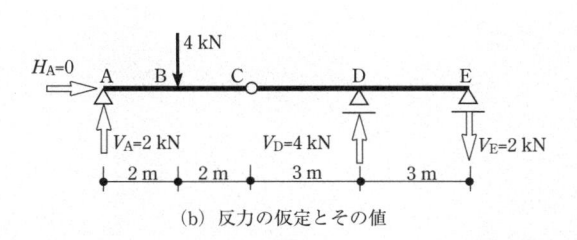

図3・51 （例題3・15）集中荷重を受けるゲルバー梁を解く

A–B 間　Q_{AB}

$2 + Q_{X1} = 0$

$Q_{X1} = -2$

$Q_{AB} = 2 \text{ kN}$

B–C 間　Q_{BC}

$2 - 4 + Q_{X2} = 0$

$Q_{X2} = 2$

$\therefore Q_{BC} = -2 \text{ kN}$

C–D 間　Q_{CD}

$2 - 4 + Q_{X3} = 0$

$Q_{X3} = 2$

$Q_{CD} = -2 \text{ kN}$

D–E 間　Q_{DE}

$Q_{X4} - 2 = 0$

$Q_{X4} = 2$

$\therefore Q_{DE} = 2 \text{ kN}$

5）$\Sigma M = 0$ より，曲げモーメントを求める．

A–B 間（X_1 点回り）

$2 \times x_1 + M_{X1} = 0$

$M_{X1} = -2x_1$

A 点：$x_1 = 0$　$\Rightarrow$　$\therefore M_A = 0$

B 点：$x_1 = 2$　$\Rightarrow$　$\therefore M_B = -4 \text{ kN·m}$

［下側が引張（∵図3·53(a)）］

B–C 間（X_2 点回り）

$2 \times x_2 - 4 \times (x_2 - 2) + M_{X2} = 0$

$M_{X2} = 2x_2 - 8$

B 点：$x_2 = 2$　$\Rightarrow$　$\therefore M_B = -4 \text{ kN·m}$

C 点：$x_2 = 4$　$\Rightarrow$　$\therefore M_C = 0$

［下側が引張（∵図3·53(b)）］

C–D 間（X_3 点回り）

$2 \times x_3 - 4 \times (x_3 - 2) + M_{X3} = 0$

$M_{X3} = 2x_3 - 8$

C 点：$x_3 = 4$　$\Rightarrow$　$\therefore M_C = 0$

D 点：$x_3 = 7$　$\Rightarrow$　$\therefore M_D = 6 \text{ kN·m}$

［上側が引張（∵図3·53(c)）］

D–E 間（X_4 点回り）

$M_{X4} + 2 \times x_4 = 0$

$M_{X4} = -2x_4$

D 点：$x_4 = 3$　$\Rightarrow$　$\therefore M_D = -6 \text{ kN·m}$

E 点：$x_4 = 0$　$\Rightarrow$　$\therefore M_E = 0$

［上側が引張（∵図3·53(d)）］

以上の結果をまとめて示すと，図3·54のように N 図，Q 図，M 図が求められる．

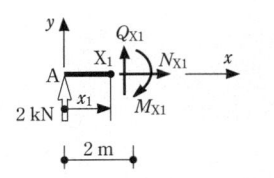

(a) X_1点で仮定した力

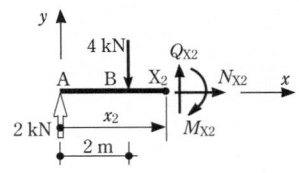

(b) X_2点で仮定した力

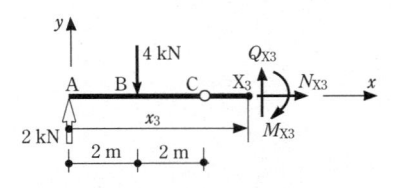

(c) X_3点で仮定した力

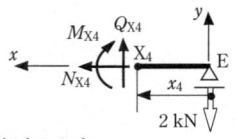

(d) X_4点で仮定した力

図3·52　（例題3·15）の切断面に仮定した力

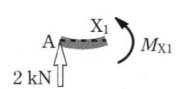

(a) A–X_1（下側：引張）

(b) B–X_2（下側：引張）

(c) C–X_3（上側：引張）

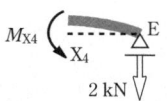

(d) X_4–E（上側：引張）

図3·53　（例題3·15）の曲げモーメントによる変形

【問題3・7】

図に示す静定梁の N 図，Q 図，M 図を求めなさい．

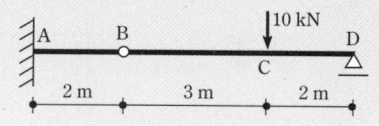

c）合成ラーメン

軸方向力のみを負担するトラス材と，梁のような曲げを受ける材で構成されるラーメンを，合成ラーメンという．

例題3・16 集中荷重を受ける合成ラーメンを解く

図3・55(a)に示す集中荷重を受ける合成ラーメンを解け．

〔解 答〕

1) まず反力を求める．図3・55(b)に示したように，反力の向きを仮定する．

$$\Sigma X = 0 \rightarrow -H_A + 2P - H_D = 0$$
$$\Sigma Y = 0 \rightarrow V_A - 2P + V_D = 0$$
$$\Sigma M_A = 0 \rightarrow 2P \times l + 2P \times l - V_D \times 2l = 0$$
$$\Sigma M_{C下} = 0 \rightarrow -2P \times l + H_D \times 2l = 0$$
$$\therefore V_A = 0, \ H_A = P, \ V_D = 2P, \ H_D = P$$

2) 以降は，これまで示してきた方法と同様な手順で進めればよいが，方杖であるEF材の軸力 N_{EF} を求めることがこの合成ラーメンを解く上で，ポイントとなる．図3・55(c)に示すように曲げモーメントがゼロとなるB節点で切断し，B節点から下側（左側）の自由体を取り出して，これに対して釣り合い式を適用する．B点回りにモーメントの釣り合い式をたてると，

$$\Sigma M_{B下} = 0 \rightarrow P \times 2l - \frac{N_{EF}}{\sqrt{2}} \times l = 0$$

$$N_{EF} = 2\sqrt{2}P$$

最終的に得られるN図，Q図，M図を示すと図3・55(d)，(e)，(f)のようになる．

図3・56に片持梁および単純梁に対して，単純な荷重が作用した場合の M 図，Q 図を示す．これまで示してきたような力の釣り合いを用いるだけで，ここに示したすべての図を簡単に描けることを確かめてほしい．

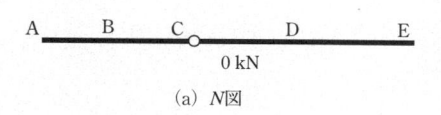

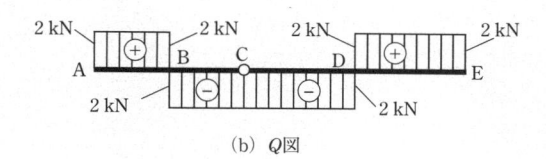

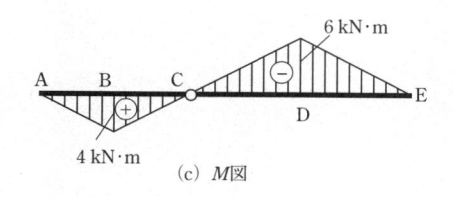

図3・54 **例題3・15** の N 図，Q 図，M 図

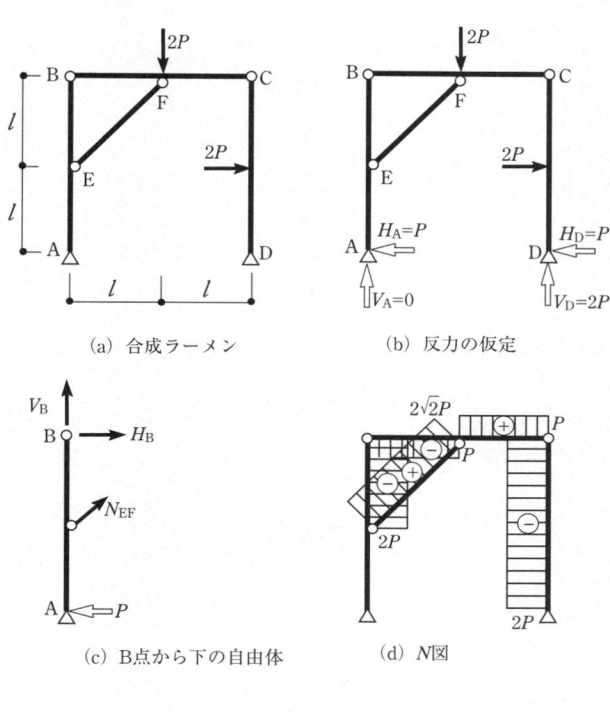

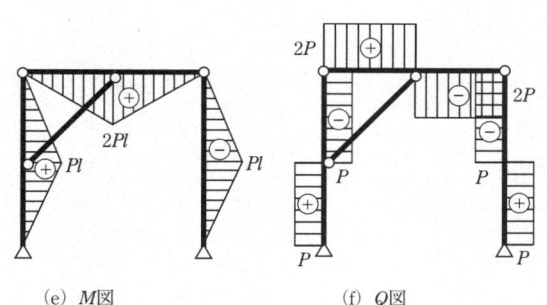

図3・55 **例題3・16** 集中荷重を受ける合成ラーメンを解く

荷重とM図,Q図の関係	荷重条件	M図	Q図	備考
荷重が作用していない部分では M：直線分布 Q：一定	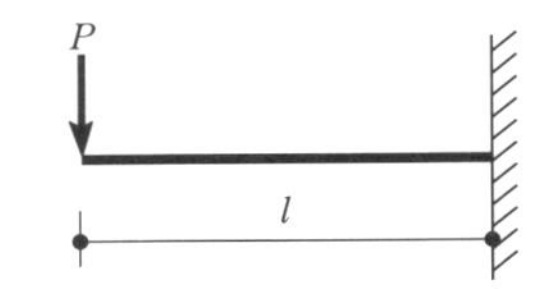 片持ち梁 先端に集中荷重 P、長さ l	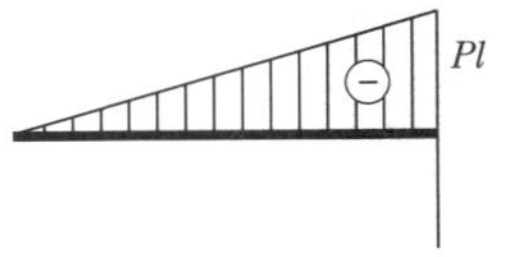 三角形分布、$-Pl$（先端固定側）	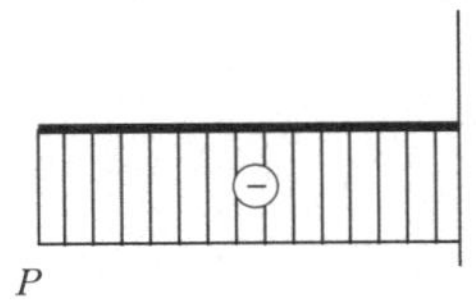 一定値 $-P$	M図の傾きはQの大きさに等しい
	 片持ち梁 先端にモーメント M	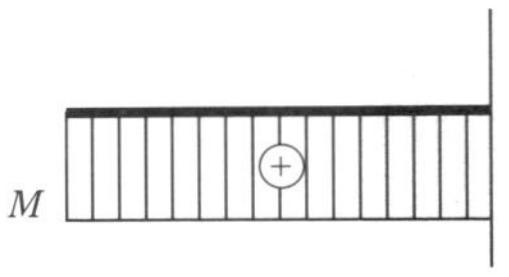 一定値 $+M$	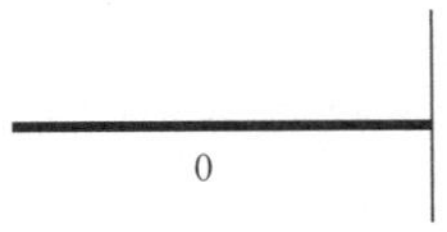 0	M一定部分ではQはゼロである
	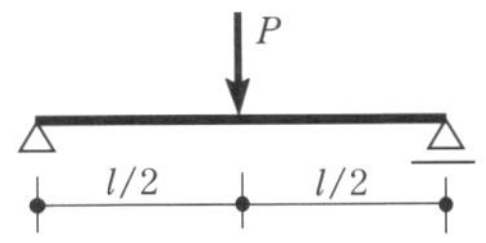 単純梁 中央に集中荷重 P、$l/2 + l/2$	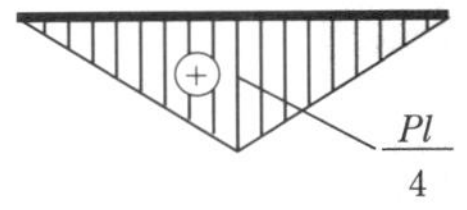 三角形 頂点 $\dfrac{Pl}{4}$	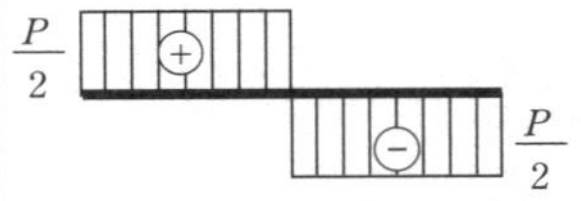 $+\dfrac{P}{2}$、$-\dfrac{P}{2}$	集中荷重が作用する所ではMは折れ曲がりQは不連続
	 単純梁 左端にモーメント M	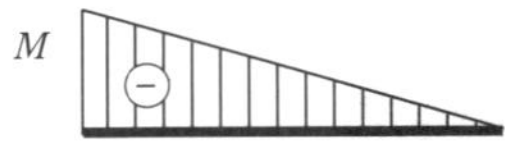 三角形 Mから0へ（負）	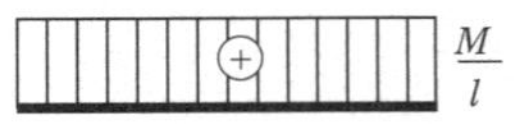 一定値 $+\dfrac{M}{l}$	M図の傾きはQの大きさに等しい
	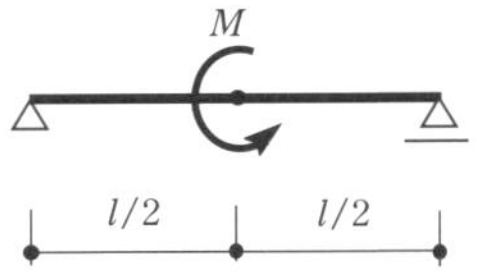 単純梁 中央にモーメント M、$l/2 + l/2$	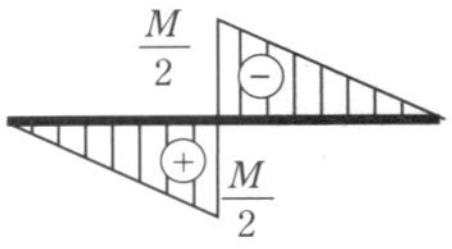 $+\dfrac{M}{2}$、$-\dfrac{M}{2}$（不連続）	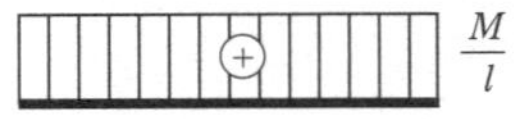 一定値 $+\dfrac{M}{l}$	モーメント荷重が作用している点では，Mは不連続
等分布荷重が作用している部分では M：二次曲線 Q：直線	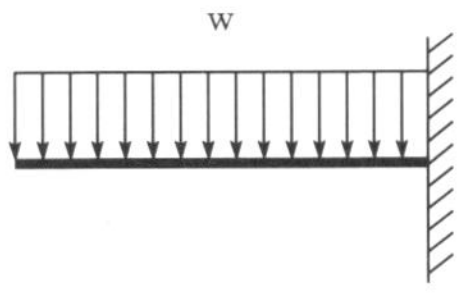 片持ち梁 等分布荷重 w	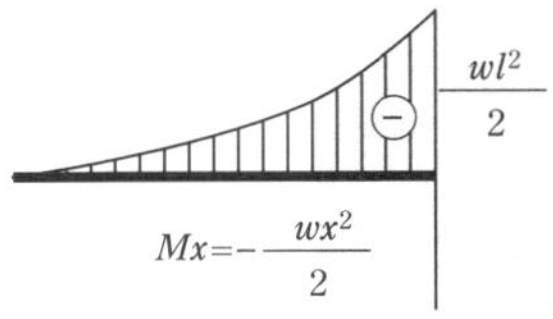 $-\dfrac{wl^2}{2}$、$M_x = -\dfrac{wx^2}{2}$	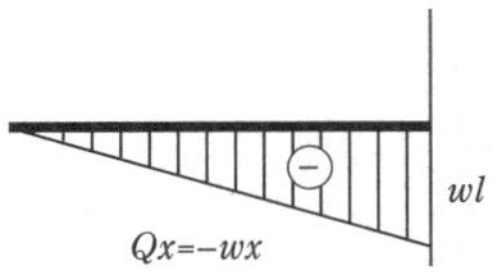 $-wl$、$Q_x = -wx$	M図の傾きはQの大きさに等しい
	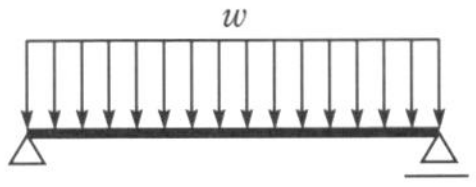 単純梁 等分布荷重 w	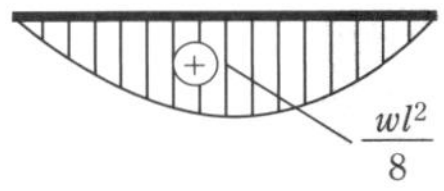 $+\dfrac{wl^2}{8}$	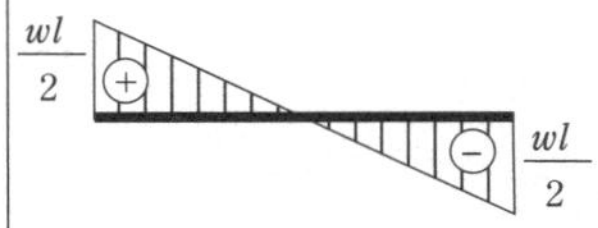 $+\dfrac{wl}{2}$、$-\dfrac{wl}{2}$	Mが極大・極小となる点では，Qはゼロ
等変分布荷重が作用している部分では M：三次曲線 Q：二次曲線	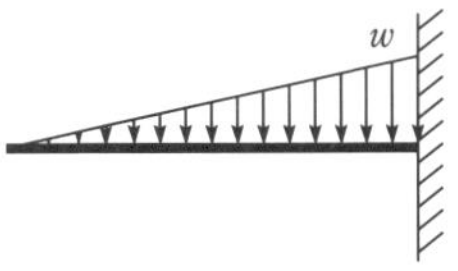 片持ち梁 等変分布荷重 w	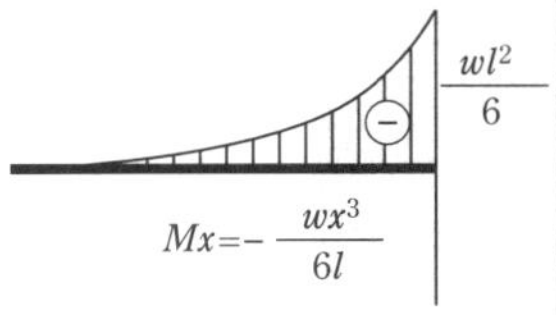 $-\dfrac{wl^2}{6}$、$M_x = -\dfrac{wx^3}{6l}$	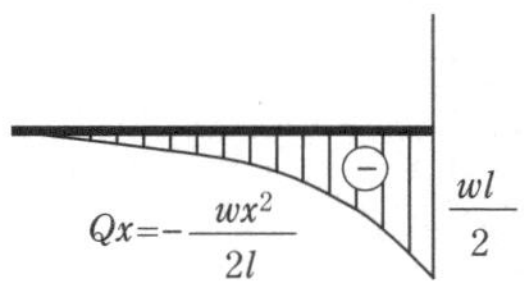 $-\dfrac{wl}{2}$、$Q_x = -\dfrac{wx^2}{2l}$	M図の傾きはQの大きさに等しい

図3・56　単純な荷重を受ける静定梁のM図とQ図

第4章
断面に生じる力

　建物に作用する荷重や力により，部材に軸力や曲げモーメントなどの力が生じる．

　これらの力は，部材の断面に分布し，位置によって大きさは異なる．

　断面に生じる力が，部材を構成する材料が抵抗できる力より大きいと，その部材は壊れてしまうことになる．

　そのため，断面に生じる力を求めることが，部材を安全でかつ経済的に構成するために重要となる．

　本章では，断面に生じる力を扱うときの基本となる応力度とひずみ度について説明する．また，曲げを受ける部材の断面に生じる力についても説明する．

4・1 応力度とひずみ度

1. 軸方向応力度

a) バネに作用する力と変形

図4・1(a)(b)(c)に示したように何本かの同じバネで支えられたシステムを考えてみよう．それぞれのバネは，弾性体でフックの法則*注により，加えた力と変形は図4・2に示したように線形関係にある．このときのバネの剛性（バネ定数）をK_0とすると，加えた力と変形の関係の勾配がK_0となる．バネの伸びがδ_uになったときこのバネが破損するとすれば，このバネは，そのときの力$P_u=K_0\delta_u$まで支えることができることになる．

図4・1(a)のように，同じバネ定数を持つ2本のバネで支えられているシステムに，図に示すように下向きの力Pを加えると，2つのバネには同じ大きさの引張力が作用し，バネ定数K_0に応じて同じ大きさだけ伸びる．全体でみるとバネ2本で支えられているので，全体のバネの剛性は$2K_0$となる．バネが破損するまでの変形はδ_uなので，バネが破損するまでに(a)は，$2K_0\delta_u=2P_u$まで支えることができることになる．

これを，図4・1(b)のように4本のバネで支えると，1本あたりの引張力はさらに半分の1/4になるため，同じ力Pを加えると，伸びの量は2本の場合の半分になる．バネが破損するまでの変形は同じδ_uで，そのときのそれぞれのバネに作用する力はP_uであるので，バネが破損するまでに図4・1(b)は，$4P_u$まで支えることができることになる．

ところが同じ4本でも，図4・1(c)のように2本ずつ縦に2列並べると，力Pは，システムを支えている上端の固定端まで伝わらなくてはいけないので，それぞれのバネの列には同じ力Pが作用する．したがって，それぞれのバネに作用する力と伸びは図4・1(a)と同じになる．すると，全体として縦に2列あるため，全体の伸びの和は図4・1(a)の2倍となる．つまり，この場合には，支えられる力は図4・1(a)と同じ$2P_u$であるが，バネが破損するまでの伸びは図4・1(a)の2倍の$2\delta_u$となる．このように，バネの配置によって伸びの量が大きく変わってくる．

これらをまとめて，加えた力と変形の関係を示すと図4・3のようになる．各バネのバネ定数をK_0とすると，(a)は2本のバネなので耐力は2倍となり，変形量は同じなので，全体の剛性（直線の勾配）は$2P_u/\delta_u=2K_0$となる．(b)の場合は，バネが4本で耐力は4倍となり全体の剛性は$4P_u/\delta_u=4K_0$となる．(c)の場合は，バネが2本の組み合

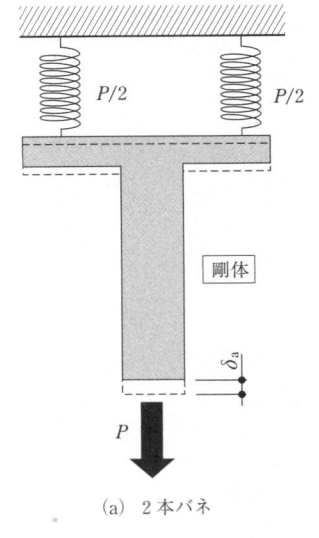

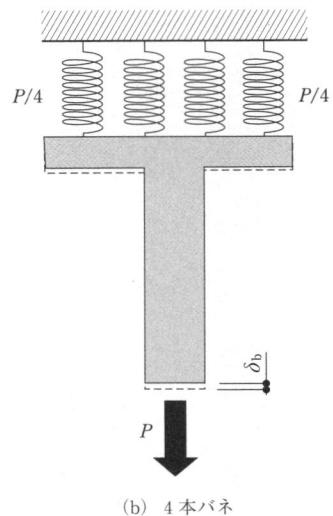

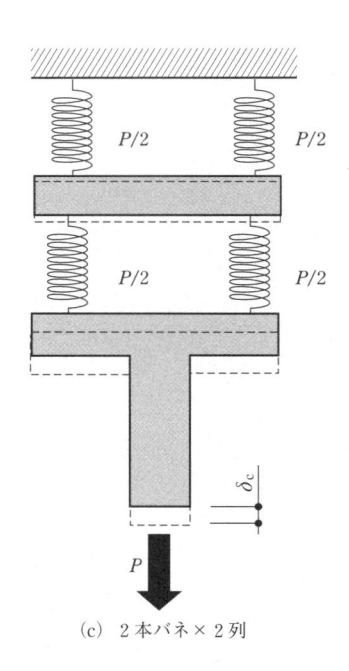

注 53頁のコラムを参照のこと．

(a) 2本バネ

(b) 4本バネ

(c) 2本バネ×2列

図4・1 バネに作用する力と変形

わせが2列つながっているので全体の剛性は$2P_u/2\delta_u = K_0$となる.

このように,各バネに作用する力を求めることは,システム全体の力と変形の関係や,システムが支えることができる最大の力を求めるために必要となる.

【問題4・1】
図に示したように,同じバネ定数K_0を持つ2本のバネと3本のバネが直列に連なったシステムに力Pを加えたときの,全体の力と変形の関係を求めなさい.なお,それぞれのバネは変形量がδ_uになったときに破損するものとする.

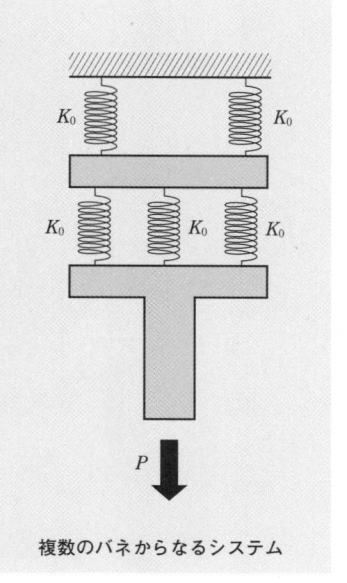

複数のバネからなるシステム

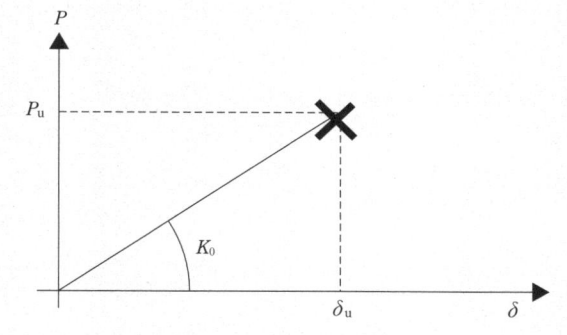

図4・2 バネの力と変形の関係

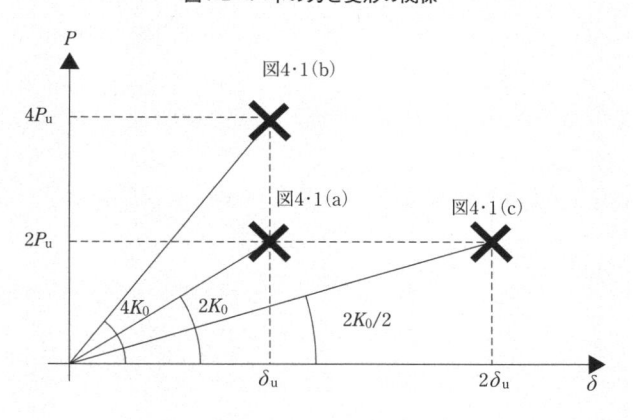

図4・3 全体系の力と変形の関係

【問題4・2】
図に示したように,異なるバネ定数$2K_0$,K_0を持つ2本のバネで支えられたシステムに力Pを加えたときの,それぞれのバネに作用する力を求めなさい.なお,力を加える部分は回転しないので,2本のバネの変形は同じである.

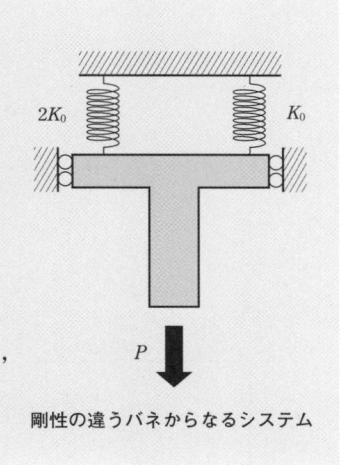

剛性の違うバネからなるシステム

フックの法則
フックの法則は,中学校の物理で習ったはずだが,ここでもう一度,整理しておく.
○物体に力を加えた時に,弾性限界までは,加えた力と変形が比例する.
　力=定数×変形
正確には,応力度とひずみ度は比例する.
　応力度=定数×ひずみ度
思い出したかな?

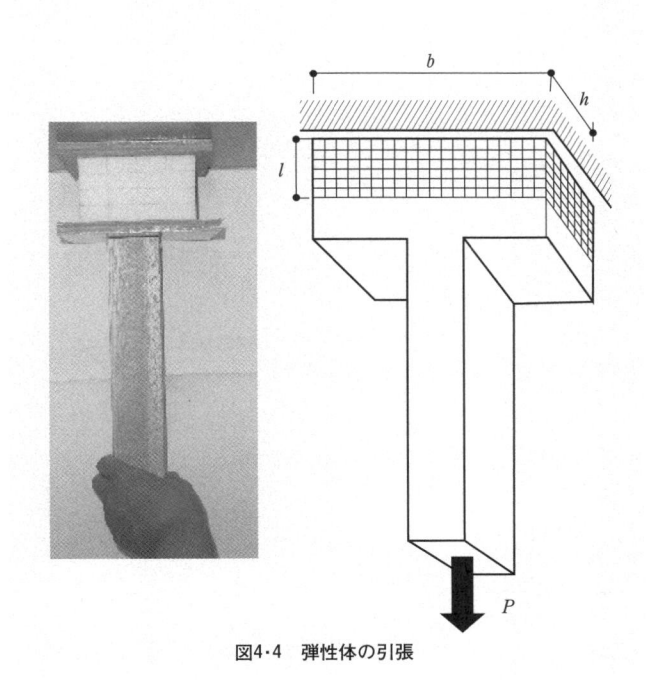

b) 連続体に作用する力と変形

図4・1のバネの部分が,図4・4のようにポリウレタンでできた弾性体の場合を考えてみよう.これを軸方向に引張る(軸方向力)と,弾性体部分が伸びようとする.この弾性体部分を$1 \times 1 \times 1$ (mm^3) の単位ユニットの集合体と考え,これを単位バネとすると,断面内に$b \times h$のバネがl列,縦につながっていると考えられる.

この場合,$b \times h$が大きいほど,断面内のバネの数が多いこととなり,全体としての剛性が大きくなり,バネ1個あたりに作用する力は小さくなる.つまり,$b \times h$が大きいほど,伸びは少ないということになる.一方,lが大きい場合には,バネの列が多いこととなり,それぞれのバネ

図4・4 弾性体の引張

第4章 断面に生じる力

の伸びは同じでも，トータルとしてはバネの列の和となるため，伸びが大きくなる．このように，弾性体に軸方向力が作用する場合，その断面が大きいほど伸びは小さく，長さが長いほど伸びが大きいこととなる．

この単位ユニットの1面（1×1（mm²））に作用する力を応力度と呼ぶ．応力度の単位は，作用する力Pの単位面積あたりの力となるので，力（N）をそれが作用する断面積（mm²）で除して，N/mm²となる．

一方，この単位バネの伸びは長さの単位であるが，元のバネの長さに対して伸びの割合で表したほうが，全体の伸びはバネの長さ（単位バネの直列している個数）を掛けるだけで求まるので，単位バネの伸びを元の長さ（1 mm）で除した値で表す．これを一般にひずみ度εといい，元の長さをl，伸びをΔlとしたときに，次式で定義する．

$$\varepsilon = \frac{\Delta l}{l} \quad \cdots\cdots\cdots\cdots\cdots\cdots(4.1)$$

ひずみ度εは，伸びた長さ（mm）を元の長さ（mm）で割るので，無次元量となる．この単位ユニットで表されるバネのバネ定数は，単位バネに作用する力である応力度を伸びで除して求めることができるが，一般には伸びとしてひずみ度を用い，応力度σをひずみ度εで除して定める．このバネ定数を一般にEで表し，ヤング係数と呼ぶ．

$$E = \frac{\sigma}{\varepsilon} \quad \cdots\cdots\cdots\cdots\cdots\cdots(4.2)$$

ヤング係数Eの単位は，応力度（N/mm²）を，無次元量であるひずみ度で除して求めるため，応力度と同じ単位（N/mm²）となる．

例題4・1 弾性体の伸び

図4・6に示したヤング係数と断面の異なる2本の棒に，それぞれ100Nと50Nの引張力が作用している．これらの棒に作用している引張応力度，ひずみ度を求め，全体の伸びを求めよ．

解　答

(a)　応力度　$\sigma = 100/(10 \times 10) = 1$（N/mm²）
　　ひずみ度　$\varepsilon = \sigma/E = 1/100 = 0.01$
　　伸び　$\delta = \varepsilon l = 0.01 \times 100 = 1$ mm

(b)　応力度　$\sigma = 50/5/5 = 2$（N/mm²）
　　ひずみ度　$\varepsilon = \sigma/E = 2/100 = 0.02$
　　伸び　$\delta = \varepsilon l = 0.02 \times 50 = 1$ mm

(a)に比べて，(b)の寸法および作用する力は半分になっている．寸法が半分なので，断面積は$(1/2)^2$で1/4となり，力が半分であるから応力度は$(1/2)/(1/4) = 2$倍となっている．

ヤング係数は同じなので，ひずみ度は応力度に比例し，

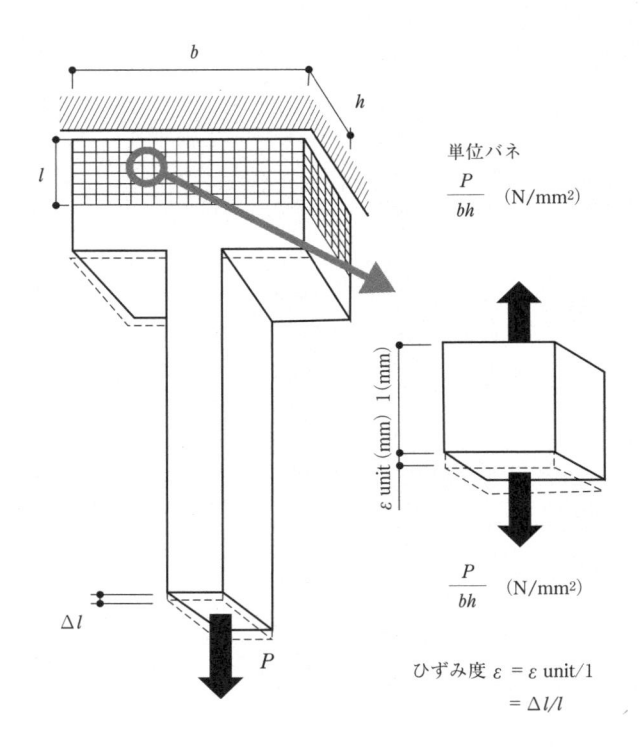

図4・5　弾性体の単位バネの伸び

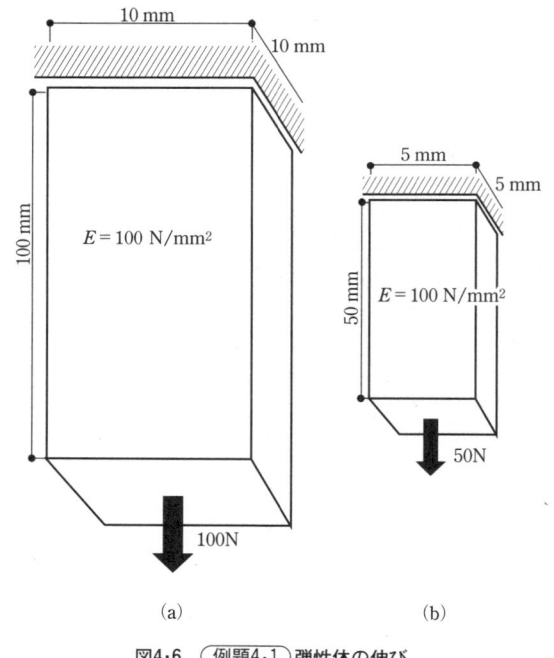

図4・6　例題4・1　弾性体の伸び

(b)が2倍となる．伸び量は，このひずみ度に長さを掛けることにより求まるので，(a)の方が2倍の長さであるから，全体の伸びは(a)，(b)で同じとなる．

【問題4・3】

図に示したような，異なるヤング係数を持つ2つの材料からなる，異なる断面の部材で支えられたシステムを考える．このシステムに引張力1000 Nの力Pを加えたときの，それぞれの部材に作用する力と応力度を求め，全体の伸びを算定しなさい．なお，力を加える部分は回転しないものとし，2本の部材の変形は同じとする．

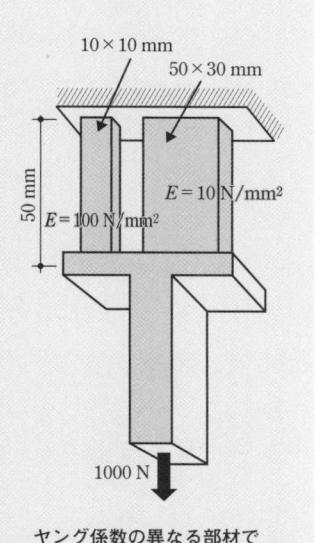

図中: 10×10 mm, 50×30 mm, 50 mm, $E = 100$ N/mm², $E = 10$ N/mm², 1000 N

ヤング係数の異なる部材で支えられたシステムの伸び

(ヒント) それぞれの単位バネを考え，ヤング係数はその単位バネの剛性であるので，その個数にヤング係数を掛けたものが，それぞれの部材としての剛性になる．

---

2. ポアソン比

ゴムでできた直方体を押したり，引張ったりすると，鉛直方向の応力度が生じ，縮んだり伸びたりする．たとえば，図4・7のように消しゴムに圧縮力を加えると，縦方向に縮む．応力度の説明のときに，単位バネの集合体として考えた．その場合には，ただ縮むと考えればよいが，図4・7の消しゴムのように，一般の材料は連続体であり，密実である．長さ方向に縮む場合，その縮んだ体積の分だけ体積が減ることになる．しかし，ゴムのような一般の弾性体の場合には，この体積が減るのでなく，図4・7に示したように，その分だけ横にはらみ出してくる．体積は一定なので，引張った場合には伸びに対応する分だけ縮む．

一方，ポリウレタンのように中に空洞が多い材料の場合には，図4・8のようにほとんど横に拡がらないで，縦に縮む．

このように，材料によって横方向にはらみ出したり，縮んだりする量は異なる．このような現象を定量的に表すため，縦方向のひずみ度に対する横方向のひずみ度の比で示し，これをポアソン比νと呼ぶ．

$$\nu = \frac{横ひずみ度}{縦ひずみ度} \quad \cdots\cdots (4.3)$$

図4・9に示すような$B \times B \times l$の直方体を考えると，体積は$B^2 l$となる．これが圧縮されて，εの縦ひずみ度が生じ

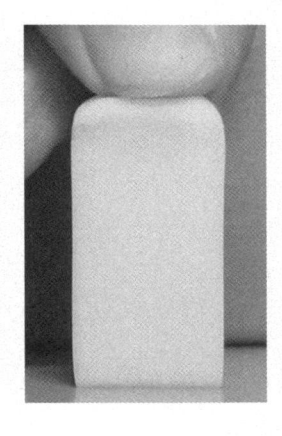

図4・7 ゴムの圧縮

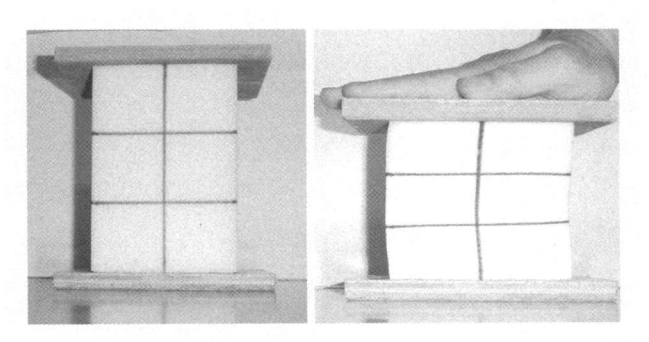

図4・8 ポリウレタンの圧縮

たとすると，高さ方向の長さは，$l(1-\varepsilon)$ となる．一方，幅は，横方向のひずみ度が $\nu\varepsilon$ で与えられるので，横方向の長さは，$B(1+\nu\varepsilon)$ となる．体積変化がないとして元の体積と同じとすると，次式が成立する．

$l(1-\varepsilon)B^2(1+\nu\varepsilon)^2 = B^2l$

これより，

$2\nu\varepsilon - \varepsilon - 2\nu\varepsilon^2 + (1-\varepsilon)(\nu\varepsilon^2) = 0$

ひずみ度は微小なので，ε^2 項を無視すると，$\varepsilon(2\nu-1)=0$ となり，$\nu=0.5$ となる．つまり，体積変化のない場合のポアソン比は0.5であり，一般の材料はこれより小さな値となる．建築の構造部材として一般に用いられる材料のポアソン比を，ヤング係数とともに表4・1に示す．

表4.1 各種材料のヤング係数とポアソン比

材　料	ヤング係数(N/mm²)	ポアソン比
構造用鋼材	2.05×10^5	0.28〜0.35
コンクリート	$2.0〜3.0 \times 10^4$	0.18〜0.23
大理石	$5.0〜8.0 \times 10^4$	0.25〜0.38
木材（杉の材軸方向）	$4.5〜7.0 \times 10^3$	—

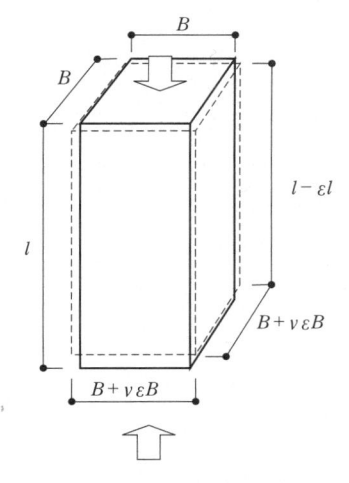

図4・9 直方体の圧縮

3. せん断変形

部材には，伸びたり縮んだりするだけでなく，図4・10のように横にずれる変形もある．この部材を横にずらす力 Q のことをせん断力といい，このときの変形をせん断変形という．

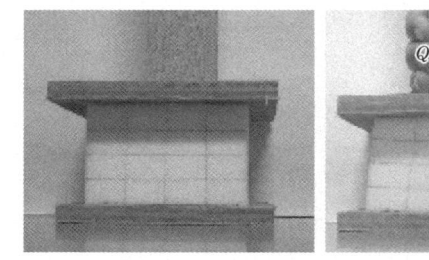

図4・10 せん断変形

この弾性体部分を軸方向のときと同じように，図4・11に示す $1\times1\times1$ (mm³) の単位ユニットの集合体と考える．この場合，断面内に $B\times D$ のバネが h 列，縦につながっていると考えられる．このバネ1個あたりに作用するせん断力は，Q (N) を BD (mm²) で除して求めることができ，これを（平均）せん断応力度 τ と呼ぶ．

$$\tau = \frac{Q}{BD} \quad (\text{N/mm}^2) \cdots\cdots\cdots\cdots\cdots (4.4)$$

ここで，単位バネを取り出し，矢印の方向に上下にせん断応力度 τ が作用しているとすると，この単位バネは時計回りに回転しようとする．この時計回り方向のせん断応力度を，正方向とする．

材料の中で，この単位バネは回転できないので，この時計回りの回転を止めようとするための力が，上下のせん断応力度 τ に対して，直交方向に負のせん断応力度として作用する．つまり，せん断応力度は，直交する方向に絶対値が同じで，符号が逆に作用することになる．

また，この単位ユニットのずれ量をせん断ひずみ度 γ と呼び，次式で定義する．

$$\gamma = \frac{\delta}{h} \cdots\cdots\cdots\cdots\cdots (4.5)$$

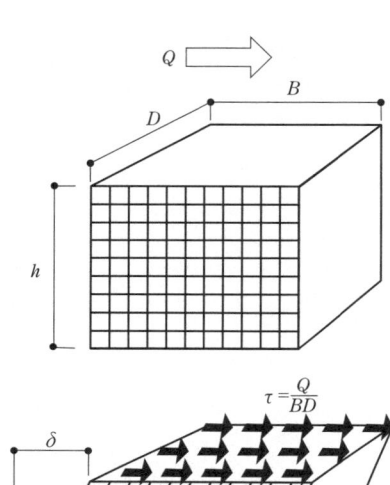

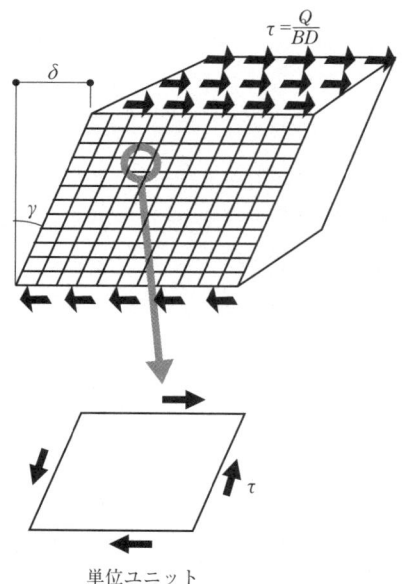

図4・11 せん断変形とせん断応力度

この，せん断ひずみ度 γ とせん断応力度 τ の関係も，軸方向のときと同じように，次式で表し，この比例定数 G をせん断弾性係数という．

$$\tau = G\gamma \quad \cdots\cdots\cdots\cdots\cdots\cdots\cdots\cdots\cdots\cdots (4.6)$$

このせん断弾性係数は，ヤング係数 E とポアソン比 ν を用いて次式で表すことができる．

$$G = \frac{E}{2(1+\nu)} \quad \cdots\cdots\cdots\cdots\cdots\cdots\cdots (4.7)$$

なお，(4.7) 式は例題4·2で証明する．

4. 主応力

せん断変形は，部材がひし形になる変形である．図4·12に示したように，正方形がせん断変形した状態をみると，元の正方形の対角線は，一方向は伸び，それと直交する方向は縮んでいる．部材が伸びるということは，その方向に引張力が作用し，縮むということは圧縮力が作用するということであるから，せん断力を受けるということは，その45°方向に圧縮および引張力を受けていることになる．

これとは逆に，図4·13に示したように部材が単純に引張られている状況を考えてみよう．この部材を鉛直方向に切断して，切断面が単位バネでつながっていると仮定してみると，この鉛直断面の単位バネには，$\sigma_x = P/(Bh)$ の引張力が作用していることになる．つまり，この断面には $\sigma_x = P/(Bh)$ の水平方向の引張応力度が生じているといえる．

今度は，この部材を図4·14に示したように時計回りに45°傾いた方向に切断し，切断面が単位バネでつながっていると仮定してみよう．高さ方向に45°に切断するので，切断面の高さ方向の長さは $\sqrt{2}h$ となる．したがって，単位バネは $\sqrt{2}Bh$ 個あることになり，単位バネの45°方向に $P/(\sqrt{2}Bh)$ の力で引張られることになる．45°方向に引張りが作用するということは，ひし形に変形することであり，この単位バネにはせん断力が作用していることになる．

45°方向の引張力を，単位バネの切断面に直交する力（垂直応力度）と切断面に沿う力（せん断応力度）に分解すると，それぞれ $P/(\sqrt{2}Bh) \times 1/\sqrt{2} = P/(2Bh) = \sigma_x/2$ となる．つまり，45°方向の単位バネには，水平方向の引張応力度の半分の大きさの垂直応力度とせん断応力度が作用していることになる．

部材の中で，この単位バネはどの角度でも考えることができる．そして，その単位バネの向きによって，垂直応力度が生じたり，せん断応力が生じたりする．外から加わる力は一定であり，垂直応力度の合力とせん断応力度の合力の合計は外力と釣り合うため，その関係には一定の法則が存在する．

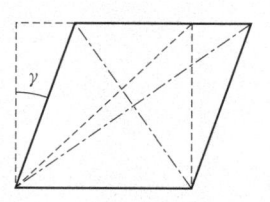

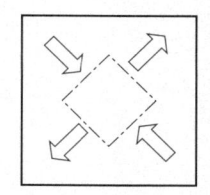

図4·12 せん断変形と応力度

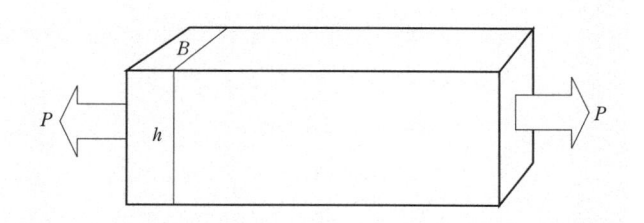

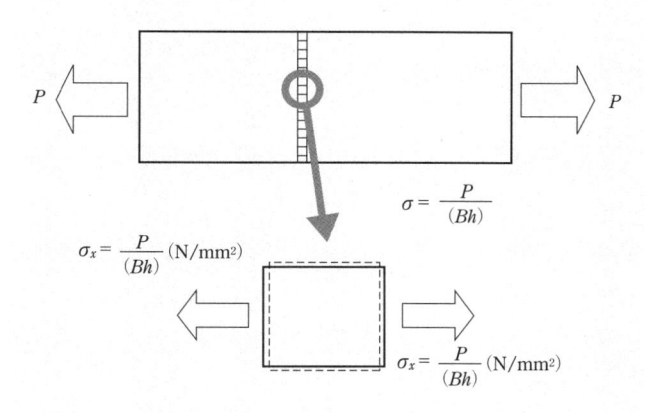

図4·13 引張を受ける部材の断面直角方向の応力度

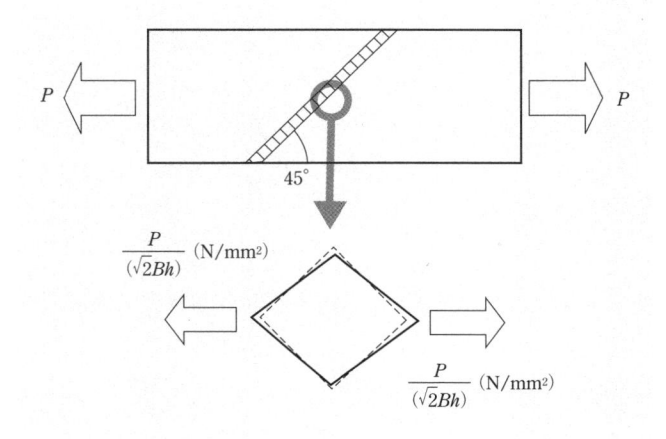

図4·14 引張を受ける部材の断面45°方向の応力度

いま，図4・15に示したように時計回りにθだけ傾いた切断面に作用する力を考えてみよう．作用する力Pをこの断面に直行する力P_vと，断面に沿う力P_uに分解すると，それぞれの力は次のようになる．

$$P_v = P \cos \theta \quad\quad\quad\quad\quad\quad\quad\quad\quad\quad (4.8)$$
$$P_u = P \sin \theta$$

断面に直交する力の単位面積あたりの垂直応力度σ_vと，断面に沿う力の単位面積あたりの応力度（せん断応力度）τ_uは，それぞれの力を断面積（$= Bh/\cos\theta$）で除して次式で与えられる．

$$\sigma_v = \frac{P_v}{Bh/\cos\theta} = \frac{P}{Bh}\cos^2\theta = \frac{P}{2Bh}(1+\cos 2\theta)$$
$$\tau_u = \frac{P_u}{Bh/\cos\theta} = \frac{P}{Bh}\sin\theta\cos\theta = \frac{P}{2Bh}\sin 2\theta$$
$$\quad\quad\quad\quad\quad\quad\quad\quad\quad\quad (4.9)$$

ここで，$P/(Bh) = \sigma_x$の関係を代入し，$\sin^2(2\theta) + \cos^2(2\theta) = 1$の関係を用いると，上式を2乗和することにより次式を得る．

$$\left(\sigma_v - \frac{\sigma_x}{2}\right)^2 + \tau_u^2 = \left(\frac{\sigma_x}{2}\right)^2 \quad\quad\quad\quad (4.10)$$

これは，図4・16に示すように(σ_v, τ_u)が，$(\sigma_x/2, 0)$を中心とした半径$\sigma_x/2$の円上にあることを示している．これをモールの応力円と呼ぶ．水平方向の垂直応力度の作用する鉛直面から時計回りにθ傾いた断面での垂直応力度とせん断応力度は（4.9）式で与えられ，これは，図の水平軸から時計回りに2θ回転した円上の点(σ_v, τ_u)の水平成分と，鉛直成分となっている．すなわち，水平軸は，垂直応力度を表し，鉛直軸はせん断応力度を表している．

図4・14の，45°傾いた断面の垂直応力度とせん断応力度をモールの応力円から求めてみると，$\theta = 45$°なので$2\theta = 90$°となり，$(\sigma_v, \tau_u) = (\sigma_x/2, \sigma_x/2)$となる．先ほど求めた値と等しい．

図4・12の，純粋にせん断力のみを受ける状況をモールの応力円に描くと，水平軸は0，鉛直軸に$\pm\tau$をとって，図4・17に示すような円になる．これより，$+\tau$の作用する水平面から時計回りに45°回転した断面上にσ_Iが，反時計回りに45°回転した断面にσ_{II}が作用し，その大きさはτに等しいことがわかる．

また，この断面上にはせん断力が作用していない．このように，せん断力の作用しない断面に作用する垂直応力度のことを，**主応力度**と呼ぶ．任意の垂直応力度とせん断応力度が組み合わさった場合でも，モールの応力円を利用して，主応力度を求めることができる．

いま，図4・18に示すように断面内の微小部分に垂直応力度σ_x，σ_yと，せん断応力度τが作用しているとする．こ

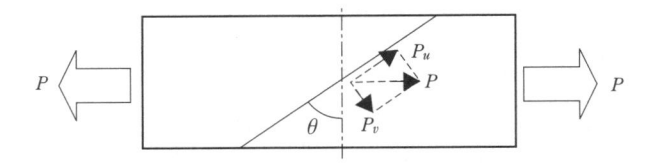

図4・15　引張を受ける部材の任意の角度の断面の応力度

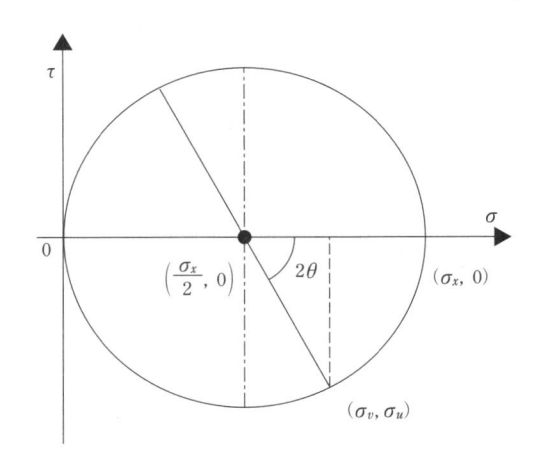

図4・16　水平力を受ける部材のモールの応力円

下の写真は，鉄筋コンクリート構造に用いられる鉄筋の引張試験結果である．試験は，鉄筋を単純に左右に引張った結果である．破断した面をよく見ると，いろいろな角度で破断しており，45°に破断しているものがある．先ほどの応力度を考えると，鉄筋によっては，破断時にはどうやら引張力でなく，せん断力によって破断しているものもあることが推察できる．

れから，反時計回りに θ だけ傾いた面に作用する応力度を求めるために，図4・19に示す微小要素での力の釣り合いを考える．奥行き方向の長さを1とすると，

$\Sigma X = -\sigma_x dy + \tau dx + \sigma_v du \cos\theta + \tau_u du \sin\theta$
$\quad = -\sigma_x du \cos\theta + \tau du \sin\theta + \sigma_v du \cos\theta + \tau_u du \sin\theta$
$\quad = -\sigma_x \cos\theta + \tau \sin\theta + \sigma_v \cos\theta + \tau_u \sin\theta$
$\quad = 0$

$\Sigma Y = dy - \sigma_y dx + \sigma_v du \sin\theta - \tau_u du \cos\theta$
$\quad = \tau du \cos\theta - \sigma_y du \sin\theta + \sigma_v du \sin\theta - \tau_u du \cos\theta$
$\quad = \tau \cos\theta - \sigma_y \sin\theta + \sigma_v \sin\theta - \tau_u \cos\theta$
$\quad = 0$ ……………………………………(4.11)

となる．次に ΣX に $\cos\theta$ をかけ，ΣY に $\sin\theta$ をかけて和をとり，三角関数の倍角公式を用いると，

$\sigma_v = \sigma_x \cos^2\theta + \sigma_y \sin^2\theta - 2\tau \sin\theta \cos\theta$
$\quad = \sigma_x - (\sigma_x - \sigma_y)\sin^2\theta - \tau \sin\theta$

三角関数の倍角公式を用いると，

$\cos 2\theta = 1 - 2\sin^2\theta$ より $\sin^2\theta = \dfrac{1 - \cos 2\theta}{2}$

これを上式に代入すれば，

$\sigma_v = \dfrac{\sigma_x + \sigma_y}{2} + \dfrac{\sigma_x - \sigma_y}{2}(\cos^2\theta - \sin^2\theta) - \tau \sin 2\theta$
$\quad = \dfrac{\sigma_x + \sigma_y}{2} + \dfrac{\sigma_x - \sigma_y}{2}\cos 2\theta - \tau \sin 2\theta$
………………(4.12)

同様に，ΣX に $\sin\theta$ をかけて ΣY に $\cos\theta$ をかけて差をとると，

$\tau_u = \dfrac{\sigma_x - \sigma_y}{2}\sin 2\theta - \tau \cos 2\theta$ ………………(4.13)

(4.10) 式を求めるのと同様に (4.12) (4.13) 式の2乗和をとることにより，

$\left(\sigma_v - \dfrac{\sigma_x + \sigma_y}{2}\right)^2 + \tau_u^2 = \left(\dfrac{\sigma_x - \sigma_y}{2}\right)^2 + \tau^2$ ……(4.14)

これは，図4・20に示すように $\left(\dfrac{\sigma_x + \sigma_y}{2},\ 0\right)$ を中心とした半径 $\sqrt{\left(\dfrac{\sigma_x - \sigma_y}{2}\right)^2 + \tau^2}$ の円である．

これより，主応力度 σ_I，σ_{II} とその角度は時計回りを正として次式で与えられる．

$\sigma_I,\ \sigma_{II} = \dfrac{\sigma_x + \sigma_y}{2} \pm \sqrt{\left(\dfrac{\sigma_x - \sigma_y}{2}\right)^2 + \tau^2}$ …(4.15)

$\tan 2\theta = \dfrac{2\tau}{\sigma_x - \sigma_y}$

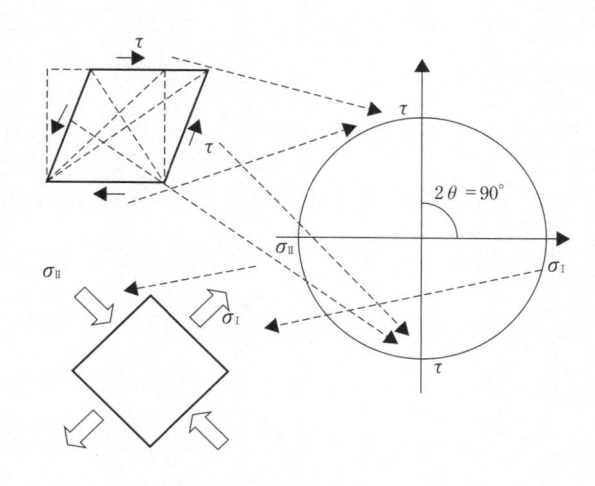

図4・17 純せん断を受ける部材のモールの応力円

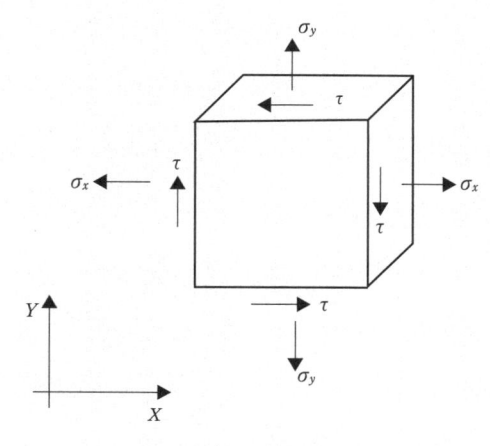

図4・18 微小要素内の応力度

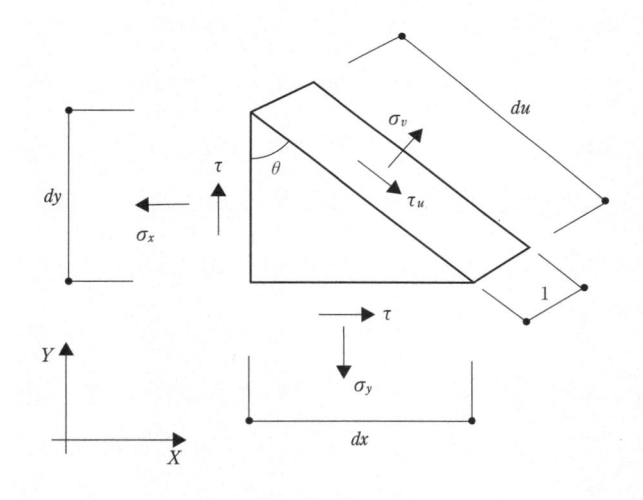

図4・19 微小要素内の傾いた面の応力度

三角関数の倍角公式
$\sin 2\theta = 2\sin\theta\cos\theta$
$\cos 2\theta = \cos^2\theta - \sin^2\theta$
$\quad\quad\ = 1 - 2\sin^2\theta$
$\quad\quad\ = 2\cos^2\theta - 1$

例題4・2 せん断弾性係数とヤング係数,ポアソン比の関係

せん断弾性係数 G とヤング係数 E,ポアソン比 ν の関係を求めよ.

解答

図4・21に示したように単位ユニットが純せん断を受けると,45°方向に伸び,その90°方向に縮む.このときの伸びのひずみ度を ε_I,縮みのひずみ度を ε_{II} とすると,微小変形であるのでせん断ひずみ度 γ との間に,次式が成り立つ.

$$\tan\left(\frac{\pi}{4}-\frac{\gamma}{2}\right)=\frac{\sqrt{2}(1+\varepsilon_{II})}{\sqrt{2}(1+\varepsilon_I)}=\frac{1+\varepsilon_{II}}{1+\varepsilon_I} \cdots\cdots(4.16)$$

一方,図4・22のように45°方向の垂直応力度 σ_I と,その90度回転した方向に生ずる垂直応力度 σ_{II} は,図4・17で求めたように τ に絶対値が等しく符合の異なる値である.

これらが作用するときの,それぞれの方向のひずみ度は,ヤング係数を E,ポアソン比を ν とすると,次式で与えられる.

$$\varepsilon_I=\frac{1}{E}(\sigma_I-\nu\sigma_{II})=\frac{(1+\nu)\tau}{E}$$
$$\varepsilon_{II}=-\frac{(1+\nu)\tau}{E} \quad\cdots\cdots\cdots(4.17)$$

(4.17)式を(4.16)式に代入すると,

$$\tan\left(\frac{\pi}{4}-\frac{\gamma}{2}\right)=\frac{1-\dfrac{(1+\nu)\tau}{E}}{1+\dfrac{(1+\nu)\tau}{E}} \cdots\cdots(4.18)$$

三角関数の公式を用い γ が微小であることを考慮すると,

$$\tan\left(\frac{\pi}{4}-\frac{\gamma}{2}\right)=\frac{\tan\dfrac{\pi}{4}-\tan\dfrac{\gamma}{2}}{1+\tan\dfrac{\pi}{4}\tan\dfrac{\gamma}{2}}=\frac{1-\dfrac{\gamma}{2}}{1+\dfrac{\gamma}{2}} \cdots(4.19)$$

となる.(4.18)(4.19)式の比較より,

$$\frac{\gamma}{2}=\frac{(1+\nu)\tau}{E}\rightarrow\gamma=\frac{2(1+\nu)}{E}\tau \cdots\cdots(4.20)$$

一方,$\tau=G\gamma$ であり,せん断弾性係数 G は,ヤング係数 E とポアソン比 ν を用いて,次式で表すことができる.

$$G=\frac{E}{2(1+\nu)} \cdots\cdots\cdots\cdots\cdots\cdots\cdots(4.21)$$

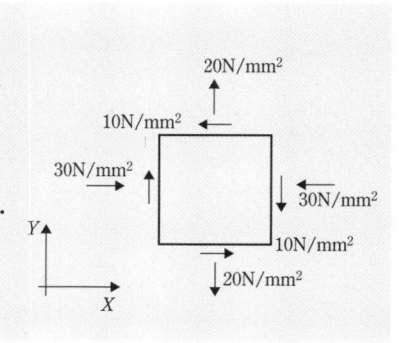

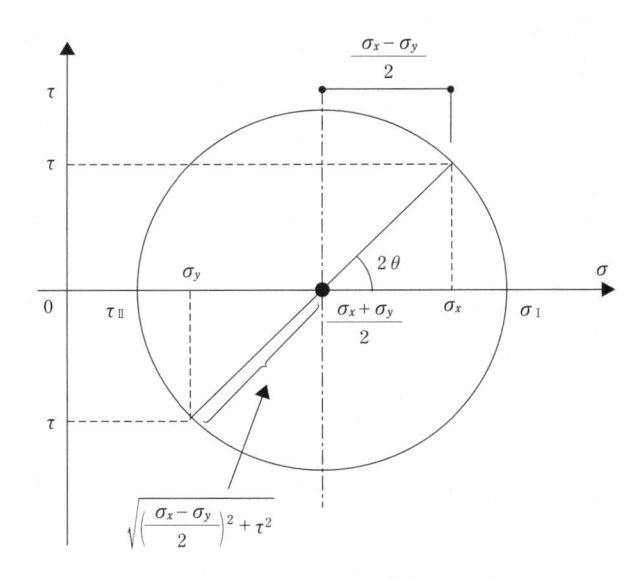

図4・20 任意の応力度に対するモールの応力円

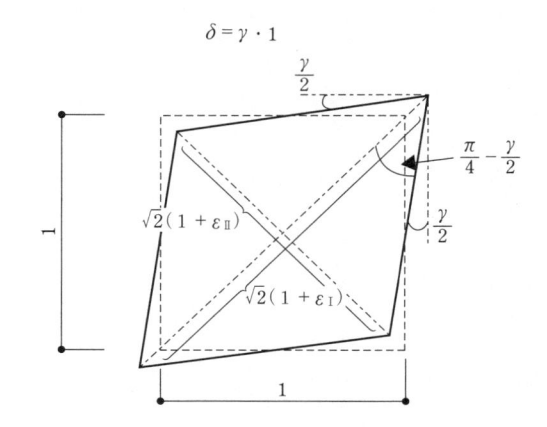

図4・21 せん断ひずみ度と垂直ひずみ度

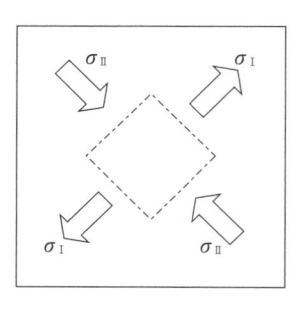

図4・22 45°傾いた断面の垂直応力度

【問題4・4】

図のような応力度が作用しているときの主応力度,最大せん断応力度を求めよ.

4·2 曲げを受ける部材

1. モーメントと回転量（対称断面）

a) バネに作用する力と回転量

図4·23のように回転中心から $h/2$ だけ離れたところに，同じバネ定数 K_0 を持つ2本のバネで支えられているシステムを考える．このシステムは2本のバネの右端の中央位置がピン支持され，この位置で水平鉛直方向の変形は拘束され，回転変形のみ生じるものとする．

このシステムの右端に図4·23に示すように下向きの力 P を加えると，図4·24に示したように上側のバネは伸び，下のバネは同じ大きさだけ縮む．このとき，上のバネには引張力が作用し，下のバネには同じ大きさの圧縮力が作用している．右端に加えた力 P により，このシステムには時計回りに回転しようとする力のモーメント $M = P \times l$ が作用している．一方，バネに作用する力を N とすると，上下のバネにより偶力のモーメント $N \times h$ が反時計回りに作用し，加えた力 P による外力のモーメント $M = P \times l$ と釣り合っている．これよりバネに作用する力 N は，

$$N = \frac{M}{h} = \frac{P \times l}{h} \quad \cdots\cdots (4.22)$$

となる．バネに作用する力 N による，上下のバネの伸び縮み量 δ は，

$$\delta = \frac{N}{K_0} = \frac{P \times l}{h \times K_0} \quad \cdots\cdots (4.23)$$

となる．上下のバネの伸び縮み量 δ による回転角 θ は，

$$\theta = \frac{\delta}{(h/2)} = \frac{2P \times l}{h^2 \times K_0} \quad \cdots\cdots (4.24)$$

となる．

すなわち，バネが硬い（バネ定数 K_0 が大きい）と伸び縮み量 δ は小さくなるため，回転量 θ は小さくなる．つまり，バネが硬いと回転しにくくなる．また，バネの配置が離れている（h が大きい）ほど回転しにくくなるということがわかる．

次に，回転中心から $h/4$ の位置に2本の同じバネ定数 K_0 を持つバネを加えてみる．このシステムに図4·25に示すように力 P を加えると，2本のバネのときと同じように，上側のバネは伸び，下側のバネは縮む．上側のバネには引張力が作用し，下側のバネには圧縮力が作用している．

いま，上半分のバネの部分を拡大してみると，図4·26に示したように，内側のバネは外端のバネに比べ伸びが1/2になる．これより，内側のバネには，外側のバネの1/2倍の力が作用することになる．いま外側のバネに作用する力を図4·26に示したように N とすると，内側のバネに作用

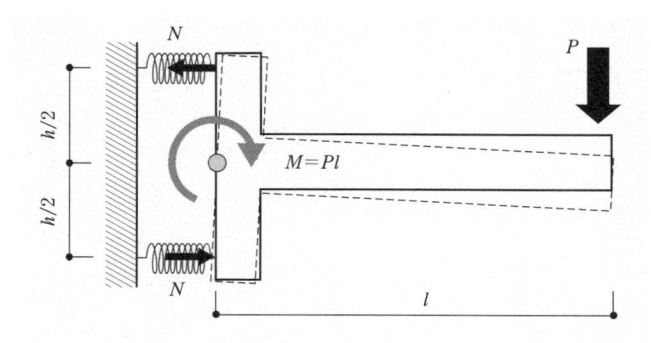

図4·23　2本のバネで支えられたシステムの曲げ

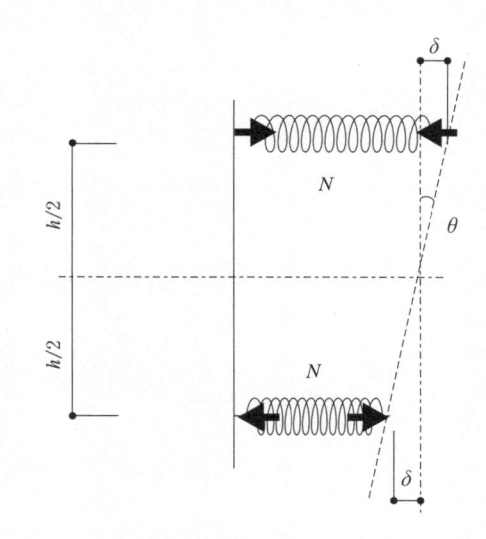

図4·24　バネ部分の拡大図

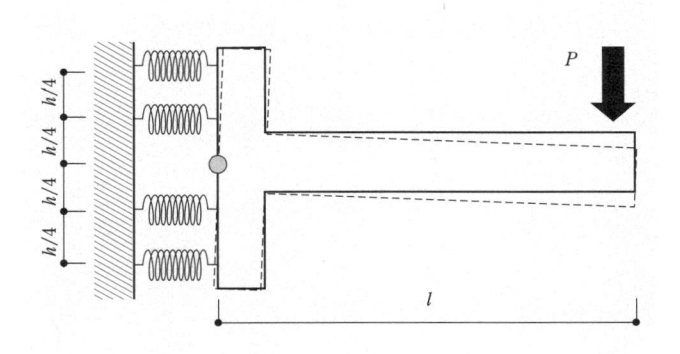

図4·25　4本のバネで支えられたシステムの曲げ

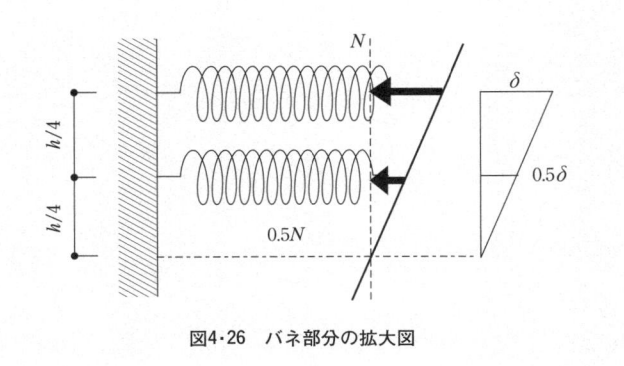

図4·26　バネ部分の拡大図

する力は0.5Nとなる．この2つのバネの力により回転中心に作用するモーメントを求めてみると，外側のバネによるモーメントは（N×h）/2，内側のバネによるモーメントは（0.5N×h）/4＝（N×h）/8となり，内側のバネによるモーメントは外側のバネによるモーメントの1/4倍ということになる．

4本のバネによる偶力のモーメントを加えあわせると，
$$M = \frac{N \times h + 0.5N \times h}{2} = N \times 1.25h \quad \cdots\cdots\cdots\cdots (4.25)$$

加えた力 P による外力のモーメントとの釣り合いより，バネに作用する力 N は，
$$N = \frac{P \times l}{(1.25h)} \quad \cdots\cdots\cdots\cdots (4.26)$$

となる．（4.22）式と（4.26）式を比べると，バネの本数を2倍にしても，外側のバネに作用する力は1/1.25倍にしか減少していないことがわかる．外側のバネに作用する力 N による外側の上下のバネの伸び縮み量 δ は，
$$\delta = \frac{N}{K_0} = \frac{P \times l}{(1.25h \times K_0)} \quad \cdots\cdots\cdots\cdots (4.27)$$

となる．

回転角 θ は，
$$\theta = \frac{\delta}{(h/2)} = \frac{2P \times l}{(1.25h^2 \times K_0)} \quad \cdots\cdots\cdots\cdots (4.28)$$

となる．

（4.24）式と比べると，内側にバネを追加してバネ本数を2倍にしても，回転角 θ は1/1.25倍にしか減少していない．つまり，回転に対する抵抗の増加が少なく，その効果は小さいということになる．

【問題4・5】

4本のバネを図に示すように，中央から上下 $h/2$ の位置にそれぞれ2本ずつ入れた場合に，各バネに作用する力を求め，バネの変形量から縦1列に4本入れた場合との違いについて考察しなさい．

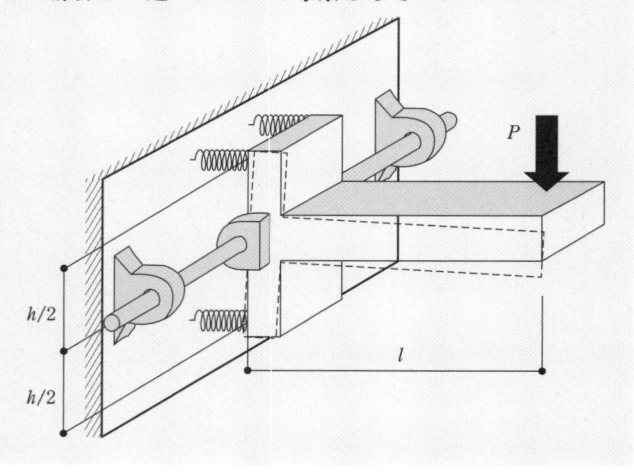

b) 連続体に作用する力と回転量

これまでみてきたシステムのバネの部分が,図4・27に示すようなポリウレタンでできた弾性体の場合を考えてみよう.

上半分の変形状態を拡大して示すと,図4・28のようになる.これを高さ d_y の薄い層に分割し,最上層を第1層として中心まで n 層あるとする.拡大図の右図に示したように,各層の伸びの量は一定と考える.元の長さを x として,各要素の伸び d_x は,中心からの距離 y に比例して伸びることになる.いま,回転角を θ とし,断面中心から最上層の中心までの距離を y_1 とすると,θ が微小ならば,$\tan\theta \fallingdotseq \theta$ であるので,最上層の伸び dx_1 は,

$$dx_1 = y_1 \times \theta \qquad (4.29)$$

となる.

最上層については,元の長さが x_0 で,伸びが dx_1 であるから,軸方向の伸びのときと同様に考えると,この層のひずみ度 ε_1 は,

$$\varepsilon_1 = \frac{dx_1}{x_0} = \frac{y_1 \times \theta}{x_0} \qquad (4.30)$$

となる.

ここで,θ / x_0 は,単位長さあたりの回転角を表し,これを曲率 ϕ と定義する.これは,単位長さあたりの軸方向の伸び縮みの割合であるひずみ度 ε に対応するが,回転角自体が無次元量(ラジアン)のため,ひずみ度が無次元量になるのに対し,(1/長さ)の単位となる.

次に,図4・29のように角度 θ 傾いた断面が元の面と交わるまでの距離 ρ を求めてみると,θ が微小であるとして,

$$\rho = \frac{x_0}{\theta} = \frac{1}{\phi} \qquad (4.31)$$

となり,曲率の逆数になる.

ρ は回転の半径を示し,単位も長さの単位となる.図4・29より明らかなように ρ が大きいほど回転角 θ は小さい.つまり,ρ は回転の程度を表しており,曲率は曲がりの程度を表すものといえる.

曲率 ϕ を用いると,(4.30)式は,

$$\varepsilon_1 = \frac{dx_1}{x_0} = y_1 \times \phi \qquad (4.30')$$

となる.

第1層の水平方向の垂直応力度 σ_1 は,このひずみ度にヤング係数 E を掛けて,図4・30(b)に示すように,

$$\sigma_1 = E \times \varepsilon_1 = \frac{E \times dx_1}{x_0} = E \times y_1 \phi \qquad (4.32)$$

となる.

第1層に作用する力 N_1 は,垂直応力度 σ_1 にその層の断面積 A_1 を掛けることにより求まる.層の幅(写真や図では奥行きになる)を b とすると,断面積 A_1 は,$b \times dy$ で与

図4・27 弾性体で支えられたシステムの曲げ

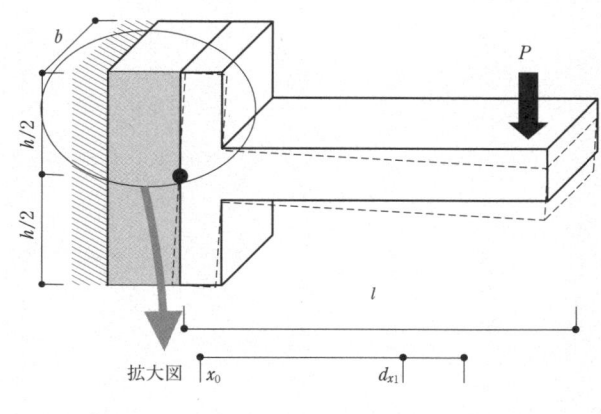

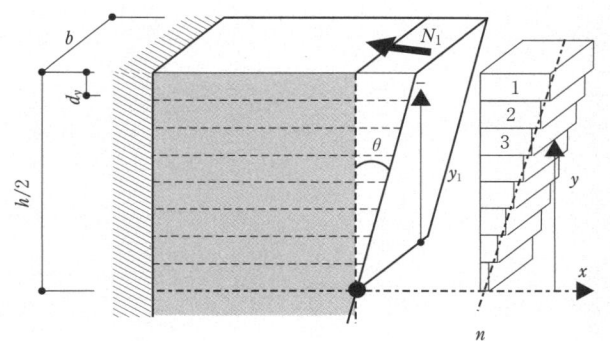

図4・28 弾性体部分の拡大図

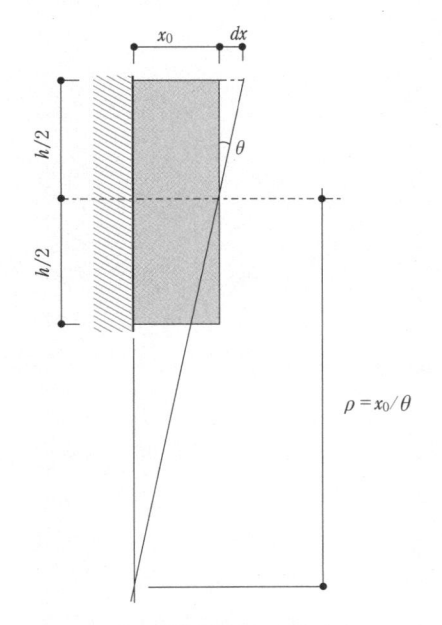

図4・29 弾性体部分の回転中心

えられる．

$$N_1 = A_1 \times \sigma_1 = b \times dy \times E \times y_1 \times \phi \quad \cdots\cdots\cdots (4.33)$$

となる．

したがって，第1層に作用する力 N_1 によるモーメント M_1 は，力 N_1 に中心からの距離 y_1 を掛けることにより求まるので，

$$M_1 = N_1 \times y_1 = b \times dy \times E \times y_1^2 \times \phi \quad \cdots\cdots\cdots (4.34)$$

となる．

第 i 層に作用する力 N_i は，その層の垂直応力度 σ_i が (4.32) 式の y_1 を y_i と置くことにより求まり，それに層の断面積 A_i を掛けることにより (4.33) 式と同様に求まる．

各層に作用する力 N_i によるモーメント M_i は，N_i に中心からの距離 y_i を掛けることにより求まるので，全体のモーメント M はこれらの n 層分の総和であり，下半分も同じモーメントになるので2倍すると，

$$M = 2\sum_{i=1}^{n} M_i = 2Eb\phi \sum_{i=1}^{n} y_i^2 dy \quad \cdots\cdots\cdots\cdots (4.35)$$

となる．

この式で，y_i と dy を n の関数として定め，級数和の公式より求めることも可能であるが，ここでは，$dy \to 0$ として，定積分で求める．

$$M = 2Eb\phi \int_0^{h/2} y^2 dy = 2Eb\phi \left[\frac{y^3}{3}\right]_0^{h/2}$$
$$= \frac{Eb\phi h^3}{12} = E\frac{bh^3}{12}\phi \quad \cdots\cdots\cdots (4.36)$$

これよりモーメント M が作用したときの回転角 θ を求めると，

$$\theta = \phi x_0 = \frac{Mx_0}{E}\frac{12}{bh^3} \quad \cdots\cdots\cdots\cdots\cdots\cdots (4.37)$$

となる．

モーメント M（$= P \times l$）が作用したときの回転角 θ は，ヤング係数 E が大きいほど（材料が硬いほど）小さくなり，bh^3 が大きいほど（断面，特に高さ h が大きいほど）小さくなることがわかる．

図4・31は同じ定規に錘をぶら下げた時，横にした場合と，縦にした場合の曲がり方を比べたものである．横にした場合には，b は大きいが h が小さく，大きく曲がっている．縦にした場合には h が大きくなり，その3乗で効くので，ほとんど曲がっていない．

(4.37) 式の中の $12/bh^3$ の逆数の $bh^3/12$ を I という記号で表すことが多い．この I を用いると，(4.37) 式は次のように表わせる．

$$\theta = \phi x_0 = \frac{Mx_0}{EI} \quad \cdots\cdots\cdots\cdots\cdots\cdots\cdots\cdots (4.37')$$

すなわち，EI が大きいほど変形量は小さくなる．EI は，

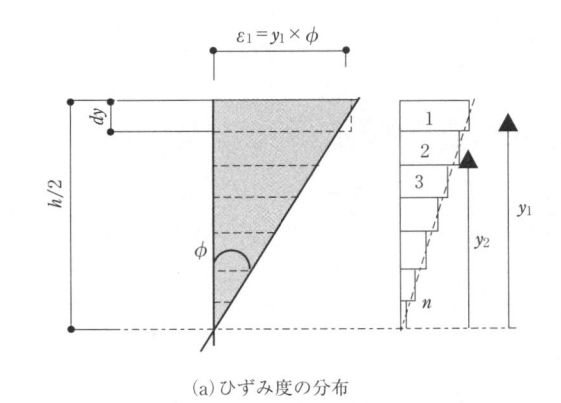

(a) ひずみ度の分布

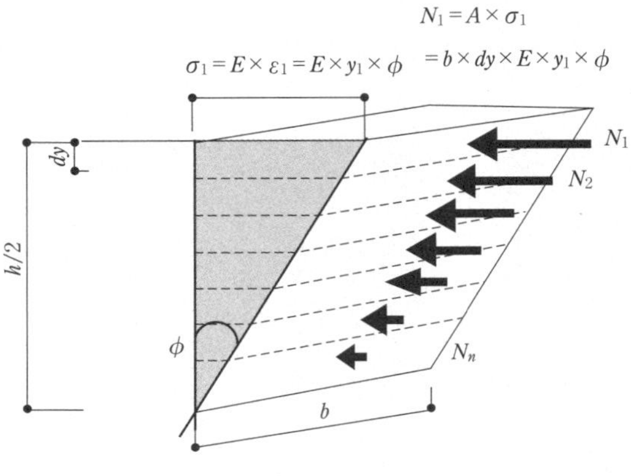

(b) 応力度と力の分布

図4・30　ひずみ度と応力度分布

(a) 定規を横にした場合

(b) 定規を縦にした場合

図4・31　同じ定規の変形の違い

曲げモーメントに対しての回転のしにくさを表す指標となり，曲げ剛性と呼ばれる．

この I という記号で表す $bh^3/12$ は何を意味するのか，(4.36) 式に戻って考えてみよう．(4.36) 式は，外力による曲げモーメント M に釣り合うために，断面内の微小部分に作用する力（＝応力度 σ ×微小面積 dA）に，中心からの距離を掛け，全断面にわたって合計したものである．

断面内の微小部分の垂直応力度 σ は，その位置のひずみ度に一定値であるヤング係数 E を掛けたものであり，ひずみ度は (4.30′) 式に示したように曲率 ϕ という一定値に中心からの距離を掛けたものである．

(4.36) 式を書き直すと，bdy が微小な高さの断面 dA であり，最下端から積分することにすると，

$$\frac{M}{E\phi} = \int_{-h/2}^{h/2} y^2 b dy = \int_{-h/2}^{h/2} y^2 dA \quad \cdots\cdots (4.36′)$$

となる．(4.36)(4.36′) 式の比較より，

$$I = \int_{-h/2}^{h/2} y^2 dA \quad \cdots\cdots (4.38)$$

と定義される．

これは，断面形状が決まれば一定値となる．この I を，微小断面に中心からの距離の 2 乗を掛けて積分していることから，**断面 2 次モーメント**と呼ぶ．

表4・2 に代表的な断面の断面 2 次モーメントを示す．

また，(4.37′) 式より，

$$\phi = \frac{M}{EI} = \frac{M}{E(bh^3/12)} \quad \cdots\cdots (4.39)$$

であり，$dy \to 0$ のとき $y_1 \to h/2$ であるので，最外端の垂直応力度 σ は，

$$\sigma = E \times y_1 \phi = E \times y_1 \frac{M}{E(bh^3/12)} = \frac{M}{bh^2/6} \quad \cdots\cdots (4.40)$$

となる．

これより，部材の外縁に働く垂直応力度 σ （これを縁応力度と呼ぶ）は，bh^2 が大きいほど（特に断面のせいが大きいほど）小さくなることがわかる．(4.40) 式の中の $bh^2/6$ を Z という記号で表すことが多い．(4.39)(4.40) 式の比較より，

$$Z = \frac{I}{h/2} \quad \cdots\cdots (4.41)$$

となる．これも I と同じく断面形状が決まれば一定値となり，**断面係数**と呼ぶ．

表4・2 に代表的な断面の断面係数を示す．

この断面係数 Z を用いると，(4.40) 式は次のように表すことができる．

$$\sigma = \frac{M}{Z} \quad \cdots\cdots (4.40′)$$

表4・2 断面の係数

断面形状	断面2次モーメント I	断面係数 Z
長方形（幅 b，高さ h）	$\dfrac{bh^3}{12}$	$\dfrac{bh^2}{6}$
円形（直径 d）	$\dfrac{\pi d^4}{64}$	$\dfrac{\pi d^3}{32}$
ひし形（一辺 h）	$\dfrac{h^4}{12}$	$\dfrac{h^3}{6\sqrt{2}}$

断面2次モーメントや断面係数などの値は，断面が定まれば一定値として求めることができ，これらを用いることにより，作用しているモーメントに応じて，(4.37′) 式により回転量を，(4.40′) 式により縁応力度を簡単に求めることができる．

【問題4・6】

図に示したような，ヤング係数 $E = 100\text{N/mm}^2$ で，その大きさが$100 \times 100 \times 100\text{mm}^3$の弾性体に $M = 500\text{N·m}$ のモーメントが作用しているときに，次の問いに答えなさい．

1) この部材に生じる最大垂直応力度を求めなさい．
2) この断面の曲率を求めなさい．
3) この部材のモーメントの作用する位置での回転角を求めなさい．
4) この部材は，垂直応力度 3N/mm^2 で破壊する．このシステムは作用しているモーメントに対して耐えられるか．

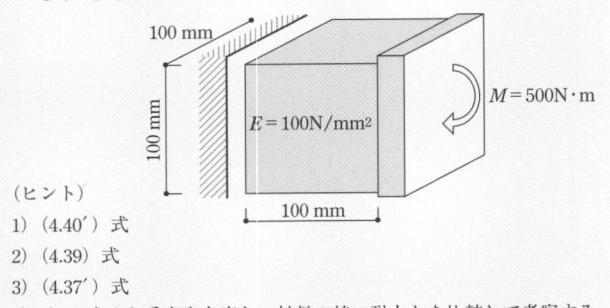

(ヒント)
1) (4.40′) 式
2) (4.39) 式
3) (4.37′) 式
4) 1) で求めた垂直応力度と，材料の持つ耐力とを比較して考察する．

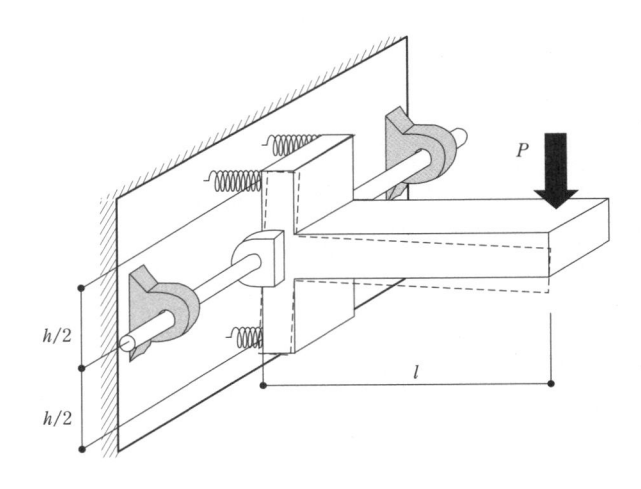

図4・32 非対称のバネで支えられたシステム

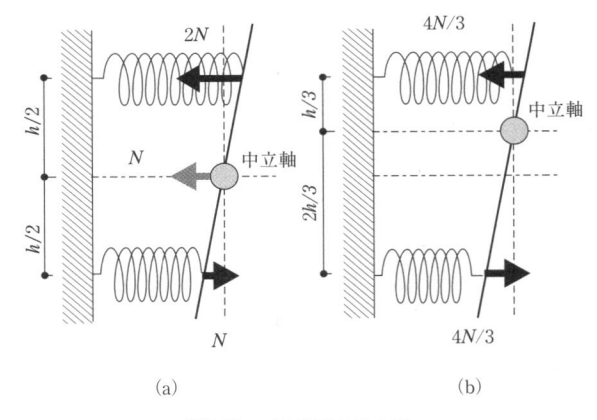

図4・33 バネ部分の拡大図

2. モーメントと回転量（非対称断面）

a) バネに作用する力と回転量

今度は，図4・32のように回転中心から $h/2$ だけ離れたところの上端に同じバネ定数 K_0 を持つ2本のバネで，下端に1本のバネで支えられたシステムを考える．

このシステムに図4・32に示すように下向きの力 P を加えると，上側のバネは伸び，下のバネは同じ長さだけ縮む．このとき上のバネには引張力が作用し，下のバネには同じ大きさの圧縮力が作用している．ところが，上側のバネは2本，下側のバネは1本であるので，トータルとしては引張力が大きくなる．そのため回転中心には，図4・33(a)に示したように，大きさ N の左に移動しようとする力が生じる．

回転中心が固定されているときには，この左に移動しようとする力は，回転軸を支える支点の反力として支えられる．しかし，固定されていない場合には，回転中心だった点は上下のバネの引張力と圧縮力が釣り合う図4・33(b)

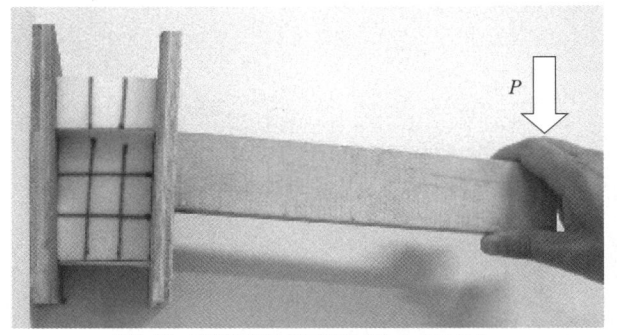

図4・34 T型の弾性体で支えられたシステム

に示した位置のところまで，左に移り，ここが新しい回転中心となる．このとき，伸び縮みしない位置は上に移動し，ちょうど上端から $h/3$ の位置となる．このとき，下のバネは上のバネの2倍変形することになり，生じる力は2倍となり，圧縮と引張の力が釣り合うことになる．この回転中心を通る軸のことを**中立軸**という．

b) 連続体に作用する力と回転量

図4·23に示したシステムのバネの部分が，図4·34に示すようなポリウレタンでできたT型をした弾性体の場合を考えてみよう．

T型部分の断面を示すと図4·35のようになる．これを高さ dy の薄い層に分割し，各層の中では伸びの量が一定と考える．いま，図4·36(a)のように上下の中央を中心として回転していると仮定すると，元の長さを x として，各要素の伸び dx は，中心からの距離 y に比例して伸びることになる．このときのひずみ分布は，対称断面のときと同じで，図4·36(b)のように中心からの距離 y に比例した値となる．

各層の水平方向の垂直応力度 σ は，このひずみ度にヤング係数 E を掛けて求まるので，図4·36(c)のように中心からの距離 y に比例した値となる．各層に作用する力はこの応力度に各層の断面積を掛けたものとなるので，T型上部では，断面積が大きく，当然，力も大きくなる．このため力の分布としては，図4·36(d)に示すように左向きの力のほうが大きいので，ポリウレタンの右端は，左に移動しようとする．そして，ポリウレタンの右端は図4·36(e)のように，左向きの力の和と右向きの力の和が釣り合う位置に移動する．このとき回転中心は，中央より上方になる．この位置に中立軸がある．

各層に作用する力 N_i は，応力度 σ_i に薄い層の断面積 dA を掛けることにより求められる．いま，断面中央を回転中心として回転するとして，中央から各層までの距離を y_i とすると，(4·33)式と同様に，

$$N_i = dA \times \sigma_i = dA \times E \times y_i \times \phi = E \times \phi \times y_i \times dA \quad (4.42)$$

となる．

T型の上の部分では層の幅は B であり，断面積 dA は，$B \times dy$ で与えられ，T型の下の部分では層の幅は b であり，断面積 dA は，$b \times dy$ で与えられる．したがって，各層に作用する力の分布は図4·37の左のようになる．この部材のすべての軸方向力の和は，下式で与えられ，0とはならない．

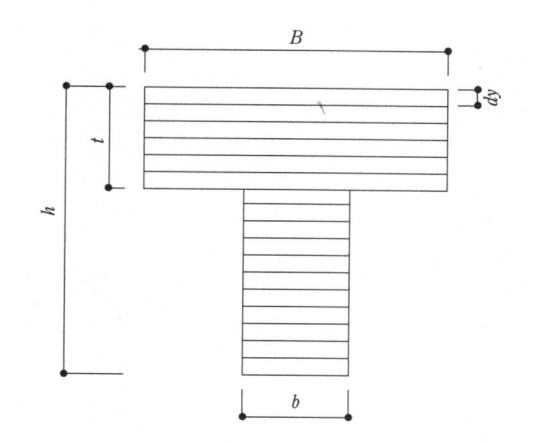

図4·35　T型の弾性体の断面

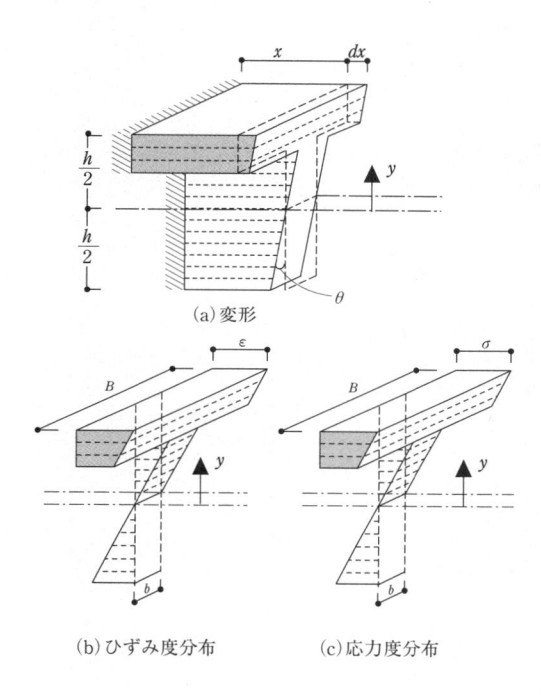

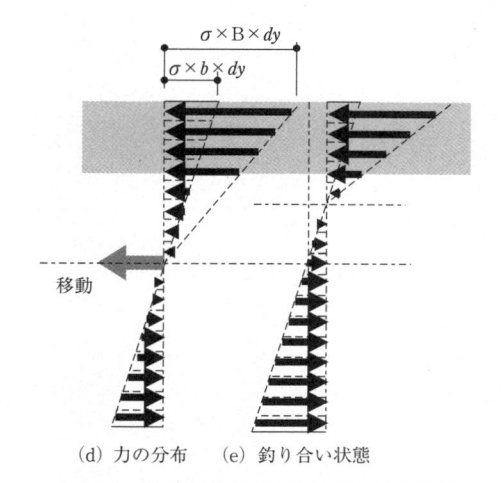

図4·36　T型の断面内のひずみ度と応力度分布
(a) 変形
(b) ひずみ度分布
(c) 応力度分布
(d) 力の分布
(e) 釣り合い状態

$$N = E\phi \int_{-h/2}^{h/2} y\, dA$$

$$= E\phi b \int_{-h/2}^{h/2-t} y\, dy + E\phi B \int_{h/2-t}^{h/2} y\, dy$$

$$= Eb\phi \left[\frac{y^2}{2}\right]_{-h/2}^{h/2-t} + EB\phi \left[\frac{y^2}{2}\right]_{h/2-t}^{h/2} \quad \cdots\cdots (4.43)$$

$$= E\phi \left[\frac{ht(B-b)}{2} - \frac{t^2(B-b)}{2}\right]$$

$$\neq 0$$

(4・43) 式中の $\int_{-h/2}^{h/2} y\, dA$ は，各層の断面積に中心からの距離を掛けたものの総和を表している．断面積に距離の1乗を掛けるということで，断面1次モーメントと呼び S で表し，単位はmm³となる．

T型断面のように矩形の断面の集まりの場合には，断面1次モーメントは積分を行わなくても矩形の断面積に中心からの距離を掛けたものの総和で求めることができる．

T型の部分を図4・38のように①〜③の3つの部分に分け，それぞれの部分の断面積に，それぞれの部分の中心から全体の中心までの距離を掛けて加え合わせると，次のようになる．

①+②+③

$$= \frac{Bt(h/2 - t/2) + b(h/2 - t)(h/2 - t)}{2} - b(h/2)h/4$$

$$= \frac{ht(B-b)}{2} - \frac{t^2(B-b)}{2} \quad \cdots\cdots\cdots (4.44)$$

これは，(4・43) 式の[ ]内と同じである．

次に，断面内に生じる軸力の和が0となる図4・37の右の釣り合っている状態について考えてみよう．このときのすべての軸方向力の和は，下式で与えられ0となる．

$$N = E\phi \int_{-h_1}^{h-h_1} y\, dA$$

$$= E\phi b \int_{-h_1}^{h-h_1-t} y\, dy + E\phi B \int_{h-h_1-t}^{h-h_1} y\, dy$$

$$= Eb\phi \left[\frac{y^2}{2}\right]_{-h_1}^{h-h_1-t} + EB\phi \left[\frac{y^2}{2}\right]_{h-h_1-t}^{h-h_1}$$

$$= E\phi \left[\frac{b}{2}(h-t)^2 - b(h-t)h_1 + Bt\left(h - \frac{t}{2}\right) - Bth_1\right]$$

$$= 0$$

$$\cdots\cdots\cdots\cdots (4.45)$$

(4・45) 式において，$E\phi \neq 0$ なので，[ ]内，すなわち断面1次モーメントが0となる．つまり，中立軸は断面1次モーメントが0となるところにある．[ ]内を0と置いて，下端から中立軸までの距離 h_1 を求める．

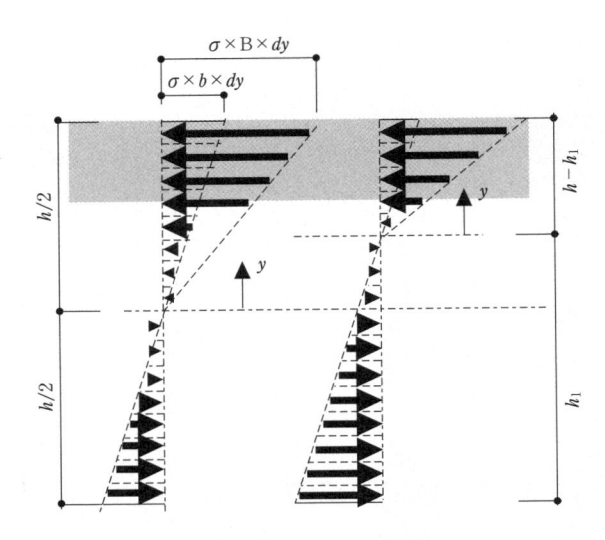

図4・37 T型断面内の応力度と力の釣り合い

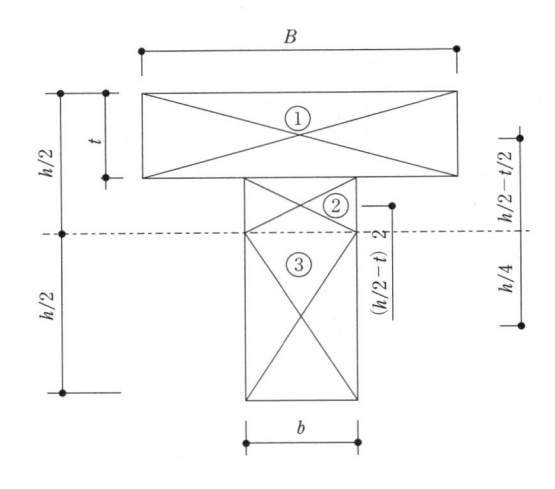

図4・38 T型断面の区分化

$$h_1 = \frac{\frac{b}{2}(h-t)^2 + Bt\left(h-\frac{t}{2}\right)}{b(h-t)+Bt} \quad \cdots\cdots\cdots\cdots (4.46)$$

先ほど，断面1次モーメントは，断面積にその断面の中心からの距離を掛けることにより求まることを示した．断面1次モーメントが0ということは，全体の断面の中心からの距離が0ということであり，**中立軸**はこの断面の中心を通るということになる．ある点を通る任意のすべての軸に関する断面1次モーメントが0となるとき，この点のことを**図心**という．

図4・39に示すように中立軸の位置が下端から h_1 として決まると，この中立軸での断面2次モーメント I を次式によって算定することができる．

$$I = \int_{-h_1}^{h-h_1} y^2 dA = b\int_{-h_1}^{h-h_1-t} y^2 dy + B\int_{h-h_1-t}^{h-h_1} y^2 dy \cdots\cdots (4.47)$$

この I を用いて，曲率 ϕ が $\phi = M/EI$ として求まり，中立軸から y の位置にある断面のひずみ度 ε は $= \phi y$ として求まる．応力度 σ は，ひずみ度 ε にヤング係数 E をかけたものであるから，中立軸から y の位置にある断面の応力度 σ は次式で与えられる．

$$\sigma = \frac{M}{I} y \cdots\cdots\cdots\cdots\cdots\cdots (4.48)$$

断面の最外端に作用する応力度は，上端（σ_T）と下端（σ_B）とで異なり，それぞれ次式で与えられる．

$$\sigma_T = \frac{M}{I}(h - h_1)$$
$$\sigma_B = \frac{M}{I} h_1 \quad \cdots\cdots\cdots\cdots (4.49)$$

最外端の応力度を算定するための断面係数 Z は（4.49）式より，上端（Z_T）と下端（Z_B）それぞれ次式で与えられる．

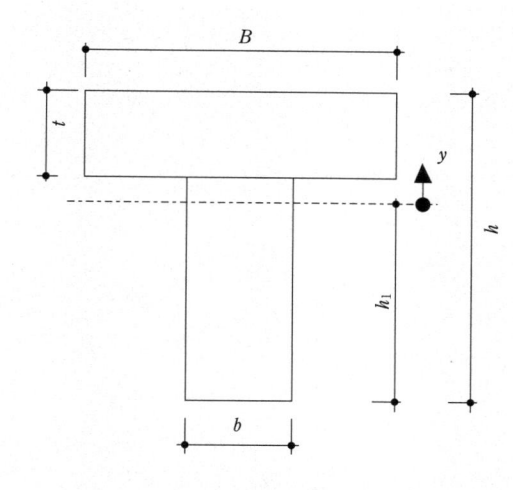

$$Z_T = \frac{I}{h - h_1}$$
$$Z_B = \frac{I}{h_1} \quad \cdots\cdots\cdots\cdots (4.50)$$

図4・39　T型断面

【問題4・7】
図に示した断面に50kNmの曲げモーメントが作用するときに生じる外端の垂直応力度を求めなさい．

（ヒント）
1) (4.46) 式で，下端から中立軸までの距離を求める．
2) (4.47) 式で断面2次モーメントを求める．
3) (4.49) 式で外端の垂直応力度を求める．

4・3 断面の性質

曲げによって生じる応力度を求めるにあたって，断面の形状に応じた係数を定義してきた．ここでは，これらの係数を整理すると共に，それらの主な性質についてまとめる．

1．断面1次モーメントと図心

ある軸に対する断面1次モーメント S は，断面積に任意の軸から図心までの距離を掛けることにより求まる．断面が矩形の集まりの場合には，断面1次モーメントは，各矩形の断面積に図心までの距離を掛けたものの総和で求めることができる．一般的には，直交する任意の座標軸に対し，断面内の微小領域 dA に，座標軸までの距離を掛けたものを，全断面積にわたって積分することで求めることができる．

いま，図4・40のように x, y 軸を定め，この断面内の微小断面 dA から x, y 軸までの距離をそれぞれ y, x とすると，これらの軸に対する断面積 A の断面1次モーメントは次式で示される．

$$S_x = \int_A y dA$$
$$S_y = \int_A x dA \qquad \cdots\cdots (4.51)$$

この断面1次モーメントは，任意の座標軸に対して設定したものであり，他の座標軸に対しても同じように算定できる．いま，図4・41のように x, y 軸から，y_0, x_0 だけ移動した u, v 軸を定めると，この軸に対する断面1次モーメントは（4.51）式を用いて次式で示される．

$$S_u = \int_A v dA = \int_A (y - y_0) dA = \int_A y dA - y_0 \int_A dA$$
$$= S_x - y_0 A$$
$$S_v = \int_A u dA = \int_A (x - x_0) dA = \int_A x dA - x_0 \int_A dA \qquad \cdots\cdots (4.52)$$
$$= S_y - x_0 A$$

つまり，移動した座標軸での断面1次モーメントは，もとの断面1次モーメントから断面積に移動距離を乗じたものを引いたものになっている．

図心 G を通る断面1次モーメントは0であるので，図4・42のように図心を通る u, v 軸を定め，x, y 軸からの距離をそれぞれ y_G, x_G としたとき，（4.52）式はどちらも0となるので，x, y 軸に対する断面1次モーメントは，

$$S_x = y_G A$$
$$S_y = x_G A \qquad \cdots\cdots (4.53)$$

となり，任意の軸に対する断面1次モーメントは，断面積 A に図心までの距離を掛けることにより求めることができる．

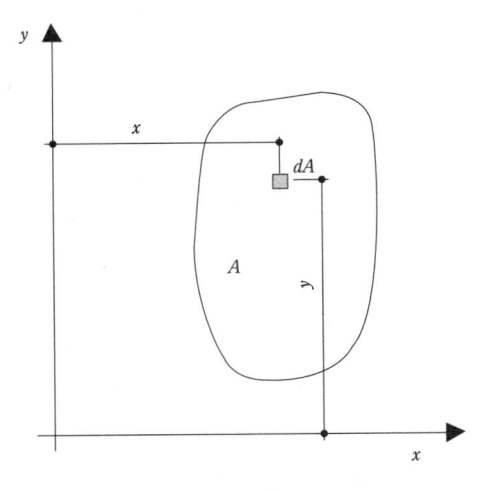

図4・40　任意の形状の断面と微小部分 dA

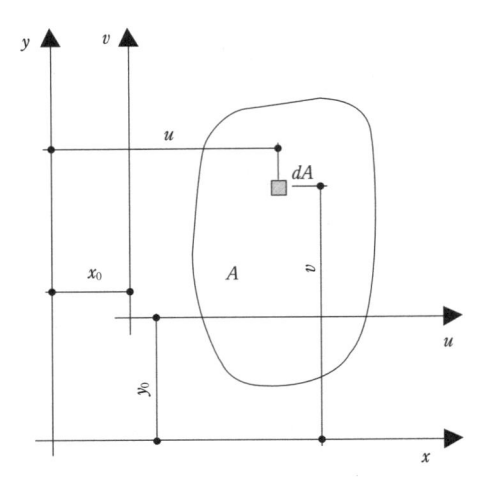

図4・41　座標軸の移動

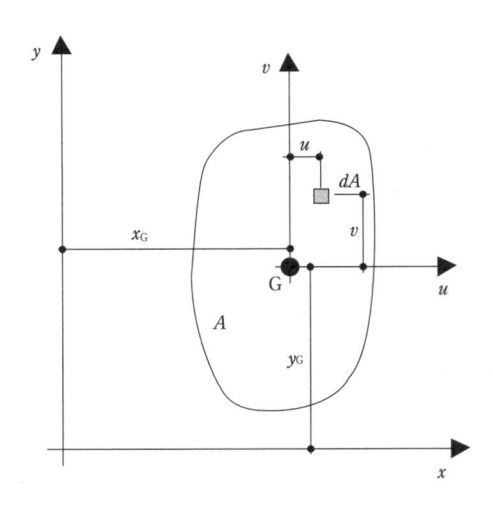

図4・42　座標軸の図心位置への移動

断面積がいくつかの断面に分かれているときは，それぞれの断面に対して，断面積と図心からの距離を求めて，その積を単純に足し合わせればよい．

一方，(4.53) 式を書き直すと，

$$y_G = \frac{S_x}{A}$$
$$x_G = \frac{S_y}{A}$$ ……………………………… (4.54)

となり，任意の軸に対する断面1次モーメントと断面積を求めることにより，その軸から図心までの距離を求めることができる．

例題4.3 T型断面の図心位置

図4・43に示した断面の図心位置を求めよ．

解答

図のように，①②のそれぞれの断面積に下端から重心までの距離を掛けて下端に対する断面1次モーメントを求め，それが，全断面に下端から全体の重心までの距離 y_G を掛けたものに等しいことを利用する．

$$\frac{b}{2}(h-t)^2 + Bt\left(h - \frac{t}{2}\right) = \{b(h-t) + Bt\} \cdot y_G$$

これより，

$$y_G = \frac{\dfrac{b}{2}(h-t)^2 + Bt\left(h - \dfrac{t}{2}\right)}{b(h-t) + Bt}$$

ここで求めた y_G は，(4.46) 式と同じとなっている．

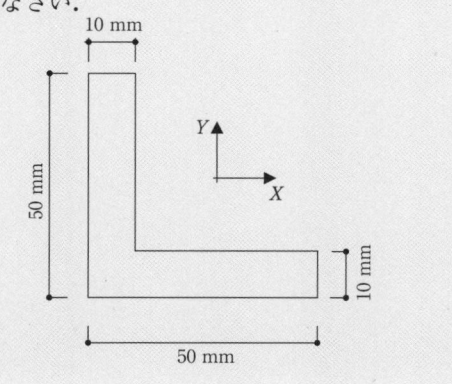

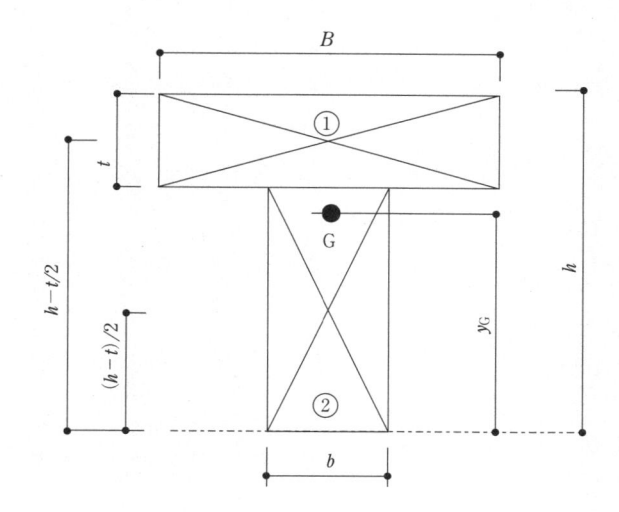

図4・43 **例題4.3** T型断面の図心位置

【問題4.8】
図に示した断面の X，Y 方向のそれぞれの図心の位置を求めなさい．

2. 断面2次モーメント

任意の座標軸に対する断面2次モーメント I は，断面内の微小領域 dA に，その座標軸までの距離の2乗を掛けたものを，全断面積にわたって積分することで求めることができる．

いま，図4・44のように x, y 軸を定める．この断面内の微小断面 dA から x, y 軸までの距離を y, x とすると，これらの軸に対する断面積 A の断面2次モーメント I_x, I_y は次式で示される．

$$I_x = \int_A y^2 dA$$
$$I_y = \int_A x^2 dA \quad \cdots\cdots (4.55)$$

図4・45のように図心を通る u, v 軸を定めると，x 軸からの距離を y_G としたとき，u 軸に対する断面2次モーメント I_u は次式で示される．

$$I_u = \int_A v^2 dA = \int_A (y - y_G)^2 dA$$
$$= \int_A y^2 dA - 2y_G \int_A y dA + y_G^2 \int_A dA \quad \cdots\cdots (4.56)$$

これに，(4.51)(4.53)(4.55)式を代入すると，

$$I_u = I_x - 2y_G^2 A + y_G^2 A$$
$$= I_x - y_G^2 A \quad \cdots\cdots (4.57)$$

となる．

v 軸に対する断面2次モーメント I_v も同様に次式で示される．

$$I_v = I_y - 2x_G^2 A + x_G^2 A$$
$$= I_y - x_G^2 A \quad \cdots\cdots (4.58)$$

次に，(4.57)(4.58)式より，

$$I_x = I_u + y_G^2 A$$
$$I_y = I_v + x_G^2 A \quad \cdots\cdots (4.59)$$

となる．

つまり，任意の座標軸に対する断面2次モーメントは，(図心軸に対する断面2次モーメント) + (断面積) × (図心までの距離の2乗) で求めることができる．断面積がいくつかの断面に分かれているときは，それぞれの断面に対して，図心での断面2次モーメントと断面積とそれぞれの図心までの距離の2乗の積を求めて，単純に足し合わせればよい．(4.59)式の第2項は絶えず正であるから，図心軸に対する断面2次モーメントが最も小さい値となる．

例題4・4　断面2次モーメントを求める

図4・46に示した，断面の図心を通る x–x 軸に対する断面2次モーメントを求めよ．

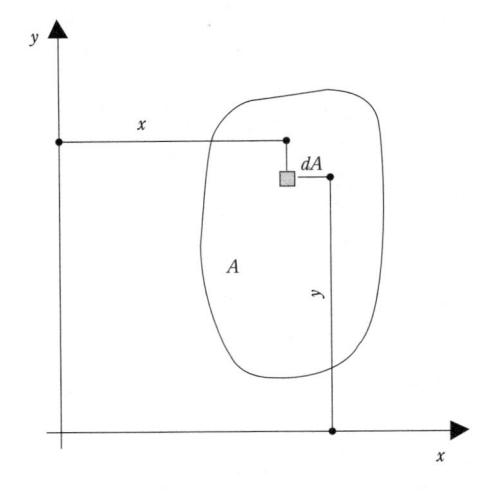

図4・44　任意の形状の断面と微小部分 dA

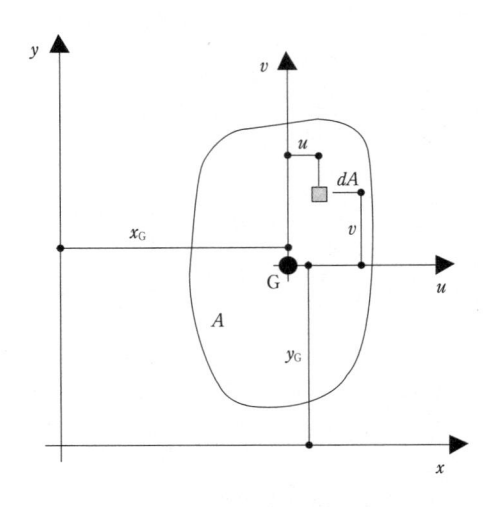

図4・45　座標軸の図心位置への移動

解答1

図4·47の①②の部分の，それぞれの図心における断面2次モーメントを求め，x–x軸に対する2次モーメントに変換する．

$I_① = 100 \times 25^3/12 = 1.30 \times 10^5 \text{ mm}^4$

$I_② = 20 \times 100^3/12 = 1.67 \times 10^6 \text{ mm}^4$

$A_① = 100 \times 25 = 2.50 \times 10^3 \text{ mm}^2$

これより，x–x軸に対する全体の断面2次モーメントI_xは，

$I_x = 2I_① + 2A_① \times 62.5^2 + I_②$
$\quad = 2 \times 1.30 \times 10^5 + 2 \times 2.5 \times 10^3 \times 62.5^2 + 1.67 \times 10^6$
$\quad = 2.14 \times 10^7 \text{ mm}^4$

解答2

断面全体の断面2次モーメントI_{all}から，③の部分を引いて求める．

$I_{\text{all}} = 100 \times 150^3/12 = 2.81 \times 10^7 \text{ mm}^4$

$I_③ = 40 \times 100^3/12 = 3.33 \times 10^6 \text{ mm}^4$

$I_x = I_{\text{all}} - 2I_③$
$\quad = 2.81 \times 10^7 - 2 \times 3.33 \times 10^6$
$\quad = 2.14 \times 10^7 \text{ mm}^4$

解答1で求めても，解答2で求めても，同じ値となっている．

【問題4·9】

例題4·4の断面の図心を通るy–y軸に対する断面2次モーメントを求め，x–x軸に対する値と比較しなさい．

【問題4·10】

問題4·7の結果を用いて図に示した断面の図心を通るx, y軸に対する断面2次モーメントをそれぞれ求めなさい．

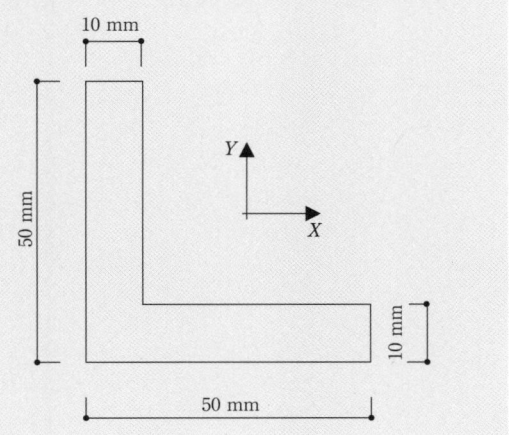

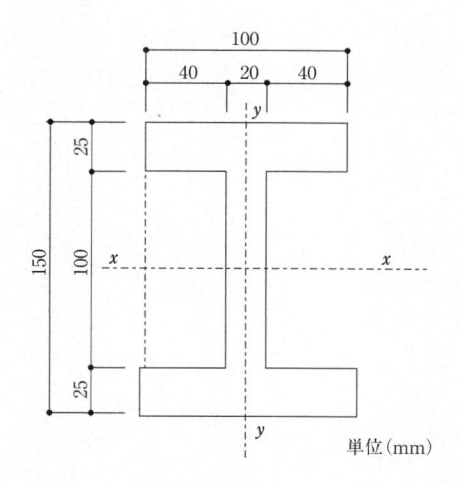

図4·46 （例題4·4）H型断面

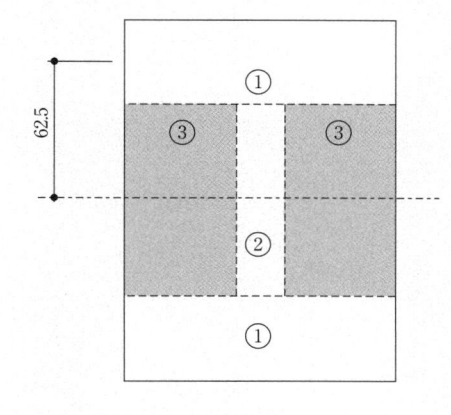

図4·47 （例題4·4）H型断面の区分わけ

第4章 断面に生じる力 73

3．断面の主軸

いま，図4・48のように図心 G を通る x, y 軸から，θ だけ反時計回りに回転した u, v 軸を定め，x, y 軸から断面内の微小要素 dA の図心までの距離を (x, y) とする．このとき x, y 軸からの距離 u, v は図4・49を参考にして次式で与えられる．

$$u = x\cos\theta + y\sin\theta$$
$$v = y\cos\theta - x\sin\theta \qquad \cdots\cdots(4.60)$$

これより，u, v 軸に対する断面2次モーメント I_u, I_v は次式で与えられる．

$$I_u = \int_A v^2 dA = \int_A (y\cos\theta - x\sin\theta)^2 dA$$
$$= \cos^2\theta \int_A y^2 dA + \sin^2\theta \int_A x^2 dA - 2\cos\theta\sin\theta \int_A xy dA$$

$$I_v = \int_A u^2 dA = \int_A (x\cos\theta + y\sin\theta)^2 dA$$
$$= \cos^2\theta \int_A x^2 dA + \sin^2\theta \int_A y^2 dA + 2\cos\theta\sin\theta \int_A xy dA$$
$$\cdots\cdots(4.61)$$

(4.55) 式の x, y 軸に対する断面2次モーメント I_x, I_y を代入すると，

$$I_u = I_x\cos^2\theta + I_y\sin^2\theta - 2\cos\theta\sin\theta \int_A xy dA$$
$$I_v = I_y\cos^2\theta + I_x\sin^2\theta + 2\cos\theta\sin\theta \int_A xy dA$$
$$\cdots(4.62)$$

ここで，右辺第三項を $\int_A xy dA = I_{xy}$ （これを**断面相乗モーメント**という）とおくと，(4.62) 式は次のようになる．

$$I_u = I_x\cos^2\theta + I_y\sin^2\theta - 2I_{xy}\cos\theta\sin\theta$$
$$I_v = I_y\cos^2\theta + I_x\sin^2\theta + 2I_{xy}\cos\theta\sin\theta \qquad \cdots\cdots(4.63)$$

さらに，三角関数の倍角公式（59頁参照）を使って，

$$I_u = \frac{I_x + I_y}{2} + \frac{I_x - I_y}{2}\cos 2\theta - I_{xy}\sin 2\theta$$
$$I_v = \frac{I_x + I_y}{2} - \frac{I_x - I_y}{2}\cos 2\theta + I_{xy}\sin 2\theta$$
$$\cdots\cdots(4.64)$$

これらの式から，

$$I_u + I_v = I_x + I_y \qquad \cdots\cdots(4.65)$$

となり，直交軸に対する断面2次モーメントの和は，角度にかかわりなく一定値となる．

一方，I_u, I_v が最大あるいは最小になる軸を求めるには，I_u, I_v の極値を求めればよく，θ で微分して $I_u = 0$，$I_v = 0$ となる角度を求めればよい．それぞれを微分すると，

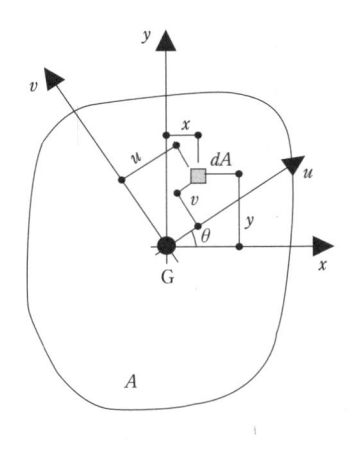

図4・48　座標軸の回転

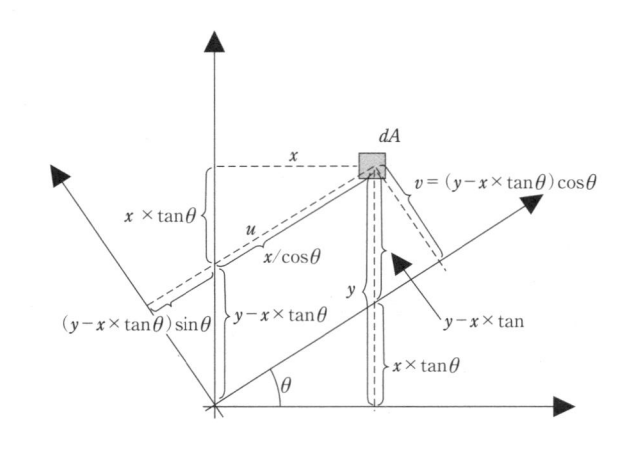

図4・49　座標軸の回転と距離

$$\frac{dI_u}{d\theta} = -(I_x - I_y)\sin 2\theta - 2I_{xy}\cos 2\theta = 0$$
$$\frac{dI_v}{d\theta} = (I_x - I_y)\sin 2\theta + 2I_{xy}\cos 2\theta = 0 \quad \cdots\cdots (4.66)$$

どちらも同じ条件で，極値となる角度 θ は，次式で得られる．

$$\tan 2\theta = -\frac{2I_{xy}}{I_x - I_y} \quad \cdots\cdots\cdots (4.67)$$

これは，図4・50に示したようになるので，これを (4.64) 式に代入すると，

$$I_u = \frac{I_x + I_y}{2} - \frac{(I_x - I_y)^2 + 4I_{xy}^2}{2\sqrt{(I_x - I_y)^2 + (2I_{xy})^2}}$$
$$= \frac{I_x + I_y}{2} - \sqrt{\left(\frac{I_x - I_y}{2}\right)^2 + I_{xy}^2}$$
$$I_v = \frac{I_x + I_y}{2} + \frac{(I_x - I_y)^2 + 4I_{xy}^2}{2\sqrt{(I_x - I_y)^2 + (2I_{xy})^2}} \quad \cdots\cdots (4.68)$$
$$= \frac{I_x + I_y}{2} + \sqrt{\left(\frac{I_x - I_y}{2}\right)^2 + I_{xy}^2}$$

$$\cos 2\theta = \frac{-(I_x - I_y)}{\sqrt{(I_x - I_y)^2 + (2I_{xy})^2}}$$
$$\sin 2\theta = \frac{2I_{xy}}{\sqrt{(I_x - I_y)^2 + (2I_{xy})^2}}$$

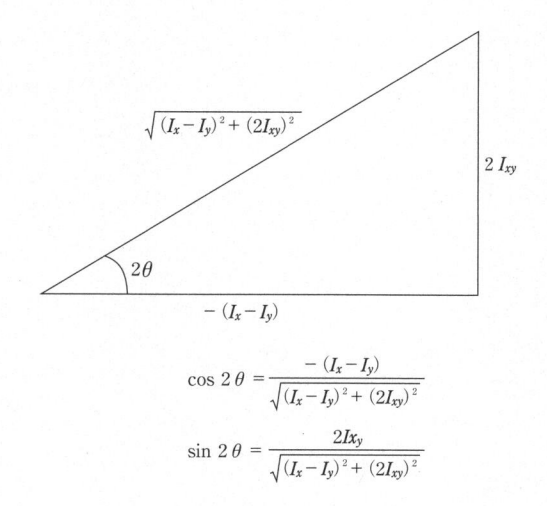

図4・50　極値となる角度 θ

これより，I_u が最小，I_v が最大となる．この断面2次モーメントが最大および最小となる軸を**断面の主軸**といい，断面2次モーメントの最大値および最小値を**主断面2次モーメント**という．(4.67)(4.68)式は，主応力度を求める (4.15) 式とまったく同じ形をしている．

【問題4・11】
　問題4・10の結果を用いて図に示した断面の図心に対する主軸方向の角度と断面2次モーメントを求めなさい．また，この断面を持つ部材はどの方向に曲がりやすいかを，断面2次モーメントの大きさを元に考察しなさい．

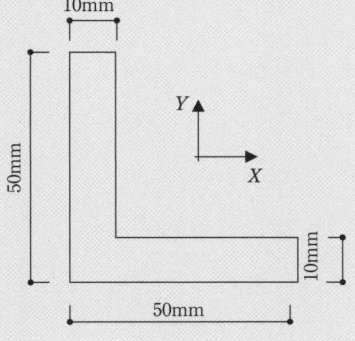

4．断面係数

　断面係数 Z は断面の最外端の応力度を算定するためのものであり，図4・51に示した断面で，図心を通る x 軸に対する断面2次モーメントを I とし，図心から上端までの距離を h_1，下端までの距離を h_2 とすると，断面係数は上端 (Z_T) と下端 (Z_B) それぞれ次式で与えられる．

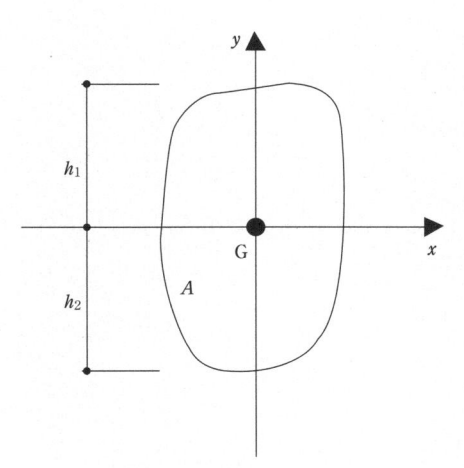

図4・51　任意の形状の断面

$$Z_T = \frac{I}{h_1}$$
$$Z_B = \frac{I}{h_2} \quad \cdots\cdots\cdots\cdots\cdots\cdots\cdots\cdots\cdots (4.69)$$

断面2次モーメントは，断面を区分けして求め，それらを重ねあわせで求めることができる．しかし，断面係数は，(4.69) 式で明らかなように，求めた断面2次モーメントをある一定値で割って求めるため，区分けした断面の重ねあわせで求めることはできない．

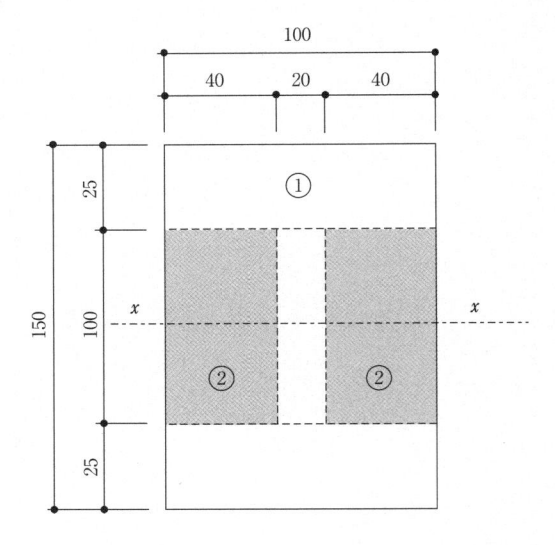

例題4・5 断面係数を求める

図4・52に示した断面の図心に対する x–x 軸に対する断面係数 Z を求めよ．

解答

例題4・4で求めた断面2次モーメント $I_x = 2.146 \times 10^7$ mm^4 を，断面のせいの 1/2 で割って断面係数 Z を求める．

$$Z = 2.146 \times 10^7 / 75 = 2.861 \times 10^5 \text{ mm}^3$$

いま仮に，断面全体の断面係数 Z_{all} から②の部分の断面係数 $Z_②$ を引いて求めてみると，

$$Z_{all} = 100 \times 150^2 / 6 = 3.75 \times 10^5 \text{ mm}^3$$
$$Z_② = 40 \times 100^2 / 6 = 6.67 \times 10^4 \text{ mm}^3$$
$$Z_{all} - 2 \times Z_② = 2.42 \times 10^5 \text{ mm}^3$$

となり，かなり小さな値となる．このことから，断面係数を区分けした断面の，それぞれの断面係数の重ねあわせでは，答えは求められないことが確認できる．

5．その他の係数

これまでに求めた係数を元にして，断面の性質として大事なその他の係数を，ここにまとめておく．

a）断面2次半径 i

断面の断面2次モーメントを I，断面積を A としたとき，次式で与えられる．

$$i = \sqrt{\frac{I}{A}} \quad \cdots\cdots\cdots\cdots\cdots\cdots\cdots\cdots (4.70)$$

これを変形すると，$I = A \times i^2 = 2 \times \frac{A}{2} \times i^2$ となり，断面2次半径 i は，図4・53に示したように，図心から距離 i の位置に，それぞれ全断面の半分ずつ $A/2$ が集中してあると考えたときの，断面2次モーメントを与える距離を示している．この距離は，断面の半分の重心位置までの距離 y よりは大きくなる．

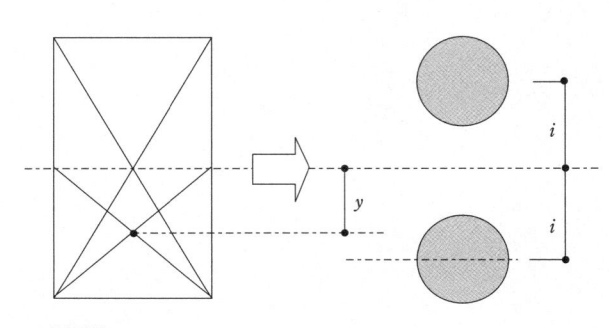

b）断面極2次モーメント I_p

図4・54のように直交座標軸 x, y 軸の原点から断面内の

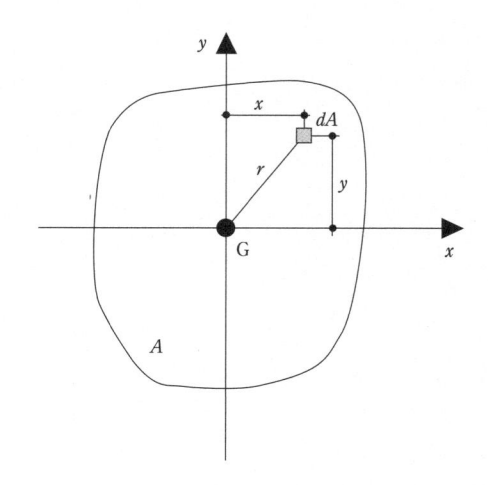

図4・52 （例題4・5）H型断面の区分け

単位（mm）

集中した断面積 $A/2$

断面積 A
断面2次モーメント I

図4・53 断面2次半径

図4・54 断面極2次モーメント

微小要素 dA までの距離を r とすると，断面極 2 次モーメント I_p は次式で与えられる．

$$I_p = \int_A r^2 dA \quad \cdots\cdots\cdots\cdots\cdots\cdots\cdots (4.71)$$

$r^2 = x^2 + y^2$ であり，これを (4.71) 式に代入すると，

$$\begin{aligned}I_p &= \int_A r^2 dA = \int_A (x^2 + y^2) dA \\ &= \int_A x^2 dA + \int_A y^2 dA \quad \cdots\cdots\cdots\cdots (4.72) \\ &= I_x + I_y\end{aligned}$$

(4.72) 式に示すように，断面極 2 次モーメント I_p は，直交軸に対する断面 2 次モーメント I_x, I_y を足し合わせたものと等しい．

4・4　曲げモーメントとせん断を受ける部材

1．せん断応力度

図4・55のように左端を固定された弾性体からなる梁の右端に下向きの力 P を加えると，梁は大きく変形する．このときの部材の変形は，図4・56に模式的に示したように，曲げモーメントによる曲げ変形と，せん断力によるせん断変形*注の合わさったものとなる．この場合，断面内には曲げによる垂直応力度とせん断応力度の両者が生じていることになる．

力 P は鉛直方向に作用しているので，せん断力は鉛直方向に生じることになる．せん断応力度は，鉛直方向に生じることになるが，同じ大きさで直交方向である水平方向にも生じる．

いま，この本の閉じてある方を手で持ちあげてみると，図4・57(a)のように各ページがずれて本の他端は大きく下に変形する．これを，ダブルクリップで挟んで圧縮力を与え，各ページが摩擦力により滑らないようにすると，ほとんど変形しなくなる．つまり，各ページの間には水平方向にずらそうとする力が生じており，それに耐えるだけの強度があれば，このずれによる変形は起こらないことになる．

この部材の断面の各部を水平方向にずらそうとする力の大きさは，断面内での微小部分の力の釣り合いを考えることによって求めることができる．

図4・55に示す部材の各部に作用する曲げモーメント M は，力 P ×距離 x によって与えられるので，モーメント分布は図4・58に示したようになり，右端からの距離 x に比例した値となる．一方，せん断力は一定値となり力 P に等

注　このような片持梁の実際のせん断変形は，後述するように断面内のせん断応力度が一定でないので，純せん断のように一様なせん断変形とはならない．

図4・55　曲げとせん断を受ける弾性体

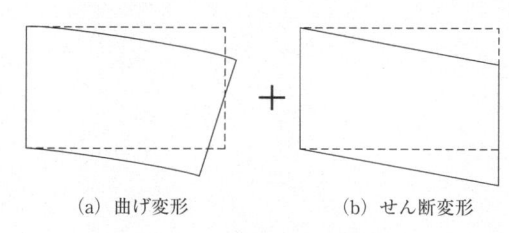

図4・56　曲げ変形とせん断変形
(a) 曲げ変形　　(b) せん断変形

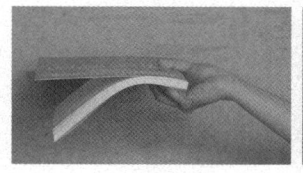

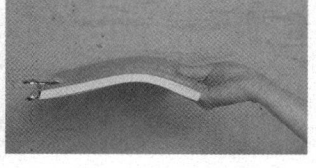

図4・57　せん断ずれと変形
(a) 各ページが自由にずれる　　(b) 各ページのずれを拘束

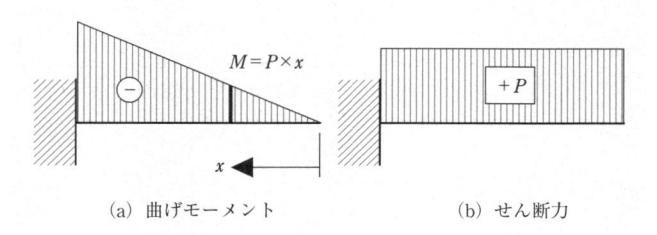

図4・58　部材に生じる力
(a) 曲げモーメント　　(b) せん断力
$M = P \times x$

しい．

曲げモーメントによって断面内に生じる垂直応力度 σ は，中立軸からの高さ方向の距離を y とすると，

$$\sigma = \frac{M}{I} y \quad \cdots\cdots\cdots\cdots\cdots\cdots\cdots (4.73)$$

で与えられ，中立軸から上半分には引張力が，下半分には圧縮力が作用し，断面内の全体としては引張力と圧縮力が釣り合っている．

いま，この部材から図4·59に示すように，微小区間 dx を取り出すと，断面の右側にはモーメント M が作用し，左側にはそれより少し大きなモーメント $(M+dM)$ が作用している．それぞれの左右の断面内では，引張力と圧縮力が釣り合っている．この微小区間の中立軸から図4·59に示すように，y の距離より上の部分を取り出すと，その区間の左右には引張力が作用し，その合力は，

$$N_{右} = \int_y^{h/2} \sigma dA$$
$$N_{左} = \int_y^{h/2} (\sigma + d\sigma) dA \quad \cdots\cdots\cdots\cdots\cdots\cdots (4.74)$$

となり，明らかに左からの引張力のほうが大きくなる．そのためこの部分が水平方向に移動しないためには，これに抵抗する力が必要となる．切り出した部分の上面には，何もないので抵抗する力は生じ得ず，下面に水平方向の力が反力として必要になる．つまり，せん断応力度 τ が生じることになる．このせん断応力度 τ は，梁の幅を b とすると，力の釣り合いより（4.74）式を用いて，

$$\tau \times b \times dx = N_{左} - N_{右} = \int_y^{h/2} d \times \sigma \times dA \quad \cdots\cdots (4.75)$$

となる．これより，

$$\tau = \frac{1}{b} \int_y^{h/2} \frac{d \times \sigma}{dx} dA \quad \cdots\cdots\cdots\cdots\cdots\cdots (4.76)$$

ここで，（4.73）式およびモーメントとせん断力の関係 $Q = dM/dx$ を用いると，

$$\frac{d\sigma}{dx} = \frac{d}{dx}\left(\frac{M \times y}{I}\right) = \frac{dM \times y}{dx \times I} = Q\frac{y}{I} \quad \cdots (4.77)$$

これを（4.76）式に代入して，

$$\tau = \frac{Q}{b \times I} \int_y^{h/2} y \times dA \quad \cdots\cdots\cdots\cdots\cdots\cdots (4.78)$$

となる．

（4.78）式の積分の値は，断面の中立軸から y の位置より上の部分の中立軸に対する断面1次モーメントであるので，これを S と置くことにより次式を得る．

$$\tau = \frac{Q \times S}{b \times I} \quad \cdots\cdots\cdots\cdots\cdots\cdots\cdots\cdots (4.79)$$

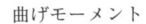

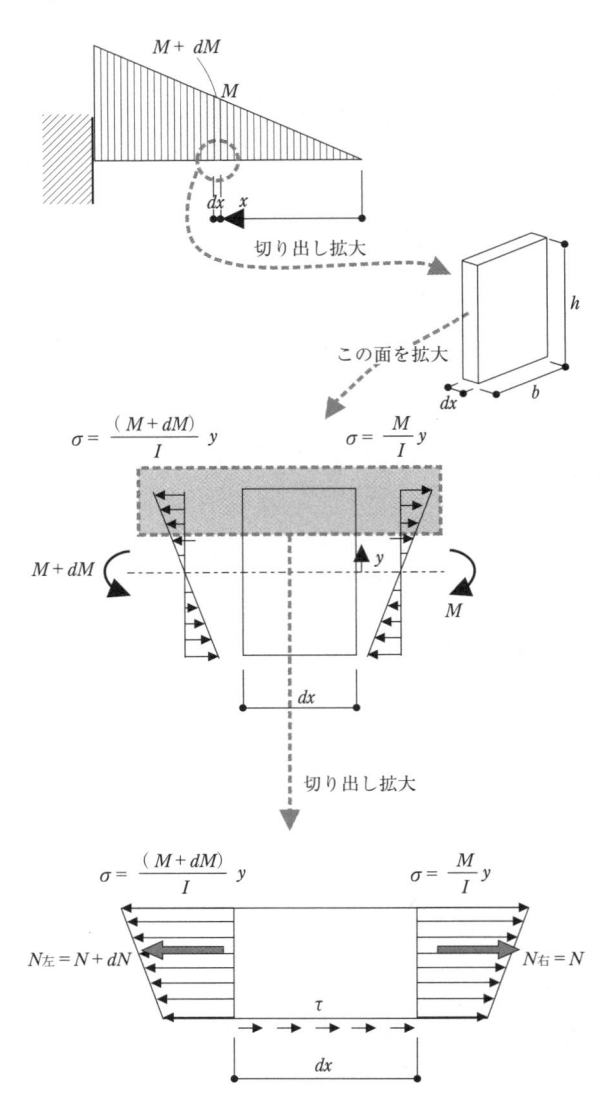

図4·59　断面内の応力度の釣り合い

例題4·6 せん断応力度の分布を求める

図4·60に示した長方形断面の部材にせん断力 Q が作用しているときの，断面内のせん断応力度の分布を求めよ．

解　答

この断面の x–x 軸に対する断面2次モーメントは，
$$I = bh^3/12$$
であり，x–x 軸から y の位置より上の断面の x–x 軸に対する断面1次モーメント S は，
$$S = Ae = b(h/2 - y)\{y + (h/2 - y)/2\}$$
$$= b(h^2/4 - y^2)/2$$
これより，せん断応力度 τ は次式で与えられる．
$$\tau = \frac{Q \times b \times \dfrac{\dfrac{h^2}{4} - y^2}{2}}{b \times \dfrac{bh^3}{12}} = \frac{6Q}{bh^3}\left(\frac{h^2}{4} - y^2\right)$$

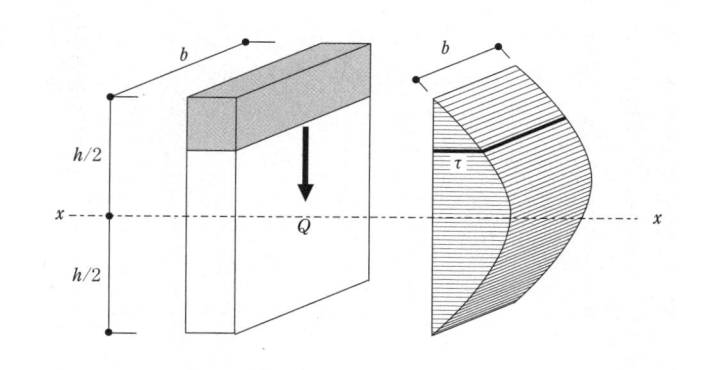

図4·60　**例題4·6** 断面内のせん断応力度

となる．これは，図4·60に示したように放物線を示し，$y=0$ すなわち x–x 軸上で最大となる．

最大値 τ_{max} は，
$$\tau_{max} = \frac{6Q}{bh^3}\left(\frac{h^2}{4}\right) = \frac{3Q}{2bh} = \frac{3Q}{2A} = \frac{3}{2}\tau_{mean}$$

となり，せん断力を断面積で割った Q/A で表わされる平均せん断応力度 τ_{mean} の3/2倍，すなわち1.5倍となっている．

【問題4·12】

例題4·4 で断面2次モーメントを求めた，図のようなH型断面にせん断力 Q が作用しているときの，断面内のせん断応力度の分布を求めなさい．また，最大せん断応力度と，①全断面を用いた平均せん断応力度，②ウェブ幅で全高さの断面を用いた平均せん断応力度，③ウェブ部分の断面を用いて求めた平均せん断応力度との大小関係を比較しなさい．

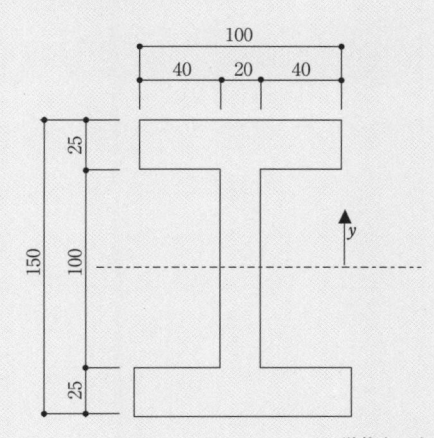

単位(mm)

(ヒント)　中立軸から y の位置より上の断面の中立軸に関する断面1次モーメント S を求めるときは，y がフランジ内にあるか否かで分けて考える．

2. 梁の主応力線

図4・61に示した単純梁の中央に鉛直方向の力 P を作用させると，梁には曲げモーメントとせん断力が作用する．曲げモーメントとせん断力が作用する断面には，垂直応力度とせん断応力度が生じ，断面内のそれぞれの点でせん断応力度の生じない主応力とその作用する方向を求めることができる．

たとえば，梁の中間点には集中力 P が作用しており，この点にはせん断力が作用しないので，この断面に生じる応力度は，曲げによる垂直応力度のみとなる．したがって，主応力度の生じる面は水平方向のみとなる．

一方，それ以外の部分の断面には，曲げとせん断が作用するが，中立軸においては曲げによる垂直応力度は0であり，せん断応力度のみが生じる．せん断応力度のみを受けるときの主応力度は，せん断応力度の向きから45°傾いた方向に生じるので，中立軸上の主応力は45°方向となる．それ以外の部分でも，曲げによる垂直応力度とせん断応力度の大きさによって主応力の方向を求めることができる．

このようにして求めた向きが同じ主応力が生じる位置を結んだものを**主応力線**という．図4・61に示した単純梁の主応力線は図4・62のようになり，実線に沿って引張主応力が，破線に沿って圧縮主応力が作用している．

図4・63の写真は，鉄筋コンクリートで作った単純梁の中央に集中力を作用させて破壊させたものである．コンクリートは圧縮力に比べ引張力に対し1/10程度の耐力しかないので，図4・62の引張主応力線に直交するように（圧縮主応力線に沿って）ひび割れが生じているのがよくわかる．このように，断面内の応力度の状態を求めることは，建物を支える構造部材がどのように壊れるかを知り，どうしたら壊れないようにできるかを考えるために重要なことである．

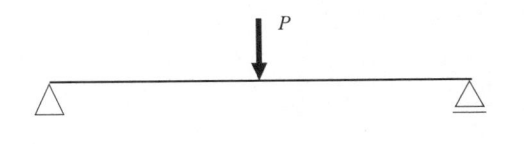

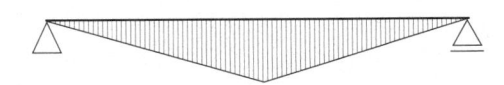

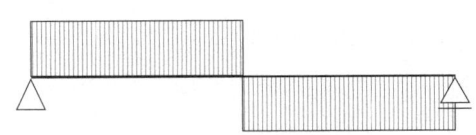

図4・61 集中荷重を受ける単純梁に生じる力

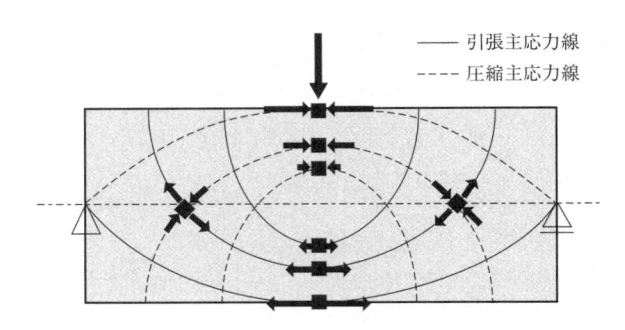

図4・62 集中荷重を受ける単純梁の主応力線

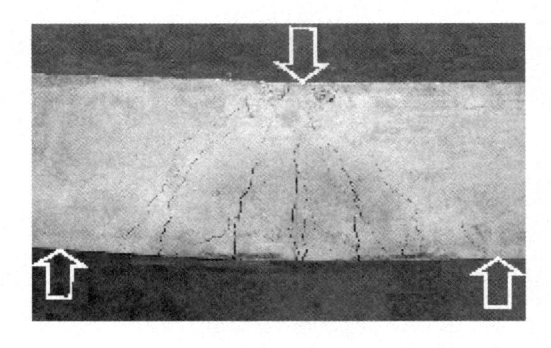

図4・63 集中荷重を受ける鉄筋コンクリート単純梁の曲げ破壊状況

4・5 曲げと軸力を受ける部材

1. バネに生じる組み合わせ応力

材軸中心から $h/2$ だけ離れたところに1対となった同じバネ定数を持つバネで支えられているシステムに，図4・64に示すように材軸に沿った力（軸力）N を加えると，上側のバネと下側のバネは同じ大きさだけ縮む．このときバネには同じ大きさの圧縮力が生じ，その大きさは次式になる．

$$R_N = \frac{N}{2} \quad \cdots\cdots\cdots\cdots\cdots\cdots\cdots\cdots (4.80)$$

今度は，図4・65に示すように右端に下向きの力 P を加えると，この力 P により，このシステムには時計回りに回転しようとする力のモーメント $P \times l$ が生じる．このとき，バネに作用する力 R_M は，加えた力 P による外力のモーメントと釣り合っており，

$$R_M = \frac{M}{h} = \frac{P \times l}{h} \quad \cdots\cdots\cdots\cdots\cdots\cdots (4.81)$$

となり，上側のバネには引張力，下側のバネには圧縮力が生じることになる．

次に，これらの N と P が同時に作用したときを考えてみよう．バネには，図4・66に示すように軸力による力と曲げモーメントによる力が同時に作用することになり，バネの力は（4.80）（4.81）式の和で与えられることになる．上側のバネに生じる力 R_1 と，下側のバネに生じる力 R_2 は，引張力を正として，次式で与えられることになる．

$$\begin{aligned} R_1 &= -\frac{N}{2} + \frac{M}{h} = -\frac{N}{2} + \frac{P \times l}{h} \\ R_2 &= -\frac{N}{2} - \frac{M}{h} = -\frac{N}{2} - \frac{P \times l}{h} \end{aligned} \quad \cdots\cdots (4.82)$$

上側のバネに引張力が生じるかどうかは，（4.82）式の R_1 が正になるかどうかで決まり，M/h が $N/2$ より大きいと引張力が生じることになる．

これは図4・67に示したように，軸力が偏心して作用しても同じである．中心から e だけ偏心したところに作用する軸力 N によって，このシステムには $N \times e$ のモーメントが生じる．したがって，このシステムには軸力 N とモーメント $N \times e$ が作用していることになり，バネに生じる力は（4.82）式と同様に次式で与えられる．

$$\begin{aligned} R_3 &= -\frac{N}{2} + \frac{M}{h} = -\frac{N}{2} + \frac{N \times e}{h} \\ R_4 &= -\frac{N}{2} - \frac{M}{h} = -\frac{N}{2} - \frac{N \times e}{h} \end{aligned} \quad \cdots\cdots (4.83)$$

上側のバネに引張力が生じるかどうかは，R_3 が正になるかどうかで決まり，$-N/2 + N \times e/h > 0$ とおくと $e/h >$

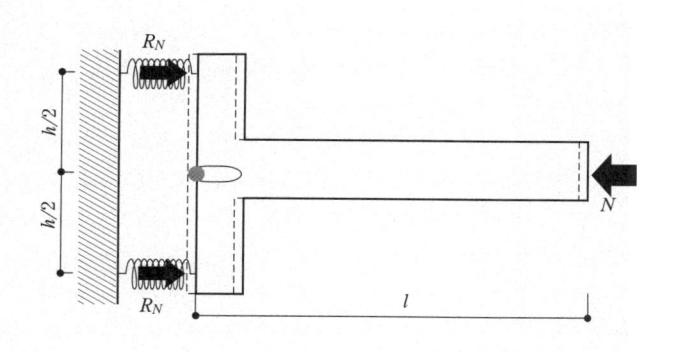

図4・64　圧縮力を受けるシステム

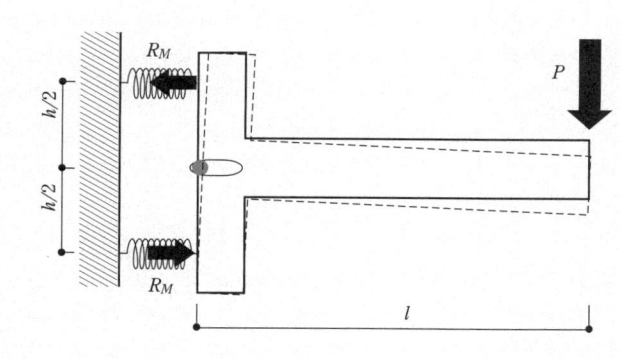

図4・65　曲げモーメントを受けるシステム

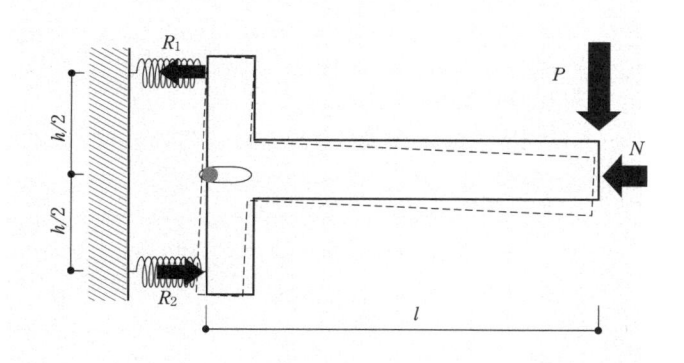

図4・66　圧縮力と曲げモーメントを受けるシステム

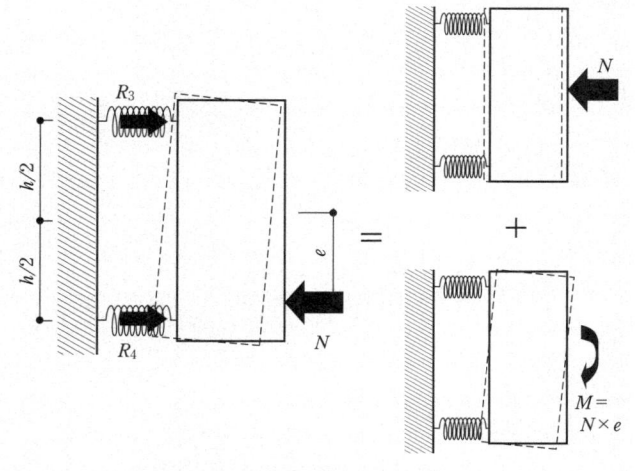

図4・67　偏心した圧縮力を受けるシステム

1/2となり，e/hが1/2より大きい．つまり，バネより外側に軸力が作用しないと引張力が作用しないことになる．

次に，図4・68(a)に示したように4本の同じバネ定数を持つバネで支えられているシステムに，軸力Nが高さ方向に中心からe_hだけ偏心，幅方向にe_bだけ偏心して作用しているときを考えてみよう．

それぞれのバネに生じる力は，一方向に偏心した場合と同じように，軸力による力（図4・68(b)）と，高さ方向に中心からe_hだけ偏心したときのモーメント$N \times e_h$による力（図4・68(c)）と，幅方向にe_bだけ偏心したときのモーメント$N \times e_b$による力の合わさったものとなる．

バネ1本に作用する力は，バネが4本あることを考慮して（4.83）式と同様に，

$$R_i = -\frac{N}{4} \pm \frac{N \times e_h}{2h} \pm \frac{N \times e_b}{2b} \quad \cdots\cdots (4.84)$$

となる．バネに引張力が働かない条件は次式となる．

$$\frac{1}{4} \geq \frac{e_h}{2h} + \frac{e_b}{2b} \quad \cdots\cdots (4.85)$$

幅方向の偏心がないときは，（4.83）式と同じ結果となる．これを平面で示したのが図4・69である．この図の斜線の部分に圧縮力が加わった場合には，バネに引張力が生じない．この斜線の部分を**断面の核**という．

2．連続体の組み合わせ応力

次に，バネの部分を図4・70に示すようなポリウレタンでできた弾性体に置き換えてみる．

図4・70に示すように断面に偏心した軸力が作用する場合は，次のように考えればよい．軸力Nによる応力度σ_Nは，断面積をAとすると断面内で一定で，$\sigma_N = N/A$となる．偏心モーメント$N \times e$によって最も大きな応力度が生じる端部の応力度σ_Mは，断面係数Zを用いて，（4.40'）式により$\sigma_M = N \times e/Z$で与えられる．これより，軸力による応力度σ_Nと偏心モーメントによる応力度σ_Mを組み合わせたときの応力σとして，次式を得る．

$$\sigma = -\frac{N}{A} \pm \frac{N \times e}{Z} \quad \cdots\cdots (4.86)$$

矩形断面では，$A = bh$，$Z = bh^2/6$であるので，（4.86）式は次のようになる．

$$\sigma = -\frac{N}{bh} \pm \frac{6N \times e}{bh^2} \quad \cdots\cdots (4.87)$$

断面内に引張力が生じない条件としては，

$$0 \geq \frac{-N}{bh} + \frac{6N \times e}{bh^2} \quad \cdots\cdots (4.88)$$

（4.88）式をN/bhで除すことにより次式を得る．

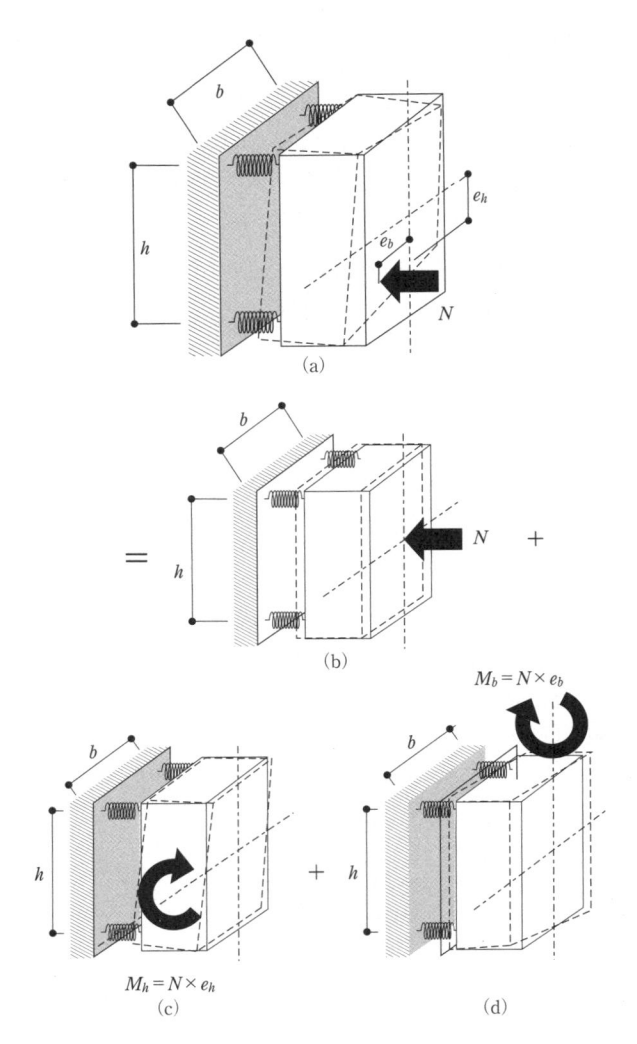

図4・68　2方向に偏心した圧縮力を受けるシステム

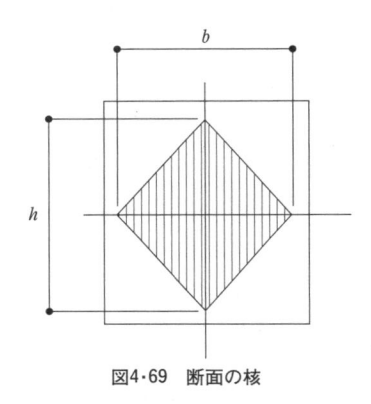

図4・69　断面の核

$$e \leq \frac{h}{6} \quad \cdots\cdots\cdots\cdots\cdots\cdots\cdots\cdots\cdots\cdots\cdots\cdots\cdots\cdots (4.89)$$

2方向に偏心して軸力 N が作用しているときも，バネのときと同様にして求めることができる（図4・71）．偏心モーメントによって最も大きな応力度が生じるのは断面の四隅であり，それぞれの方向の断面係数 Z_h, Z_b を用いて四隅の応力度 σ_c を次式で求めることができる．

$$\sigma_c = -\frac{N}{A} \pm \frac{N \times e_h}{Z_h} \pm \frac{N \times e_b}{Z_b} \quad \cdots\cdots\cdots (4.90)$$

$A = bh$, $Z_h = bh^2/6$, $Z_b = hb^2/6$ を代入して，

$$\sigma_c = -\frac{N}{A} \pm \frac{6N \times e_h}{bh^2} \pm \frac{6N \times e_b}{b^2 h} \quad \cdots\cdots\cdots (4.91)$$

一方向偏心のときと同様に，断面内に引張力が生じない条件として次式を得る．

$$\frac{e_h}{h} + \frac{e_b}{b} \leq \frac{1}{6} \quad \cdots\cdots\cdots\cdots\cdots\cdots\cdots (4.92)$$

これを平面で示すと図4・72となる．四隅をバネで支えられている場合に比べ，断面の核はかなり小さくなっている．図4・70を見ると，下側で圧縮力を加えているのに，上側は伸びている．このように断面内に圧縮力を加えても，引張応力を受ける部分が生じるというのも，応力度について理解していないと，不思議に感じられるかもしれない．

【問題4・13】

図に示したような，ヤング係数 $E = 100\text{N/mm}^2$ で，その大きさが $50 \times 100 \times 100\text{mm}$ の弾性体の高さ方向に50mm偏心して軸力 $N = 100\text{kN}$ が作用しているとき，この弾性体に生じる最大および最小垂直応力度を求めなさい．

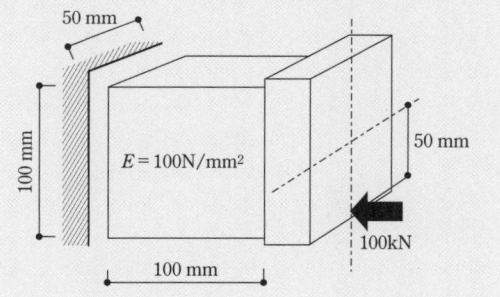

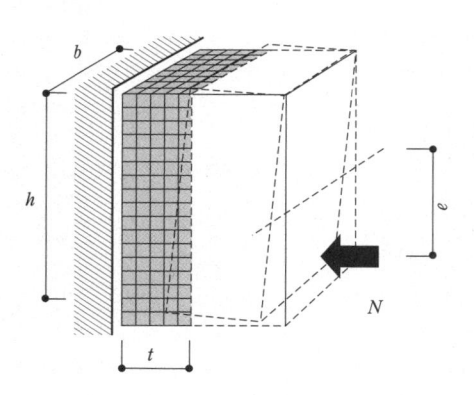

図4・70 弾性体の偏心圧縮

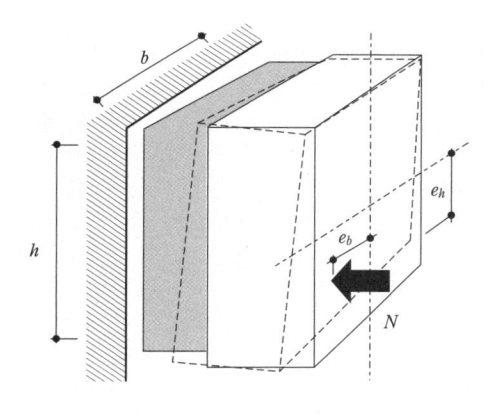

図4・71 弾性体の2方向偏心圧縮

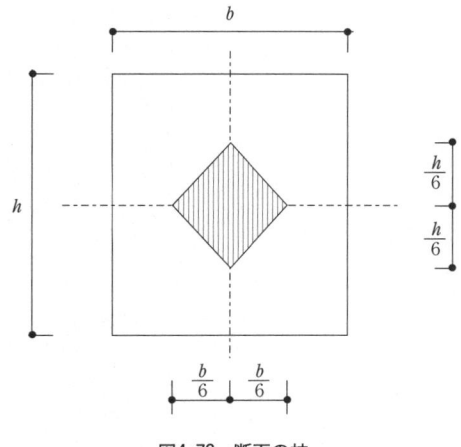

図4・72 断面の核

【問題4・14】

今度は図に示したように，断面の幅方向に15mm，高さ方向に40mm偏心して軸力 $N=100$kN が作用しているときに，この弾性体に生じる最大および最小垂直応力度を求めなさい．

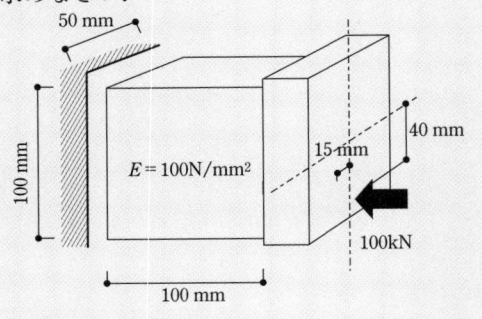

【問題4・15】

図に示したような中央部が中空の箱型の断面の核を求めなさい．

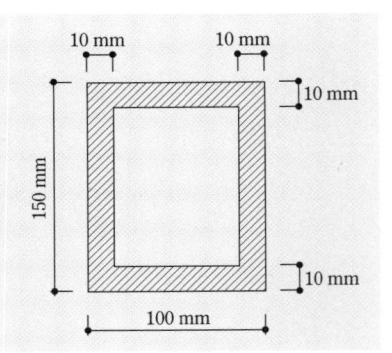

第5章　部材の変形

　圧縮力の作用する部材は縮み，引張力の作用する部材は伸び，曲げモーメントの作用する部材は曲がる．

　このような部材の変形は，建物を使用するうえで支障となる場合がある．

　また，部材がつながっている時にはその両者がつながっている位置で変形が同じでないといけないので，そのために両者に作用する力が決まることもある．

　このように，部材の変形を求めることは建築物とそれに作用する力に対する安全性を確認するための重要な要素の1つである．

　本章では，モーメントによる部材の変形，せん断力による部材の変形および軸方向による部材の変形について説明する．

5・1 モーメントによる変形

1. モーメントと変形

図5・1のように，回転中心から $h/2$ だけ離れたところの2本の同じバネ定数 K_0 を持つバネで支えられているシステムを考える．この右端に下向きの力 P を加えると，上下のバネの伸び，および縮み量 Δs による回転角 θ は，

$$\theta = \frac{\Delta s}{(h/2)} = \frac{2P \times l}{(h^2 \times K_0)} \quad \cdots\cdots (5.1)$$

となる．この回転角 θ による先端のたわみ δ は，

$$\delta = \theta l \quad \cdots\cdots (5.2)$$

として与えられる．

このバネの部分が，図5・2に示すようなヤング係数 E のポリウレタンでできた弾性体の場合，モーメント M（$= P \times l$）が作用したときの回転角 θ は，断面2次モーメント I を用いて，

$$\theta = \phi x = \frac{Mx}{EI} \quad \cdots\cdots (5.3)$$

となる．この回転角 θ による先端のたわみ δ は，

$$\delta = \theta l = \frac{Mx}{EI} l \quad \cdots\cdots (5.4)$$

として与えられる．

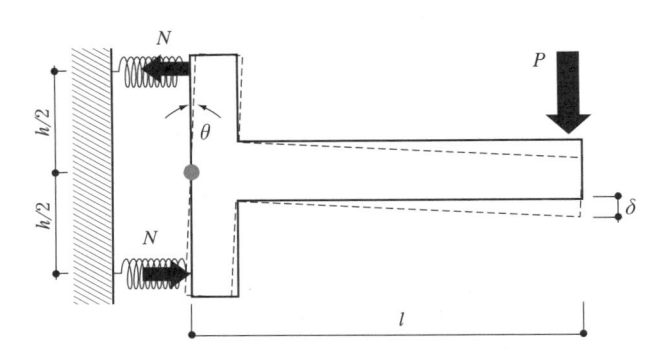

図5・1　2本のバネで支えられたシステムの変形

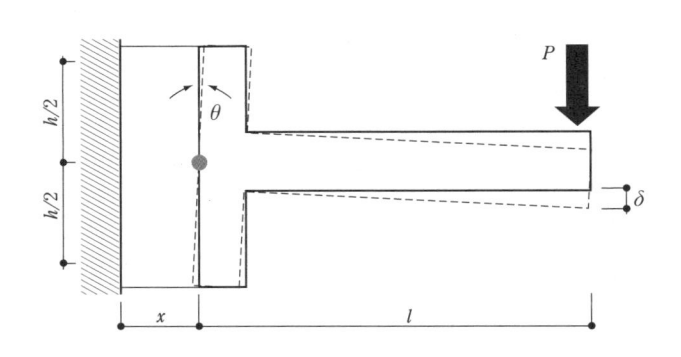

図5・2　弾性体で支えられたシステムの変形

2. 片持部材の変形

ここまでは，材端がバネや弾性体でサポートされている状態を考えて，部材自体は変形しないものとして考えてきた．いま，図5・3に示すように左端が固定され，全体がポリウレタンでできた弾性体の右端に下向きの力を加えると，先端が大きく下方に移動し，部材も変形する．

弾性体の中に書き加えた格子の線は，もとは水平・鉛直であったものである．水平の線は大きく湾曲しているのに対し，鉛直線は，傾いてはいるが直線を保持している．この傾きは，固定端から加力端に近くなるにしたがって，大きくなっているが，変化の度合いは逆に小さくなり，加力端付近ではほぼ平行になっている．

この部材に生じる力は，図5・4に示したとおりであり，曲げモーメントの大きな所の変化の度合いが大きいことがわかる．

このような連続の弾性体は，単位長さのバネが連続していると考えることができる．つまり，単位長さのバネによる回転角と変形の重ねあわせが，全体の回転角と変形になっていると考える．いま，図5・5に示したように，弾性体の左端の微小部分 dx を切り出して考えてみよう．端部に弾性体を取り付けたときと，まったく同様に考えることができる．右端に加えた力 P によるモーメントは，この微

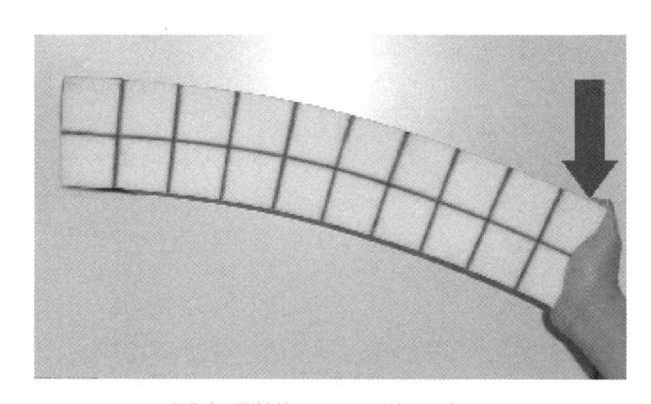

図5・3　弾性体でできた片持梁の変形

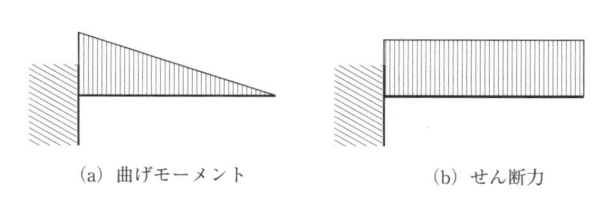

(a) 曲げモーメント　　(b) せん断力

図5・4　片持梁に生じる力

小部分の右端と左端で異なるが，微小部分なので，この差を無視して M とすると，(4.36)(4.37′)式と同様に，ヤング係数 E，断面2次モーメント I を用いて，

$$M = EI \frac{d\theta}{dx} = EI\phi \quad \cdots\cdots(5.5)$$

$$d\theta = \frac{Mdx}{EI} \quad \cdots\cdots(5.6)$$

となる．また，ここでの傾き $d\theta$ による右端の変形量 δ は，回転角に距離 l を掛け，

$$\delta = l \times d\theta \quad \cdots\cdots(5.7)$$

となる．

次に図5・6に示したように，左端から x の位置で微小部分 dx を切り出して考えてみよう．右端に加えた力 P によるモーメント M_x は，距離が短くなっており，$M_x = P(l - x)$ となる．また，その部分より左側の部分の変形により，すでに θ_x だけ傾き，δ_x だけ変形している．この部分でのモーメント M_x と回転角の増分 $d\theta$ は，

$$M_x = P(l - x) = EI \frac{d\theta}{dx} \quad \cdots\cdots(5.8)$$

$$d\theta = \frac{M_x}{EI} dx = \frac{P(l-x)}{EI} dx \quad \cdots\cdots(5.9)$$

となる．ここでの傾き θ_x は，左端から u の位置の微小区間 du の回転角増分 $d\theta_u$ の累積であるから，0 から x まで積分することにより求まる．

$$\theta_x = \int_0^x d\theta_u = \frac{1}{EI} \int_0^x M_u du = \frac{P}{EI} \int_0^x (l-u) du$$
$$\cdots(5.10)$$
$$= \frac{P}{EI}(lx - x^2/2)$$

また，左端から x の位置での下方への変形量 δ_x は，左端から u の位置の微小区間 du の回転角増分 $d\theta_u$ に，各微小区間から x の位置までの距離を掛けたもの $\delta_u = d\theta_u \times (x-u)$ の累積値であるので，これを 0 から x まで積分することにより求まる．

$$\delta_x = \int_0^x (x-u) d\theta_u = \frac{1}{EI} \int_0^x M_u (x-u) du$$
$$= \frac{P}{EI} \int_0^x (l-u)(x-u) du = \frac{P}{EI} \left(\frac{lx^2}{2} - \frac{x^3}{6} \right)$$
$$\cdots\cdots(5.11)$$

右端の自由端での回転角と変形量は，$x = l$ を代入して，

$$\theta = \frac{Pl^2}{2EI}$$
$$\cdots\cdots(5.12)$$
$$d = \frac{Pl^3}{3EI}$$

となる．

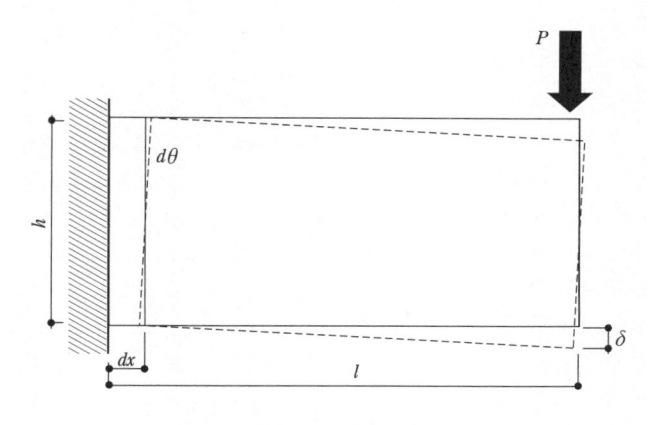

図5・5 片持梁の端部の微小部分の変形

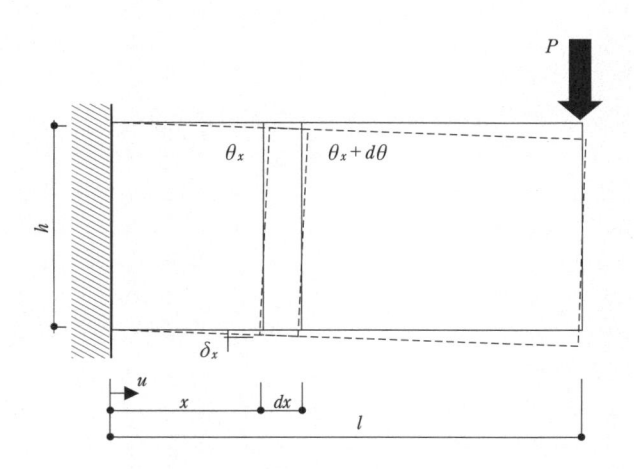

図5・6 片持梁の任意の位置の微小部分の変形

3．曲率と変形

図5・7に示したような片持梁に任意の荷重 w が作用し変形している状態を考える．左端から x の位置でのモーメント M_x による曲率は，部材のヤング係数を E，断面2次モーメントを I とすれば，第4章でも習ったように，

$$\phi = \frac{M_x}{EI} \quad \cdots\cdots\cdots\cdots\cdots\cdots (5.13)$$

で表せる．

一方，左端から x の位置の微小区間 dx 部分の断面を切り出すと，図5・8に示したようになり，曲率半径 ρ は $d\theta$ が微小であるので，

$$\frac{1}{\rho} = \frac{d\theta}{dx} \quad \cdots\cdots\cdots\cdots\cdots\cdots (5.14)$$

で与えられる．

この微小区間 dx 内での鉛直方向の変形の増分 dy は，この点での回転角 θ を用いると，符号に注意して，

$$dy = -\theta \times dx \quad \rightarrow \quad \theta = -\frac{dy}{dx} \quad \cdots\cdots (5.15)$$

となる．曲率と曲率半径は $\phi = 1/\rho$ であるので，(5.13) (5.14) (5.15)式により，

$$\frac{M_x}{EI} = \frac{d\theta}{dx} = -\frac{d}{dx}\left(\frac{dy}{dx}\right) = -\frac{d^2y}{dx^2} \quad \cdots\cdots (5.16)$$

となる．これを変形した，

$$\frac{d^2y}{dx^2} = -\frac{M_x}{EI} \quad \cdots\cdots\cdots\cdots\cdots\cdots (5.17)$$

が，曲げモーメント M_x による部材のたわみ曲線を求める微分方程式となる．曲げモーメント M_x は，材軸方向の座標 x の関数として与えられるので，この微分方程式を積分することにより，任意のモーメントに対する任意の位置での回転角とたわみを計算することができる．

$$\theta = \frac{dy}{dx} = -\int \frac{M}{EI} dx + C_1 \quad \cdots\cdots\cdots\cdots (5.18)$$

$$y = -\int \left(\int \frac{M}{EI} dx\right) dx + C_1 x + C_2 \quad \cdots\cdots\cdots\cdots (5.19)$$

ここで，C_1, C_2 は積分定数であり，境界条件より定める．

例題5.1 片持梁の変形を求める

図5・9に示したような，ヤング係数 E，断面2次モーメント I の断面からなる長さ l の片持梁の端部に，集中荷重 P が作用したときの変形を求めよ．

解 答

左端から任意の点までの距離を，図に示したように x と置くと，その点での曲げモーメント M_x は，

$$M_x = P(l - x)$$

これを(5.17)式に代入して，

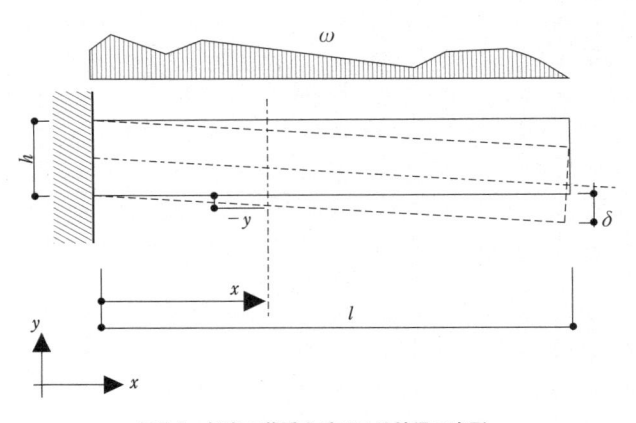

図5・7　任意の荷重を受ける片持梁の変形

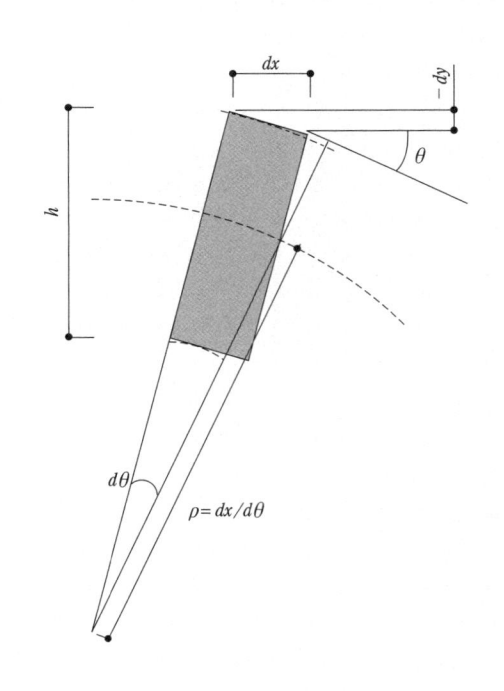

図5・8　微小部分の変形と曲率半径

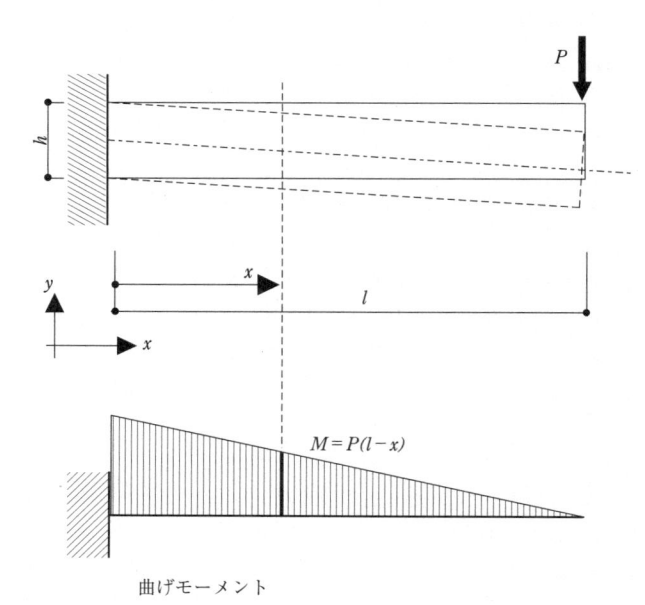

曲げモーメント
図5・9　**例題5.1** 集中荷重の作用する片持梁

$$\frac{d^2y}{dx^2} = -\frac{M_x}{EI} = -\frac{P}{EI}(l-x)$$

これを x で積分して，

$$\frac{dy}{dx} = \int_o^x \frac{d^2y}{dx^2} dx = -\frac{P}{EI}\left(lx - \frac{x^2}{2}\right) + C_1$$

$$y = -\frac{P}{EI}\left(\frac{lx^2}{2} - \frac{x^3}{6}\right) + C_1 x + C_2$$

境界条件は，$x = 0$ の固定端で，$\theta = dy/dx = 0$，$y = 0$ であるので，$C_1 = C_2 = 0$ となり，

$$\theta = \frac{dy}{dx} = -\frac{P}{EI}\left(lx - \frac{x^2}{2}\right)$$

$$y = \frac{P}{EI}\left(\frac{lx^2}{2} - \frac{x^3}{6}\right)$$

が得られる．

右端では，$x = l$ を代入して，

$$\theta = -\frac{Pl^2}{2EI}$$

$$y = -\frac{Pl^3}{3EI}$$

となる．符号の定義が異なるが，(5.12) 式と同じ結果が得られている．

【問題5・1】

例題5・1の片持梁に，全長にわたり等分布荷重 w が作用したときの変形を求めなさい．

【問題5・2】

図に示したような，ヤング係数 E，断面2次モーメント I の断面からなる単純梁に，集中荷重 P が作用したときの変形を求めなさい．

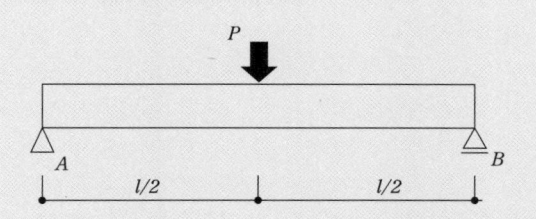

(ヒント) 曲げモーメントが不連続になるときは，連続な部分にそれぞれ分けて考え，境界条件で一致させる

4．モールの定理

第3章「3・2節　静定梁」で習ったように分布荷重 w とせん断力 Q，曲げモーメント M の関係は，

$$\frac{d^2M}{dx^2} = \frac{dQ}{dx} = -w \quad \cdots\cdots\cdots\cdots\cdots (5.20)$$

一方，曲げモーメント M と変形 θ，y の関係は次式で

与えられる．

$$\frac{d^2y}{dx^2} = \frac{d\theta}{dx} = -\frac{M}{EI} \quad \cdots\cdots\cdots\cdots\cdots\cdots\cdots (5.21)$$

(5.20)(5.21)式を比較すると，荷重 w に対し，M/EI が，せん断力 Q に対し回転角 θ，曲げモーメント M に対し変形 y が対応していることがわかる．

すなわち，M/EI を荷重とみなして（仮想荷重），それが作用したときのせん断力と曲げモーメントを求めれば，部材各部の回転角と変形が簡単に求まることになる．

ここで注意が必要な点は，荷重からせん断力，曲げモーメントを求める積分と，仮想荷重から回転角，変形を求める積分とでは境界条件が異なるので，積分定数が一致しないことである．

図5·10(a)に示した単純梁においては，
断面に生じる力を求める場合，両端とも $Q \neq 0$, $M = 0$
部材の変形を求める場合，両端とも $\theta \neq 0$, $y = 0$
となり，両者の境界条件は一致しているので，そのまま仮想荷重により回転角，変形を求めることができる．

ところが，図5·10(b)に示した単純梁においては，
断面に生じる力を求める場合，固定端 $Q \neq 0$, $M \neq 0$
自由端 $Q = 0$, $M = 0$
部材の変形を求める場合，固定端 $\theta = 0$, $y = 0$
自由端 $\theta \neq 0$, $y \neq 0$
となり，固定端と自由端ではその条件が入れ替わっている．つまり，固定端，自由端では仮想荷重を受ける梁としては，固定端は自由端に，自由端は固定端に入れ替える必要がある．

このように，仮想荷重としてそのせん断力，モーメントを考え，それが部材に生じたとして部材の回転角，変形を求める方法をモールの定理という．

さらに中間支承と中間ヒンジの関係も自由端と固定端の関係と同様の関係があり，これを利用して連続梁の変形も算定できる．

例題5·2 片持梁の変形をモールの定理を用いて求める

図5·11に示したような，ヤング係数 E，断面2次モーメント I の断面からなる片持梁の端部に，集中荷重 P が作用したときの変形をモールの定理を用いて求めよ．

解 答

仮想荷重は片持梁であるので，自由端と固定端の境界条件を入れ替えると，図5·11(b)の曲げモーメント図より，図5·11(c)に示したような等変分布荷重になる．これを集中荷重に置き換えると，

$$W = \frac{Pl^2}{2EI}$$

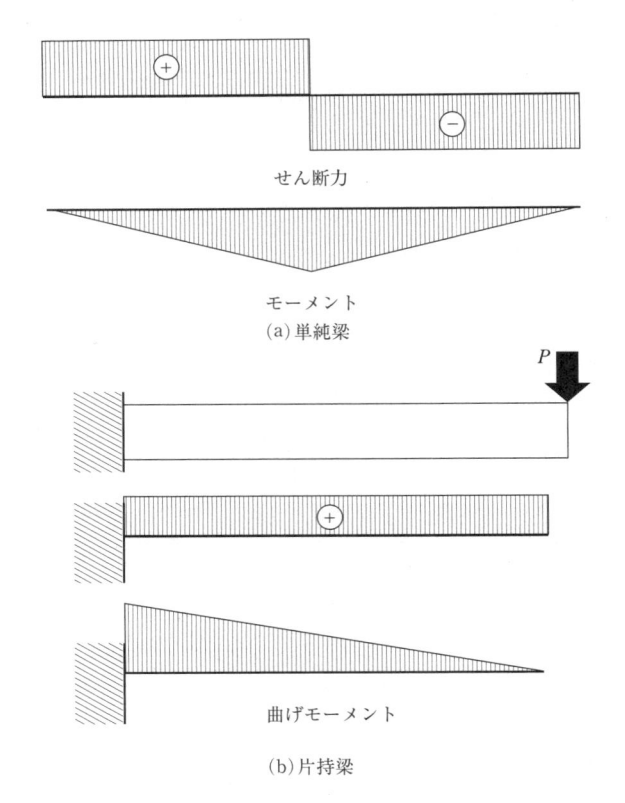

図5·10 集中荷重の作用する単純梁と片持梁

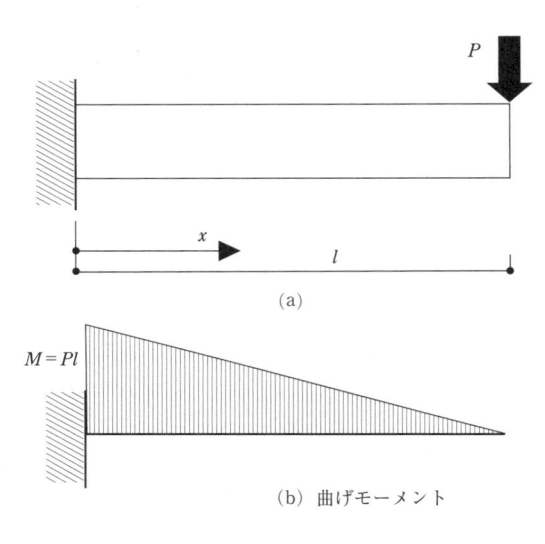

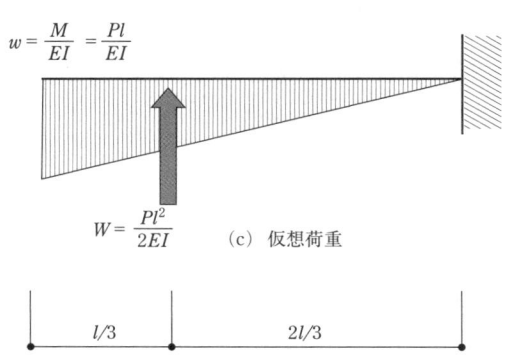

図5·11 集中荷重の作用する片持梁と仮想荷重

となる．これより，自由端の回転角 θ と変形 y は，

$$\theta = Q = \frac{Pl^2}{2EI}$$

$$y = M = \frac{Pl^2}{2EI} \times \frac{2l}{3} = \frac{Pl^3}{3EI}$$

となり，例題5・1の結果と同じとなる．

【問題5・3】
問題5・2の梁中央の変形と両端の回転角をモールの定理を用いて求めなさい．

図5・12 断面内のせん断応力度の分布

5・2 せん断力による変形

曲げを受ける部材のせん断応力度は断面内で一定でなく，たとえば矩形断面の場合，図5・12に示したように中央で最大となる放物線になる（例題4・6参照）．このときのせん断ひずみは，応力度分布と同じ形状となる．このせん断ひずみによる変形は，次に示すような中立軸のせん断ひずみの累積値となる．

いま，図5・13に示したような矩形の片持ち梁に荷重が作用し，部材がせん断変形しているとすると，左端から x の位置の dx 区間のせん断によるたわみ量 dy_s は，材軸でのせん断ひずみ γ に dx を掛けたものになる．よって，せん断剛性係数 G，断面積 A とすると，

$$dy_s = \gamma \times dx = \frac{1.5Q}{GA}dx \quad \cdots\cdots (5.22)$$

これより左端から x の位置のせん断変形 y_s としては，

$$y_s = \int_0^x dy_s = \frac{1.5}{GA}\int_0^x Q_x dx \quad \cdots\cdots (5.23)$$

となる．(5.23)は断面中心軸のせん断変形を与えている．端面の上下端ではせん断応力度は0であり，せん断変形は0となるため，実際の部材でのせん断変形の算定にはエネルギーの釣り合いを考えて求める．これについては，『建築構造力学II』で触れる．

例題5・3　せん断変形を求める
例題5・1で曲げ変形を求めた，せん断剛性係数 G，断面積 A の断面からなる片持梁の端部に集中荷重 P が作用したときのせん断変形を求めよ．

解答
集中荷重 P が作用するので，せん断力は全長にわたり P となる．これを（5.23）式に代入すると，

$$y_s = \frac{1.5P}{GA}\int_0^x dx = \frac{1.5P}{GA}x$$

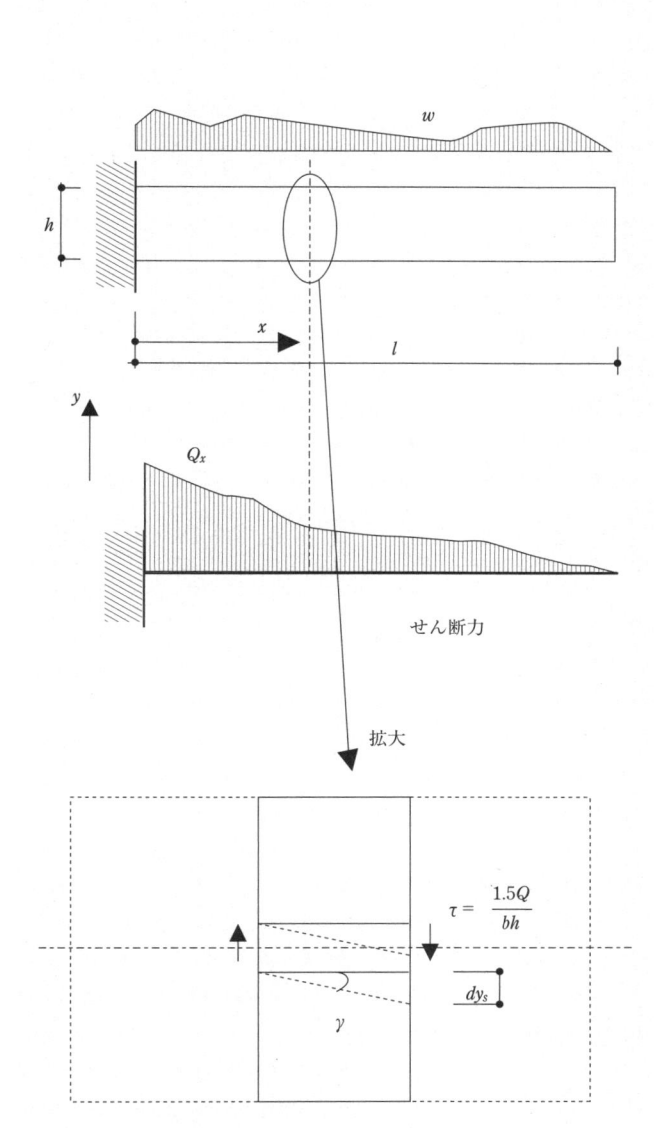

図5・13　任意の荷重を受ける片持梁のせん断変形

自由端では，$x = l$ を代入して，$y_s = \dfrac{1.5Pl}{GA}$ となる．

【問題5·4】

長さ l の片持梁の断面が $b \times d$ の矩形，$E/G = 2.6$ としたとき，梁の先端に集中荷重 P が作用したときの曲げ変形とせん断変形の比を求め，その大小関係を検討しなさい．

5·3 軸方向力による変形

図5·14に示したような矩形の直線部材に引張力 P が作用したときの変形 Δl は，これを単位バネの集合体と考えれば，応力度の算定のところで求めたように，ヤング係数を E，断面積を $A = bh$ とすれば，

$$\Delta l = \dfrac{P}{AE} l \quad\cdots\cdots\cdots\cdots\cdots\cdots (5.24)$$

で求められる．

ところが，細長い部材を圧縮しようとすると，図5·15に示したように，ある力を超えると急に横方向にはらみだしてしまう．これを座屈といい，Euler（オイラー）はヤング係数 E，断面2次モーメント I の断面からなる部材の図5·16に示した両端ピンで，ピン間の距離が l_k の場合の座屈荷重 P_k を次式で与えている．

$$P_k = \dfrac{\pi^2 EI}{l_k^2} \quad\cdots\cdots\cdots\cdots\cdots\cdots (5.25)$$

つまり，断面2次モーメントが小さく，長さが長いほうが小さな荷重で座屈することになる．このときの応力度 σ_k は，A を断面積，i を断面2次半径とすると，

$$\sigma_k = \dfrac{P_k}{A} = \dfrac{\pi^2 EI}{l_k^2 A} = \dfrac{\pi^2 E}{(l_k/i)^2} \quad\cdots\cdots (5.26)$$

となる．この l_k/i を細長比 λ という．この λ を用いると(5.26)式は，

$$\sigma_k = \dfrac{\pi^2 E}{\lambda^2} \quad\cdots\cdots\cdots\cdots\cdots\cdots (5.27)$$

となり，座屈荷重は細長比とヤング係数のみで与えられることになる．

両端の支持条件が異なる場合にも，座屈荷重は求められる．一般に，一端がピンで他端が固定の場合には $l_k = 0.7 l$，両端とも固定の場合には $l_k = 0.5 l$ の有効座屈長さを用いればよい．

座屈現象については，『建築構造力学Ⅱ』で詳しい説明を行う．

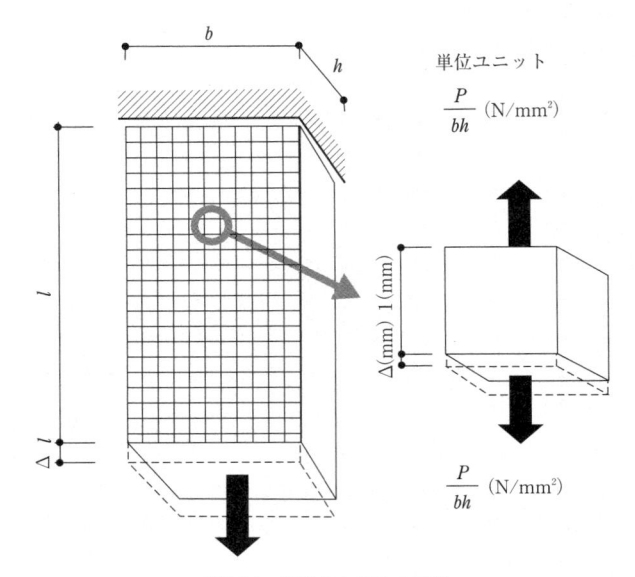

図5·14　引張力を受ける部材

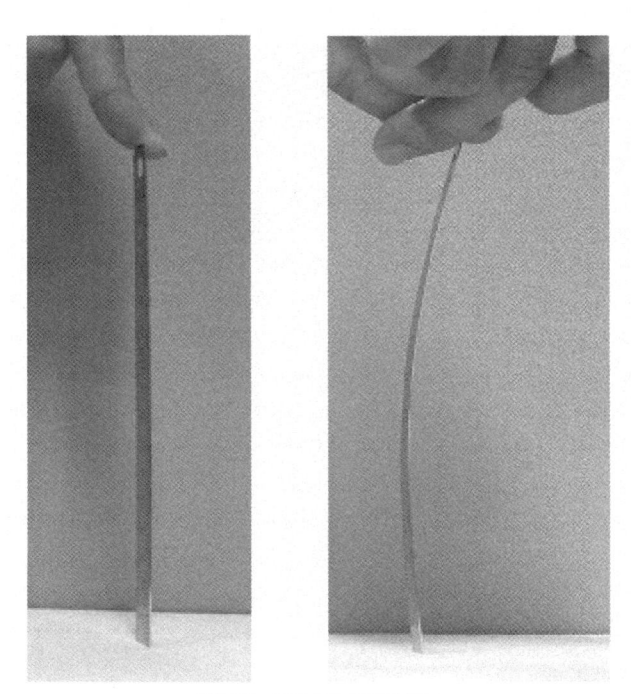

図5·15　圧縮力を受ける部材

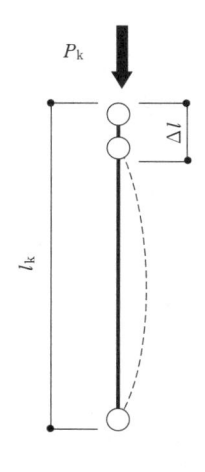

図5·16　圧縮力を受ける両端ピン部材

問題の解答

第 2 章

【問題2・1】

1)

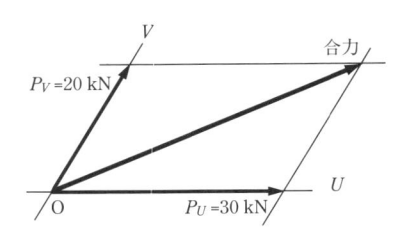

力の平行四辺形

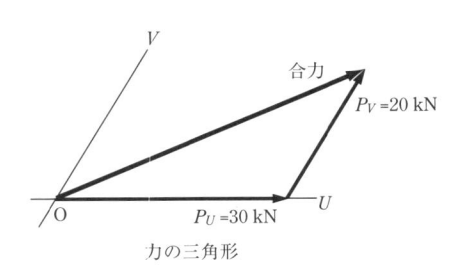

力の三角形

2) P_V を図のように U, y 軸方向に分解する．

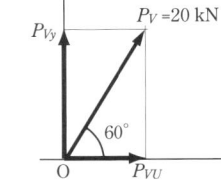

$P_{VU} = P_V \cos 60°$
$\quad = 20 \times 1/2$
$\quad = 10$ kN

$P_{Vy} = P_V \sin 60°$
$\quad = 20 \times \dfrac{\sqrt{3}}{2}$
$\quad = 10\sqrt{3}$ kN

となるので求める合力 R は，

$R = \sqrt{(P_U + P_{VU})^2 + (P_{Vy})^2}$
$\quad = \sqrt{(30+10)^2 + (10\sqrt{3})^2}$
$\quad ≒ 43.6$ kN

合力 R と U 軸のなす角 θ は，

$\tan\theta = \dfrac{10\sqrt{3}}{40} = 0.43$

を満たす．

【問題2・2】

○図式解法

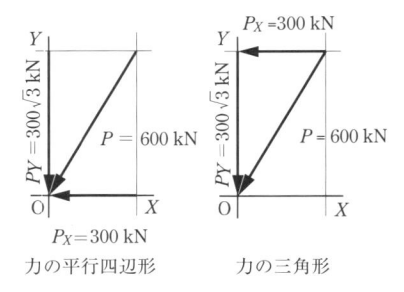

力の平行四辺形　　力の三角形

○数式解法

$P_X = (-600) \times \cos 60° = -300$ kN
$P_Y = (-600) \times \sin 60° = -300\sqrt{3}$ kN

【問題2・3】

○図式解法

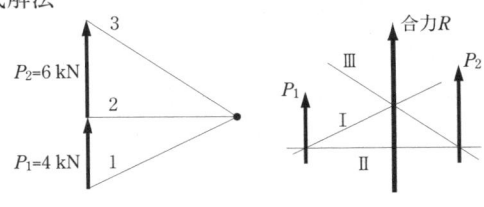

○数式解法

合力の大きさは，

$R = P_1 + P_2$
$\quad = 4 + 6$
$\quad = 10$ kN

下図のように P_2 の作用線上の O 点に対してバリニオンの定理を用いる．

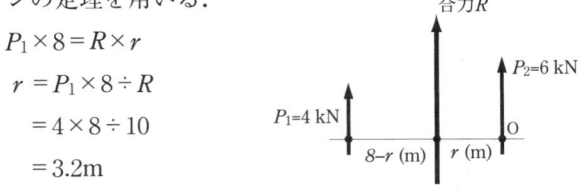

$P_1 \times 8 = R \times r$
$r = P_1 \times 8 \div R$
$\quad = 4 \times 8 \div 10$
$\quad = 3.2$ m

【問題2・4】

○図式解法

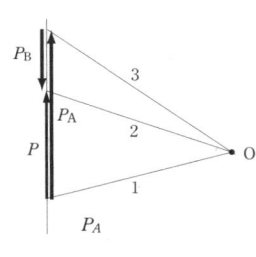

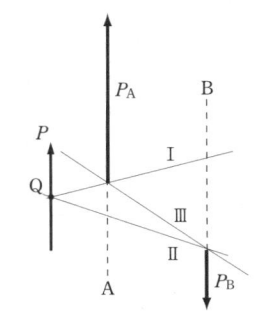

○数式解法

下図のようにA，B上の合力 P_A，P_B の向きを上向きに仮定すると，

$P_A + P_B = 16$ kN ……………(1)

A上のO点に対してバリニオンの定理を用いる．

$P \times 4 = -P_B \times 8$ ……………(2)

(1)，(2)式を解いて

$P_A = 24$ kN（上向き）
$P_B = -8$ kN（下向き）

となる．

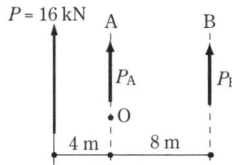

【問題2・5】

$\Sigma X = 0 \rightarrow 2 \times 4 - H_A = 0$

$\Sigma Y = 0 \rightarrow -V_A + V_D - 4 = 0$

$\Sigma M_A = 0 \rightarrow 2 \times 4 \times 2 + 4 \times 3 - 6V_D = 0$

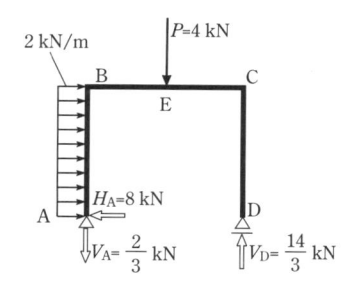

【問題2・6】

(a) $n + s + r - 2k = 3 + 4 + 0 - 2 \times 4 = -1$ （不安定）

(b) $n + s + r - 2k = 3 + 4 + 3 - 2 \times 5 = 0$ （安定・静定）

(c) $n + s + r - 2k = 6 + 3 + 2 - 2 \times 4 = 3$ （安定・3次不静定）

■ 第3章

【問題3・1】

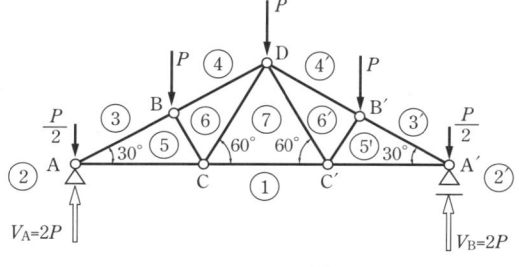

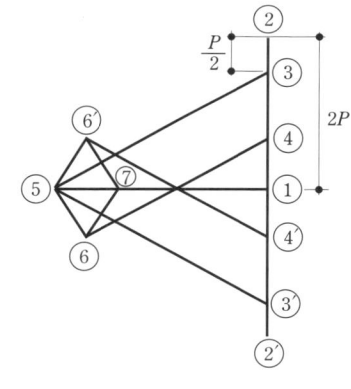

クレモナ図

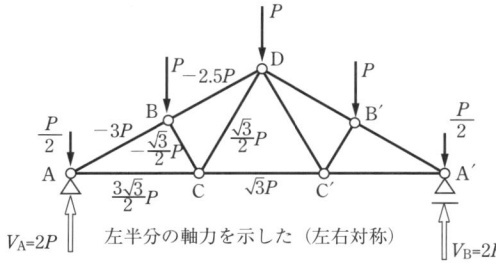

各部材の軸力

【問題3・2】

$N_{FH} = -1600$ kN （圧縮）

$N_{EH} = -200\sqrt{2}$ kN （圧縮）

$N_{EG} = 1800$ kN （引張）

【問題3・3】

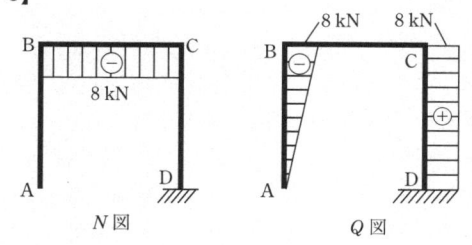

N図　　Q図

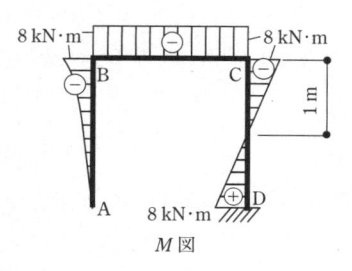

M図

【問題3・4】

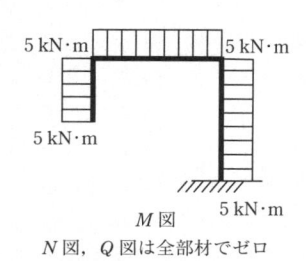

M図

N図，Q図は全部材でゼロ

【問題3・5】

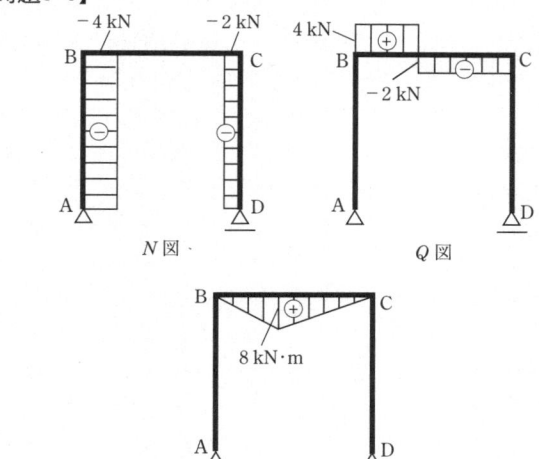

N図　　Q図

M図

【問題3・6】

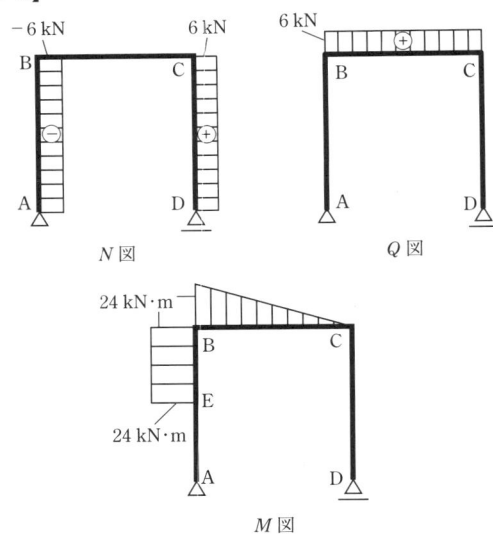

N 図, *Q 図*, *M 図*

【問題3・7】

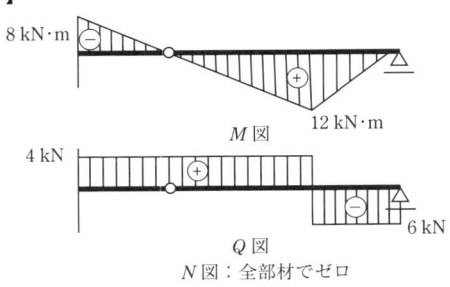

M 図, *Q 図*

N 図：全部材でゼロ

第 4 章

【問題4・1】

2 本バネ　$P = 2K_o \cdot \delta_u$

3 本バネ　$\delta = \dfrac{P}{3K_o} = \dfrac{2}{3}\delta_u$

となるので，

直列時の$\delta = \delta_u + \dfrac{2}{3}\delta_u = \dfrac{5}{3}\delta_u$

全体のバネ定数$K = \dfrac{6}{5}K_o$

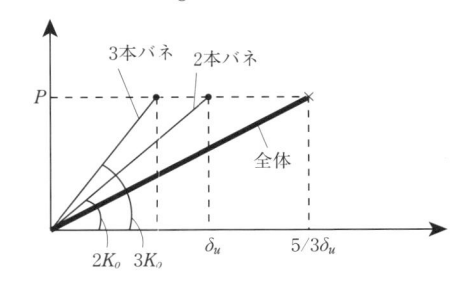

【問題4・2】

全体のバネ定数　$3K_o$

変形　$\delta = \dfrac{P}{3K_o}$

両方のバネで同じ　$P = K \cdot \delta$であるので，

$$\begin{cases} 2K_o\text{のバネの力}, \ P_{2K_o} = 2K_o \cdot \dfrac{P}{3K_o} = \dfrac{2}{3}P \\ K_o\text{のバネの力}, \ P_{K_o} = K_o \cdot \dfrac{P}{3K_o} = \dfrac{1}{3}P \end{cases}$$

【問題4・3】

10×10 mm の部材に作用する力をP_1，

50×30 m の部材に作用する力をP_2とすると，

$P_2 = 1000 - P_1$

全体の伸びをδとすると，$\varepsilon_1 = \varepsilon_2 = \delta/50$

$\sigma = E\varepsilon$であるので，

$\sigma_1 = 100 \times \dfrac{\delta}{50}$，すなわち，$P_1 = \sigma_1 \times 10 \times 10$
$\hspace{10em} = 200 \cdot \delta$

$\sigma_2 = 10 \times \dfrac{\delta}{50}$，すなわち，$P_2 = \sigma_2 \times 50 \times 30$
$\hspace{10em} = 300 \cdot \delta = \dfrac{3}{2}P_1$

$P_1 + P_2 = 1000$ N であるので

$\dfrac{5}{2}P_1 = 1000$，すなわち，

$P_1 = 400$ N，よって，$\sigma_1 = 4$ N/mm^2

$P_2 = 600$ N，よって，$\sigma_2 = 0.4$ N/mm^2

ひずみ度が同じなので，生じる応力度はヤング係数に比例している．

$\delta = \dfrac{P_1}{200} = \dfrac{400}{200} = 2$mm

【問題4・4】モールの応力円より

中心　$(-30 + 20)/2 = -5$

$r = \sqrt{25^2 + 10^2}$
$\ = 26.9$

$\sigma_{\mathrm{I}} = 26.9 - 5 = 21.9$

$\sigma_{\mathrm{II}} = 26.9 - 5 = -31.9$

$\tau = 26.9$

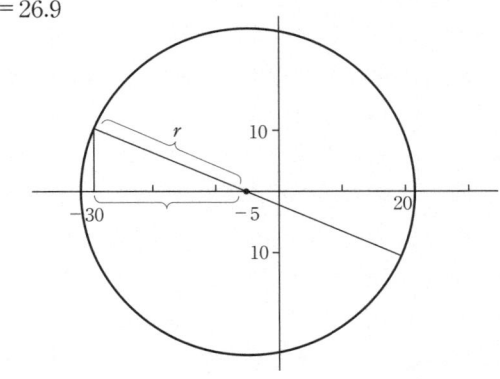

【問題4·5】

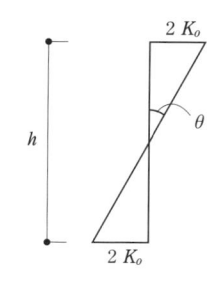

外力のモーメント Pl

バネの変形 $\delta = \theta \cdot \dfrac{h}{2}$

各バネに作用する力 N

バネの偶力モーメント
$$M = 2N \cdot h = Pl$$

すなわち，
$$N = \dfrac{Pl}{2h}$$

$$\theta = \dfrac{\delta}{h/2} = \dfrac{N/K_o}{h/2} = \dfrac{Pl}{h^2 K_o}$$

縦4本の場合に比べ，回転角は $1.25/2 = 5/8$ に減少している．（縦2本の場合の半分）

すなわち，バネがより有効に働いている．

【問題4·6】

1) $Z = \dfrac{bh^2}{6} = \dfrac{100 \times 100 \times 100}{6} = \dfrac{10^6}{6}$

   $\sigma = M/Z = 500000 \times 6/10^6 = 3 \ \text{N/mm}^2$

2) $I = \dfrac{bh^3}{12} = \dfrac{10^8}{12}$

   $\phi = M/EI = 500000 \times 12/(10^8 \times 10^2) = 0.006 \ \ 1/\text{mm}$

   $\left(\begin{array}{l}\text{または，縁ひずみ } \varepsilon = \sigma/E = 3/100 = 0.03 \\ \phi = \varepsilon/h/2 = 0.03/50 = 0.006 \ \ 1/\text{mm} \\ \text{としても求められる．}\end{array}\right)$

3) $\theta = \phi \cdot X_o = 0.006 \times 100 = 0.6 \ \text{rad}$

4) ちょうど破壊する所で釣り合っている．

【問題4·7】

1) $h_1 = \dfrac{\dfrac{300}{2}(1000-200)^2 + 1000 \times 200 \left(1000 - \dfrac{200}{2}\right)}{300(1000-200) + 1000 \times 200}$

   $= \dfrac{276000000}{440000} = 627.3$

   $I = 300 \displaystyle\int_{-627.3}^{172.7} y^2 dy + 1000 \int_{172.7}^{372.7} y^2 dy$

   $= 300 \left(\dfrac{172.7^3 + 627.3^3}{3}\right) + 1000 \left(\dfrac{372.7^3 - 172.7^3}{3}\right)$

   $= 2.52 \times 10^{10} + 1.55 \times 10^{10} = 4.07 \times 10^{10} \ \text{mm}^4$

   $\sigma_\text{上} = \dfrac{M}{I}(1000 - 627.3) = 0.46 \ \text{N/mm}^2$

   $\sigma_\text{下} = \dfrac{M}{I} \times 672.3 \quad\quad = 0.83 \ \text{N/mm}^2$

【問題4·8】

図のように領域分けを行う．

$50 \times 10 \times 5 + 40 \times 10 \times 30 = (50 \times 10 + 40 \times 10) \times y_G$

∴ $y_G = 16.11$

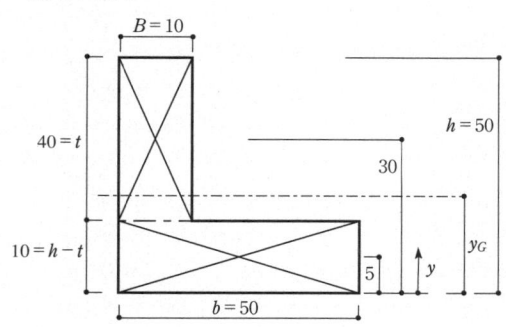

x_G も同じ．

【問題4·9】

①×2+② で算定する．

$I = 2 \times \dfrac{25 \times 100^3}{12} + \dfrac{100 \cdot 20^3}{12} = 4.2 \times 10^6 \ \text{mm}^4$

約 1/5 となっている．

【問題4·10】

図のように領域分けを行うと，

$I = \dfrac{50 \times 10^3}{12} + 50 \times 10 \times (16.1 - 5)^2$

$\quad + \dfrac{10 \times 40^3}{12} + 40 \times 10 \times (30 - 16.1)^2$

$= 19.6 \times 10^4 \ \text{mm}^4$

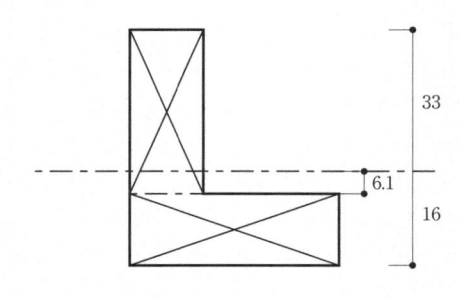

【問題4·11】

$I_{xy} = \displaystyle\int_{-16.1}^{-6.1} \left(\int_{-16.1}^{33.9} xy\, dy\right) dx + \int_{-6.1}^{33.9} \left(\int_{-16.1}^{-6.1} xy\, dy\right) dx$

$= \displaystyle\int_{-16.1}^{-6.1} x \left(\dfrac{33.9^2}{2} - \dfrac{(-16.1)^2}{2}\right) dx + \int_{-6.1}^{33.9} x \left(\dfrac{(-6.1)^2}{2} - \dfrac{(-16.1)^2}{2}\right) dx$

$= \left(\dfrac{(-6.1)^2}{2} - \dfrac{(-16.1)^2}{2}\right) \times 444.5 + \left(\dfrac{33.9^2}{2} - \dfrac{(-6.1)^2}{2}\right) \times (-11$

$= -111000 \ \text{mm}^4$

これより，$\tan 2\theta = \dfrac{2I_{xy}}{I_x - I_y} = -\infty$　すなわち，$\theta = -45°$

$$I_{\min}^{\max} = \dfrac{I_x + I_y}{2} \pm \sqrt{\dfrac{I_x - I_y}{2} + (I_{xy})^2}$$

$$= 19.6 \times 10^4 \pm \sqrt{(11.1 \times 10^4)^2}$$

$$= \begin{cases} 30.7 \times 10^4 \text{ mm}^4 \text{ (max)} \\ 8.5 \times 10^4 \text{ mm}^4 \text{ (min)} \end{cases}$$

I が最小となる x 軸から $-45°$ 方向が最も曲りやすい．

【問題4・12】

$I = 2.14 \times 10^7 \text{mm}^4$

y がウェブ内の時の S

$$S = A \cdot e$$
$$= 100 \times 25 \times 62.5 + 20 \times (50 - y) \times (y + \dfrac{50-y}{2}) + 10 \times$$
$$(50 - y)(50 + y^2)$$
$$= 156250 + 10(2500 - y^2)$$

$\tau = \dfrac{QS}{bI} = \dfrac{Q\{156250 + 10(2500 - y^2)\}}{20 \times 2.14 \times 10^7}$ となる．

最大値は $y = 0$ の時で

$\tau_{\max} = 0.00042Q$

$\tau_① = \dfrac{Q}{100 \times 25 \times 2 + 20 \times 100} = \dfrac{Q}{7000} = 0.000143Q$

$s_② = \dfrac{Q}{20 \times 150} = \dfrac{Q}{3000} = 0.00033Q$

$s_③ = \dfrac{Q}{20 \times 100} = \dfrac{Q}{2000} = 0.00050Q$

················ $\tau_{\max}$ は②と③の間にある．

【問題4・13】

$M = P \cdot e = 100 \times 50 = 5000 \text{ kN} \cdot \text{mm}$

$Z = \dfrac{bd^2}{6} = \dfrac{50 \times 100^2}{6} = 83.3 \times 10^3 \text{mm}^3$

$\sigma_{\max} = \dfrac{P}{A} + \dfrac{M}{Z} = \dfrac{-100000}{5000} + \dfrac{5000 \times 10^3}{83.3 \times 10^3}$

$= -20 + 60 = 40 \text{ N/mm}$

$\sigma_{\min} = \dfrac{P}{A} - \dfrac{M}{Z} = \dfrac{-100000}{5000} - \dfrac{5000 \times 10^3}{83.3 \times 10^3}$

$= -20 - 60 = -80 \text{ N/mm}$

【問題4・14】

$Z_y = 83.3 \times 10^3 \text{mm}^2$

$Z_x = \dfrac{bd^2}{6} = \dfrac{100 \times 50^2}{6} = 41.7 \times 10^3 \text{ mm}^3$

$M_y = P \cdot e = 100 \times 40 = 4000 \text{ kN} \cdot \text{mm}$

$M_x = P \cdot ex = 100 \times 15 = 1500 \text{ kN} \cdot \text{mm}$

$\sigma_{\max} = \dfrac{P}{A} + \dfrac{M_x}{Z_x} + \dfrac{M_y}{Z_y} = -20 + \dfrac{1500}{41.7} + \dfrac{4000}{83.3}$

$= -20 + 36 + 48 = 64 \text{ N/mm}^2$

$\sigma_{\min} = \dfrac{P}{A} - \dfrac{M_x}{Z_x} - \dfrac{M_y}{Z_y}$

$= -20 - 36 - 48 = -104 \text{ N/mm}^2$

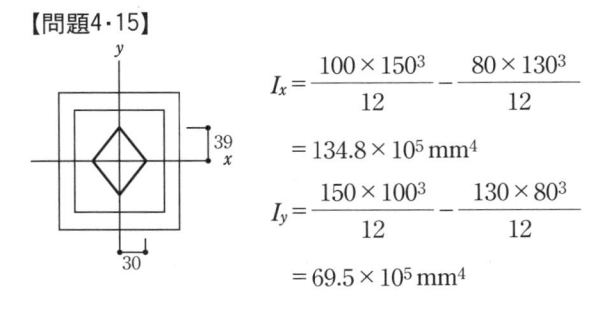

【問題4・15】

$I_x = \dfrac{100 \times 150^3}{12} - \dfrac{80 \times 130^3}{12}$

$= 134.8 \times 10^5 \text{ mm}^4$

$I_y = \dfrac{150 \times 100^3}{12} - \dfrac{130 \times 80^3}{12}$

$= 69.5 \times 10^5 \text{ mm}^4$

$Z_x = \dfrac{I_x}{75} = 1.80 \times 10^5$,　$Z_y = \dfrac{I_y}{50} = 1.39 \times 10^5$

$A = 100 \times 150 - 80 \times 130 = 4600 \text{ mm}^2$

$\sigma = \dfrac{-P}{A} + \dfrac{Re_y}{Z_x} + \dfrac{Re_x}{Z_y} \leq 0$

$\dfrac{A}{Z_x}e_y + \dfrac{A}{Z_y}e_x \leq 1$　すなわち，$\dfrac{e_y}{39} + \dfrac{e_x}{30} \leq 1$

むく材に比べ核の範囲が大きくなっている．

第5章

【問題5・1】

$M_x = \dfrac{wx^2}{2}$

$\dfrac{d^2y}{dx^2} = -\dfrac{M_x}{EI} = -\dfrac{w}{EI}\left(\dfrac{x^2}{2}\right)$

$\dfrac{dy}{dx} = -\dfrac{w}{EI} \cdot \dfrac{x^3}{6} + C_1$

$y = -\dfrac{w}{EI} \cdot \dfrac{x^4}{24} + C_1 x + C_2$

$x = l$ で $y = 0$, $\dfrac{dy}{dx} = 0$

$C_1 = \dfrac{wl^3}{6EI}$

$C_2 = -\dfrac{wl^4}{8EI}$

$\therefore y = -\dfrac{wl^4}{8EI}$

【問題5・2】

モーメント

$0 \leq x \leq \dfrac{l}{2}$　$M_x = \dfrac{P}{2}x$

$\dfrac{l}{2} \leq x \leq l$　$M_x = \dfrac{P}{2}x - P\left(x - \dfrac{l}{2}\right)$

これより

$0 \leq x \leq \dfrac{l}{2}$

$\dfrac{d^2 y_1}{dx^2} = -\dfrac{M_x}{EI} = -\dfrac{P}{2EI}x$

$\dfrac{l}{2} \leq x \leq l$

$\dfrac{d^2 y_2}{dx^2} = -\dfrac{M_x}{EI} = -\dfrac{P}{2EI}(l-x)$

積分して

$\dfrac{dy_1}{dx} = -\dfrac{M_x}{4EI}x^2 + c_1$

$\dfrac{dy_2}{dx} = \dfrac{P}{2EI}\left(lx - \dfrac{x^2}{2}\right) + c_2$

さらに積分して

$y_1 = \dfrac{P}{12EI}x^3 + c_1 x + c_3$

$y_2 = \dfrac{-P}{2EI}\left(\dfrac{lx^2}{2} - \dfrac{x^3}{6}\right) + c_2 x + c_4$

境界条件より

$x = 0$ で　$y_1 = 0$

$x = \dfrac{l}{2}$ で　$\left(\dfrac{dy_1}{dx}\right)_{x=\frac{l}{2}} = \left(\dfrac{dy_2}{dx}\right)_{x=\frac{l}{2}}$,

　　　　　$(y_1)_{x=\frac{l}{2}} = (y_2)_{x=\frac{l}{2}}$

$x = l$ で　$y_2 = 0$

これより

$C_1 = C_2 = \dfrac{Pl^2}{16EI}$,　$C_3 = C_4 = 0$

これより

$y_1 = -\dfrac{P}{12EI}x^3 + \dfrac{Pl^2}{16EI}x$

$x = \dfrac{l}{2}$ では $y = \dfrac{Pl^3}{48EI}$ となる.

【問題5・3】

$\delta = \dfrac{Pl^3}{48EI}$

$\theta = \dfrac{Pl^2}{16EI}$

モールの定理を用いる.

仮想荷重は

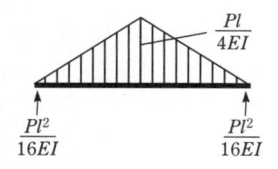

$\dfrac{Pl}{4EI}$

$\dfrac{Pl^2}{16EI}$　$\dfrac{Pl^2}{16EI}$

仮想せん断図

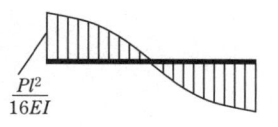

$\dfrac{Pl^2}{16EI}$

仮想モーメント図

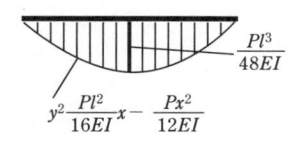

$\dfrac{Pl^3}{48EI}$

$y_2\dfrac{Pl^2}{16EI}x - \dfrac{Px^2}{12EI}$

【問題5・4】

曲げ変形　$\dfrac{Pl^3}{3EI} = \dfrac{4Pl^3}{E \cdot bd^3}$

せん断変形　$\dfrac{1.5Pl}{GA} = \dfrac{1.5Pl}{Gbd}$

$\dfrac{曲げ変形}{せん断変形}$　$\dfrac{G8l^2}{E3d^2} \fallingdotseq \left(\dfrac{l}{d}\right)^2$

スパンとせいが等しいとき，曲げ変形とせん断変形はほぼ等しく，スパンが伸びると曲げ変形が多くなる.

索 引

[あ]

▶あ
安定構造物 …………………………………………21

▶い
移動荷重 ……………………………………………13

▶え
鉛直荷重 ………………………………………………6

▶お
Euler（オイラー） …………………………………92
応力度 ………………………………………………54

[か]

▶か
回転角 …………………………………………64, 86
荷重・せん断力・曲げモーメントの関係 …………32
風荷重 ………………………………………………6, 8
仮想荷重 ……………………………………………90
片持梁 …………………………………………13, 30

▶き
極線 …………………………………………………15
極点 …………………………………………………15
曲率 ……………………………………………63, 88
曲率半径 ……………………………………………88

▶く
偶力 …………………………………………………12
偶力のモーメント …………………………………12
組み合わせ応力 ……………………………………81
クレモナ図 …………………………………………28

▶こ
剛節点 ………………………………………………8
合力 …………………………………………………13
固定荷重 ……………………………………………8
固定支点 ……………………………………………8

▶さ
材軸 …………………………………………………8
座屈 …………………………………………………92

▶し
軸方向力 ……………………………………………30
軸方向力による変形 ………………………………92
地震 …………………………………………………6
地震荷重 ……………………………………………8
支点 …………………………………………………8
集中荷重 ……………………………………………13
主応力 ………………………………………………57
主応力線 ……………………………………………80
主応力度 ……………………………………………58
主軸 …………………………………………………74
主断面2次モーメント ……………………………75
示力図 ………………………………………………15
示力図が閉じる ……………………………………27

▶す
水圧 …………………………………………………8
垂直応力度 ……………………………………58, 63
図心 ……………………………………………8, 68, 70

▶せ
静定構造物 …………………………………………21
静定トラス …………………………………………24
静定梁 ………………………………………………41
静定ラーメン ………………………………………41
積載荷重 ……………………………………………8
積雪荷重 ……………………………………………8
節点 …………………………………………………8
節点法 ………………………………………………24
線材 …………………………………………………8
せん断応力度 …………………………………56, 77
せん断ひずみ度 ……………………………………57
せん断変形 …………………………………………56
せん断力 ………………………………………30, 56
せん断力による変形 ………………………………91

[た]

▶た
耐力壁 ………………………………………………8
たわみ曲線 …………………………………………88
単純梁 …………………………………………13, 30
断面1次モーメント ……………………………68, 70
断面極2次モーメント ……………………………76
断面係数 ………………………………………65, 75
断面相乗モーメント ………………………………74
断面2次半径 ………………………………………76
断面2次モーメント ……………………………65, 72
断面の核 ……………………………………………82
断面の主軸 …………………………………………75

▶ち
力の大きさ……………………………………12
力の合成………………………………………13
力の作用点……………………………………12
力の3要素……………………………………12
力の釣り合い条件……………………………18
力の分解………………………………………13
力の方向と向き………………………………12
力のモーメント………………………………12
中立軸…………………………………………68

▶つ
釣り合いの条件………………………………17
釣り合いの状態………………………………17
土圧………………………………………………8
等分布荷重……………………………………13
等変分布荷重…………………………………13
トラス…………………………………………24

[は]

▶は
バリニオンの定理……………………………16
阪神・淡路大震災………………………………7
反力……………………………………………18

▶ひ
ひずみ度………………………………………54
ピン支点…………………………………………8
ピン節点…………………………………………8

▶ふ
不安定構造物…………………………………21
不静定構造物…………………………………22
縁応力度………………………………………66
フックの法則…………………………………52
ブレースに置換…………………………………8
分力……………………………………………13

▶へ
平面架構モデル…………………………………8
変形……………………………………………86

▶ほ
ポアソン比………………………………55，56
細長比…………………………………………92
骨組構造モデル…………………………………8

[ま]

▶ま
曲げ剛性………………………………………65
曲げモーメント………………………………30

▶も
モーメント荷重………………………………13
モーメントによる変形………………………86
モールの応力円………………………………58
モールの定理……………………………89，90
モデル化…………………………………………8

[や]

▶や
ヤング係数……………………………………54

[ら]

▶り
リッターの切断法……………………………28
立体架構モデル…………………………………8

▶れ
連力線…………………………………………15
連力図…………………………………………15

▶ろ
ローラー支点……………………………………8

〈建築学テキスト〉建築構造力学Ⅱ
　　　　　　　　　不静定構造力学を学ぶ

■予定目次
第1章　部材に生じる応力度と変形
第2章　不静定構造に生じる力
第3章　コンピュータを使った解法
第4章　弾塑性挙動
第5章　座　屈
第6章　構造解析から構造設計へ

◆〈建築学テキスト〉編集委員会
青山　良穂（元清水建設）
井戸田秀樹（名古屋工業大学）
片倉　健雄（元近畿大学）
坂田　弘安（東京工業大学）
武田　雄二（愛知産業大学）
堀越　哲美（名古屋工業大学）
本多　友常（和歌山大学）
吉村　英祐（大阪大学）

◆『建築構造力学Ⅰ』執筆者（＊は執筆代表）

＊坂田弘安
1983年東京工業大学工学部建築学科卒業，1985年東京工業大学大学院建築学専攻修士課程修了，1988年東京工業大学大学院建築学専攻博士課程単位取得満期退学．トロント大学客員研究員，愛知産業大学造形学部助教授，カンタベリー大学客員研究員等を経て，東京工業大学建築物理研究センター助教授．共著書に『鉄筋コンクリート構造計算規準・同解説1999‐許容応力度設計法‐』（㈳日本建築学会）など．1992年日本建築学会奨励賞（論文）受賞．

島﨑和司
1977年東京工業大学工学部建築学科卒業，1979年東京工業大学大学院社会開発工学専攻修士課程修了，1995年東京工業大学大学院社会開発工学専攻博士課程修了．㈱間組技術研究所，建設省建築研究所部外研究員，米国イリノイ大学客員研究員等を経て，神奈川大学工学部建築学科助教授．共著書に『鉄筋コンクリート構造計算規準・同解説1999‐許容応力度設計法‐』（㈳日本建築学会）など．

〈建築学テキスト〉建築構造力学Ⅰ
静定構造力学を学ぶ

2003年11月10日　　第1版第1刷発行

著　者　坂田弘安・島﨑和司
発行者　京極迪宏
発行所　株式会社　学芸出版社
　　　　京都市下京区木津屋橋通西洞院東入　〒600-8216
　　　　tel 075・343・0811　　　fax 075・343・0810
　　　　http：//www.gakugei-pub.jp/
　　　　立生／イチダ写真製版／新生製本
　　　　カバーデザイン上野かおる

© 坂田弘安・島﨑和司　2003
Printed in Japan　ISBN 4‐7615‐2326‐3

[R]〈日本複写権センター委託出版物〉
本書の全部または一部を無断で複写複製することは，著作権法上での例外を除き，禁じられています．本書からの複写を希望される場合は，日本複写権センター（電話03・3401・2382）にご連絡ください．

▶▶学芸出版社のテキスト

建築製図
建築物の表現方法を学ぶ〈建築学テキスト〉

大西正宜・武田雄二・前田幸夫著
A4・128頁・3000円＋税
ISBN4-7615-3106-1

■■内容紹介■■　建築物を利用する主体〈人間〉を中心に据えて学ぶ新しい建築学シリーズ．建築製図では，実在する建築物（朧月夜の家，設計：出江寛）を題材に，企画から図面完成にいたる過程を示して，初学者が具体的に理解できるよう工夫した．建築製図の基礎，図形の表現と投影法，空間の表現方法，CADシステムなど，基本事項も網羅している．

建築行政
法規と秩序を学ぶ〈建築学テキスト〉

片倉健雄・大西正宜・建築法制研究会著
ISBN4-7615-3109-6
A4・136頁・定価3150円（本体3000円）

■■内容紹介■■　建築物を利用する主体〈人間〉を中心に据えて学ぶ，新しい建築学シリーズ．建築基準法の法文内容を理解することに重点をおき，条文の構成，法令独特の用語解説から，単体規定，集団規定，各種規定さらには関連法規を，図を多用し具体的に理解できるよう工夫した．初学者をはじめ，行政現場や実務家の研修や受験準備にも最適．

建築概論
建築・環境のデザインを学ぶ〈建築学テキスト〉

本多友常・安原盛彦・大氏正嗣・佐々木葉二・柏木浩一著
ISBN4-7615-3110-X
A4・128頁・定価3150円（本体3000円）

■■内容紹介■■　建築物を利用する主体〈人間〉を中心に据えて学ぶ，新しい建築学シリーズ．建築概論は，設計実務と建築教育のどちらにも携わる執筆者が，初学者に向けてメッセージを発信．「自然発生的建築のデザイン」「素材からみた現代建築」「日本建築の空間史」「空間と架構のデザイン」「ランドスケープデザインの世界と感性」「発想への技法」

作家たちのモダニズム
建築・インテリアとその背景

黒田智子編
B5変・136頁・2500円＋税
ISBN4-7615-2307-7

■■内容紹介■■　歴史の体系的な知識を与えるだけでは生きたモダニズムは理解できない．読者の創造意欲を喚起するため，様式別ではなく作家別に構成した，従来にはない近代建築史の解説書．建築からインテリア・家具までを手掛けた欧米の主要建築家14人を取り上げ，頁半分を図版400点に割くなど，ビジュアル面での親しみやすさも追求した

一目でわかる建築計画
設計に生かす計画のポイント

青木義次・浅野平八他著
B5・200頁・2700円＋税
ISBN4-7615-2290-9

■■内容紹介■■　設計に必要な計画の基本が一目でわかるよう，悪い例とその解決策を並べて示した画期的テキスト．全編を通じ，建築全般および各種施設を設計する際，気をつけたいことや犯しやすいミスなどを明快なイラストで表現し，何が問題で，どうすればよくなるかが直感的に理解できるよう構成した．すぐに役立つ計画・設計のノウハウ集．

これからの鉄骨構造
金多潔監修，甲津功夫・吹田啓一郎著
A5・272頁・3000円＋税
ISBN4-7615-3092-8

■■内容紹介■■　鉄骨建築の構造設計はますます複雑化している．本書は，鋼材の選定に始まり実際の施工に至る一連の流れの中で，鉄骨構造の理解に求められる必須の知識・技術を，震災後の知見，最新の情報を盛り込みながらできるだけ平易に解いた．初学者・実務家を問わず全ての設計者・施工者が押さえておきたい基本がわかる新定番テキスト．

図と模型でわかる木構造
辻原仁美著
A4変・96頁＋折図16頁・2800円＋税
ISBN4-7615-2271-2

■■内容紹介■■　標準的な在来軸組工法をとりあげ，初めて学ぶ人がやさしく総合的に木造を理解できるよう工夫した．まず，平面図を立体図と見比べて空間をつかむ．次に，模型をつくりながら立体を体感し部材の位置関係を理解する．最後に，立体図と比べながら順を追って構造図を描くことで，木構造の基本をマスターできる．模型の型紙も付けた．

JN236248

これならわかる
マススペクトロメトリー

志田保夫・笠間健嗣・黒野 定・高山光男・高橋利枝
著

化学同人

はじめに

　質量分析（マススペクトロメトリー：MS）は従来有機化学の基礎分野における化合物の分子量，あるいは精密質量の測定を目的として普及してきた感がある．しかし，一部の基礎分野にこれらの目的を残してこの時代はほぼ終わったと思う．最近は多種のイオン化法の開発およびデータベースの充実に伴い，生化学など自然科学のほとんどの分野に専門機器として広く普及してきている．質量分析計の普及に伴い，はじめて装置を扱う人びとからは基本的な操作入門書を，また装置を駆使している研究者からは得られたデータの解析法についての簡単な解説書を望む声があがって久しい．

　従来の多機能型から単機能型に移行することで，研究者の目的に合った装置が普及し，扱う人びとは増えた．しかし，その使用目的が多岐にわたるため，ユーザーは専門教育される機会がほとんどないまま装置を前に手をこまねいているのが現状である．マススペクトロメトリーの原理が発明されて約100年になるそうであるが，そのあいだに操作性や分解能，感度，さらにデータ処理ソフトなどすべての面で改良が重ねられて，現在に至っている．本格的に有機化合物の解析に応用されるために製品として市販されるようになったのは，原理の発明からだいぶたってからである．

　筆者のなかにはマススペクトロメトリーを学生時代に基礎から系統立てて教育を受けた者もいるが，ほとんどは比較的初期の装置から自己流で扱ってきた者ばかりである．筆者らに限らず，いま活躍しているほとんどの質量分析の専門家は装置を前にして基礎から独学で今日を築いた方がたが多い．

　さて，本書の中身についてであるが，マススペクトロメトリーの入門書を書こうとしたとき，どこから手をつけていいのか戸惑うばかりであった．あくまでも読者対象は化学系の大学2年生程度の知識をもった人びとのつもりである．それ以外に，化学の知識はあまりなくても与えられた仕事が質量分析であったりとか，新聞紙上を賑わしている環境ホルモンを，どのような装置で分析しているのかを知りたいという専門外の人びとにも装置の全体像が理解できるように書いたつもりである．

　1章では導入として装置の概略，そしてわれわれの生活とどのように結びついているのかをいくつか例をあげて紹介した．2章では分析系について，3章ではイオン化法について，4章ではデータ解析法について解説した．5章では実際に測定するときの応用上のテクニックなどについて述べられている．各章を協力しながら5人で分担して執筆したが，それぞれ質量分析の基礎教育には意欲的で，自分たちがたどった苦労の道をこれからの人には歩んでほしくない気持ちで一杯である．筆者らが重要であると思っていることは各章に繰り返しでてくるかもしれないが，われわれの気持ちとして受け取ってほしい．

この本はあくまでも入門書として書かれているので，個々の詳しい項目については巻末の参考図書や専門書を参考にしてほしい．また筆者が薬学，生化学分野に少し偏っているので，ほかの分野の人にとっては不満があるかもしれない．しかし，全部をカバーすると分厚くなって，かえって内容が希薄になってしまうのでお許しいただきたい．書きたいことはたくさんあるが，入門編のため極力簡素化してまとめた．筆足らずになったところがあるかもしれないが，今後のためにもご指摘をいただけると幸いである．この本をきっかけに，さらに見方をかえた入門書が出版され，質量分析計のユーザーが気軽に装置に対処できるようになれば幸いである．

　私が雑誌の『化学』に質量分析の記事を執筆したことが本書を出版するきっかけとなった．共著者は全員仲間であり，誰もがこのような入門書を待ち望んでいたことだろう．忙しいなか，協力してくれた仲間に感謝したい．また出版の機会を与えていただいた化学同人編集長の平　祐幸氏と，編集を担当し，足しげく東京に足を運んでくださった栫井文子さんに感謝する．

　2001年　2月

著者を代表して　志田保夫

目　次

1章　はじめて質量分析計に出合う人のために ①
- はじめて質量分析計に出合う人のために……2
- ほかの分析機器と比較する……3
- 質量分析の流れ……4
- 試料を用意する……6
- イオンを観測する……8
- 質量分析計を定性に利用する……10
- 質量分析計を定量に利用する……18
- 質量分析計を使いこなすには……24

COLUMN
- ◎ ハレー彗星と質量分析計　13
- ◎ Daとu　どちらが好きですか？　17
- ◎ ハカリにタバコをのせるとニコチンやタールの量がわかる？!　25
- ◎ どこまで検出できるか　25

解説
- ① ハードイオン化法とソフトイオン化法　7
- ② 質量分析計で年代を測定する　16
- ③ 分子量を示すイオンのよび方　23
- ★ イオン化法を選ぶ目安　26

2章　質量分離装置の常識 ㉗
- 質量分析計とはどのようなものか……28
- よく使われる質量分離装置の特徴……36
- 分子構造を詳しく調べる……46
- クロマトグラフと質量分析計をつなぐ……52
- 質量分析計のおもての性能……56
- 質量分析計のうらの性能……60

COLUMN
- ◎ 原子の質量が整数でないのはなぜか　45
- ◎ ピコピコ……ゲームではありません　45
- ◎ 原子・分子に関することば　51
- ◎ ppmはどんな単位？　59

解説
- ④ 検出器の種類　34
- ⑤ 四重極型質量分離装置の動作　39
- ⑥ 質量分析計の質量校正　44
- ⑦ タンデム四重極型質量分析計によるMS/MSスペクトル　47
- ⑧ 分解能を表す方法　58

3章　イオン化法の常識 ㉕
- 試料に合ったイオン化法を選ぶ……66
- 電子イオン化（EI）法……68
- 化学イオン化（CI）法……70
- 高速原子衝撃（FAB）法……72
- エレクトロスプレーイオン化（ESI）法……76
- 大気圧化学イオン化（APCI）法……84
- マトリックス支援レーザー脱離イオン化（MALDI）法……86

COLUMN
- ◎ ちゃんと勉強してね！　81
- ◎ ちょっとまってよ！ MS事件簿　83

解説
- ⑨ ESI測定に適した試料溶液の調製　80
- ⑩ 多価イオンピークのスペクトル上での現れ方　82
- ⑪ MALDI法の試料調製から測定まで　90

目　次

4章　マススペクトルの読み方の常識　91
- 空気のマススペクトル……………………92
- マススペクトルの読み方に入る前の常識…………94
- マススペクトルとは………………………96
- マススペクトルが得られるまで…………100
- マススペクトルのピークの読み方………104
- 分子量関連イオンとは……………………111
- 質量とその値の取扱い方…………………112
- 同位体イオンとは…………………………116
- フラグメンテーションを読むための常識…………124

5章　実際の試料を測定するために　127
- 試料を準備する……………………………128
- 微量の試料を扱うための小道具…………132
- 無機塩を除去する…………………………141
- 塩類以外の物質を除去する………………144
- マトリックスを選択する…………………146
- それぞれのイオン化法における注意点…………148

参　考　図　書 ──────────── 158
付　　　録 ──────────── 159
索　　　引 ──────────── 163

COLUMN
- ◎ 親イオンと娘イオン　　99
- ◎ あ～あ，失敗！　　99
- ◎ ある日のMS　　126

COLUMN
- ◎ 試料がない！　　131
- ◎ ヒューマンネットワークは宝物！　145
- ◎ 質量分析計はイヌかネコか？　147
- ◎ お耳ダンボの情報収集活動？　157

解説
- ⑫ 多価イオンの価数の求め方　153
- ⑬ エレクトロスプレーイオン化法の試料導入法　154

1 はじめて質量分析計に出合う人のために

この1章は，質量分析計にはじめて出合った人のための導入の章である．質量分析の大まかなの流れをまず把握していただき，次へ進むためのステップとしてもらいたい．

はじめて質量分析計に出合う人のために

KMS KeyWord　質量分析計（mass spectrometer），質量（mass），環境ホルモン（endocrine disruptor）

　われわれをとりまく自然のなかで単体，つまり単一の元素でできている物質はそれほど多くはないが，いくつかあげてみよう．たとえば，ダイヤモンドや黒炭などは炭素のみからできている．ヘリウムやアルゴン，ネオンなどの不活性ガスも単体である．一方，窒素や酸素は簡単に入手できるが，空気からそれぞれを単離するのはそんなに容易ではない．元素の周期表を見なくても酸素や窒素の原子量くらいは知っているだろう．ところが，酸素や窒素の正確な質量や存在比の測定はあまり簡単ではない．この章では質量分析計について簡単に説明し，身近にある試料がどのような目的で測定されているか，またそのときの試料の流れを追ってみよう．

　「質量」をはかる質量分析計は小型の汎用型装置でも千数百万円，高性能な装置では1億円を超える．汎用型装置は短期間の講習を受ければ初心者でも比較的容易にデータが得られるようになったといわれている．ところが，一般には非常に専門性が高く，取扱いも微妙な操作を要求されることが多いので，しっかりしたトレーニングを受けないと信頼できるデータは得られない．

　質量分析は破壊測定であり，イオン化を行うイオン化部は使用時間に比例して試料で汚染される．試料の性質によっては頻繁にクリーニングをしなければならない．また，定期的に分析系全般のオーバーホールなども行わなければ，長期間にわたって安定した性能を保つことも難しくなる．

　さて，測定の目的には大きく分けると，分子量測定，フラグメントによる構造解析，イオン量による定量や年代測定などがある．得られたデータのなかにはわれわれの生活と密接に関係するものもある．その数値によっては，われわれの生活から行政まで揺るがす結果になることもあるだけに，得られたデータは信頼性が高くなければならないし，慎重に取り扱わなければならない．たとえば，ごく微量の天然生理活性物質や最近新聞紙上を賑わしているいわゆる環境ホルモンの検出などがあげられる．これらの微量物質を検出するためには莫大な時間と費用，これに加えて気の遠くなるような濃縮・精製のための作業が必要であった．もちろんいまでも基本的にはこのような操作は必要であるが，装置の感度を向上させることでごく微量試料の測定は比較的容易になってきている．

ほかの分析機器と比較する

KMS KeyWord　赤外分光法(infrared spectrometry)，紫外分光法(ultraviolet spectroscopy)，核磁気共鳴分光法(nuclear magnetic resonance ; NMR)，液体クロマトグラフ(liquid chromatograph ; LC)

　赤外分光法(IR)，紫外分光法(UV)を使った分析機器は研究室単位で十分に使い込まれている．これらの装置は試料のなかに光を通すことで分析する間接的な方法である．一方，質量分析計と性能面でも価格面でも比較されるのがNMRである．どちらの装置も一時は同じくらいの価格で非常に高価な分析機器であった．いまでもその感覚は変わらないが，とくにNMRではコンピュータの性能がよくなったため，立体的な構造決定用の分析機器としては圧倒的に有利である．また非破壊分析，つまり重溶媒から回収すれば試料を失うことなく何回でも実験に使うことができることも長所の一つである．これもある意味では間接的な観測データになる．しかし，質量分析計がNMRと決定的に違うことは直接分析できる点である．しかもNMRより有利なのは試料の分子量がすばやく測定できること，混合物でも分離分析を連続して行うことができ，ごく微量成分の定量が容易であることだろう．とくに，液体クロマトグラフ(LC)とつないでLC/MSなどのように連続して行うことで，ペプチドマッピングなども容易になった．

　繰り返し述べるが，最近の装置は使い勝手がよくなり，初心者でも容易に信頼性の高いデータが得られるようになった．しかし，質量分析は破壊分析である．ちょっとしたミスで貴重な試料を失わないようにしなければならない．決してマニュアルを片手に操作して最高のデータを得ようなどと容易な考えで装置にさわってはいけないのである．

　NMRの場合は，非常に強力な磁場のなかに試料を挿入するため試料導入時にキャッシュカードを使えなくしてしまう事故が頻繁に起こっているが，装置自体には大きなダメージを与えることはない．しかし，質量分析計は高真空装置であり，場所によっては高電圧がかかっている．うっかり事故で真空が破れると，高電圧のリークによりコンピュータ部分が壊れたり，ターボ分子ポンプの羽根を破壊してしまい長期間の運転停止と莫大な修理費を覚悟しなければならないこともある．どの装置もこれからの研究にはなくてはならないものである．いずれの分析機器でもデータを十分に活用し，研究成果がこれまでの3倍，4倍に上がることを期待している．

質量分析の流れ

KMS KeyWord
試料導入(sample injection)，イオン化部(ionization chamber)，質量分離部(gravity separator)，検出部(detector)

質量分析計はどんな装置なのだろうか．はじめに，試料がこの装置でどのように分析されてデータとなっていくのかを簡単に追ってみよう(図1-1)．

ここでは簡単に五つのブロックで示したが，それぞれのブロックには種類がいくつかあり，これらが複雑に組み合わされ，測定の目的に合わせて一つの装置となっている．ここではこれらの組合せをすべて無視して試料の流れを単純に追ってみよう．

図1-1の各ブロックはイオン化法の違いによって，すべてが高真空中に設置されている場合と，イオン化部は大気中にあって質量分離部と検出部が真空中に設置されている場合とがある．試料導入部からイオン化部に入った試料はそれぞれのイオン化法によりイオン化され，質量分離部，つまり分析管に向かって電気的に加速され飛びだす．分析部にもいろいろあるが，いずれの場合もここで質量別に分離され，検出部に到達する[*1]．

次に分析管のなかを覗いてみよう．分析管には装置を高真空にするための油拡散ポンプ(DP)やターボ分子ポンプ(TMP)があり，さらに大気とのあいだにロータリー真空ポンプ(RP)が働いている．装置の真空度は 10^{-7} Torr[*2] で，テレビなどに使用されているブラウン管の真空度と同じくらいである．この真空度はイオン化室から加速されたイオンが分析管で分離されて検出器まで安定に到達するのに必要であって，どのような方式の質量分析計でもそれほど大きな差はない．

分析管内は高真空のため，装置を立ち上げるときは，次のような順序でス

*1 分析管内のイオンはイオン化部から検出部に向かって飛びだす．そのときのイオン加速電圧は磁場型なら数kV，四重極型なら数10Vである．

*2 真空度は以前は水銀柱の高さで表していたが，最近ではTorrまたはパスカル(Pa)で表される．
1 Torrは1mmHgである．

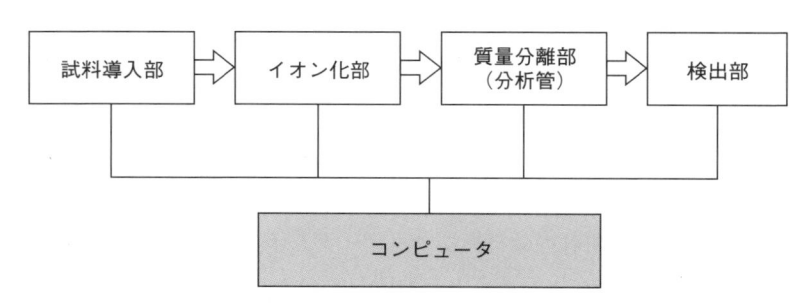

図1-1 質量分析計のブロックダイヤグラム

試料導入部 → イオン化部 → 質量分離部(分析管) → 検出部 → コンピュータ

イッチを入れなければならない．まずロータリー真空ポンプで粗引きし，次に油拡散ポンプやターボ分子ポンプにスイッチを入れる．もし，粗引きを行わないで油拡散ポンプにスイッチを入れると，オイルが分析管内にある酸素により酸化されてしまい，高真空にすることができなくなり，装置の故障の原因ともなる．また，ターボ分子ポンプに先にスイッチを入れると，羽根は高速で回転するため，空気圧が高いと曲がってしまうこともある．

　試料は真空中でイオン化を行う方法と，大気圧下，つまり分析管の外でイオンにし，生成イオンの一部を分析系に導き分析する方法がある．前者は電子イオン化(EI)法や高速原子衝撃(FAB)法などのほか，数種類がある．これらはイオン化の際に大気中にある試料を高真空中へ直接挿入することはできないため，試料を挿入するときにはロータリー真空ポンプで予備排気を行い，試料導入部をある程度の真空度にしてからイオン源との境を開き，イオン化室に挿入する[*3]．

　予備排気室の真空度はロータリー真空ポンプだけで減圧しているので分析系より多少悪いが，予備排気室は分析系に比べると非常に小さいのでイオン化室との境が取り除かれても分析系全体の真空度に大きな影響はない．試料はイオン化室あるいはチャンバーとよばれる小さな部屋に送り込まれ，そこでイオン化され分析系へ送りだされる．一方，エレクトロスプレーイオン化(ESI)法の場合はイオンのみを真空中に取り込むので，電子イオン化法のような予備排気の必要はなく，直接イオン加速部に送り込まれる(イオン化については3章参照)．

[*3] 電子イオン化を直接導入で測定する場合にはスパーテルなどでサンプリングするが，試料量が少ない場合やオイル状のものなどの場合には溶媒に溶かしてキャピラリーやマイクロシリンジなどで行うとよい(5章参照)．

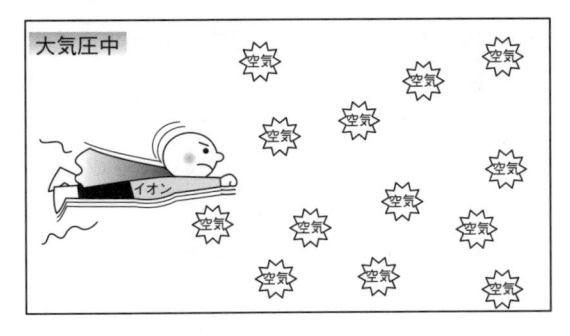

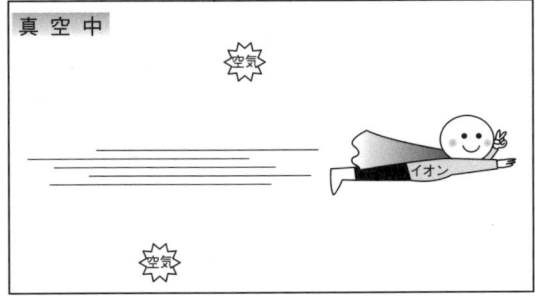

試料を用意する

KMS KeyWord
ガスクロマトグラフ(gas chromatograph；GC)，高速液体クロマトグラフ(high performance liquid chromatograph；HPLC)，ソフトイオン化(soft ionization)，ハードイオン化(hard ionization)

　試料を測定するにはどのような状態でどれくらいの量が必要なのであろうか．試料は有機合成中間体や植物から抽出単離されたもののほかに，環境中，つまり川や湖沼などから採取されたものがある．また生物からの試料ではタンパク質のような高分子から，代謝された医薬品のようなものもある．工業的に合成されたポリマーなどもしばしば測定される．

　測定する試料は精製を重ねて純品であることが前提であり，精製することが最も大切な測定前の仕事であるといえる．とくにソフトイオン化法(解説①参照)ではわずかな不純物でもスペクトルに大きく影響することがある．もちろん混合物でも測定は可能であるが，除去できる不純物はできる限り取り除くべきである(5章参照)．必要であれば揮発性の試料ならガスクロマトグラフ(GC)，水溶性なら高速液体クロマトグラフ(HPLC)とつないで連続分析することもある．

　さて，実際に分析する試料はどのような物理化学的な性質をもつものならばよいのであろうか．もう少し詳しく説明しよう．試料の形状は，結晶や粉体，液体，気体，つまりどのような状態でも分析が可能である．また熱や光の安定性についてはどうであろうか．熱に安定な試料は実際に測定するまでは，室温で保管してもいいが，室温で昇華したり，分解してしまうような試料は冷凍で保存する必要がある．また光に不安定な試料は遮光しなければならない．このように質量分析計で測定するためには，試料のいろいろな性質を考慮する必要がある．

　また試料量についてはどうであろうか．有機合成中間体や天然物なら数mgとある程度の量はあるが，生体から取りだした試料の場合，数μgと確認できないほど微量のこともある．イオン化室で必要な試料の量は数μg以下でも可能であるが，通常の測定は試料ホルダーに移し替えるので，試料の量は1mg前後は必要である．

　どのような試料でもこの質量分析計で測定できるとは断言できないが，最近では試料に合ったイオン化法から分析系まで開発されており，ほとんどのものは分析可能であるといっても過言ではないだろう．

解説① ハードイオン化法とソフトイオン化法

　イオン化の方法は大きく2種類に分けられるのをご存知だろうか．通称ハードイオン化法とソフトイオン化法とよんでいるが，このよび名は総称であって固有のイオン化法ではない．また，ハードイオン化法というよび名はソフトイオン化法に対してつけられたようである．したがって，「このスペクトルはソフトイオン化で測定しました」といっても通じない．

　それでは，いったいどのようなイオン化法のことをこうよぶのだろうか．結論から先に述べると，ハードイオン化法である EI は，最近まで電子衝撃(electron impact)法とよばれていた．エネルギーをもった電子が気化した試料に衝撃を与えてイオン化するので，このようによばれていたのである．陶器製の皿の山を金鎚でたたくようなもので，試料はこなごなにこわれてしまう．その破片を集めて元の構造を推定するのである．つまり硬いものでたたいてイオン化させている感じで，割れなかった皿が分子イオンピークに相当する．一方，ソフトイオン化法は化合物にプロトン H^+ などをそっと付加させる方法であり，皿にガムのようなものを投げつけて，くっついた場合にイオン化されるといった感じである．これなら皿はこわれずに分子量関連イオンピークがでやすくなる．つまり，ソフトにイオン化するのである．今度は具体的に述べてみよう．

　質量分析の初期のイオン化法はほとんどが EI (electro ionization, 電子イオン化法：最近はこうよばれるようになっている) であった．実用化された当時，質量分析法は"火葬場の骨拾い"とよばれ，ほかの分析機器を扱っている研究者から冷笑されていたそうである．つまりやっと化学合成した試料や天然物から苦労して取りだした結晶の分子構造を決める段階でばらばらにして(EIで測定するとフラグメントイオンがたくさんでる)，その情報を拾い集めてもとの構造を推定するからである．もし，この方法で小さくてもいいから分子イオンが検出されたら，ほかのイオン化法は開発されなかったかもしれない．イオンが検出できない簡単な例は分子イオンが検出されないで脱水ピークのみが検出される場合であるが，まだこの程度は我慢ができた．しかし，気化さえしない極性試料や糖やペプチドなどは分析対象外だったので，このイオン化法の恩恵を受けたのは，ほんの一部の化学者のみであった．このような化合物のイオンを検出しようと開発されたのが CI (化学イオン化) や FD (電界脱離イオン化) である．その後は FAB, ESI, MALDI などつぎつぎと新しいイオン化法が開発されていることはご存知の通りである．

　いまやソフトイオン化法が主流になり，EI が主流だった時代には当時絶対不可能と思われていたタンパク質が分析対象となってきている．そろそろ結論に移ろう．ハードイオン化の特徴は低質量から分子量を示すピークまでたくさんのピーク，つまりフラグメントピークが検出されることであるが，測定可能な分子量の上限は大きくても 2000 程度．一方，ソフトイオン化法で測定可能な質量範囲は数万から数十万 Da にまでおよぶ．得られたイオンはもとの分子に H, Na, K イオンなどが付加するから，その質量の分だけ高質量側に検出される．したがって検出イオンは $[M+H]^+$, $[M+Na]^+$, $[M+K]^+$ などのように表される．また，ピーク分子イオン $M^{+\cdot}$ も含めて分子量関連イオンとよばれる．そしてソフトイオン化法で得られるイオンの大きな特徴はフラグメントイオンでなくて，付加イオンである．詳細は3章で説明している．

　　(Y. S)

イオンを観測する

KMS KeyWord　マススペクトル (mass spectrum),　分子イオン (molecular ion),　多価イオン (multiply charged ion)

マススペクトルは横軸が質量と電荷数の比 m/z で，縦軸がイオンの相対存在量で表示されている．通常は1価のイオンであるから，示している数字は測定した化合物に由来する．ただし，ソフトイオン化法が普及しており，これらの測定は決して特殊ではないが，この方法で測定したデータは解析に注意する必要がある．電子イオン化法では分子イオンのほかにフラグメントイオンが観測され，重要な構造解析の手段ともなる．マススペクトルでは設定にもよるが，質量の小さいほうから14Da区切りで，そのなかで一番大きなピークにナンバリングしてある．ほかにも設定によってはそれ以上のピークにすべてイオンナンバーを印字することができる[*1]．こうすることによって，スペクトル解析の一助となる（詳しくは4章参照）．

どの分析機器でも同じであるが，同一試料でイオン化法が同じであれば同じスペクトルを示すはずである．しかし，最初に述べたように質量分析では種々のイオン化法と種々の分析系の組合せでできている．したがって，微妙にスペクトルのパターンが違うこともあり，注意が必要である．もちろん同じ装置を使用しているなら再現性には問題はない．

分子イオンはどんなピークになるか

最近のマススペクトルはほとんどが左側に低質量部を，右側に高質量部を設定している．したがって，EIマススペクトルでは一番右側にあるピークが分子量に相当する．このEIマススペクトルとは電子イオン化（EI）法でイオン化して測定されたマススペクトルのことである．分子イオンが得られたマススペクトルについてさらに詳しく説明しよう．炭素や水素，酸素，窒素などにより構成されている化合物で分子量が数百のマススペクトルを見ると，分子イオンよりさらに1Daあるいは2Da高質量側にも小さなピークが見られる．このピークは炭素の同位体 ^{13}C によるもので，分子イオン $M^{+ \cdot}$ に対して $[M+1]^{+ \cdot}$，$[M+2]^{+ \cdot}$ とよばれている．炭素の場合，^{12}C に対して ^{13}C は1.1%存在する．炭素が n 個ある化合物では分子イオンピーク $M^{+ \cdot}$ の強度を100%とすると，$[M+1]^{+ \cdot}$ はほぼ $1.1 \times n$ %の強度で観測される．

分子量1000以下の低分子では分子イオンのピークの高さについて考慮する

[*1] 原子核中の陽子の数と電子の数は同じである．イオン化の方法は大きく分けると，二通りある．分子のなかから電子を取り除く方法と，逆にHイオンやNaイオンなどを付加させる方法である．1価のイオンは電子イオン化（EI）法では $M^{+ \cdot}$ となり化合物の質量を示すが，ソフトイオン化法では $[M+H]^{+}$ となり，分子量より1Da大きくなる．ピークのナンバー設定は装置にもよるがIntensity thresholdで自由に選んだり設定したりできる．

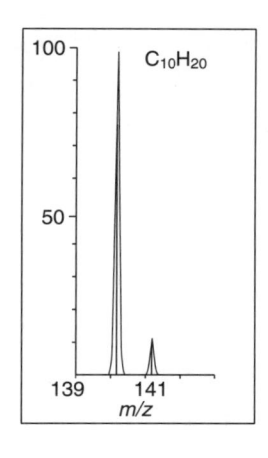

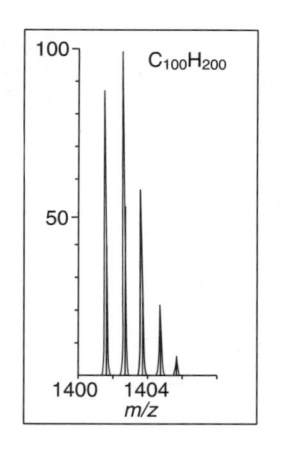

図1-2　炭素数の違いによる分子イオンの比較

必要はないが，炭素数が100を超えるような化合物では先ほど計算した同位体の影響を考慮する必要がある*2．図1-2に示すように，C＝10とC＝100の化合物のどちらも一番大きなピークを分子イオンと考えたら間違いになることが理解できるだろう．さらに分子量が数千から10,000程度になると同位体によっては分子イオン付近が非常に複雑になる．さらに大きな化合物になると，別の計算方法を用いてマススペクトルを読む必要がある．これについては4章で詳しく説明する．

多価イオンを見る

分子から電子を一つ取り去る，あるいはH$^+$を付加すると，その分子はイオン化され，1価のイオンとなる．電子を2個，3個と取り去ると，多価イオンM^{2+}，M^{3+}となり，マススペクトル上では分子量の1/2，1/3にピークが観測される．先ほどは一番右側にでるピークが分子イオンを表すと述べたが，ソフトイオン化の場合はまったく違った見方をしなければならないので簡単に説明しよう．

ソフトイオン化法では容易に複数のH$^+$を化合物に付加させることができる．もちろん化合物の化学的性質によるから無限にH$^+$を付加させることができるわけではない．通常，多価イオンはソフトイオン化の場合によく観測され，1価の場合はM＋H，つまり分子量より1Da大きく，2価の場合は[M＋2H]/2つまり分子量の半分より1Da大きく，以下3価，4価の場合も同様の計算どおり現れる．さらに数万の分子量の化合物に数十個のH$^+$を付加させることにより，数百から2000程度のm/zの範囲に多価イオンのマススペクトルとして観測される．それぞれのピークが何価のイオンであるかは，二つのピークを選び連立方程式で解くことにより求められる．もちろん，この計算式はソフトウェアに組み込まれているので，解析するうえではまったく支障がない．

*2 塩素や臭素の同位体比は炭素の同位体比よりはるかに大きく，塩素原子^{35}Clと^{37}Clは3：1であるし，^{79}Brと^{81}Brはほぼ1：1である．したがって，これらの原子を一つ含む化合物の分子イオンピークの強度は塩素化合物ではM：[M＋2]＝3：1，臭素化合物ではM：[M＋2]＝1：1となる．

精密に計算すると炭素の場合も同様に影響し，比率にわずかな誤差を生ずる．この誤差が原子の大きな目安となる．

質量分析計を定性に利用する

KMS KeyWord　定性分析（qualitative analysis），香気成分（scent component）

　これまで試料がどのような原理で分析され，得られたマススペクトルで何がわかるかを簡単に説明した．ここでは質量分析計がどのような分野で使用されているのか，また，その結果がわれわれの生活とどのように関係しているのか，具体例を見ながら話を進めよう．

　日常われわれが接している化学や薬学，生物学あるいは地球科学や材料科学などの研究分野では質量分析計は広く使用されているが，さらに特殊な利用法もある．事故や犯罪がらみの裏づけの一環で行われる測定などがそうである．装置の特性が最も生かされた方法であるといえるかもしれないが，あまりこのようなことで活躍してほしくないものである．

　ほかにも人為的あるいは有毒の魚介類や山野草の誤食による中毒は非常に微量で起こることが多く，原因物質を検出するために質量分析計はしばしば利用される．質量分析計は致死量あるいは中毒を起こす量の数千分の1からさらに少量でも検出が可能である．しかもクロマトグラフと併用することにより，不純物の混入を測定することもでき，それらのパターンによりさらに詳しい目的の物質についての解析が可能となっている．

　たとえば，大気中の異臭や香気成分などの成分を特定するには，通常はガスクロマトグラフ（GC）と質量分析計を接続したCG/MSで捕集した空気（試料ガス）を測定する．大気を直接GCに注入しても濃度が薄いため，よいスペクトルを得ることは難しい．それでは，濃縮した場合はどうだろうか．試料

なんだ？　この変なニオイは？

ガスを直接質量分析計に導入できても，空気の成分は酸素や窒素，水分などに分けなければならない．したがって，微量成分を分析するためには分離と分析が連続して行われる必要がある．こうした理由でGC/MSのような分離分析装置が普及しているのである．このような例をさらにいくつかあげてみよう．

ハロゲン化合物のマススペクトル

飲料水からはトリハロメタンなどの有害物質はもちろん検出されてはいけないし，河川に放出される排水も各種の分析機器により厳しく監視されている．

テレビや新聞でときどき報道されるのは，工場で部品の洗浄剤として使われていた塩素化合物などの漏洩である．ほかに，廃液が貯留槽から漏れて，地下水のなかに混ざってしまったりしたとき，まわりの井戸水などから廃液成分が検出されることもある．上水道中の微量汚染物質や廃液混入などの疑いのある場合などにもGC/MSを使って検出を行うことが多い．上水道に限らず，大気や河川中などから検出される塩素化合物のマススペクトルには大きな特徴があるため判別しやすく，スペクトルが得られた場合はデータベースから瞬時にどのような物質かを特定できる．

マススペクトルの解析（読み方）については4章で詳しく解説するが，次のスペクトルを見てみよう．塩素原子を含む分子のマススペクトルはこのようになる（図1-3）．

このスペクトルは構造式で示したようにベンゼンと塩素分子一つが結合した物質のマススペクトルである．化学の世界では炭素原子 ^{12}C の原子量を12と定めている．これを基準にすると水素Hの原子量は1で，原子核中の陽子あるいは中性子の数が一つ増えると原子量は一つ増加し，順を追っていくと酸素Oは16となる[*1]．さらに各原子の原子量については後述する．周期表を

データベース

最近の装置は標準で10万以上の化合物のスペクトルデータを装備している．

[*1] 原子には陽子数が同じでも中性子の数により原子量の違う同位体が存在する．したがって，質量分析計で分析するのは各同位体である．
^{12}C：12.0000が基準になるので，以下の原子の質量は ^1H は1.0078，^{14}N は14.0030，^{16}O は15.9949として計算する．

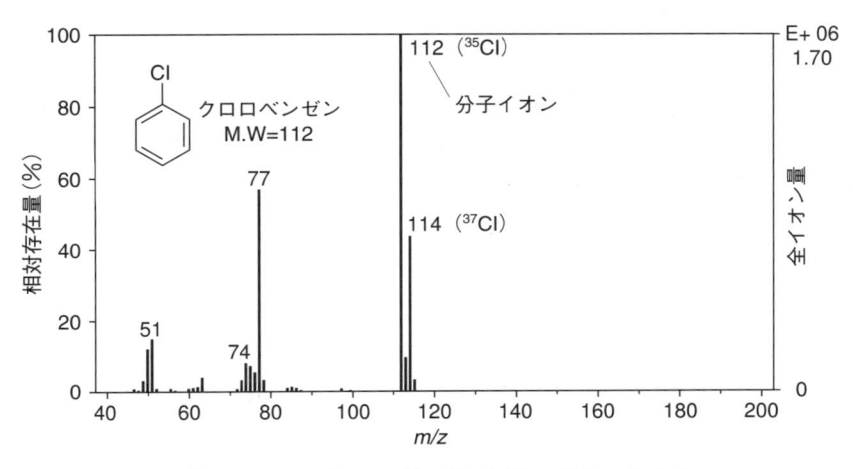

図1-3 モノクロロベンゼンのEIマススペクトル

廃液やばい煙をたれ流し…

順に見ていくと，塩素の原子番号は17で原子量は35.5である．元素の名前は原子核のなかの陽子数で名前が変わるが，前述のような0.5という質量はありえない．この35.5という数字は^{35}Clと^{37}Clが3：1の比で混ざったときの平均質量である．

前に説明したとおり，自然界の塩素には原子量が35と37が3：1に存在する[*2]．そしてマススペクトルを見れば，^{35}Clと^{37}Clのイオンを含んだ化合物も3：1になることが理解できる．ここで取りあげた物質は炭素6個，水素5個，塩素1個からなる化合物であるから計算すると，分子量は^{35}Clを含むと112，塩素の原子量を^{37}Clを含むと114となり，マススペクトルに存在比が現れるからm/z 112とm/z 114の高さの比は3：1になる．つまり原子に同位体がある場合の物質は，同位体の存在比がこのようにピークの高さの比で表される．

化学製品の研究で利用する

薬に限らず化学製品の開発研究などには分析機器は不可欠である．とくに新しい合成法の開発や反応研究，新規天然物の構造決定などにおいて分子量や分子式の最初の確認は必ずしなければならない．したがって，研究の第一歩からあらゆる分析機器が使われていることはいうまでもない．もちろん質量分析計も薬の開発過程においてなくてはならない装置である．最近はさらに装置のイオン化部の改良がすすめられており，数年前までは測定不能とされてきた熱に不安定な化合物や不揮発性物質をイオン化する方法も開発されている．また，ペプチドやタンパク質のような大きな質量の化合物の測定も可能となり，広く生化学分野に応用されるようになった．

われわれが手にする医薬品の研究や製造過程では，質量分析計は広範囲に利用されている．試料数が多い場合は数台のGC/MSや液体クロマトグラフと質量分析計を接続したLC/MSにオートサンプラーを取りつけて連続稼動させる．化学薬品の開発過程では核磁気共鳴装置（NMR）と並んで最も重要な分析装置になっているし，これ以上読者に多くを語る必要はないだろう．

[*2] 塩素1個含む分子の分子ピークの強度比は3：1になるが，2個含む場合は9：6：1になる．この比は二項定理の展開を利用すればよい．つまり$(3：1)^n$になり，各項の係数の比がピークの高さの比になる．

オートサンプラー
試料台に並べられた試料ビンから一定の試料を一定の時間間隔でGCやLCに注入する．装置の操作はすべて機械まかせであり，人は条件設定や試料名をパソコンに入力するだけである．このようにすると，操作をする人による測定誤差を極力おさえることができ，また24時間無人測定が可能となる．

宇宙科学における質量分析

突然ではあるが，ここで宇宙に目を向けてみよう．宇宙天文学において質量分析計はどのように使われているのだろうか．もちろん地球上に落ちてきた隕石や月からもち帰った石の分析にも使われている．この場合の装置はわれわれが使用しているような有機化合物測定用の質量分析計とは違うものであることを断っておく．

宇宙空間の試料やほかの天体の試料をもち帰って地球上で測定することも不可能ではないが，技術的にも経済的にも相当な困難を考慮しなくてはならない．しかし，直接その場で実験できればそれに越したことはない．アメリカでは小型の質量分析計を人工衛星に積み込んで火星で実験を行ったと，すでに30年ほど前に報告されている．宇宙から大気の組成や生物の有無などのデータが送られてきているのである．電波で指令を送って実験を開始し，場合によっては地球から指令を送りながらの実験であったと記憶している．結果が地球に送られてくるまでの到達時間は20分ほどかかったらしい．火星がいかに遠いところにあるかがわかる．

最近，宇宙での実験は以前より盛んに行われており，質量分析計の感度も一昔前と比べると格段に上がっている．地球外での天体の有機化合物の検出に期待したいところである．

COLUMN　ハレー彗星と質量分析計

1986年，ハレー彗星が太陽系に76年ぶりにやってきたとき，彗星に向けて世界各国から数機のロケットが打ち上げられた．もちろんこの彗星をあらゆる角度から直接，間接的に観測することが目的である．近くは600 kmから，遠くは数千万kmから観測したようだ．ハレー彗星を後ろから追いかけたわけではなく，反対側から衝突するように，出会わせたようである．当然，正面衝突などを考えたわけではない．

多くの観測機器のなかに小型の質量分析計を積み込んで彗星からでるガスの正体を化学的に解明しようとしたらしい．そのときの探査機の軌道は図のとおりである．

最近，宇宙空間用質量分析計としてさらに小型で高性能の装置の設計がなされている．

(Y.S)

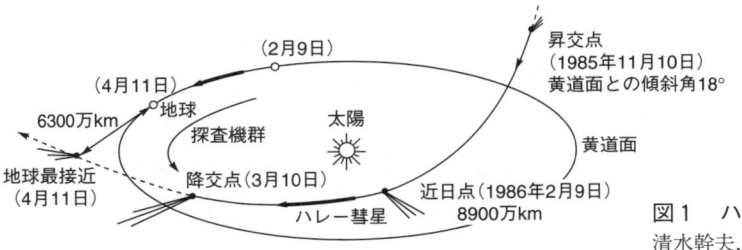

図1　ハレー彗星探査機の軌道
清水幹夫，科学，56，8，岩波書店(1986)．

生化学分野での役割

　数年前まで質量分析計で測定できる分子量は大きくても10,000前後であった．ここで簡単にイオン化の歴史を振り返ってみよう（図1-4）．各イオン化法については3章で詳しく説明する．

```
1950～60年代　　電子イオン化（EI）法　→　全盛の時代
1970年代　　　　化学イオン化（CI）法，電界脱離（FD），
　　　　　　　　電界イオン化（FI）法
1980年代　　　　高速原子衝撃（FAB），
　　　　　　　　二次イオン質量分析法（SIMS）
1990年代　　　　エレクトロスプレーイオン化（ESI法）法，
　　　　　　　　マトリックス支援レーザー脱離イオン化（MALDI）法
```

図1-4　イオン化法の歴史

　図1-4で示したこれらのイオン化法は過去のものではない．年代は開発されたおおよそのもので，ほとんどいまでも広く使用されているものばかりである．測定質量範囲は電子イオン化法，化学イオン化法が1000Da前後，電界脱離，高速原子衝撃では5000Daから改良により10,000Da程度まで測定可能になった．高速原子衝撃などのソフトイオン化法が開発されてから測定範囲は電子イオン化法の時代の10倍くらいになったが，それでもまだ生化学分野で欲しているタンパク質の分子量測定に質量分析計を使用するまでには至らなかった．

　近年，ようやくエレクトロスプレーイオン化やマトリックス支援レーザー脱離イオン化といったイオン化法が開発され，測定分子量範囲はさらに数十倍以上になった．つまり分子量が数十万以上のペプチドやタンパク質でも測定可能になったのである．とくにエレクトロスプレーイオン化法は多価イオンが生じやすく，分子量が数万のタンパク質でも測定質量範囲が2000Daから4000Daの四重極質量分析計で十分にカバーできる．また，マトリックス支援レーザー脱離イオン化は1価のイオンを飛行時間型検出器を用いて検出するので分子量が数万，数十万のタンパク質を直接検出できるようになった．ただし，分子量関連イオンは同位体の影響を受けるので，解析には十分な検討が必要である．このようにタンパク質が測定できるようになったのは最近のことであり，当然一部の研究者によって実績が積まれ普及していったのである．

　HPLCは分離・定量を目的として広く利用され，保持時間（reetention time; RT）によっておおよその分子量も測定することができるが，当然質量分析計

に比べると誤差は大きい．実際に質量分析計の原理を聞いたうえで，これで分子量が数万から数十万のペプチドやタンパク質を測定できることを知り，生化学者たちはずいぶん高価な"ハカリ"だといったとか．質量と重量を同じように考えていたようであるが，質量分析計は質量をはかる装置である．重量がわかると考えたとしても彼らの罪ではない．

　分子量，あるいは質量が数十万や数百万のタンパク質を測定したときには，いったいどのようなスペクトルが得られるのだろうか．分子量そのものが直接スペクトルに現れるようにするには相当大きな装置が必要になるし，実際にマススペクトルが現れたとしてもそれほど高い分解能の装置は少ないので理解に苦しむようなことが起こるだろう．具体的には多価イオンを利用した測定法があるが，このことについては3章のエレクトロスプレーイオン化法で詳しく説明する．

木炭や岩石の年代を測定する

　最近，日本各地で古墳の発掘が行われ，太古の時代から日本全国に人類が住んでいたことがわかってきた．さらに溯ると，恐竜も遥か古い時代にいまわれわれのいる場所で生活していたかもしれない．発掘調査でその恐竜の骨が埋もれていた地層の年代を測定することにより，恐竜の生きていた年代が判別できる．一方，岩石の生成年代はどのような方法で計測するのであろうか．ここでは高校の化学に頭を切り替えてみよう．

　われわれが取り扱う元素の原子核のなかには陽子と中性子がほぼ同数存在し，陽子数が同じで中性子数が異なる原子どうしを互いに同位体という．われわれの身のまわりにある元素のほとんどは安定したものである．しかし，実験室や原子力発電所では不安定な元素，つまり放射性同位体元素が利用されている[*3]．元素はα（アルファ）崩壊やβ（ベータ）崩壊，γ（ガンマ）崩壊などという名前がついた崩壊をしながら別の安定な元素に変わっていく．つまり，不安定な元素はヘリウム原子核や電子，電磁波などを放出し，最終的には別の安定した元素に変わっていくのである．その変わっていく速さは元素によって異なる．したがって，試料に含まれている特定の元素を取りだして同位体の比を測定することにより，年代がわかる．崩壊して半分にまで減る時間（半減期）は自然界にある元素では数年から数万年以上のものまで多種におよんでいる．岩石のなかには地球の歴史と同じくらい古いものがあることもわかる．

　少し時代を進めて古墳から出土する木片や炭について考えてみよう．炭素Cには^{12}C，^{13}C，^{14}Cの同位体があり，^{13}Cは^{12}Cに対して約1.1%存在し，しかも安定である．^{14}Cはごく微量であるが天然にも存在していて，時間がたつと原子核は崩壊して安定な元素に変わる．つまり，^{12}Cと^{14}Cの比はできたと

*3 同位体には自ら崩壊していく元素がある．このような元素を放射性同位体（ラジオアイソトープ）とよぶ．

きから年を経るとその比が変わってくるのである．この比を正確に測定すれば炭素の年代はわかる．

生長段階の樹木が大気中から CO_2 を取り込んだときの $^{14}C/^{12}C$ は一定であるが，枯れた瞬間からこの比は変わってくるそうである．したがって古代の人が煮炊きに使った炭などを測定すれば，その年代は判別できる．もちろんこのような測定に使われるのは特殊な質量分析計であることは断っておく．ちなみに ^{14}C の量が半分になるのにかかる時間は5730年である．さらに半分になるのにも5730年を要する．この半分になるのにかかる時間を半減期という．5730年で半分になるのなら11,460年ですべてなくなるように思えるのだが，不思議と1/4残っているのである．

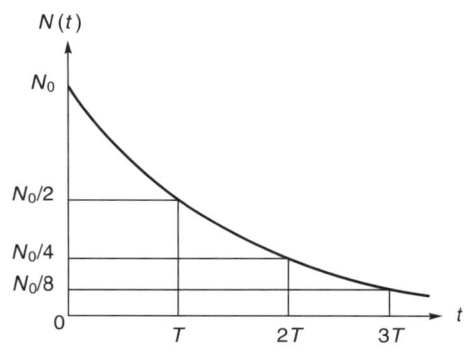

図1-5 放射性元素の減衰曲線
（Tは半減期）

解説② 質量分析計で年代を測定する

通常，有機化学や生物化学の研究用に使われる炭素の放射性同位体 ^{14}C は人工的につくっている．自然界では宇宙線によってつくられ，これが $^{12}CO_2$ の炭素と交換して植物に取り込まれる．遺跡などで炭を使って年代測定を行うには，できたばかりの炭の $^{14}C/^{12}C$ と発掘した炭の $^{14}C/^{12}C$ の量を正確に測定して比較すればよい．^{14}C は非常に少ないので，当然この数値を正確に測定するには特別な加速器型質量分析計が必要である．

このような方法を使えば岩石の年代測定も可能である．ただし，岩石を気化して同位体比を測定するためには，さらに特殊な装置が必要になる．岩石のなかには数万年から数十万年の半減期をもつ元素が含まれている場合もある．このような岩石を採取して，そのなかに含まれている元素の同位体の比をとってみると，その岩石ができてからどれくらいの時間が経過しているかがわかる．しかし，地球誕生のころにできた岩石の場合，このような放射性同位体が入っていたとしても途方もない時間が経っているので，一部の岩石を除いて，すでに放射性同位体はなくなってほとんど安定元素に変わっているかもしれないが….

このような方法で岩石やその岩石があった地層の年代を判別することはできる．恐竜などが発見される地層なども，いまではそのまわりの岩石の生成年代から正確にわかる．

(Y.S)

COLUMN Da と u どちらが好きですか？

質量の単位は何であろうか？ この問いに対する明確な答えは現在のところないように思う．しかしながら，こんなことで悩むのは，相当科学に毒された頭の持ち主ということになるのだろうか．科学の世界に首を突っ込んでいるあなたも考えてみてほしい．

決めごとというのは何でもそうであるが，単位についても JIS のような規格を定めている国際的組織がある．1960 年に国際度量衡総会は一量一単位の原則に立って SI 単位系(Le Système International d'Unités)を国際単位系として採択した．このなかで，原子質量の単位記号として，u を用いている．

過去にさかのぼってみると，現在まで原子質量単位の記号として amu, mu, u, Da が使われてきた．amu は atomic mass unit，mu は mass unit，u は unified atomic mass unit，Da は dalton である．さて，これらの記号に対する否定的な意見の例を紹介しよう．

amu は，「古い単位記号で原子質量の基準が ^{16}O の 16 分の 1 とされていたころのものである．いまでは原子質量単位は ^{12}C の 12 分の 1 と決められているのだから，数値にずれが生じるではないか」．mu は，「質量分析の世界だけで使われた方言だ」．u は，「ギリシャ文字をサポートしていないタイプライターや古いワードプロセッサーを使ったときに μ の代わりに u が使われるので紛らわしいことがある．あるいは，権威主義の押しつけだ」．Da は，「生化学領域からでてきた単位で，分子(量)の概念が当てはまらない物質の質量を表すために導入された由緒正しくないものだ」などなど，さまざまな意見がある．

amu は原子質量単位の名前そのものでわかりやすいという見方もできる．基準の問題もいまはこうだと決めてしまえば，とくに問題はないのかもしれない．しかし，三文字はいかにも長いし，「18 エーエムユーの違い」とよぶのも舌を噛みそうである．

u は一文字でシンプルでよいような気がする．何といってもお墨つきの由緒正しい名前である．では，どう読むか？「18 ユー」？ 18 you みたいである．「18 ユニット」？ 18 単位だから「何の単位？」と聞かれそうであるし，医療関係者からは「薬の量(U)ですか？」といわれそうである．「18 マスユニット」と読むなら，mu のほうがいいのだろうか．「18 ユニファイドアトミックマスユニット」では「じゅげむじゅげむ…」みたい．

Da は自己主張もあってバランスもよいように感じる．よび方も「18 ダルトン」，何となくいい感じである．でも，生化学者が自分の都合でつくった変な単位といって，嫌いな人も結構いるようであるし….

いま，質量分析を取り巻く世界で使われているのは u か Da である．u は冒頭に書いたように，統一単位としての大きな意味がある．みんなが勝手なものを使ったら混乱してしまう．とくに科学ではみんなが同じ尺度のもとで議論しないと何が何だかわからなくなる．つい最近，NASA の惑星探査機が行方不明になったが，NASA の部品は当然ながらヤード・ポンド法でつくってある．ところが，西海岸にある NASA の研究所でつくった一部の部品はメートル法でつくってあったため，そのごくわずかな誤差が事故の一つの原因だったなどという話もある．しかしながら，Da は昔からバイオ分野でかなり幅広く使われている．バイオ分野は理学・工学分野を巻き込んで巨大科学分野に成長している．こうなると，そこかしこで Da を耳にすることになる．投稿規定で質量の単位には Da を使うように決めている学術雑誌もある．

「お墨つき」よりも「みんなで使えば怖くない」ということだろうか．さぁ，あなたはどうする？編集者も交えていろいろ話し合った末に，読者層や最近の流れなどを考慮してこの本では Da を用いることにした．

(T.K)

質量分析計を定量に利用する

KMS KeyWord　ホルモン剤（hormone），ドーピング（doping），ダイオキシン（dioxin；2,3,7,8-tetrachlorodibenzo-*p*-dioxin），テトロドトキシン（tetrodotoxin）

ドーピング検査

　ここでは質量分析計を使った定量の測定例をいくつかあげてみよう．
　薬やドリンク剤などを飲用したあと体内で代謝される薬剤量の変化を調べるにはどのようにするのだろうか．例としてスポーツと質量分析計との関係を見てみよう．プロスポーツの世界ではけっこう筋肉増強剤が日常的に使われているようである．アメリカのプロ野球ではホームラン王の選手がこのようなホルモン剤（筋肉増強剤）を常用していることを自ら語っていたし，筋肉隆々としたボディビルダーなどが使用していることはよく知られている．
　一方，アマチュアスポーツ界ではこのような筋肉増強剤や興奮剤，精神安定剤などの使用は厳しい取締りの対象となっていて，国際競技などでドーピング検査はよく行われている．このようなドーピング検査に限らず，薬など体内からの代謝物の検査や測定はどのようにするのであろうか？
　カフェインの分子量は194であり，質量分析計で測定するとマススペクトルは図1-6のようになる．分子式が示すように，スペクトルも分子量194を示している．測定方法については後で詳述するので，ここでは説明しないことにする．このマススペクトルのなかで一番大きなピークは分子イオンピー

筋肉増強剤になんか頼らないぞ！

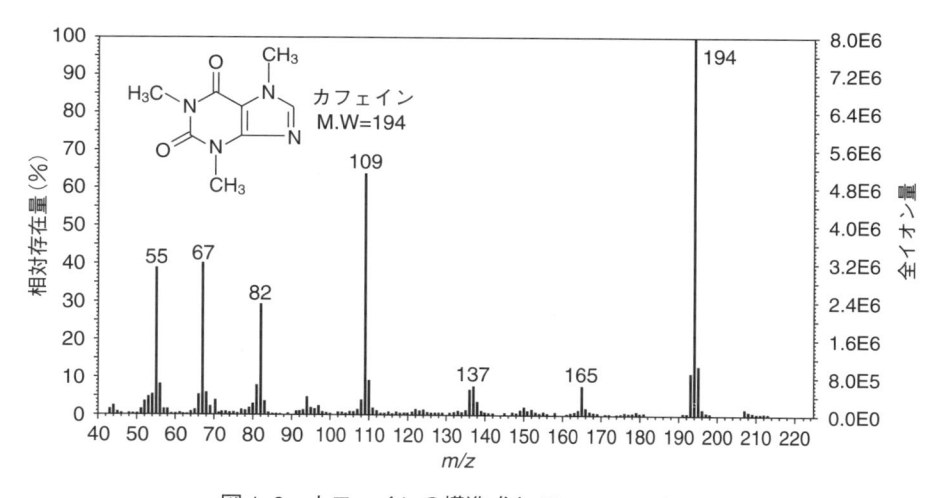

図1-6　カフェインの構造式とEIマススペクトル

クであり，194 を示している．分子構造は熱に対して安定なので電子イオン化法のようなハードイオン化法でもそれほど多くの開裂を起こすことはない．したがって，分子イオンが一番感度よく検出されるのである．さて，このカフェインを尿から検出するためには，どれくらいの尿が必要であろうか[*1]．

まず $1\,\mu l$ の尿からタンパク質を除く．すると，この測定で使った尿の量はさらにその 1/100 となる．ここでは定量を行っていないが，プロファイルの面積を計算することで定量は可能である．

お茶やコーヒーなどに入っているカフェインの検出について尿を試料としてGC/MS SIM を行った結果を示そう（図1-7）．ドリンク剤を飲んですぐにカフェインはでてこないが，時間がたつと尿に排出されるのがわかる．

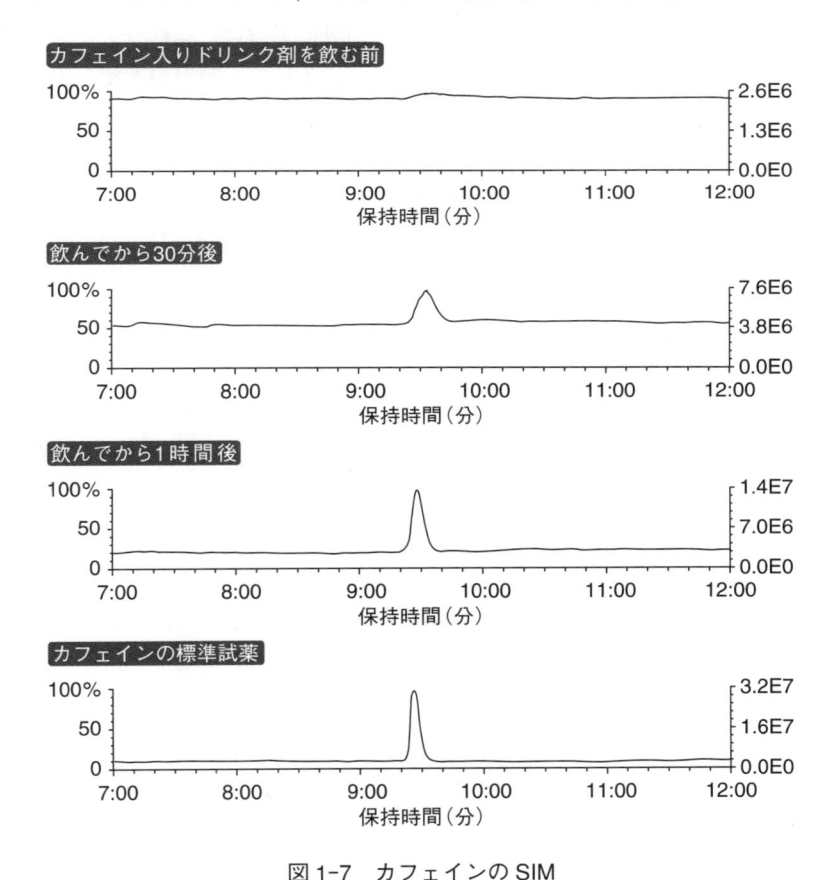

[*1] マイクロシリンジの針先の液 1 滴はほぼ $5\,\mu l$ で，$1\,nl$ はさらにその 500 分の 1 の量である．つまり，1 滴の 1/500 程度あれば測定は可能である．

SIM（選択イオン検出）
selected ion monitoring の略．注目するイオンを数種類だけ選び，時間経過に伴うイオン量の変化を追う方法である．こうすることで感度は 100 倍前後よくなる．また，GC に試料を注入する前に試料中の不揮発性物質や不純物は十分取り除いておくのは当然である．

図 1-7　カフェインの SIM

環境ホルモンの量を測定する

質量分析計の大きな特徴の一つはごく微量の物質でも高感度で測定できることである．環境ホルモンなどのようなごく微量の物質の定性や定量を行う場合，GC/MS を使うとさらに大きな特徴的なデータが得られる．

GCでは化学構造式が似ている物質の混合物でも，そのわずかな化学的性質の違いにより時間差が生じるので分けて溶出できる．一方，質量分析計は溶出してきた物質のスペクトルを0.1秒といった速い速度で繰り返し測定する[*2]．膨大なデータはハードディスクに保存され，データ処理をして表示する．GCの保持時間（RT）とマススペクトルが一致すれば，同一物質と見なせる．マススペクトルは指紋と同じで，同一物質は同じ装置で同じイオン化法なら再現性のあるスペクトルを示す．当然，分子量が同じ化合物でも構造式が違えばスペクトルパターンは異なる．

それでは感度を向上させるためにはどのような方法があるのだろうか．十分な感度を得る方法としてはSIMがある．通常スペクトルを測定するためには分析系を走査する必要がある．ところがSIMの場合は，これらを走査しないで測定質量を固定しておく．そうすることによって，特定のイオンのみを連続して検出する．二つ以上のイオンを切り換えながら連続して検出することも可能であるが，あまり数が多いと結果的には感度の低下を招くことになる．この方法による検出限界は10^{-15}から10^{-18} molといわれているが，アボガドロ数は6.02×10^{23} / molであるから，分子の数から考えるとまだ10^6から10^9個必要としていることがわかる．

畑の土からダイオキシンを検出する

最近はプラスチック処理場から発生するといわれている杉並病などのように粉塵や大量のごみを焼却することで発生する物質が公害として社会問題になっている．なかでもマスコミを賑わしているものの一つがダイオキシン[*3]である．そのダイオキシンの定量，つまり試料中にどれくらいのダイオキシンが含まれているかという測定にも質量分析計が利用されている．環境中に排出されるダイオキシンの生成原因や毒性などについてはほかにたくさんの書物があるので，これらを参考にしていただければよいだろう．

質量分析計が分析するのは，焼却場の近くで採れる野菜や畑の土，あるいはその近くに住んでいる女性が子供に与える母乳だったりする．これらの試料を分析したとしても，ダイオキシンや環境ホルモン用の天秤があるわけではない．

まず，採取された試料のなかのごく微量の物質をできることならすべて溶媒中に，しかも濃縮して数μlに溶かしださなければならない．なぜなら，このような試料の分析には分離，分析装置を一体化したGC/MSを使用するため，装置上の制約を受ける．つまり溶媒を含めた注入量は数μlが限度だからである[*4]．これも詳しくは後で説明する．

[*2] GC/MSでスペクトルを得るためには数百の質量範囲を1秒以下の時間で走査（スキャン）しなければならない．たとえば，質量範囲1000を1秒かけて走査したときでも1Daを検出する時間は1/1000秒であり，決して十分な検出時間とはならない．とくに微量物質の測定のときには感度の大きな損失になるし，ダイオキシンのような物質の検出には分解能10,000以上が必要といわれている．したがって，スペクトルのピーク幅は狭くなって1Daを検出する時間は1/10,000秒くらいになる．

[*3] ダイオキシンは塩素原子が1個から8個くらいまで含まれている化合物であり，異性体の数は100以上あるといわれている．塩素原子が1個や2個程度なら比較的簡単に見分けがつくが，4個，5個となると分子イオンピークも非常に複雑な様相を呈してくる．

[*4] 近年の質量分析計では50 mのプールに1 mlの薬品を入れよく混ぜてから1 mlを汲みだして，測定しても検出できる．究極の検出感度はイオン1個が理想であるが，それは現実的には不可能であろう．しかし，いまでは検出感度の改良とGCやHPLCといった分離技術が向上したため，以前には検出できなかったごく微量の成分や分離が困難であった化合物の分離分析が可能になってきた．

食物連鎖とフグ毒

　魚介類の毒のうちで最も有名なフグ毒テトロドトキシン(tetrodotoxin; TTX)は，最近フグから産生されるのではなく，海底に棲息する細菌の一種によるものであることがわかってきた．テトロドトキシンは大人1人の致死量が1～2 mgであるから，試料の取扱いには細心の注意が必要となる．試料づくりについては本論ではないので説明しない．食物連鎖を想定してフグの餌となる魚介類からも次つぎとテトロドトキシンが発見されはじめているようである．しかし，1回に取りだせる試料はごく微量である．試料量が十分ある場合はGC/MSでよいが，少ない場合は質量分析計側の測定条件をさらに感度のよい測定方法に変えなければならない．SIMで行うのが最も感度のよい測定方法である．SIMの場合，GC/MSのマスクロマトグラフィーから検出される感度に比べると数百分の一の量でも感度よく検出できる(図1-8).

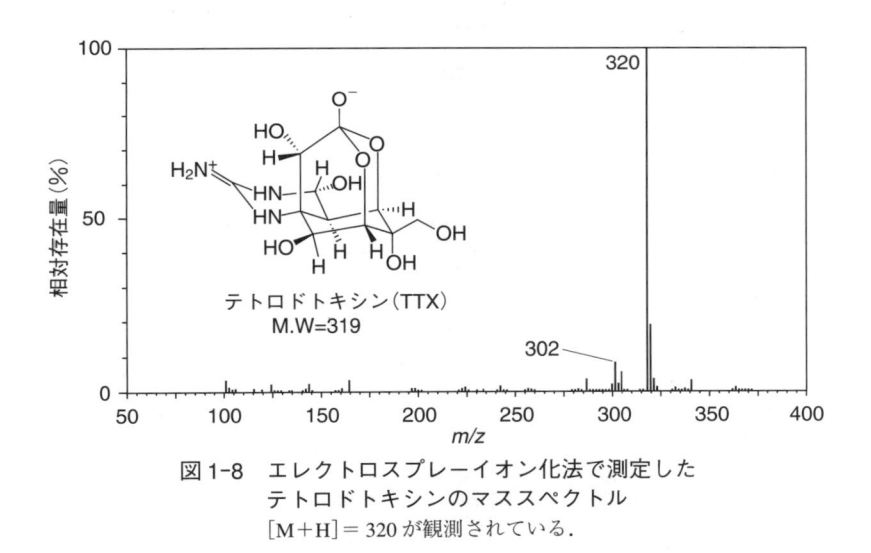

ppm と ppb

ダイオキシンに限らず，昆虫などがだすフェロモンなどのように低分子のごく微量の物質はGC/MSなどで分子量の測定や定量を行う．「ごく微量」とはいったいどれくらいの量のことだろうか．新聞などで見かける単位には，

　ppmは1/100万 ……… $1/10^6$
　ppbは1/10億 ……… $1/10^9$
　pptは1/1兆 ……… $1/10^{12}$

などがある．
50 m × 20 m × 2 mのプールに水を満たしたと考えてみよう．この水の量をmlに直すと 2×10^9 ml となる．したがって，このプール一杯の水に対しては2 mlが1 ppbに相当する．

図1-8 エレクトロスプレーイオン化法で測定したテトロドトキシンのマススペクトル
[M+H] = 320 が観測されている．

　テトロドトキシンは分子内イオンであり，この結晶はイオン化室で加熱しても気化しない．ソフトイオン化が開発されてから，直接エレクトロスプレーイオン化(ESI)法で測定したのが上図である．以前の測定方法としては，この化合物を容易に気化するように誘導体化する必要があった．テトロドトキシンをアルカリで煮沸後，精製すると炭素数が9個からなる塩基になる．通称C_9塩基とよんでいるが，この化合物はテトロドトキシンから生成されるからこのC_9塩基を測定すればテトロドトキシンの存在が確認されることになる．C_9塩基の二つの−OHと−NH_2をトリメチルシリル(TMS)化すればGC/MS測定が可能となる．スペクトルは省略したが，m/z 407(40%)に分子イオンピークが，m/z 392(100%), m/z 376(10%)にフラグメントイオンピークが検出

される．この三つのピークをSIMで検出したのが図1-9である．一番上のプロファイル m/z 392 は検出感度が高すぎたために振り切れている．この測定方法により環境中でわずかにフグ毒をもっている魚介類が次つぎ発見され，フグがもっているフグ毒は食物連鎖により蓄積されたものであることがわかった．その後，類似化合物が数種発見されており，いまではLC/MSでも測定できるようになっている．

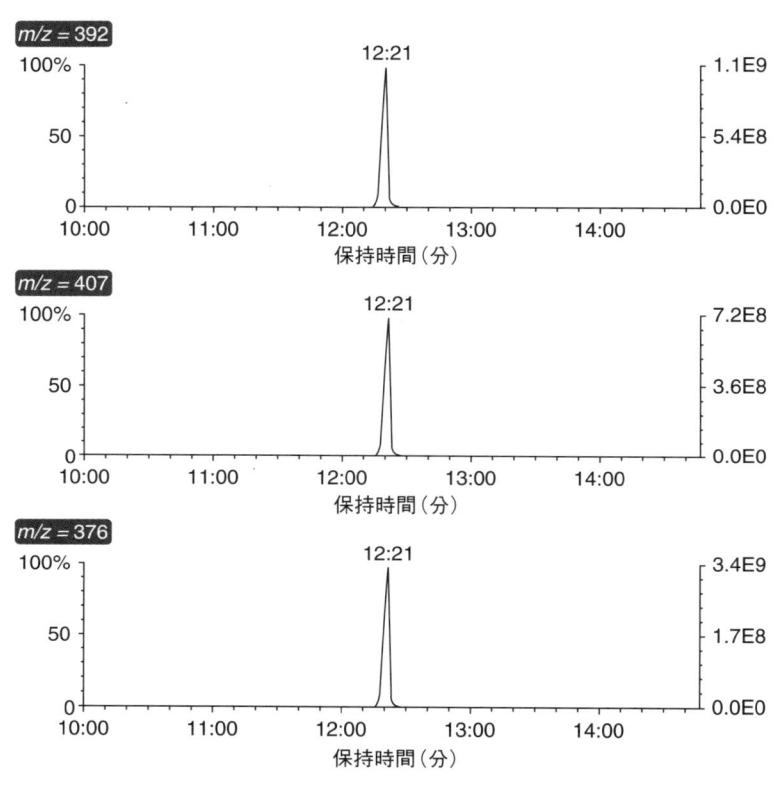

図1-9　C_9塩基TMSのプロファイル
上から m/z 392, 407, 376

解説③　分子量を示すイオンのよび方

　1960年代まで有機質量分析のイオン化法の主流はEI法だった．この時代，分子の質量を示すイオンはM$^{+\cdot}$だった．このイオンは分子イオン(molecular ion)とよばれ，分子量に関連したイオンとして重要なものであった．このイオンは分子から電子が一つ失われたものであるが，電子が一つついたM$^{-\cdot}$も分子イオンとよばれる．1970年代に入ってソフトイオン化法が開発されると，[M+H]$^+$や[M+Na]$^+$や[M-H]$^-$のようなイオンが登場してきた．はじめの頃はこのイオンを擬分子イオンあるいは準分子イオン(pseudomolecular ion あるいは quasi-molecular ion)とよんでいた．しかし，この名称はあまりに抽象的で物事を正確に表すべき科学にはそぐわないということで，[M+H]$^+$に対してプロトン化分子(protonated molecule)が使われるようになった．ここで注意してもらいたいのはプロトン化分子イオンではなくてプロトン化分子なのだという点である．分子にプロトンがつけばイオンになるので，プロトン化分子にイオンという言葉をつけるのは二重になってしまうからである．分子イオンという言葉が広く知れわたっているので，ついプロトン化分子イオンといってしまう．[M-H]$^-$は脱プロトン化分子(deprotonated molecule)，[M+Na]$^+$などはイオン付加分子(ion adducted molecule)とよばれている．そして，いまでは分子イオンも含めて，これらの総称として〝分子量関連イオン(molecular-related ion)〟が使われるようになった．

(T. K)

質量分析計を使いこなすには

KMS KeyWord 揮発性物質（volatile substance），選択イオン検出（selected ion monitoring；SIM），定量分析（quantitative analysis）

　ここで，これまで述べてきたことと装置の置かれている現状を踏まえ，質量分析計を使いこなす方法をまとめてみよう．

　多くの装置の測定目的は分子量の測定である．さらに高分解能の装置では元素分析の代用として精密質量を測定をすることであった．しかし，最近では ESI TOF や ICR MS の登場により，電子イオン化法では測定が不可能であった熱に不安定な物質や難揮発性物質でさえ分子量測定に限らず，分析系によっては高分解能測定まで可能になってきた．また，開裂イオンを解析することで構造解析も当然可能である．イオン化法の増加とそれに伴う測定項目が多様化するにつれ，測定の目的も多岐におよんできた．SIM では特定の物質の定量が可能であるし，特殊ではあるが同位体の比を測ることにより年代測定もできる．医薬品の開発や，ごく微量の物質分析をする必要のある研究機関ではいまや必須の装置となってきた．

　このように，研究者の要望に応えるべく次つぎと新しい方式の装置が開発され，取扱いは一昔前から比べると比較的容易になり，研究室単位で使用できる時代になってきた．しかし，装置が普及しているわりには装置の性能を十分に生かしながら使っている研究室がどれだけあるだろうか．この疑問と現実が本書を書くきっかけになったのである．

　さて多くの機関では装置に直接携わるのはおそらく一人，多くても二人であろう．5 章でも説明するが，最近の装置は性能が飛躍的によくなってきている．しかし，1 台の装置で何もかも測定できるわけではない．むしろ，価格を抑えるために単機能になって装置の専門性が高まってきたといえる．研究者や担当者は数日間の取扱い説明だけで高性能の装置を全面的に操作することになる．しかし，説明書を片手に操作しても信頼のできるデータは得られず，装置を前に悩んでいる研究者や担当者は少なくないだろう．測定に際してのいわゆる裏技などは十分経験をつまなければ習得できない職人的な面があり，これがほかの分析機器と大きく違うところである．

　装置を使いこなし，解析や効率的な測定をするためにはまず学会や大小の研究会，メーカーが開催するミーティングなどに積極的に参加し，気軽に相談できる人をつくることをおすすめする．このような仲間がたくさん集まる

場所へ出席する機会をたくさんもつことであろう．そこで知り合ったベテランの研究者や担当者に電話や電子メールなどで抱えている問題点などを相談しながら研究を進めていくことが上達する一番の早道である．

COLUMN ハカリにタバコをのせるとニコチンやタールの量がわかる？！

ここでは"質量＝分子量"と解釈してもらいたいが，われわれの日常の感覚では"質量＝重さ"と考えればよい．それでは感度のいいつまり質量分析計に尿をのせれば，カフェインが検出できたり，タバコをのせるとニコチンやタールの量がわかったり，ダイオキシンも測定したい地域の土をのせれば，なかに含まれている量をはかれることになるのだろうか．

このように考えている人は筆者のまわりにもたくさんいる．しかし，質量分析計で測定するのはイオンであり，スペクトルを解析し，定量するためにはイオン化する時点で純品になっていなければならない．混合物でもイオン化や測定は可能であるが，得られたスペクトルに混合物のイオンがすべて現れるので，解析は不可能である．したがって，何を測定したのか，何の混合物なのか判別することは困難である．土を直接ハカリにのせても土の重量しか測定できない理由がわかるだろう．

水や溶媒など，ほかのものと混ざっている微量成分を測定する場合には次のような方法で測定する．イオン化室に導入する前に十分精製して挿入するか，精製が困難な場合にはGC（ガスクロマトグラフ）やLC（液体クロマトグラフ）のような分離を専門とする装置を通して導入する．これがGC/MSとかLC/MSとよばれるものである．LC/MSはGC/MSと比べて感度面で劣るといわれているが，最近イオン化部の改良により飛躍的に向上した．LC/MSの最大の長所は，GC/MSが最も苦手としているペプチドや核酸のような極性物質や水溶性物質をそのままイオン化できることである．最近ではキャピラリー電気泳動（CE）と組み合わせたCE-ESI/MSも市販されている．これらの測定方法はいずれも代謝物の測定などに多用されている．

(Y.S)

どこまで検出できるか

感度について簡単に説明しよう．分析管で分離されたイオンは検出器に到達するが，到達したイオン流だけでは検出が困難なので，さらに増幅させなければならない．増幅器にはいろいろなタイプがあり，増幅器にかける電圧の高さによって，数十万倍以上に増幅することができるものもある．しかし，その増幅能力は無限ではないので，能力以上の電圧をかけると逆に装置を壊すことになる．さらに，装置内の真空度の低下や長期間の使用による汚染，使用時間などに比例して劣化速度は増し，感度低下をきたす．

それでは装置の感度を精一杯よくして測定したとき，どれくらいの試料量があれば分析可能なのであろうか．ダイオキシンのような物質をはじめ生体内でつくられるホルモンなどはごく微量の物質として扱われる．このような物質を分析するためには $10^{-15} \sim 10^{-18}$ mol 程度の感度が要求される．最近の装置では，このくらいの量があれば定量まで十分可能である．

(Y.S)

★イオン化法を選ぶ目安★

	EI (GC/MS)		CI (GC/MS)		FAB		APCI (LC/MS)		ESI[*3] (LC/MS)		MALDI	
	正	負[*2]	正	負	正	負	正	負	正	負	正	負
無機化合物	*1		■	■	*1	*1	■	■	▨	▨	■	■
低質量有機化合物	*1		■	■	*1	*1	*1	*1	■	■	■	■
ポリマー	*1		*1	*1	■	■	■	■	■	■	■	■
脂質					■	■	■	■	■	■	■	■
糖					■	■			■	■	■	■
核酸					*1		*1		■	■	■	■
ペプチド					■	■	■	■	■	■	■	■
タンパク質									■	■	■	▨

この表は大まかな目安であり，個々の試料によって異なる場合がある．試料導入については直接法，間接法を問わない．
正：正イオンモード測定，負：負イオンモード測定．一般に，アミノ基や塩基性基などを（多く）含む試料には正イオンモード測定を行い，プロトン化分子[M＋H]$^+$を生成させ検出する．反対に，カルボキシル基や硫酸基，リン酸基などの酸性基を（多く）含む試料には負イオンモード測定を行い，脱プロトン化分子[M－H]$^-$を生成させ検出するとよい．

■ よく使われる．　　▨ 場合に応じて使われる．

*1 分子量が約1500以下の化合物で測定可能，*2 EI法での負イオンモード測定はあまり行われない，
*3 ESI法に適した試料溶液のみ測定可能．

2 質量分離装置の常識

この2章は質量分析計，なかでも各種質量分離装置について学んでもらい，それぞれの特徴を活かした使い方をしていただくためのものである．3章で説明するイオン化法もよく理解して，さまざまに組み合わせて活用してほしい．

質量分析計とはどのようなものか

KMS KeyWord
質量(mass)，重量(weight)，万有引力(universal gravitation)，磁場(magnetic field)，電場(electric field)，陽子(proton)，中性子(neutron)，電子(electron)，クーロン力(Coulomb force)，ローレンツ力(Lorentz force)，イオン源(ion source)，質量分離装置(mass analyzer)，イオン検出器(ion detector)

　原子や分子のレベルで質量をはかる装置が質量分析計である．20年ほど前までは質量分析計はほとんど手作業で操作していた．そのころは質量分析計の原理をしっかりと学ばないと信頼性のあるデータを得ることができなかったし，特殊な測定などもできなかった．いまでは機械の調整から測定までのほとんどがコンピュータで自動的に制御されているので，初心者でも簡単にマススペクトルを測定できるようになってきた．

　最近の分析機器全般にいえることであるが，機器のブラックボックス化が進んだおかげでその原理を知らなくても分析データが得られるようになった．そのこと自身は測定者の技量に依存しないでほぼ同程度に信頼性が得られる点で歓迎すべきことである．しかし，われわれから事の本質を学ぶ機会を奪ってしまう危険性をはらんでいる．その道の達人が育たない環境は科学においては憂慮すべきことであろう．そのような危惧を抱きながら，ここでは質量分析の基礎が固められるように，装置の基本的な原理を学んでみることにしよう．後に述べるが，質量分析計はいくつかの重要な部分に分けることができる．そのなかの一つであるイオン化部については3章で詳しく述べることにする．この章ではそのほかの部分，とくに質量分離部を中心に解説していくことにする．

分子の質量をはかる

　物質の重さをはかる道具としてわれわれの身のまわりにははかりや天秤がある．なぜ重さがはかれるのだろうか？　「地球上では重力があるから重さをはかることができる」ということは中学校で学んだ．宇宙というものが身近になった現代では無重力という言葉をよく見聞きするが，実際に無重力を体験した人はわずかである．それでも，「重力のないところでは質量があるにもかかわらず，物体を手のひらにのせても重さを感じることはない」ということは何となく理解している．無重力下で重さを感じさせなくてもその物体には厳然として質量があるのだから，質量は物質がもつ普遍的な性質であることがわかる．

　地球上では，重さをはかりたい物と地球とのあいだに万有引力が働いてお

質量と重量
1 kgの質量に 9.81 m/s^2 の重力加速度が働くとき，その重さは「1 kg重(詳しくは 1 kg·s^{-2})」と表される．重さとは質量と加速度の積であり，すなわち力である．質量が地球に引かれる力を，われわれは重さとして感じ取っているのである．理工学系分野以外では重さも kg で表現してしまうことが多いので，質量と重量の違いをはっきりと認識しておく必要がある．

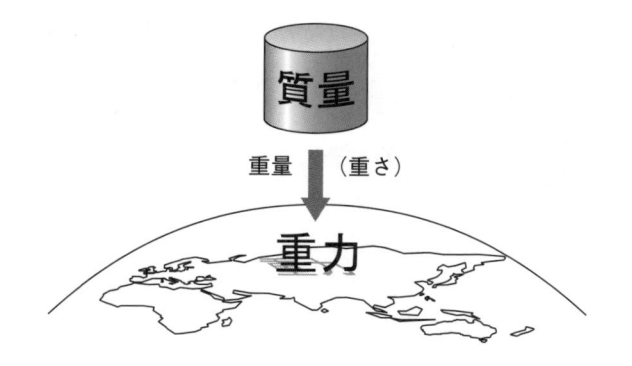

り，これを重力とよんでいる．物質に働く重力の大きさが重さ(重量)である．地球の質量は人類の歴史がはじまってから今日までほぼ一定であり，形もほぼ球形なので，大ざっぱにいえばいつでもどこでも重力加速度は同じと考えてよい．したがって，同じ質量の物はいつでもどこでも同じ重力が働く，すなわち重さが同じであるといえる．

バネばかりは物体に働く重力とバネの反発力の釣り合いを利用しているので"質量"ではなく"重さ"をはかる道具である．質量をはかるためには，質量がわかっている分銅に働く重力と質量を調べたい物に働く重力の釣り合いを天秤で比べればよい．この方法では分銅の質量が正確な限り，重力が働く環境であれば重力の大小にかかわらず物体のほぼ正確な質量をはかることができる．「ほぼ」と書いたわけは，物体と分銅の体積に違いがある場合には，空気の排除体積効果によってそれぞれに異なった浮力が働くので，浮力補正をしなければ正確な質量がはかれないからである．また，バネの伸びや圧力センサーなどで質量をはかるときは，地球の重力加速度はその場所の標高や地表下の物質の密度などによって変化するので，装置を校正する必要がある．このように見てみると，質量と重さのあいだには相関関係があっても異なる性質の物理量であることがわかる．

では，原子や分子1個の質量をはかるとしたらどうだろうか．このレベルになると重力に頼るにはあまりにも質量が小さすぎる．さて困ったと思ったとき，J. J. Thomson が気づいた方法は電場や磁場の力を借りることであった．1910年頃のことであるから，そんなに昔でもない．

われわれの身のまわりにはさまざまな電場や磁場が渦巻いている．地磁気はもとより電波(電磁波)など文明が進歩するにつれてさまざまな電場・磁場環境にわれわれはさらされている．しかし，電場や磁場のなかにわが身を置いてもわれわれが何も感じないように，原子や分子をそのまま電場や磁場のなかに置いても古典力学的には何事も起こらない．J. J. Thomson はどのようにしたかというと，原子に電荷をもたせてイオンにしたのである．イオンに

質量の基準

白金円柱の「キログラム・デ・ザルシーブ」は1799年にキログラムの標準器としてつくられた．それから百年後，より永年性のある人工原器として白金-イリジウム(90：10)製の標準器(誤差 10^{-8})が複数つくられた．このなかからキログラム・デ・ザルシーブに一致するものを「国際キログラム原器」とし，残りは各国に配分されて原器として厳重に管理・保管されている．その後も独立国などのために追加作成されている．

分子の質量と分子量

質量分析で測定される質量は個々の原子あるいは分子などの質量であって，原子の天然同位体存在比を考慮した原子量や分子量とは異なることを認識しなければならない．質量分析では単位質量分解能が確保されていれば，求められた値は単一の同位体で構成されるイオンの質量である．イオンを構成する原子の各同位体に対応するイオンの強度と質量をもとに加重平均値を求めれば，分子量に相当するものになる．分子の質量や分子量の基準となるものは，質量数12の炭素原子の質量の1/12 (原子質量単位)の値である．分子量には単位がないが，分子の質量には原子質量単位の「u(ユニット)」が用いられる．なお，現在ではIUPAC (International Union of Pure and Applied Chemistry)の勧告に従って，分子量は相対分子質量とよばれている．

電場と磁場のなかのイオンの動き

電場のなかに置かれたイオン[*1]はどのように運動するのだろうか．正負同じ符号どうしの電荷は反発し，異なる電荷どうしは引き合うことは知っているだろう．このとき働く力がクーロン力である．正の電極(陽極)と負の電極(陰極)を図2-1のように向き合わせて置くと，そのあいだに電場がつくられる．陽極には正の電荷が集まり，陰極には負の電荷が集まっている．正電荷をもつイオンは陽極から斥力を受け，陰極からは引力を受ける．負電荷をもつイオンはその逆になる．力を受ける方向は電場の方向と同じである．したがって，電場の方向に直角に正のイオンを打ち込むと電場のなかを通ったときのイオンの動きは図2-1のようになる．

[*1] イオンという言葉をわれわれが中学校で習ったのは，電解質が水溶液中で解離して正のイオンと負のイオンに分かれる現象についてであった．イオンとは，原子や分子あるいはそれらが弱い結合力で集まった集団(クラスター)が電荷をもったものである．質量分析では気相状態のイオンを分析の対象にしている．水溶液中では正のイオンと負のイオンが同数存在していて，全体として中性となっている．気相状態のイオンはそれぞれ一つずつ真空中で正のイオンあるいは負のイオンとして独立して存在している．気相状態では正のイオンと負のイオンが混在しているとクーロン力により引き合って電荷は中和してしまう．気相状態のイオンを荷電粒子とよぶこともある．イオンがもつ荷電は電子1個がもつ電気量(素電荷)の整数倍である．

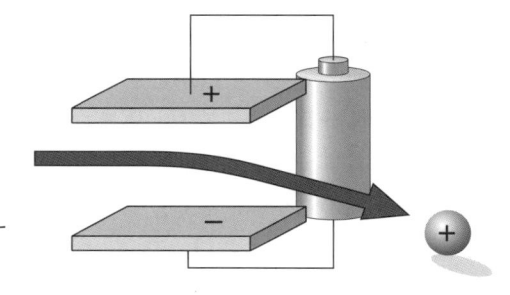

図2-1 電場のなかを通過するイオンの動き

では，磁場のなかでイオンはどのように運動するのだろうか．電場の場合にはイオンが静止していてもクーロン力が働いてイオンは運動をはじめるが，磁場のなかで静止しているイオンは何の力も受けない．イオンは磁場のなかで運動すると，イオンの運動方向と磁場の向きの両方に対して直角な方向から，「磁場の向きに直角な速度成分」に比例した力を受ける．これは昔習ったフレミングの左手の法則や右ねじの法則に従っている．磁場の向きに直角に正のイオンを打ち込むと，磁場のなかでのイオンの動きは図2-2のようになる．

加速したイオンを電場や磁場のなかへ送り込む場合を少し詳しく考えてみよう．イオンが電場のなかで受ける力F_1は式(2.1)となる．qはイオンの電気量，Eは電場の強さである．またイオンが磁場のなかを運動するときに受ける力(ローレンツ力)F_2は式(2.2)になる．Bは磁場の強さ，vはイオンの速さである．

$$F_1 = qE \tag{2.1}$$

$$F_2 = qBv \tag{2.2}$$

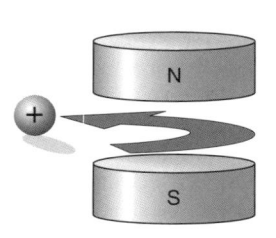

図2-2 磁場のなかを通過するイオンの動き

この式(2.1),(2.2)からは,イオンがそれぞれの場から受ける力はイオンがもっている電気量に比例して,質量には関係しないということがわかる.イオンを電場や磁場の向きに角度をもたせて打ち込むと力(向心力)を受けてその運動方向は曲げられる.それはイオンの質量に依存しないのである.

一方,質量をもつ物体は慣性によってまっすぐ進もうとするので,運動方向が曲げられることによってイオンには遠心力が働く.遠心力 F_3 は式(2.3)で表されるから,その大きさはイオンの質量に比例するが電気量には依存しない. m はイオンの質量, r は運動の曲率半径である.

$$F_3 = \frac{m}{r}v^2 \qquad (2.3)$$

イオンは式(2.1)または式(2.2)の向心力と式(2.3)の遠心力が釣り合って運動をするので,磁場や電場を利用すればイオンをその質量と電気量に応じて分離できることがわかる.このようにして J. J. Thomson はネオン(Ne)の質量分析を行い,そのなかに同位体が存在することを1912年に証明したのである.

分子をイオンにする

質量を測定したい原子や分子は,イオンにしなければ質量分析ができないことがわかってもらえただろう.では,どのようにしてイオンにするのかを次で簡単に説明しよう.

分子をイオンにするためにいままでにいろいろな方法が開発されてきた.とくに,1970年代以降は熱分解しやすい分子や揮発しにくい分子,大きい分子をどうやってイオンにするかに努力が払われてきた.その結果として,一昔前にはとても分析できないと考えられていた分子量が10,000を超えるようなタンパク質まで質量分析できるようになったのである.

その一昔前までは,気体状態にした分子に加速した電子を照射することにより分子から電子をはぎ取ってイオンにしていた.この方法は電子イオン化(EI)法とよばれ,いまでも低分子有機化合物の分析などでは定法となっている.電子イオン化法では電子と試料分子がぶつかるときに,いくぶん大きな過剰エネルギーが試料分子に与えられるので試料分子のイオンはさらに細かい破片に分解する(図2-3).この破片をフラグメントイオンといい,その壊

電子と分子の衝突
実際は,70 eV 程度の運動エネルギーしか与えられていない熱電子は分子の電子雲から受ける反発力(斥力)で弾かれて,分子に衝突しないですぐ脇をかすめるだけである.このときに共鳴過程により電子のもつ運動エネルギーの一部が分子に与えられる.

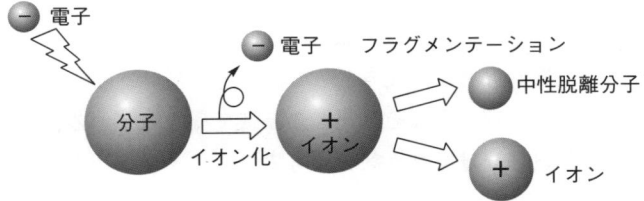

図2-3 電子イオン化の模式図

れ方は試料分子の化学構造を反映したものとなる．このイオン化法によって得られた数多くの有機化合物のマススペクトルはデータベースとして蓄積されており，これを使って構造が不明な化合物の同定も簡単に行われるなど有用性は非常に高い．電子イオン化法は今後もイオン化法としての重要な位置を占めていくだろう．

しかしながら，この方法では分子を加熱して気体状態にするために，前に述べたような癖のある分子をイオン化するのは苦手であった．そこで登場したのがソフトイオン化法とよばれる比較的新しい技術である．これに対して，従来からの電子イオン化法はハードイオン化法に分類される．ソフトイオン化法の多くはイオン化しやすい分子（マトリックス）を仲立ちにして電荷が移動する反応を利用して目的の分子をイオン化する（図2-4）．多くの場合，電荷はプロトン[*2]（水素原子核，H^+）によって受け渡される．このような反応を利用したイオン化法では分子が受け取る過剰エネルギーが少なく，イオンがほとんど分解しないのでソフトイオン化法とよばれる．

ソフトイオン化法は化学反応に似ているので，試料分子の性質をよく知ってから分析する必要がある．たとえば，マトリックスの選び方が悪いと試料分子へのプロトンの受け渡しがうまくいかないので感度が悪くなるし，プロトンを強く奪い取ってしまうような不純物が入っていると不純物のマススペクトルをはかることになってしまう．試料の性質に習熟することがソフトイオン化法をマスターする王道になる．また各種イオン化法の特質を知っておくことも質量分析を成功させるうえで重要である．さまざまなイオン化法については3章で詳しく説明する．

質量分析は真空中で

イオンを運動させて磁場や電場を利用して質量分離することはすでに説明した．しかし，イオンを大気中で自由運動させるとどうなるだろうか．予想はつくことと思うが，イオンは大気中にある非常にたくさんの窒素分子や酸素分子とぶつかってしまうので，ほとんど先に進めない．たとえば，性能のよいロータリー真空ポンプで到達できる0.1Paの真空度でも窒素分子がほかの分子にぶつからずに運動できる距離は5 cmくらいのものである．さらには，衝突を繰り返すなかでせっかくもっていた電荷も失われてしまう．そのようなわけで，質量分析は大気を取り除いた高真空のなかで質量分離しなければならず，質量分析計には裏方として高真空装置[*3]が必要になる．

質量分析に必要な真空度はそれぞれの装置で異なっている．また，イオン化を行う部分と質量分離を行う部分でも異なる．イオン化を行う部分の真空度は大気圧イオン化（API）法が近年開発されたので，大気圧から10^{-3}Paくらい

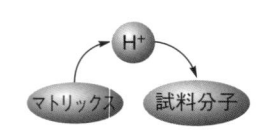

図2-4 プロトンの受け渡しによるソフトイオン化法

[*2] 陽子のこと．水素以外の原子は2個以上の陽子と1個以上の中性子からなる原子核と，陽子と同数の電子で構成されている．水素原子（^1H）は陽子1個の原子核と電子1個で構成されている最もシンプルな原子である．水素の陽イオンすなわち水素原子から電子を1個取り除いたものは陽子そのものである．そのため水素の陽イオン（H^+）はプロトンとよばれるのである．ちなみに重水素（^2H）の原子核は1個ずつの陽子と中性子で構成されているから，重水素の陽イオンをプロトンとはよばない．

[*3] 通常の実験室では真空装置としてロータリー真空ポンプが使われているが，到達真空度はたかだか0.1Paくらいである．質量分析計に必要な高真空をつくりだすためには，油拡散ポンプやターボ分子ポンプが用いられる．さらに高真空が求められる場合にはクライオポンプが使われる．これらのポンプの補助排気にはロータリー真空ポンプが使われる．

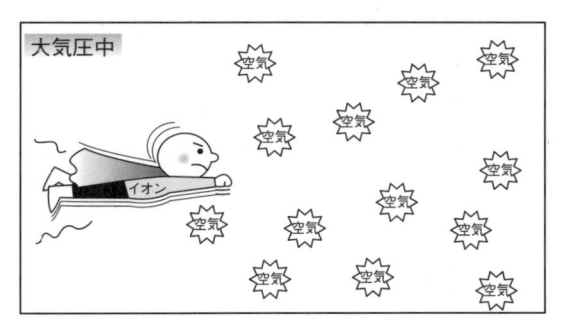

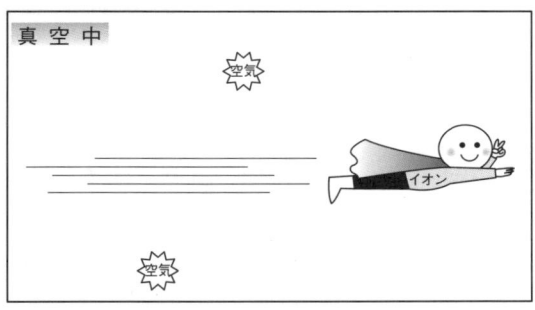

である．質量分離の部分では，高真空度を要しないものでも 10^{-3} Pa，多くの場合は 10^{-5} Pa，高真空が必要なものでは 10^{-7} Pa 以下が要求される．質量分析計ではこのような高真空度を維持することが難関の一つであり，質量分析計が重くて大きくなる原因の一つでもある．卓上型のスマートな質量分析計でも裏側では大きな真空ポンプがうなりを立てていることがある．

質量分析計を宇宙にもっていけば真空装置がいらなくなるので，とても軽量で小型の精密分析機器となる．1章で触れたように小型の質量分析計は惑星探査や彗星の観測によく使われている．とくに宇宙での生命探索には欠かせない装置である．

圧力の単位

通常は国際標準(SI)単位である Pa(パスカル)が用いられているが，真空技術の分野では実用単位としていまでも Torr(トル)が用いられている．1 Torr＝1mm Hg である．標準気圧は 1 atm＝760 Torr＝1.01325×10^5 Pa である．アメリカ製のものでは psi〔pound(s) per square inch, 1 Pa＝ 1.4504×10^{-4} psi〕が使われていることもある．

質量分析計の構成

いままでに述べたことからわかるように，質量分析計をつくるには，少なくとも，

1) 分子をイオンにする装置［イオン源］，
2) 電場や磁場を利用して質量分離する装置［質量分離装置］，
3) 分離されたイオンを検出する装置［イオン検出器］，
4) 真空装置

の四つの装置が必要になる(図2-5)．

イオン源は大きく二つの種類に分けられる．一つはイオン源を真空のなかにおくタイプで，試料も真空のなかに入れてからイオン化される．電子イオン化(EI)，化学イオン化(CI)，高速原子衝撃(FAB)などがこのタイプである．もう一つはイオン源を大気圧下におくタイプで，試料も大気圧のもとでイオン化される．エレクトロスプレーイオン化(ESI)，大気圧化学イオン化(APCI)などがある．質量分離装置の詳細は後で説明するが，イオンが残留ガス分子とぶつからないようにするために，一般に非常に高真空に維持されている．イオン検出器は質量分離装置と同じ部分におかれることが多い．イオン流(イオンビーム)を受けて一度光に変換し，光ファイバーで外部の大気圧下に導きだしてから電気信号に変えるタイプもある．イオン検出器からの信号はコン

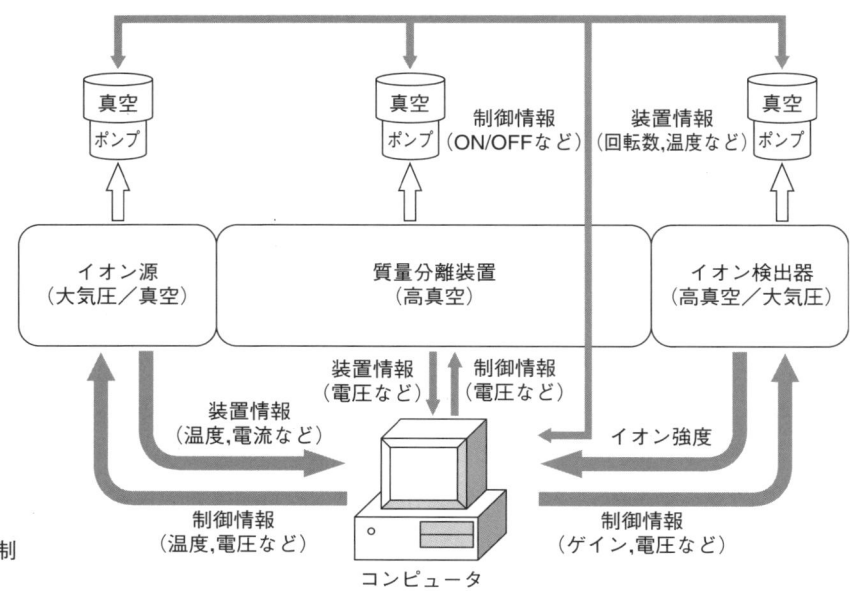

図2-5 質量分析計の構成と制御信号の流れ

ピュータで処理されてマススペクトルになる．

現在の装置ではデータ処理だけでなくほとんどの部分がコンピュータでコントロールされていて，われわれが調整する部分はごくわずかである．しかし，そのごくわずかな部分に職人芸が必要だったりするので，質量分析計は「なかなかのくせ者」よばわりされるのである．

解説④　検出器の種類

二次電子増倍管（secondary electoron multiplier）は多くの装置で用いられている（写真①）．イオンが金属表面に衝突すると複数の二次電子が放出される性質を利用する．図1のように順に高電圧を印加した複数の電極（ベリリウム-銅合金）を対向させながら並べておくことで，放出された電子は次の電極でさらに多くの電子を放出させる．したがって，最終段では大きな信号を取りだすことができる．電極の総数は通常12段から20段であり，一段ごとに200V以上の電位差をつけている．二次電子増倍管では衝突するイオンの速さに依存して発生する電子の数が変化する．一定の電圧で加速されたイオンは質量の大きいものほど遅くなるので感度は低下する．

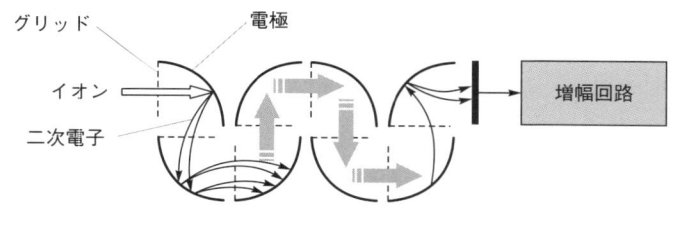

図1　二次電子増倍管の模式図

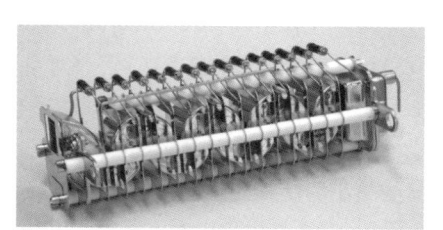

写真①　二次電子増倍管

高質量域での感度低下を補うために用いられるのが後段加速型検出器（PAD, post-acceleration detector）である（図2）．四重極型質量分析計ではイオンの加速電圧が数十ボルトなので高質量イオンの検出感度は著しく低下することからPADがよく用いられる．電子増倍管の前に鏡面仕上げのアルミニウム電極（コンバージョンダイノード）を設置して10kVから20kVの高電圧を印加する．イオンはこの高電圧に引かれて加速されて電極に衝突し，正負が逆転したイオンや二次電子を放出させる．これらは二次電子増倍管に向かって加速され，さらに増幅検出される．PADはこのようにして電子収率を高くして高質量イオンを感度よく検出する装置である．

　チャンネルトロンは二次電子増倍を連続した表面で行う検出器である（写真②）．少し曲がったラッパ型のガラスの内側に鉛を塗布し，入口側と出口側に高電圧を印加する．イオンの入口は広口側になる．鉛の電気抵抗によって連続した電位勾配ができるので，連続した電子増倍管のようになる．

　マルチチャンネルプレートは小さなチャンネルトロン（開口部10μm程度）を平面にたくさん（数百万個）並べたようなもので，薄い板状になっている．この表面と裏面のあいだに高電圧を印加して使う．広い面積でイオンを検出できるので，イオン収束機能をもたない飛行時間型質量分析計などに使われる．

　アレイ検出器は数千個の小さいチャンネルトロンを数cmから十数cmの直線に配列したものである．この検出器をイオンの焦点面に設置することで磁場あるいは電場によって分散した複数のイオンを同時に検出できる．質量分析の初期の段階に使われていた写真乾板方式を電子回路方式にしたようなものである．イオンをある一定時間連続して検出できるのでSN比の大きいスペクトルが得られる．ただし，限られた範囲のイオンしか検出できないので，磁場や電場を段階的に切り替えて必要な範囲を測定する．

　位置・時間分解型アレイ検出器（PATRIC™, position and time resolved ion counting）はマルチチャンネルプレートに生成した電子雲をマルチチャンネルプレートの裏側に設置した数十の帯状導電性電極で検出する．これらの電極をそれぞれコンデンサを介して連結し，流れる電流を回路の両端にある電荷感応型増幅器で比較検出すると，イオンが到達した位置と時間を正確に検出できる．この検出器の特徴は磁場などを掃引しながら連続的にアレイ検出ができることである．

(T. K)

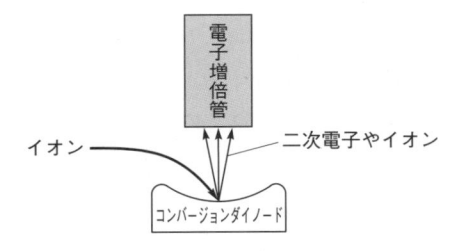

図2　後段加速型検出器の模式図

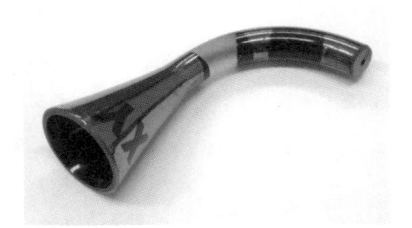

写真②　チャンネルトロン

よく使われる質量分離装置の特徴

KMS KeyWord

四重極(quadrupole)，イオントラップ(ion trap)，飛行時間(time of flight ; TOF)，イオン反射器(ion reflector)，フーリエ変換(Fourier transformation ; FT)，イオンサイクロトロン(ion cyclotron)，運動エネルギー(kinetic energy)，分解能(resolution)，質量電荷比(mass-to-charge ratio)

ここでは，最近よく使われる質量分析計の質量分離を行う装置部分を簡単に説明しよう．

磁場型質量分離装置(Sector MS)

式(2.2)と式(2.3)で示したように，磁場のなかでイオンを運動させると，そのイオンの質量電荷比に応じて互いに分離できる．その様子は光を波長によって分けるプリズムのようでもある．磁場を通り抜けて質量ごとに分けられたイオンが飛んでくる箇所に写真のフィルムをおいておくと，イオンがぶつかってフィルムは感光する．フィルムには質量によって分けられた縞模様がうつるので，横軸を質量にして縦軸に縞の濃度をプロットするとマススペクトルが得られる．このようなイオンの検出法は古典的な方法で，いまでは電気的にイオンを検出する．イオン検出器をたくさん並べるわけにはいかないので通常は検出器を一つだけおいて，かわりに電磁石を用いて磁場の強さを変化させる．磁場の強さ B を変えると式(2.2)のローレンツ力が変化するので，これに釣り合うように式(2.3)の遠心力も変化する．結果として磁場のなかでのイオンの軌道の曲率が変化する．すなわち質量の異なるイオンが磁場の変化に応じて順番に検出器に入るので，一つの検出器でもマススペクトルが得られるのである．

もう少し詳しくこの磁場型の質量分離装置を見てみよう．イオンが磁場のなかで運動するときイオンに働くローレンツ力 F_2 と遠心力 F_3 は釣り合っているから，式(2.2)と式(2.3)から式(2.4)が得られる．

$$r = \frac{mv}{qB} \tag{2.4}$$

図2-6　二重収束磁場型質量分析計の模式図
電場と磁場が図のように並んでいるものを正配置型，逆順に並んでいるものを逆配置型とよぶ．

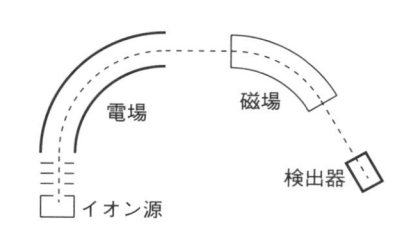

一方，イオンの運動エネルギー k と速さ v のあいだには式(2.5)の関係がある．したがって，イオン化の段階で個々のイオンに与えられる運動エネルギーにばらつきがあると，質量は不変であるからイオンの速さのばらつきとなって現れる．

$$k = \frac{1}{2}mv^2 \tag{2.5}$$

$$r = \frac{\sqrt{2mk}}{qB} \tag{2.6}$$

一般に運動エネルギーを揃えてイオン化するのは困難である．式(2.4)と式(2.5)から式(2.6)が導かれ，運動エネルギー k が異なるイオンは同じ質量 m であっても磁場のなかでの軌道の曲率半径 r が変わってしまうことがわかる．すなわち，同じ質量なのに個々のイオンが少しずれた軌道で磁場を通り抜けてくるので，ぼやけた(低分解能の)マススペクトルになってしまう．このぼやけたマススペクトルをくっきりとさせるために電場を利用する．電場の場合にもイオンが電場から受ける力 F_1 と遠心力 F_3 は釣り合っているから，式(2.1)と式(2.3)から式(2.7)が得られる．

$$r = \frac{mv^2}{qE} \tag{2.7}$$

この式(2.7)には運動エネルギーの項 (mv^2) が含まれているので，電場を用いることで運動エネルギーが揃ったイオンを曲率半径 r で取りだせる＊ことがわかる．このように電場と磁場を用いて高い分解能を得られるようにした装置が二重収束磁場型質量分離装置(図2-6)である．イオン源やスリットが清浄に保たれているならば，最近の装置では数万という分解能に到達することもできる．このような高分解能を実現するには，イオン源洗浄などの作業にかなりの熟練を要する．

＊ 運動エネルギーがそろったイオンだけを取りだすと，ほかのイオンを捨てることになって感度が悪くなる．したがって，実際の装置では電場を通過した後で異なる場所に焦点を結んだ運動エネルギーの異なるイオンが，磁場を通過した後で同じ場所に焦点を結ぶように電場と磁場の形状や配置を設計してイオンの損失を防ぐ．

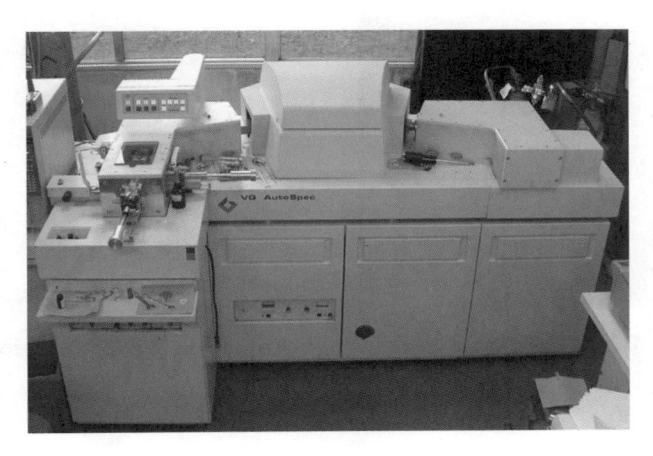

写真① 二重収束磁場型質量分析計

四重極型質量分離装置(QMS)

　20 cm 前後の長さの4本のロッドを図2-7のように互いに平行に束ねて，四重極型質量分離装置(写真③)を形づくる．対向するロッドには同じ電位を与え，隣り合うロッドには正負逆電位を与える．ロッドに与える電位は，高周波電位に直流電位を重ね合わせたものである．それぞれのロッドの内向きの面は非常に高精度な双曲面に仕上げられている．4本のロッドのあいだにできた空間にイオンを送り込むと，イオンはその質量電荷比に応じて振動しながら4本のロッドのあいだを進む．ロッドに高周波電位と直流電位を重ね合わせた電位が与えられていると，ある一定の範囲の質量電荷比のイオンだけが安定に振動して通り抜けることができる．それ以外のイオンは振動がしだいに大きくなって，最後にはロッドにぶつかって電荷を失ってしまうか，外に飛びだしてしまう．このように四重極型質量分離装置はある特定のイオンだけを取りだすので，四重極マスフィルターともよばれる．小型の質量分析計をつくるのに適しており，測定可能な質量上限も2000から4000くらいまでであり，実用上十分な性能をもっている．イオンのピークは低質量から高質量までほぼ同じ幅となる．通常の分解能の表し方に従えば，低質量域では分解能が低く，高質量域では分解能が高くなってしまうので，四重極型ではピークのすそ幅や半値幅で分解能を表す．そもそも四重極型は精密質量を測定するような高分解能を追求する装置ではないので，どのくらいの質量まで単位質量を分離できるかで性能を評価することが多い．

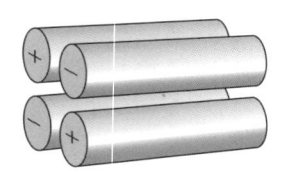

図2-7　四重極質量分離装置の模式図

質量選択のイメージ
四重極のなかの電場は時間や場所によって強くなったり弱くなったりしている．そのなかをイオンが通ると上下や左右からパンチを受けているようになる．そのパンチの強さによって通り抜けられるイオンの質量が決まると想像してもよい．軽いイオンは一撃のパンチで外へ弾きだされるし，重いイオンはパンチもどこ吹く風で勝手な方向へ飛んでいってしまう．手頃な質量のイオンだけが上下左右に振られながら四重極を通り抜けてくるというイメージである．

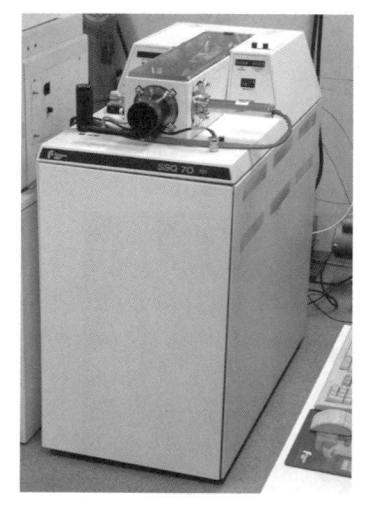

写真②　四重極型質量分析計　　　写真③　四重極型質量分離装置

解説⑤　四重極型質量分離装置の動作

　四重極型質量分離装置のなかでのイオンの振動の運動方程式はMathieuの微分方程式とよばれ，その様子は図1のようになる．縦軸はロッドに与えている直流の電圧，横軸はロッドに与えている高周波のピーク電圧である．アミで示した一つひとつの範囲がそれぞれある質量電荷比のイオンの安定振動領域で，そのほかは非安定振動領域である．直流と高周波の電圧をその比が一定になるようにしながら電圧を変化させる．その様子は図中の直線Lで示した．この直線の上を左から右に移動するように直流と高周波の電圧を変化させると，m_1，m_2，m_3それぞれのイオンの安定振動領域のある範囲のなかだけを通る．この直線上の左側が低質量側，右側が高質量側である．

　m_3の場合を見てみよう．このイオンは見かけ上，直線Lが安定振動領域のなかを通っている質量電荷比(xからy)の範囲に相当するイオンとして，四重極のなかを通り抜ける．したがって，分解能は直線Lの傾きを変えたり，上下に移動したりして調整できることがわかる．

　それぞれの安定振動領域の頂点をかすめるように電圧を変化させると，分解能の高いマススペクトルが得られるはずであるが，実際は四重極ロッドの双曲面の加工精度や4本のロッドを平行に組み上げる組立精度，ロッドの端縁電場の乱れなどの要因によって到達できる分解能には限界が生じる．四重極型では±1uを区別できる程度の分解能(単位質量分解能)が一般的である．磁場型のように分解能を調整するためのスリットを使わないのでイオンの透過率が高く，後段加速型検出器を使うとイオンを高感度に検出できる．

(T. K)

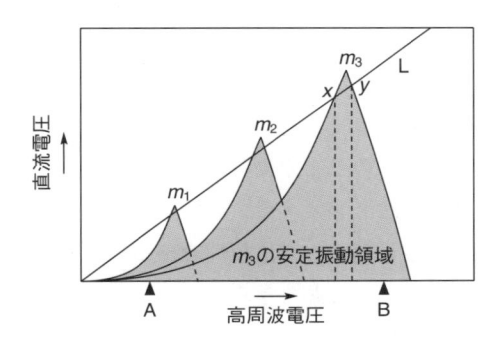

図1　Mathieuの図

イオントラップ型質量分離装置(ITMS)

　四重極型と同じ原理を使った質量分離装置である．図2-8のようにドーナツ型のリング電極を皿形の二つのエンドキャップ電極で挟んで構成されている．いずれも四重極型と同じように双曲面に仕上げられている．四重極ロッドの入口と出口をつないでリング状にしたものと考えることもできる．つま

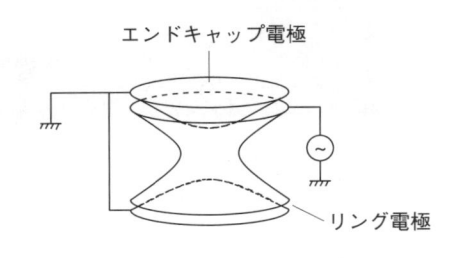

図2-8　イオントラップ型質量分離装置の模式図

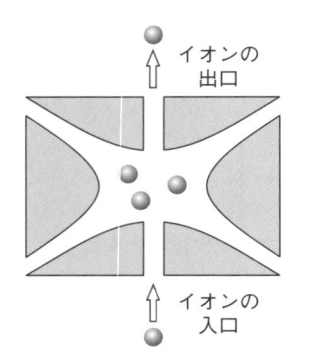

図2-9 イオントラップ型質量分離装置の断面図

り，安定に振動するイオンは外にでることなく内部にとどまるのである．イオントラップはテニスボールくらいの大きさで，とてもコンパクトな質量分析計をつくることができる．

四重極型と違って，エンドキャップ電極をアース電位にして，リング電極には高周波電圧だけを印加する．解説⑤で示した Mathieu の図に当てはめてみると，縦軸に相当する直流電圧値は0であるから横軸上だけで高周波電圧を変化させることになる．たとえば，点 A では m_1, m_2, m_3 の三種のイオンがともに安定に振動するが，点 B では m_3 だけが安定に振動し，m_1 や m_2 は振動が不安定になってエンドキャップ電極にあけてある穴から外へ飛びだしてしまう（図2-9）．リング電極に弱い高周波電圧をかけて質量電荷比がある値以上のイオンをトラップしておいてから，高周波の電圧を徐々に強くしていく（点A→点B）と，質量電荷比の値の小さいものから順にイオントラップの外へでてくるのでマススペクトルが得られる．

イオントラップ型ではトラップしたイオンをすべて検出するので，高感度なのが特徴である．反面，イオンを蓄積できる容積が限られているのでイオンの蓄積量に制限があり，イオン検出のダイナミックレンジはあまり大きくない．したがって，この装置を定量分析に利用するときにはいろいろな工夫が必要になる場合もある．またバックグラウンドイオンが非常に多い場合にも同様の理由により，そのままでは目的イオンをごくわずかしかトラップできないことになるので注意を要する．分解能は四重極型と同じように単位質量程度であるが，ある程度狭い質量範囲をゆっくりとスキャンすれば分解能の高いスペクトルを得ることもできる．

写真④ イオントラップ型質量分離装置の各電極

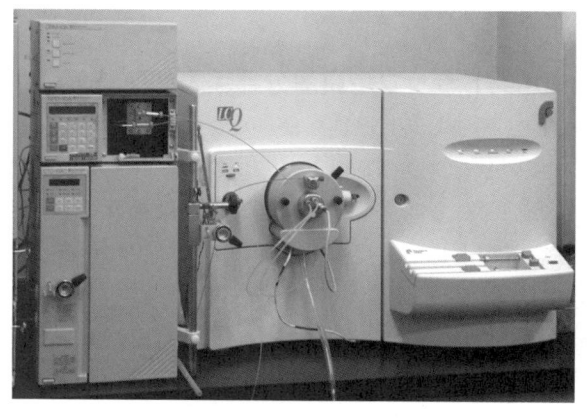

写真⑤ イオントラップ型質量分析計
左側は液体クロマトグラフの一部．

飛行時間型質量分離装置（TOFMS）

一定の電圧をかけてイオンを加速すると，電圧に応じた運動エネルギーがすべてのイオンに対して式(2.8)のように与えられる．

$$k = qV \tag{2.8}$$

kはイオンの運動エネルギー，qはイオンの電気量，Vはイオンの加速電圧である．式(2.5)で示されるように一定の運動エネルギーを与えられたイオンの速さは，質量が小さいイオンは速く，質量が大きいイオンは遅い．したがって，一定距離の自由空間を検出器に向かって飛行させると，イオンは質量の小さいものから順番に検出器1に到着する(図2-10)．イオンを加速してから到着するまでの時間を測定すれば，そのイオンの質量が求められる．その関係は式(2.5)と式(2.8)から導かれ，式(2.9)で表される．

$$t = 72.0 \times l \times \sqrt{\frac{m}{z} \times \frac{1}{V}} \tag{2.9}$$

tは飛行時間(μs)，lは飛行距離(m)，mはイオンの質量(u, Da)，zはイオンの価数，Vはイオンの加速電圧(V)である．たとえば，質量100万Daのタンパク質の1価イオンを20 kVで加速すると，2 mの距離を飛ぶのに要する時間はたったの1ミリ秒である．理屈からいえば，じっと我慢強くイオンの到着を待てば，いくらでも大きな質量のイオンを測定できる．これがこの装置の特徴の一つである．

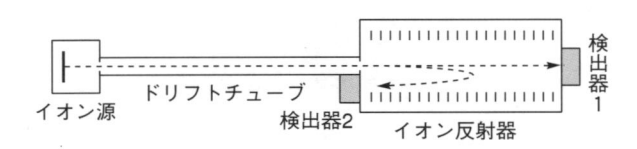

図2-10 飛行時間型質量分離装置の模式図

もう一つの特徴として，多くの質量分離装置はある質量のイオンを測定しているときにはそのほかのイオンを捨てているのに対し，この装置はすべてのイオンを捨てることなく検出できる点があげられる．この装置の感度は非常に高いことがうかがえる．しかし，この装置はすべてのイオンをスタートラインに並ばせておいてから「用意ドン」でスタートさせるので，イオン化はパルス的に行う必要がある．レーザーイオン化法はパルスイオン化の代表である．エレクトロスプレーのように連続的にイオン化しているような場合には，イオンを一度蓄積してからパルス的に加速するような工夫が必要になる．Delayed Extraction™やTime Lag Focusingなどとよばれる改良型のイオン加速法を用いると，イオン化段階でのイオンの初期位置や初速度のばらつきの補

ダルトンの正しい使い方

記号はDa．^{12}C原子1個の質量を12ダルトンとする．原子質量単位(u)と同じ定義であるが，使い方を間違えないようにしたい．そもそもこの単位は，生命科学で分子量という概念が当てはまらない物質の質量を表すために導入された．染色体やリボソーム，ウィルス，複合タンパク質などのように，概念的には一つの物質であっても単一組成をもっていない物質には分子量という表現はなじまない．このようなときに用いられるのがダルトンという単位である．したがって，厳密ないい方をすれば分子という概念が当てはまる物質に対して使う単位ではない．さらに，ダルトンは質量を表す単位であるから「分子量○○ Da」という使い方も間違いである．分子量は単位のない無名数である．

高質量測定の限界

質量分析計は装置の校正を行わなければ，正確な質量を求めることはできない．そのとき必要になるのは正確な質量がわかっている標準物質である．高質量の分子で正確な質量がわかっているものはそれほど多くはない．ウシ血清アルブミンの平均質量が66,430.3uであることがわかっているくらいである．もっと大きいタンパク質もあるが多くは糖タンパクであり，結合している糖鎖が分子ごとに異なっているので，正確な質量は決められない．また，合成高分子もかなり大きいものがあるがこれも重合度に幅があるとともに，製造のロットによってもばらつきが生じるので標準物質には使えない．このようなわけで，ある程度の精度で測れる質量は十数万程度である．

写真⑥　飛行時間型質量分析計

レーザーイオン化法の初期のばらつき

レーザーのパルス幅がいかに小さいとはいえ，質量分析計に使われる窒素レーザーは数ナノ秒程度である．レーザーパルス幅の最初にイオン化されたイオンは最後にイオン化されたイオンよりも数ナノ秒早く加速されているので，イオン源内の位置に違いが生じる．また，イオン化のときにイオンに与えられる初期運動エネルギーは個々のイオンで少しずつ異なり，全体としてある程度の幅をもつ．運動エネルギーの違いはイオンの初速度の違いになる．
このようにイオン化が終わったときに，すべてのイオンが同じ場所にいて同じ初期運動エネルギーをもっていることはありえないので，イオンをそのまま加速すればこれらのばらつきがそのままマススペクトルの幅に反映されてしまい，分解能は低下する．

正を行えるので，スペクトルの分解能は格段に向上する．また，図2-11のようにたくさんの電極を並べて電場勾配をつくるイオン反射器を使うと，イオンの運動エネルギーの広がりを打ち消すことができ，さらに高い分解能のスペクトルが得られる．

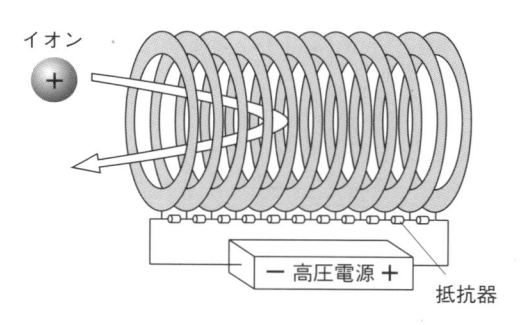

図2-11　イオン反射器の模式図

　イオン反射器の働きを簡単に説明しよう．改良型のイオン加速法を用いても同じ質量のイオンがもつ運動エネルギーにはまだある程度の幅が残る．運動エネルギーが大きいイオンは速いので反射器に先にたどり着いて反射電場に逆らって奥のほうまで入りこみ，遠回りをしてはね返ってくる（図2-10）．運動エネルギーが小さいイオンは遅く到着するが，反射器の奥まで入らずに近道をしてくる．その結果として，検出器2には運動エネルギーが異なっていたイオンが同時に到着するので，分解能は高くなる．このようなさまざまな工夫と改良がなされて，開発初期は数百という分解能だったものが，いまでは数万を超える分解能が達成できるようになってきた．

フーリエ変換イオンサイクロトロン型質量分離装置(FT-ICRMS)

すでに説明したように，磁場のなかでイオンを動かすとイオンは運動の方向と磁場の方向の両方に対して直角に力を受ける．磁場強度を十分に強くすると，イオンは磁場のなかで磁場方向を中心軸とした回転運動をするようになる．強い磁場を得るためには超伝導磁石が用いられ，そのなかに図2-12のような6面の電極で構成されたセルがおかれる．セルのなかのイオンの回転半径 r は式(2.4)で表される．速さ v のイオンが一周($2\pi r$)するのに要する時間 t は式(2.10)となる．

$$t = \frac{2\pi r}{v} \tag{2.10}$$

$$f = \frac{qB}{2\pi m} \tag{2.11}$$

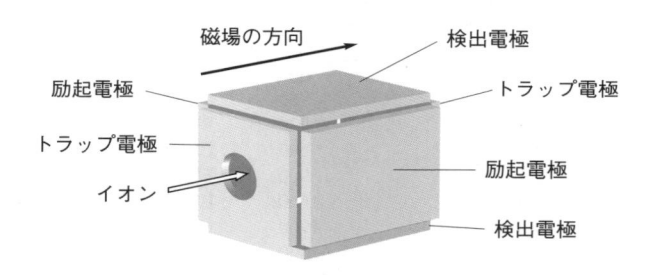

図2-12 イオンサイクロトロン型質量分離装置のセルの模式図

イオンが回転する周波数 f は $1/t$ であるから，式(2.10)を式(2.4)に代入すると，式(2.11)になる．励起電極にこの周波数の高周波電圧を印加すると，ばらばらに運動していたイオンはエネルギーを吸収して回転半径と速さを増すとともに，同じ質量電荷比のイオンが一かたまりとなって運動するようになる．この一かたまりで回転するイオンは検出電極に対して離れたり近づいたりするので，検出電極には周期的に変化する誘導電流が発生する．通常セルのなかにはさまざまなイオンが入っているので，それぞれのイオンの回転速度に応じた周波数の信号が混合して検出される(図2-13)．この複雑な信号の変化を時間とともにコンピュータに取り込みフーリエ変換して，縦軸が信号強度，横軸が周波数のスペクトルが得られる．さらに，横軸を式(2.11)に従って質量電荷比に換算すればマススペクトルになる．周波数を測定する精度は電圧や電流の場合に比べて非常に高く，測定に時間をかけるほど精度は増していくので，フーリエ変換イオンサイクロトロン型質量分離装置は高い質量測定精度と高い分解能を誇っている．また，イオンを外部に取りださずにイオンの寿命まで測定を続けられるので，微量の試料で信号雑音(SN)比が大きくきれいなマススペクトルを得やすい．

フーリエ変換
時間とともに強度が変化する信号をデータとして，そのなかにどのような周波数成分がどのような強度で含まれているかを数学的処理により解析する方法．和音がどのような単音から構成されているかを調べるようなものである．

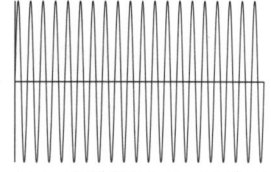

イオンが1種類のときのICR信号

イオンが3種類のときのICR信号

図2-13 イオンサイクロトロン信号の模式図
横軸が時間，縦軸が信号強度である．

解説⑥　質量分析計の質量校正

　質量分析計は質量分離の原理が数式で表されることから，それぞれのパラメータが決まれば質量が理論的に計算されるはずである．ところが，実際にはパラメータを厳密に決めるのはなかなか難しく，装置の質量校正を行わなければ正確な質量は求められない．質量校正はすでに質量が正確にわかっている化合物を使って行われる．おもな質量校正用化合物を以下の表1と表2に示そう．

　電子イオン化（EI）や化学イオン化（CI）の場合にはペルフロロケロセン（PFK），ペルフロロトリブチルアミン（PFTBA），トリス（ペルフロロアルキル）-s-トリアジンなどが使われる．高速原子衝撃（FAB）や二次イオン質量分析（SIMS）ではCsI，CsI+NaI，CsI+CsF，ペルフロロアルキルホスファジン（ウルトラマーク1621），ポリエチレングリコールなどが使われる．エレクトロスプレーイオン化（ESI）ではウマ骨格筋のアポミオグロビン，ポリエチレングリコール，ポリプロピレングリコールなどが使われている．大気圧化学イオン化（APCI）ではポリエチレングリコール，ポリプロピレングリコールなどが使われる．マトリックス支援レーザー脱離イオン化（MALDI）ではアミノ酸組成がはっきりとわかっている各種のペプチドやタンパク質が使われる．

（T. K）

表1　質量校正に使われる代表的な化合物

質量校正用化合物	質量上限	イオン化法
ペルフロロトリブチルアミン（FC-43）	600	EI, CI
ペルフロロトリペンチルアミン（FC-70）	750	EI, CI
ペルフロロトリヘキシルアミン（FC-71）	920	EI, CI
ペルフロロケロセン（PFK-L）	600	EI, CI
ペルフロロケロセン（PFK-H）	900	EI, CI
ペルフロロポリエーテル（ウルトラマーク1600F）	1600	EI, CI
ペルフロロポリエーテル（ウルトラマーク1960F）	1960	EI, CI
ペルフロロポリエーテル（ウルトラマーク2500F）	2500	EI, CI
ペルフロロポリエーテル（ウルトラマーク3200F）	3200	EI, CI
ペルフロロアルキルホスファジン（ウルトラマーク1621）	1600	EI, CI, FAB, SIMS
トリス（ペルフロロヘプチル）-s-トリアジン	1185	EI
トリス（ペルフロロノニル）-s-トリアジン	1485	EI
CsI	>25000	FAB, SIMS
CsI / NaI / RbI	>3000	FAB, SIMS
Glycerol / CsI	>3000	FAB, SIMS
CsI / NaI / LiI / KI / RbI / LiF	>3000	FAB, SIMS
CsF / LiF / NaI	>3000	FAB, SIMS（負イオンモード）
ポリエチレングリコール（300, 600, 1000, 1450）とポリエチレングリコール750 モノメチルエーテルの混合物	>2000	FAB, SIMS, ESI, APCI
各種 MALDI 用マトリックス	600	MALDI

表2　とくに ESI と MALDI で質量校正に使われる代表的な化合物

質量校正用化合物	モノアイソトピック質量(Da)		平均質量(Da)	
	$[M+H]^+$	$[M-H]^-$	$[M+H]^+$	$[M-H]^-$
グラミシジン S[*1]	1141.7138	1139.6981	1142.46	1140.44
アンジオテンシンI（ヒト）	1296.6853	1294.6697	1297.49	1295.47
サブスタンス P	1347.7360	1345.7203	1348.64	1346.63
ニューロテンシン（ウシ）	1672.9175	1670.9019	1673.94	1671.92
酸化インスリンB（ウシ）	3494.6513	3492.6357	3496.91	3494.89
インスリン（ウシ）	5730.6087	5728.5930	5734.52	5732.50
チトクローム c（ウマ）	12351.3364	12349.3208	12360.97	12358.96
リゾチーム[*2]（ニワトリ）	——	——	14305.99	14303.98
アポミオグロビン[*3]（ウマ）	——	——	16952.31	16950.29
血清アルブミン（ウシ）			66430.2	66428.2

*1 ESIではプロトン付加イオン1価と2価を使用，*2 ESIではプロトン付加多価イオン4価程度から13価程度を使用，*3 ESIではプロトン付加多価イオン7価程度から24価程度を使用．

原子の質量が整数でないのはなぜか

　原子核が陽子と中性子からできていることはご存じのとおりである．原子などの質量の基準は中性の ^{12}C 原子の質量であり，12u と決められている．^{12}C 原子核は陽子6個と中性子6個でできているから，陽子1個だけの原子核をもつ水素原子(^{1}H)は 1u なのだろうか．

　水素原子(^{1}H)の質量は 1.007825u である．陽子と中性子と電子の質量は，それぞれ 1.007276u と 1.008665u と 0.000549u である．水素原子(^{1}H)は陽子1個と電子1個からできているので，その質量は合計 1.007825u である．

　^{12}C 原子は，陽子6個と中性子6個と電子6個からできている．これらの質量の合計は 12.098940u であり，12u になっていない．0.098940u の差はどこに消えたのだろうか？　その理由は，陽子と中性子が結合して原子核を構成するときにエネルギーを放出するので，その分が質量の減少となって現れてくるためである．この質量の減少を質量欠損という．光速を c(m/s) として，質量 m(kg) とエネルギー ε(J) のあいだには $\varepsilon = mc^2$ の関係があり，質量とエネルギーは等価である．多くの場合，質量欠損は核子1個当たり約 8 MeV(0.0086u)であり，中性の ^{12}C 原子の質量欠損は先ほどの値くらいになる．このように，原子の質量が大きくなるほど質量欠損は大きくなる．したがって，原子の質量は陽子や中性子の質量の整数倍，あるいは炭素原子の質量の整数倍にはならないのである．

　余談であるが，この質量欠損に相当するエネルギーが核融合の際に取りだせるエネルギーである．1モルの炭素の質量欠損は 2kcal くらいに相当する．また，1g の質量をエネルギーに換算すると約 9×10^{13}J(約 2×10^{10}kcal)になり，実際にはできない相談であるが，小さな虫1匹で大型ロケットを打ち上げることもできるようなエネルギーである．

(T.K)

ピコピコ……ゲームではありません

　単位には単位の接頭語というものがある．センチメートルのセンチやキログラムのキロがそれに相当する．一般の人が使うものはメガ(MHz, Mt)，キロ(kg, km)，ヘクト(ha, hPa)，センチ(cm)，ミリ(mm) くらいだろうか．

　「きろきろ(k)と，へくと(h)でか(da)けたメートルが弟子(d)に追われてせんち(c)みりみり(m)」なんて語呂合わせを知っているだろうか？　科学分野の学生なら，さらに，ギガ，デシ，マイクロ，ナノ，ピコくらいは知っていることだろう．もっと大きいものや小さいものは，どのように表すのだろうか？

　次の表1がその答えである．

(T.K)

表1　単位の接頭語

数値	読み	つづり	記号	数値	読み	つづり	記号
10^{24}	ヨタ	yotta	Y	10^{-1}	デシ	deci	d
10^{21}	ゼタ	zetta	Z	10^{-2}	センチ	centi	c
10^{18}	エクサ	exa	E	10^{-3}	ミリ	milli	m
10^{15}	ペタ	peta	P	10^{-6}	マイクロ	micro	μ
10^{12}	テラ	tera	T	10^{-9}	ナノ	nano	n
10^{9}	ギガ	giga	G	10^{-12}	ピコ	pico	p
10^{6}	メガ	mega	M	10^{-15}	フェムト	femto	f
10^{3}	キロ	kilo	k	10^{-18}	アト	atto	a
10^{2}	ヘクト	hecto	h	10^{-21}	ゼプト	zepto	z
10^{1}	デカ	deca	da	10^{-24}	ヨクト	yocto	y

分子構造を詳しく調べる

KMS KeyWord
タンデム質量分析法(tandem mass spectrometry)，衝突誘起解離(collision-induced dissociation；CID)，衝突活性化解離(collision-activated dissociation；CAD)，プロダクトイオンスペクトル(product ion spectrum)，プリカーサーイオンスペクトル(precursor ion spectrum)，ニュートラルロススペクトル(constant neutral loss spectrum)

2台の質量分離装置を組み合わせた装置 ── MS/MS

　二つの質量分離装置を連結させると，さらにさまざまなマススペクトルが得られる．1台目の質量分離装置で一種類のイオンを選び，その後このイオンを不活性ガス分子などと衝突させて分解し，2台目の質量分離装置で生成したイオンのスペクトルを測定する(図2-14)．このような方法をMS/MSとよんでいる．2台の質量分離装置を直列に結合するのでタンデム質量分析法ともよばれる．また，不活性ガスなどと衝突させてイオンを分解させるので，衝突誘起解離(CID)法や衝突活性化解離(CAD)法とよばれることもある．

衝突ガス
四重極型などでは通常アルゴンを用いる．磁場型などではヘリウムや空気を用いる．

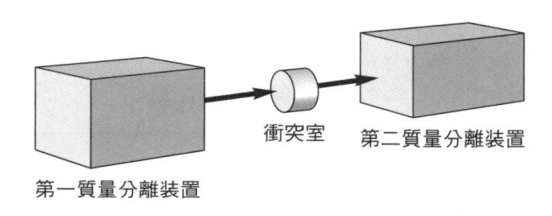

図2-14　MS/MS装置の模式図

　この測定法は特定のイオンの構造に関する情報が得られるので，分子量関連イオン以外の情報が得にくいソフトイオン化法にとって，その物質の構造を知るうえで非常に有用である．ペプチドのアミノ酸配列を解析する際によく用いられている．

　最近では，いろいろな質量分離装置が開発されたのでMS/MS装置としてさまざまな組合せがつくられている．その関係を図2-15に示した．点線でつないだ組合せは製品として市販されていないものである．イオントラップ型とフーリエ変換イオンサイクロトロン型は1台の装置だけでMS/MSスペクトルを得ることができる．さらには，MS/MSを複数回繰り返すMS^{n}が測定できるのも特徴である．また，図2-15に破線で囲んである飛行時間型や二重収束磁場型も1台の装置だけでMS/MSスペクトルは得られるが，調べたいイオンの選別能力が低いのでスペクトルの解析には注意を要する．

　MS/MSスペクトルには，あるイオンがCIDによって分解して生成したイオンを測定するプロダクトイオンスペクトル，CIDによって分解して生成した

高エネルギーCIDと低エネルギーCID
イオンを数kV以上の電圧で加速する磁場型の装置などでは高エネルギーCIDスペクトルを測定できる．また，衝突室を電気的にフローティングすると低エネルギーCIDスペクトルも測定できる．数十Vの電圧でイオンを加速する四重極型などでは低エネルギーCIDスペクトルを測定することになる．それぞれに異なる分解過程を観測できるので，実験の目的に応じて使い分けるとよい．

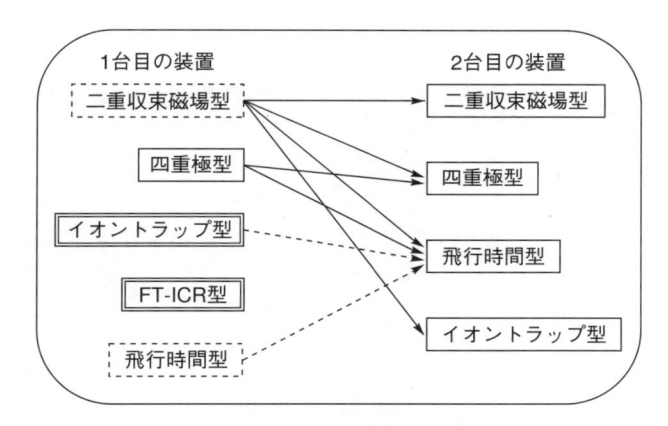

図2-15　MS/MS装置の組合せ

特定のイオンのもととなったイオンを測定するプリカーサーイオンスペクトル，CIDによって分解して特定の中性分子を失ったもとのイオンを測定するニュートラルロススペクトルの三種類がある．最も多く測定されるのがプロダクトイオンスペクトルであり，どの装置でも測定が可能である．残りのプリカーサーイオンスペクトル，ニュートラルロススペクトルは一部の装置だけでしか測定できないが，分子のなかに特定の構成要素が存在するかどうかを調べたりするのに有用な方法である．生体代謝物の研究やスクリーニングなどに広く用いられている．

解説⑦　タンデム四重極型質量分析計によるMS/MSスペクトル

タンデム四重極型質量分析計は四重極を三組直列につないで構成されるので，三連四重極型ともよばれている．ここではタンデム四重極型質量分析計を用いたMS/MSスペクトルの三種類の測定モードについて説明しよう．まんなかの四重極はイオンを分解させる衝突室として使うものであり，MS/MS/MSスペクトルが測れる装置ではないことを知っておいてほしい．衝突ガスとしては通常アルゴン（Ar）が使われる．タンデム四重極型質量分析計の構成は図1のようになっている．四重極アセンブリーはイオン源に近いほうからQ1，Q2，Q3とよぶ．このタイプの質量分析計をQqQ型やトリプルQ型とよぶこともある．

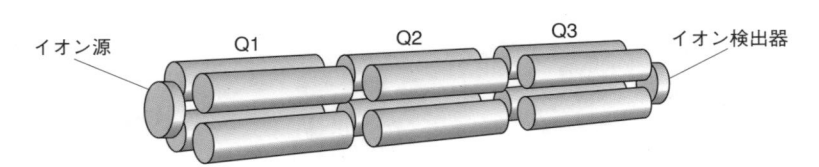

図1　三連四重極型質量分析計の構成

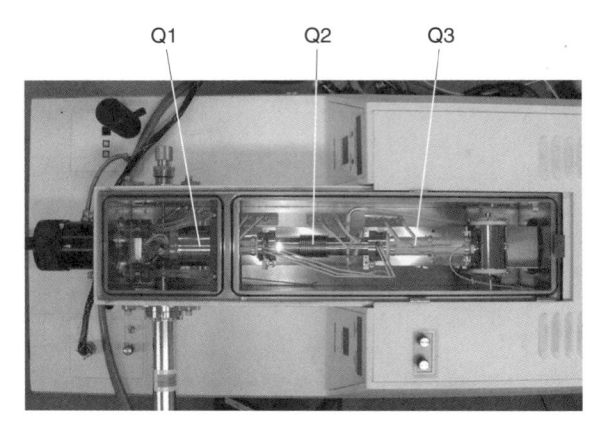

写真① 三連四重極質量分析計を上から見る

プロダクトイオンモード

　かつては娘イオンモードともよばれていた．Q1 は一種類のイオンだけが透過できるように電圧を固定して分析したいイオン（プリカーサーイオン）を選び，Q3 は電圧を掃引して Q2 で衝突誘起解離により生成したイオン（プロダクトイオン）のスペクトルを測定する（図2）．Q1 で選んだイオンの構造を調べるのに適したモードである．

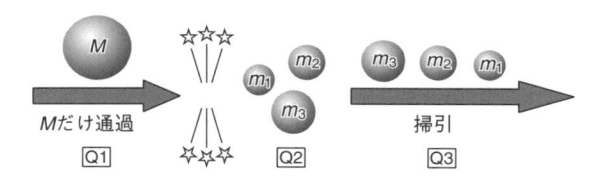

図2　プロダクトイオンモードの模式図

プリカーサー（前駆）イオンモード

　かつては親イオンモードともよばれていた．Q1 は電圧を掃引して Q2 に順々にイオンを送り込む．Q3 は電圧を固定して Q2 で衝突誘起解離により生成したイオンのなかから特定のイオンだけが透過できるようにする．通常のマススペクトルに現れるイオン群のなかから衝突誘起解離によって特定のイオンが生成されるものを選びだしたい場合に適したモードである．

　たとえば，図3では M からだけ m_3 が生成するとして，Q3は m_3 だけが通過できるようにしておくと，Q1 が M′ など，ほかの質量を掃引しているときには Q2 では m_1' と m_2' しか生成しないので Q3 で m_3 は観測されないが，Q1 が M の質量を掃引するときには Q2 で m_1, m_2, m_3 が生成するので，Q3 で m_3 が観測される．スペクトルの m/z 軸は Q1 のものである．

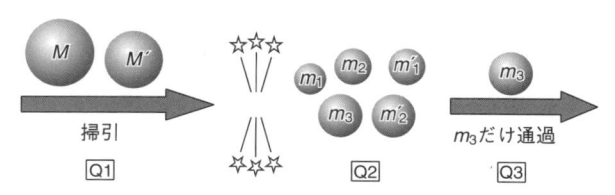

図3　プリカーサーイオンモードの模式図

ニュートラルロスモード

ある一定の質量差を保つようにQ1とQ3の電圧を同時に掃引する．このようにすると，Q2で衝突誘起解離した際に特定の中性分子を脱離するイオンを見つけだすことができる．プリカーサーイオンモードでは衝突誘起解離によって特定のイオンが生成するのを観測するが，このモードでは特定の中性分子が失われるのを観測する．たとえば図4では，$M-m_3=M'-m'_1=$[失われた中性分子の質量]となる場合である．Q1がMの質量を掃引しているときにはm_3が観測され，Q1がM'の質量を掃引しているときにはm'_1が観測されるのである．スペクトルのm/z軸はQ1のものである．

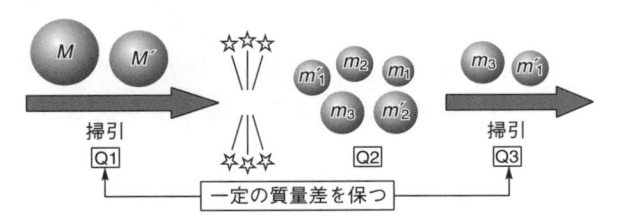

図4 ニュートラルロスモードの模式図

ソフトイオン化法を用いる質量分析では分子量関連イオンだけが生成することが多いので，物質の構造情報を得るためにMS/MSの技法がよく用いられる．とくにプリカーサーイオンモードやニュートラルロスモードは測定対象分子のなかに特定の分子構造をもつことを確かめるのに役立つ．したがって，代謝研究や薬物動態研究においては必須の測定技術である．

(T.K)

MS^{n}スペクトルを測定する

イオントラップ型質量分離装置は1種類，あるいはある質量範囲のイオンだけをトラップのなかに残すことができる．リング電極に弱い高周波電圧だけを与えておけば，ほとんどのイオンが安定に振動するので広い範囲の質量のイオンを蓄えられる（図2-16のなかの点A）．点Bのようにもう少し強い高周波電圧を与えると，質量m_1以上のイオンが蓄えられる．点Cのようにリング電極に高周波電圧だけでなく直流も加えると，質量m_1からm_2の範囲のイオンだけイオントラップのなかに残ることが図2-16からわかる．ある質量電荷比のイオンの安定振動領域の頂点近く（点D）になるように直流電圧と高周波電圧の比を調整すれば，m_2以外のイオンはイオントラップの外へ排除される．

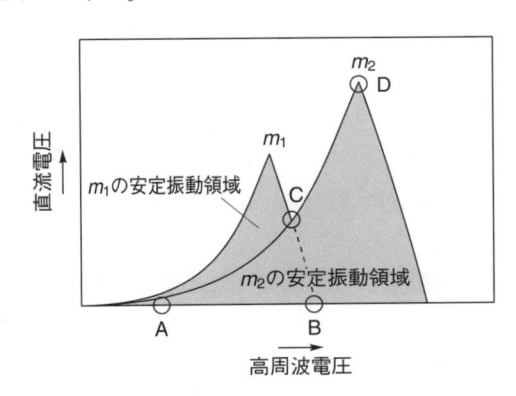

図2-16 イオントラップ型質量分離装置の動作（Mathieuの図）

続いて，エンドキャップ電極に「ティックル電圧」とよばれる適当な交流電圧を印加すると，イオンの運動エネルギーは増加して中性分子と衝突してCIDが起こる．しかし，CIDにより生成したイオンは質量が変化してしまうので，ティックル電圧により運動エネルギーをもらうことができず，一段階の分解反応だけが観測される．この性質をうまく利用すると，イオンの分解反応のメカニズムを調べるような実験も行える．これがイオントラップ型のMS/MSスペクトルの特徴である．CIDで生成したイオンのなかからもう一度特定のイオンをイオントラップのなかに残すことができるので，さらにCIDを行いMS/MS/MSスペクトルを得ることができる．これを繰り返せば，MS^nスペクトルも測定できる．ただし，イオントラップ型ではイオンの検出をイオントラップの外で行うので，MS^nのスペクトルを一度測定するとイオンはなくなってしまい，さらに高次のMS^nスペクトルがほしいときにはもう一度最初のイオンを取り込んではじめからイオンの分解と選択を繰り返す必要がある．

時間型と空間型のMS/MS
ITMSのように一つの装置の空間のなかでCIDとスペクトル測定を交互に繰り返すタイプを時間型MS/MSという．複数の装置をつないだタイプを空間型MS/MSといい，MS^nの測定を行う場合にはn台の装置をつながなければならない．

フーリエ変換イオンサイクロトロン型質量分離装置もイオントラップ型と同じように，あるイオンだけを選択してセルのなかに残せるので，MS^nスペクトルの測定をすることができる．フーリエ変換イオンサイクロトロン型ではイオンの運動により誘起される電気信号を観測してスペクトルを測定するが，スペクトル測定後もイオンはそのままセルのなかに残っている．続けてCID反応を行いMS/MSスペクトルを測定したいときに，セル中に残っているイオンを再利用して測定することも可能である．しかし，測定のために励起されているイオンをもとの状態に戻す操作が必要になるので，このような方法は一般には行われない．スペクトル測定後のMS/MSあるいはMS^nスペクトルの測定のためにはイオントラップ型と同じように，もう一度最初のイオンを取り込んではじめからイオンの分解と選択を繰り返す必要がある．

1台の質量分析計でMS/MSスペクトルを測定する

1台の装置で測定してMS/MSとは変な表現であるが，得られる情報がほぼ同等なのでこのようによぶことも多い．分解イオンの生成過程を示す呼び方をしたほうが誤解を招かないだろう*．

* イオン化室のなかでイオン化と同時もしくはその直後に起こる分解をin-source fragmentationあるいはin-source decay(ISD)という．また，イオン源をでて自由空間を飛行しているときに起こる分解をpost-source decay(PSD)あるいはmetastable ion decayという．一方，衝突により活性化して分解を起こさせる場合には衝突誘起解離(CID)あるいは衝突活性化解離(CAD)という．

1台の二重収束磁場型質量分析計でもMS/MSスペクトルを測定できる．電場と磁場の強さを一定の関係に保ったまま掃引すると，ある質量のイオンがイオン源をでてから質量分離装置に入るまでのあいだに分解・生成したイオンのスペクトルが測定できる．この方法はリンク走査法とよばれる．代表的な方法は電場強度と磁場強度の比を一定にした走査（B/E一定リンク走査）で，プリカーサーイオンから分解して生成したイオンのスペクトルが得られる．衝突活性化を行うための衝突室はイオン源の直後に設置される．この方法は

簡便にMS/MSスペクトルを測定できるが，プリカーサーイオンの質量選択性がやや悪いという欠点がある．

　イオン反射器をもつ飛行時間型質量分析計を使うと，イオン源をでてからイオン反射器に入るまでのあいだに分解して生成したイオンのスペクトルを測定できる（PSDスペクトル）．飛行中にプリカーサーイオンから分解したイオン群は，プリカーサーイオンの運動エネルギーと運動量が分解後も全体として保存されるので，自由飛行期間中はほぼ同じ速さで一かたまりに飛行する．これらのイオン群をイオン反射器で反射させると個々のイオンが分離してPSDスペクトルが得られる．しかし，得られるスペクトル範囲には制限があるので，イオン反射器の電場強度を変えながら複数回測定してスペクトルをつなぎ合わせる作業が必要になる．通常のイオン反射器は奥に向かって直線的に電場強度が強くなるが，これを曲線的にどんどん強くなるようにした反射器も開発されていて，この場合には1回の測定で全範囲のPSDスペクトルが得られる．イオン反射器の前にごく短い時間だけイオンを通過させるゲートを設置してプリカーサーイオンの選択を行うが，m/z値で数十から百程度の幅になってしまう．

　エレクトロスプレーイオン化（ESI）法のイオン源では，イオンが低真空の部分を通過するときに，残存気体との衝突を利用してインソース分解スペクトルを測定できる（3章参照）．この方法ではプリカーサーイオンの選択はまったく行えないので，純粋な試料に対してだけ利用できる．ただし，混合物であっても液体クロマトグラフィーで個々の物質に分離できる場合は，LC/MSを使ってこの方法が利用できる．

COLUMN　原子・分子に関することば（付録参照）

原子番号：原子核のなかに含まれる陽子の数．

元素：同じ原子番号をもつ原子の集合に対する名称（具体的な物質に対する名称ではない）．

質量数：原子核のなかに含まれる陽子と中性子の数の和．

原子質量単位：炭素の同位体^{12}Cの原子1個の質量の1/12．

原子量：天然の同位体比をもつ元素の平均原子質量を原子質量単位で表した値（最近ではIUPACの勧告により相対原子質量とよぶ）．

分子量：分子を構成する原子の相対原子質量の総和（最近ではIUPACの勧告により相対分子質量とよぶ）．

モノアイソトピック（単同位体）質量：分子を構成する原子がすべて同じ同位体で構成される分子の質量．最大存在比の同位体で構成される分子の質量をいうことが多い．

整数質量：分子を構成する原子の質量数の総和．精密質量などの小数点以下を四捨五入や切り捨てした値ではないことに注意する．

精密質量：小数点以下まで測定した質量．通常は小数点以下4桁まで測定する．

（T. K）

クロマトグラフと質量分析計をつなぐ

KMS KeyWord マススペクトルデータベース（mass spectral data base），キャピラリーカラム（capillary column），インターフェース（interface），大気圧イオン化（atmospheric pressure ionization），多価イオン（multiply-charged ion）

なぜクロマトグラフと結合させるのか

　質量分析計の多くはクロマトグラフと結合されている．世界で使われている質量分析計の9割以上が四重極型であるといわれているのは，その多くがガスクロマトグラフに結合させて使われているからである．クロマトグラフと結合した質量分析計がどのような目的で使われているかは想像の域をでないが，たぶん多くの場合はクロマトグラフの検出器として利用されているものと思われる．

　質量分析計とクロマトグラフとの関係には二つある．一つはいま述べたようにクロマトグラフが主役で質量分析計が脇役となるような場合であり，質量分析計をクロマトグラフの検出器として使う．もう一つは質量分析計が主役でクロマトグラフが脇役となるような場合であり，クロマトグラフを質量分析計のための分離精製手段として使う．

　ガスクロマトグラフィー質量分析法の場合は，フラグメントイオンを多く生成する電子イオン化法がよく用いられるので，そのマススペクトル中には試料の構造情報が多く含まれる．また既存の膨大なマススペクトルデータベースが利用できるので物質の同定は容易であり，前者の使い方が多くを占めている．一方，液体クロマトグラフィー質量分析法は近年になってめざましい発展を遂げてきた．幅広い分野の多くの研究室で日常的に使われている液体クロマトグラフィー分析に物質に特異的な分子量情報を与えてくれることから，高度な分析装置として確固たる地位を占めつつある．物質の構造情報を得るのはガスクロマトグラフィー質量分析法ほど簡単ではないので，この装置の使い方は前者の使い方と後者の使い方が半々かもしれない．たとえていえば，いぶし銀のガスクロマトグラフィー質量分析法，ルーキーの液体クロマトグラフィー質量分析法といったところか．各種のクロマトグラフィーとイオン化法の組合せとその適合性を表2-1に示す．クロマトグラフィー質量分析法については多くの成書があるので，詳しいことはそれらを参考にしていただきたい．

表2-1　クロマトグラフィーとイオン化法との適合性

	EI/CI	FAB/SIMS	ESI	APCI	MALDI
GC	◎	△※	×	×	×
LC	△	◎	◎	◎	×
CE	×	△	◎	×	×
TLC	×	○	×	×	×

GC：ガスクロマトグラフィー（gas chromatography），LC：液体クロマトグラフィー（liquid chromatography），CE：キャピラリー電気泳動(capillary electrophoresis)，TLC：薄層クロマトグラフィー(thin-layer chromatography)．
※気相におけるFAB/SIMSになる．
◎ よく使われる，○ 場合に応じて使われる，△ あまり使われない，× ほとんど使われない．

ガスクロマトグラフィー質量分析法(GC / MS)

　現在，一般に使われているキャピラリーカラムガスクロマトグラフでは，キャリアーガス流量が1 ml / min前後なので質量分析計のイオン源にカラムの出口を直結してもイオン源の真空度を悪化させることはない．試料はガスクロマトグラフから気体状態で溶出してくるので，電子イオン化(EI)法や化学イオン化(CI)法には最適である．このために非常に容易にGC / MSを構成できる．キャピラリーガスクロマトグラフの分離能は非常に高く，混合物の分析に威力を発揮する．GC / MSの長所は，電子イオン化法が試料の構造情報を多く与えてくれるので物質の同定が容易なことである．また，イオン化が非常に安定で再現性がよいので，定量分析に対する信頼性が高いこともあげられる．また，化学イオン化法を用いれば分子量情報も得られるので，GC / MSは非常に有用な分析装置である．短所は，高極性，難揮発性，熱分解性の物質は分析できないことである．ただし，誘導体化反応を利用すればこの問題を回避できることもある．

写真⑦　四重極型GC / MS

液体クロマトグラフィー質量分析法（LC/MS）

　クロマトグラフと質量分析計をつないだものとしては，GC/MS の歴史のほうがはるかに長い．しかし，試料を気化しやすい状態にする必要があるので，GC/MS をタンパク質やペプチドの分析に応用するのは困難である．1970年代から始まったLC/MSへの挑戦は，1980年代に液体クロマトグラフと質量分析計との容易な結合法が実用化されるようになり，さらに近年になって高感度なイオン化法が開発されてLC/MS が花開いた．ようやくタンパク質やペプチドを分離しながらオンラインで質量分析する道が拓かれたのである．

　液体クロマトグラフと質量分析計をつなぐインターフェースとして現在最も多く用いられているのは，大気圧イオン化（API）インターフェースである．そのなかで，タンパク質やペプチドなど極性の高い物質の分析に用いられるのは，エレクトロスプレーイオン化（ESI）法を利用したものである．エレクトロスプレーイオン化法は，3〜5 kV の高電圧を印加したキャピラリーに試料溶液を送り込むと非常に微細なスプレー（噴霧）が大気圧下で起こるとともに，試料分子がイオン化されることを利用する．このとき質量の大きいイオンは複数の電荷をもった多価イオンになることが多い．タンパク質では数十価以上の電荷をもつこともあるが，そのときの質量電荷比は1000〜3000くらいになることが多いので，質量範囲の狭い質量分離装置でも分子量数万から数十万のタンパク質を測定できるようになる．ESI-LC/MS は試料分子が溶液中で電離しやすいイオン性の物質に有効である．

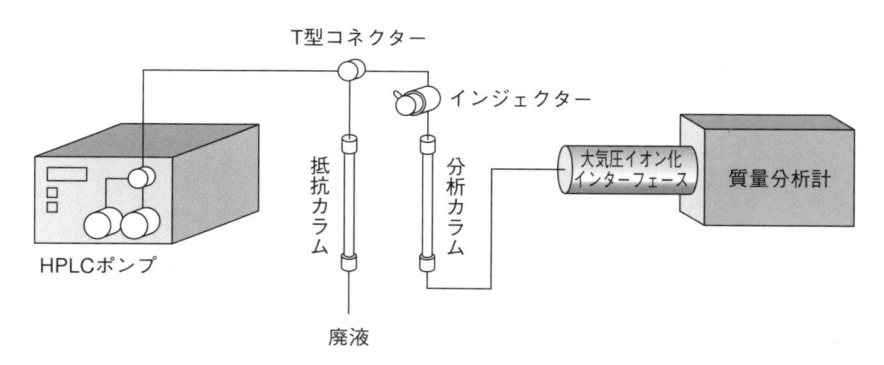

図2-17　ミクロまたはセミミクロ LC/MS の構成例

　低極性か中極性物質には大気圧化学イオン化（APCI）法がよく用いられる．試料溶液を噴霧すると同時に加熱して溶媒を気化させ，そのなかに針状の高電圧電極を置いてコロナ放電を起こさせると，大気圧下での化学イオン化が起こる．このイオン化法は溶媒の種類にあまり影響を受けないことが特徴で，

低分子量あるいは中分子量化合物のLC/MSとしての有用性が高い．大気圧化学イオン化法では多価イオンはほとんど生成しない．

　LC/MSに使われる質量分離装置としては，本章で説明したいずれのものについても実用化されている．高分解能が必要なのか，高感度が必要なのか，小型装置が必要なのかなど，目的に応じて質量分離装置を選択することになる．価格や装置の大きさなどから，LC/MSでも四重極型の製品が多くを占めている．しかし，イオントラップ型や飛行時間型も四重極型では得られない性能をもち，価格も手頃なことから普及しつつある．高性能と操作性は相反することも多く，万能な装置がないのが「玉に傷」といったところかもしれない．液体クロマトグラフにMS/MSが測定できる質量分離装置を接続させることで，タンパク質の酵素消化物のようなペプチド混合物をそのまま分析してアミノ酸配列情報を得ることや，未知化合物の構造解析もできるようになる．

　LC/MSでタンパク質やペプチドを分析する際に技術を要するのは，試料の調製と液体クロマトグラフの分析条件の検討であろう．現在ではエレクトロスプレーイオン化法は非常に安定したLC/MSインターフェースとなっており，分析がうまくできないときの原因は試料や液体クロマトグラフの側にあることが多いようである．

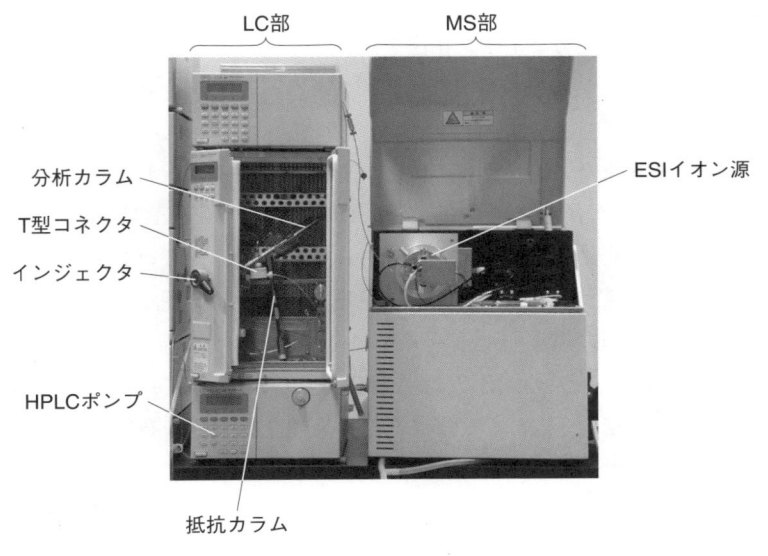

写真⑧　四重極型LC/MS

質量分析計のおもての性能

KMS KeyWord 質量範囲(mass range), 分解能(mass resolution), 感度(sensitivity), 単位質量分解能(unit mass resolution), 二次電子増倍管(secondary electron multiplier), 化学雑音(chemical noise), バックグラウンド(back ground), 不純物(impurity)

「おもての性能」, すなわちカタログなどに華々しくでている性能で, 新たに機種を選ぶときなどに目を引かれる部分である.

質 量 範 囲

質量分離装置の種類によって, おおよその質量範囲は決まってくる. 最も質量範囲が広いのは飛行時間型であり, 数十万から百万 Da くらいの質量まで測定できる. 磁場の強い電磁石を搭載した磁場型は数万 Da まで測定できるものもある. 通常の磁場型や四重極型, イオントラップ型は数千 Da くらいまでの質量が測定できる. GC/MS の場合にはガスクロマトグラフィー分析できる試料が限られているので, 通常は 1000 Da 前後である. 気体分析専用のものや同位体分析専用のものでは数百 Da 程度である. ただし, 試料分子の質量が測定可能範囲に入っていたとしても, その分子をイオン化できなければ分析できないことは理解しておかなければならない. つまり, 質量分析のためには試料分子の化学的性質や溶媒や不純物も含めた試料全体の性質をよく把握して, 適切なイオン化法を選択しなければならないのである.

分 解 能

最も高い分解能で測定できるのは, フーリエ変換イオンサイクロトロン型である. 数百万の分解能に到達できることもあるが, m/z 値の増加に伴って分解能が低下する性質があるので, 大きい m/z 値のイオンではむやみに高分解能を期待しないほうがよい. 高性能な磁場型や飛行時間型では数万という分解能である. 小型の磁場型や飛行時間型では数千の分解能が一般的である. 四重極型やイオントラップ型では測定範囲全域にわたって単位質量分解能を得られるが, 質量数千 Da まで測定できる高性能な装置は高質量域では単位質量分解能まで到達できないこともある.

イオン化法

1台の質量分析計でどれだけのイオン化法を利用することができるかは購入する機種を選定する際によく耳にする話題である. 当然のことながら本書

で紹介したイオン化法のほとんどが使える装置もある．利用目的が漠然としている段階ではこのような装置につい目がいってしまうが，実際のところはどうだろうか．

イオン化法を切り替えるときにはいろいろと操作をしなければならない．イオン源を取り替えずに電子イオン化(EI)，化学イオン化(CI)，高速原子衝撃(FAB)/二次イオン質量分析(SIMS)の三種類を測定できるような装置がある．EIやCIはイオン源を150〜250℃に加熱して測定するが，FAB/SIMSはマトリックスが気化しないように室温くらいで測定するので，相互に切り替えるときにはイオン源を暖めたり冷やしたりしなければならない．必要な時間は30分から1時間くらいなので，いつでも簡単に切り替えられるというものでもない．またエレクトロスプレーイオン化(ESI)や大気圧化学イオン化(APCI)への切り替えにはイオン源を丸ごと取り替えなければならないので，かなり大がかりな作業になる．したがって，イオン化法の切り替えを測定ごとや一日ごとに行うというのは，場合によってはかなりの負担であり非現実的でもある．週単位で切り替えてユーザーの要望に応えている例もあるが，最も利用頻度の高いイオン化法に固定されてしまうことが多いようである．その結果として，複数の質量分析計を設置する例も多くみられ，1台の装置でさまざまなイオン化法を使って測定できるという期待は実務の面から見ると実現されにくいと考えたほうがよい．

感 度

質量分析を行う際にどのくらい微量で分析できるかは，試料を分離・精製する労力に直結するので，とても気になる問題である．具体的な例は5章で説明するとして，ここでは質量分析計というシステムの面から見てみよう．

まず，一番後ろに位置する検出器はどうであろうか．ここでは二次電子増倍管が用いられるので，理論的には一つのイオンが届けばそれを検出できる．実際には試料のイオンだけが検出器に届くことはまれで，不純物やバックグラウンドといわれるイオンや化学種も届いて雑音となる．また高増幅率電子回路を含めた検出系の熱雑音もイオンの検出を妨害する．結局のところ，検出器の絶対的な感度の高さは必要であるが，それ以上に雑音の大きさを抑える，すなわち相対感度を上げることが高感度分析では重要である．

次に質量分析計の初段であるイオン化の部分から見てみよう．試料導入部から入れられた試料分子はイオン源でイオン化される．このとき，すべての試料分子がイオン化されることはまずありえない．ここで第1番目の損失が起こる．イオン化された試料分子は質量分離部に導かれるが，イオン源と質量分離部のあいだにはスリットやスキマーなどの部品があり，イオンの通過

が阻害され，ここでも損失が起こる．これに加えて，磁場型や四重極型のような掃引型の質量分離装置では，ある一つのイオンを観測している時間は一瞬であり，スペクトルを測定する全体の時間のごく一部であるから，かなり大きな損失が起こる．イオンはこれらの難関を突破してやっと検出器に届くのである．また，条件によってはイオン化されてから検出されるまでの時間に，イオンの一部が分解してしまうものもある．これらの点から，高感度な質量分析を行うには高い効率で試料分子をイオン化すること，損失を少なくしてイオンを検出器まで導くこと，余計なイオンや信号を検出器にもち込まないことなどが必要となる．高感度分析に際して，装置をつくる側ではないわれわれにできるのはイオン化を妨害したりイオン検出の邪魔になる不純物を試料からなるべく取り除くこと，試料分子にとって最も効率のよいイオン化法を選ぶこと（あるいはイオン化法に合わせて試料を誘導体化する），イオン源部などをこまめに洗浄して化学雑音を発生させないようにすることなどである．

表 2-2 質量分離装置の長所と短所

形式	分解能	質量範囲	操作性	大きさ	維持経費
Sector MS	非常に高い	広い	難～中	大・中	中
QMS	低い	狭い	中～易	小・中	低
ITMS	低い	狭い	易	小	低
TOFMS	高い	きわめて広い	易	小・中	低
ICRMS	きわめて高い	中程度	難	大	高

この表は大まかな目安であり，個々の装置によって異なる場合がある．

解説⑧ 分解能を表す方法

　質量分析計の分解能がどのように表されるのかを説明しよう．図1のように接近したピークの重なりの谷がベースラインから全体の高さの10％の位置にあるとき，十分な分解能がある状態と考える．このイオンの質量がm，重なりの谷の位置でのピークの幅をΔmとすると，質量分解能は$m/\Delta m$で表される．しかし，都合よくこのように10％谷の重なりでイオンを観測できることは少ないので，実際には独立した一つのピークの高さの5％の位置でのピーク幅をΔmとして分解能を計算する．こうして得られた分解能を「10％谷の分解能」とよぶ．
　一方で，ピーク高さの50％の位置でのピーク幅(Δm^*)を使って分解能を表す方法もある．このときの分解能$m/\Delta m^*$は"FWHM(full width at half maximum)"とよぶ．FWHMは10％谷の分解能と比べると2倍ほど高い値になる．
　図2はフラーレン(C_{60})のマススペクトルをシミュレートしたものである．分解能は左右どちらもフラーレンの質量に等しい720であるが，左側はFWHM，右側は10％谷で表したものである．それぞれの違いが実感できるだろう．
　分解能は$m/\Delta m$で表されるから，広い質量範囲にわたって分解能がほぼ一定な装置では質量mが小さければピークの幅Δmも小さくなるのでピークとピークの間隔は広い．ところが，質量が大きくなって分解能の値の付近になるとピークとピークが重なるようになる．磁場型質量分析計などはこのような性質をもっているが，

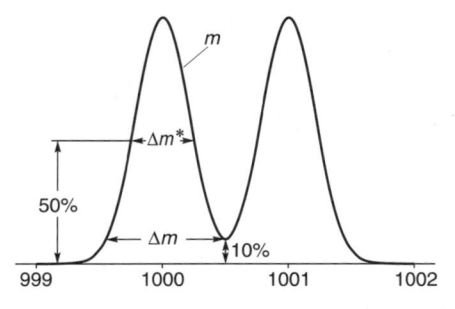

図1 質量分解能の表し方

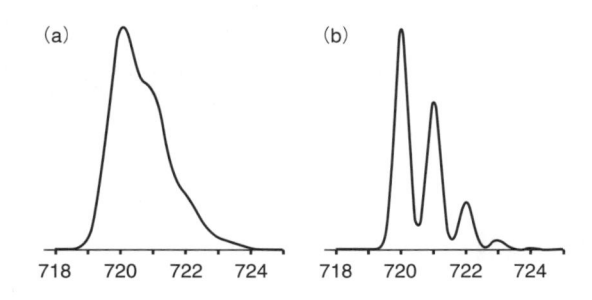

図2 分解能の違いによるフラーレンのマススペクトル
(a) FWHM で 720 の分解能，(b) 10％谷で 720 の分解能．

質量が増えるにつれて分解能が低下するような装置もある．このような場合の分解能は質量とともに表される．四重極型質量分析計は装置によって異なるが，m/z 1500 くらいまではほぼ同じピーク幅になる．このような装置の分解能は単にピーク幅 Δm だけで表される．

(T. K)

COLUMN ppm はどんな単位？

新聞や TV などで「濃度が何 ppm であった」などという表現に接することも多いと思う．ところでこの ppm という単位はどのようなものなのだろうか．ppm とは英語で parts per million のことであり，言葉どおりの「百万分の1 (10^{-6})」である．これらの仲間に ppb (parts per billion, 10^{-9})，ppt (parts per trillion, 10^{-12}) などがある．

次に考えることは，何の百万分の1 なのだろうかということである．重さなのだろうか，体積なのだろうか？ 答えは，兎にも角にも「百万分の1」である．禅問答みたいであるが，百万分の1 ならば何でも ppm なのである．体積でも，重さでも，人口でも，この単位を使った側の使い方しだいであり，それがわからなければ聞き手側には意味不明のままということになる．すなわち，使う側はそこのところをはっきりさせておかなければならない．しかしながら，よく使われる濃度としての ppm は重量で表したものとして扱われている．われわれが何気なく使っているパーセントも同じ問題を含んでいる．

さて，50 m プールには 2000 t (2×10^9 g) くらいの水が入っている．コーヒーや紅茶用のスティック型砂糖 (3 g) を入れると，その濃度は 1.5 ppb になる．この水を 1 ml 採ると，1.5 ng (約 5 pmol) の砂糖が入っているから，質量分析計で十分に測定できる量である．

「精度は 1 ppm」などという使い方もする．1 km の長さを測ったときに 1 mm のずれがあれば，1 ppm である．質量分析では 1000 u の質量を 0.001 の誤差で測れれば，1 ppm の精度であると表現する．また，NMR では標準物質の共鳴周波数から目的の共鳴周波数がどのくらいずれているかを観測周波数に対する比率として ppm で表す．もう一つの例をあげれば，仙台市には 100 万人くらいの人びとが暮らしているが，このなかのたった1人が 1 ppm である．このように 1 ppm とは途方もなく小さい比率なのである．

環境科学の分野では ppm レベルの濃度は高濃度であるといわれている．％などという濃度は信じがたいくらいの高濃度であることを科学者として認識しておくべきであろう．分析感度からすれば，質量分析にとっても ppm はやはり高濃度であり，この点も環境分析に質量分析法が多用される理由の一つである．

(T. K)

質量分析計のうらの性能

KMS KeyWord　漏洩磁場（leakage flux），冷却水（cooling water），換気（ventilation），騒音（noise），寿命（life time），放電（discharge），サージ電流（surge current），真空漏れ（vacuum leak）

　質量分析計は高価な装置であるから，買うと決めてからあるいは設置してから，「しまった」などということはあってはならないはずなのに，結構そんな話が聞こえてきたりする．

設置面積と装置質量

　実際に質量分析計を設置しようとするときにまず問題となるのがどの程度の広さを必要とするのか，どのくらいの重さなのかということである．最も広い面積を必要とするのはフーリエ変換イオンサイクロトロン型であろう．超伝導磁石を使っているので装置そのものも大きいが，磁石から漏れる磁場（漏洩磁場）が強いので磁場の影響を受ける金属物やペースメーカーなどの医療装置を装着している人の立ち入れない空間が広いのである．装置も非常に重く数tにもなる．大型の磁場型質量分析計も広い面積を必要とする．電磁石も相当重いので，装置全体で数tになる．これらの装置を設置する部屋の床強度は$3 t/m^2$以上を必要とする．ベンチトップ型の質量分析計では装置をのせるテーブルの強度が問題になる．ベンチトップとはいいながらもかなり重いので要注意である．四重極型のベンチトップGC/MSは総重量が100kgを超えることはないが，ベンチトップLC/MSは200kgを超えるものもあるから，実験台の天板がたわんだり，引きだしが開かなくなったりすることもある．またベンチトップ型ではロータリー真空ポンプが外づけになるものが多く，その置き場所も考えなければならない．カタログの写真には余計なものが写っていないことが多いので，惑わされないようにしよう．

電源と冷却水

　装置を設置する際には電源と冷却水も考慮しなければならない．小型の装置を除けば，200Vの電源が必要になる．電流は30Aクラスの配線を複数用意する必要がある．冷却水は水道水や井戸水を使ってもよいが，水質には十分に気をつけなければならない．配管が腐食されたり，配管中に堆積物が付着したりする可能性がある．意外なところから早く寿命がきてしまうこともある．

最近では冷却水循環装置を使うことが多いが，この電力もかなり必要になる．空冷のターボ分子ポンプを使っている場合には室内への放熱量が大きくなるので，空調の能力にも気をつけなければならない．中型以上の装置を狭い部屋に設置する場合には厳冬期でも冷房が必要になることも多いので，空調が集中制御されている部屋は対策を講じなければならない．超伝導磁石では液体窒素製造装置を，ESIイオン源では窒素発生装置を使う場合もあり，予想以上の電源を必要とすることもある．

換　気

LC/MSとして使うエレクトロスプレーイオン化（ESI）法や大気圧化学イオン化（APCI）法では多量の窒素と溶媒を噴霧・気化するので，安全のためにも健康のためにも，有毒・可燃性ガスの排気は必要である．排気や換気ができない部屋へLC/MSを設置するのは人命にかかわる場合もあるので，避けるべきである．最もよいのは真空ポンプとイオン源の排気ガスを排気ホースを使って室外に排出する方法である．質量分析計を設置するときに真空ポンプの近くの壁に穴を開けておくとよい．穴の位置は真空ポンプ油のミストが凝縮してホースにたまりやすいので，なるべく床面に近いところがよい．壁に穴を開けることができなければ窓から排気する方法があるが，地上階では不審者の侵入などに対する対策が必要になる．室外への直接排気が困難な場合には換気扇のごく近くに排気ホースの出口を取りつける．

排気をするとき環境汚染を考えて，できるならば有機溶媒ガスをトラップする方策について考えておきたい．ガス流量が多いので有機溶媒を冷却トラップなどによって除去するのは実験室レベルでは現実問題として不可能と考えられる．排気経路の途中に真空ポンプ油を入れた大型ポリタンクを設置して有機溶媒を吸収させるなどの方策がある．

騒　音

この問題は日本では考慮されない場合が多いのは，嘆かわしいことである．騒音によるストレスは相当なもので，質量分析のように長時間にわたって装置の前にいる必要のある場合は，作業者に大きな負担を強いることになる．良質な作業環境の確保は，効率的な質量分析のためには非常に重要な課題である．質量分析計の騒音発生源で一番大きなものはロータリー真空ポンプである．これに百葉箱のような小屋をかぶせて騒音を軽減させている例もある．ターボ分子ポンプを使っている場合には，タービンが毎分数万回転するので超高音域から可聴領域以上の高音が発生する．可聴領域外の高音によるストレスも生じているようである．また，装置のフレームやパネルなどが共振し

てさらにレベルの高い高音を発生することがあるので，共振対策も考える必要がある．

真空ポンプの次に大きい騒音を発生するのが制御装置などの冷却ファンである．大型の装置になるとかなりの数の冷却ファンが装着されている．冷却ファンの風切り部にほこりがつくとさらに騒音が大きくなるので，掃除できる構造ならばときどき掃除するとよい．部屋の構造も騒音と大きな関係がある．真四角な凹凸の少ない部屋では音が何回も反射するので騒音が減衰しにくい．机やロッカーをいくつか置くと音の反射が複雑になってかなり減衰する．床にカーペットタイルを敷くとかなり大きな効果がある．できれば壁面にも吸音材を張りたいものである．おしゃれなタペストリーなども結構効果的である．さらには，装置の向きなどによってもかなり騒音が軽減されることがある．効率的な作業のためには騒音軽減になるべく努力をすべきである．

寿 命

いろいろな"もの"には必ず寿命があるのはわかっているはずであるが，理化学装置も身のまわりにある電化製品のように長期間安定に動くものと思いがちである．理化学装置は生産量が少ないこともあり，家庭電化製品や自動車ほど安定な製品ではないので，相応の保守を怠ると早い時期に寿命がついてしまう場合もある．いくつかの例をあげてみよう．

真空ポンプ油はイオン化法の種類によって交換の時期が異なる．最も短いサイクルで交換しなければならないのは，エレクトロスプレーイオン化法や大気圧化学イオン化法などを用いたLC/MSである．水や有機溶媒を長時間にわたって吸引するので，ポンプ油の粘度と到達真空度が早期に低下する．ターボ分子ポンプはオイルフリーのものとそうでないものがある．潤滑油を使うタイプのものでLC/MSの場合はやはりこまめにオイル交換することを奨める．軸受けのベアリングが破損するとポンプ全体の交換になるのでベアリングの交換も定期的に行う必要がある．

電源ユニットは質量分析計に電力を供給する大事な装置である．このユニットには大きな電流が流れるので発熱も大きく部品の劣化が早く進みやすい．とくにコンデンサーは10年ほど使うと性能が劣化するともいわれているし，電力制御用半導体も高温になるのでトラブルを起こしやすい．電源ユニットは直流5，12，24Vなど複数の電源回路からなっているので，すべてが壊れることは少なく質量分析計のある機能だけが停止するといったことのほうが多い．

大電流が流れる部分のプリント基板も長期間にわたる発熱による障害が発生する．多くの場合はプリント基板が焦げたようになってハンダづけ部分が

劣化したり，銅箔が剥離するなどのトラブルが起こる．

　油拡散ポンプまわりの配線やGCインターフェースなどの加熱部分の配線は被覆が熱によって劣化して亀裂が生じたりする．亀裂部分から銅線が酸化されて断線などを招いたり，抵抗が増加して発熱し火災の危険性が高くなったりする．

　磁場型質量分析計のイオン加速電圧をはじめ，質量分析計では高電圧が各部で用いられている．汚染や真空度の低下などにより絶縁抵抗が低下すると放電が起こりやすくなる．放電電流が電子回路にまわり込むとIC（integrated circuit）などは簡単に壊れてしまうので注意する必要がある．雷なども含めて放電によるサージ電流は質量分析計に致命的な障害を起こす．

　フィルターのついた冷却ファンが装置についている場合には，フィルターのゴミ取りを忘れないようにしよう．フィルターの目づまりにより装置内部の温度が上昇して誤作動を起こしたり，故障の原因になったりする．

　水冷型のターボ分子ポンプや油拡散ポンプの冷却水配管にも注意を払う必要がある．冷却水として水道水や井戸水を使っている場合には，水に含まれるカルシウム塩や不溶物の沈着によって配管の内径が細くなったり，水道水中の塩素化合物によって金属配管が腐食されたりする．冷却水循環装置を使っている場合でもゴム配管の経年劣化によって冷却水漏れなどの事故も起こる．筆者が経験した冷却水に関連した事故の一つには，水圧センサーのゴム製ダイヤフラムが劣化していて断水を検知できずに油拡散ポンプが過熱してしまい，大々的な修理をする羽目になってしまったことがある．

　現代の理化学装置では部品としてゴムやプラスチックを使っていないものはない．これらは年月とともに劣化するものであり，定期的に交換する必要がある．

　質量分析計は真空が命であるから，真空漏れの対策は重要である．真空が漏れている状態で長いあいだ放置しておくと致命的な故障の原因になる．金属製の真空シールは一度取りはずすと再利用は困難であるから，予備を用意しておくとよい．カルレッツなどの特殊ゴムのシールは再度装着するときには汚れをよく落としておく．また，溶接部の金属疲労が原因でヒビが入って真空漏れを起こすこともある．真空漏れのチェックはヘキサンやアセトンなどの非腐食性揮発性溶媒を疑いのあるところへ少量滴下すれば調べられ，真空漏れの，近いところに設置してある真空計の表示が大きくふれるはずである．

　高電圧が印加されている部分の絶縁が不良になると，放電が起こる原因になる．低電圧の部分でも，絶縁不良は動作不良や故障の原因になる．絶縁不良はなかなか見つけにくいトラブルである．

騒音や振動の増加には気をつけるようにしよう．質量分析計はもともと騒音発生源なので微妙な音や振動の変化を見逃しがちである．これらがトラブル発生の前兆となることも多いので，些細な変化も見逃さないようにしよう．

アース配線の劣化も思わぬトラブルの原因になる．アース配線系統が劣化すると，外来雑音が侵入しやすくなる．雑音によって装置の制御が不安定になることもある．とくに検出器の初段増幅回路はインピーダンスが高いので雑音がまわり込んでくるとスペクトルに雑音が重なってしまい，スペクトルの安定性に直接影響する．アース配線の取りつけ不良でも同様のトラブルが発生する．

コンピュータはご存じのように日進月歩の状態である．数か月で新製品が発表されるようないまの時代では，三年も経てば立派な時代遅れの代物になってしまう．オペレーションシステム(OS)の進歩も著しく，質量分析計用ソフトウェアの開発が最新のコンピュータ環境に追いつかない状況も生まれてきている．また，質量分析計ソフトウェアは装置機能と密接に関連していることから，インターフェースの交換も必要になるので旧型モデルのコンピュータを最新のものに置き換えることが困難な場合も多い．しかしながら，質量分離装置そのものは堅牢なので結構長寿命であり，制御プログラムを自作してコンピュータを最新のものにすれば10年以上も前の装置でも通常の測定には十分に使うことができるものがある．データ処理プログラムは市販のものを利用すれば余計なプログラムをつくる手数が省ける．コンピュータが古いというだけで質量分析計全体を廃棄するのはちょっとかわいそうな気もする．

3 イオン化法の常識

この3章では，それぞれの試料に合った適切なイオン化法を選択することを学んでいただくためのものである．したがって，試料の性質を把握したうえで，質量分析計を使いこなしてほしい．

試料に合ったイオン化法を選ぶ

KMS KeyWord　イオン化(ionization)，イオン源(ion source)

　質量分析法(マススペクトロメトリー)とは，微量の試料をいろいろな方法でイオン化し，そこで生成したイオンを質量と電荷数の比(m/z)に応じて分離し記録する分析法である．これにより試料の正確な質量を決定でき，元素組成や構造が推定できる．また，質量分離部内は真空状態であるので，ほかの分子との相互作用を無視でき，気相中におけるイオンの単分子反応などの挙動も知ることができる．質量分離部については2章で詳しく説明されているので，この章では試料をどのようにイオン化するのかについて述べ，そのさまざまなイオン化法を紹介しよう．

まずはイオン化法の選択から

　試料をいかに効率よくイオン化し，かつきれいなマススペクトルを得るかは，イオン化法の選択にかかっているといっても過言ではない．質量分析法では試料がイオン化されなければ質量を測定できないため，最適なイオン化法を選ぶことこそ測定するときの最初の関門になる．したがって，試料を手にしたときにまず考えなければならないのは，どのイオン化法でこの試料はイオン化されるのであろうか？　ということである．

イオン化法を選ぶ目安

　イオン化法は試料の化学的性質や物理的性質により，使える場合と使えない場合がある．そのため，あらかじめ以下に示すような三つの情報を把握し，その試料の性質に応じて最適なイオン化法を選択しなければならない．

1) 試料の量
2) 試料の種類および推定分子量
3) 試料の揮発性，溶解性

　1)については，試料の量が mg, μg, ng のどのオーダーなのかを把握しておく．2)では，試料が無機化合物か有機化合物か，さらに後者では核酸やタンパク質(ペプチド)，脂質や複合糖質など，どのような種類の化合物であるのかをあらかじめ把握しておく．試料の酸性・塩基性，親水性・親油性，酸

化性・還元性も知っておきたい．さらにおおよその分子量も1000以下であるのか，3000以下であるのか，あるいはそれ以上なのか見当をつけておく．3)については，試料が常温で気体，液体，固体のいずれなのか，固体や液体の場合は揮発性が高いのか低いのか，また溶解する際の溶媒は何が適当なのかも調べておこう．

イオン化法を選択するときの目安となる表をp.26に記載したので，参考にしてほしい．

貴重な試料を無駄なく効率よく測定するには

以上の各項目を総合的に検討した結果，最適イオン化法が決定される．もし，試料に適したイオン化装置(イオン源)が搭載されていない質量分析計で無理に測定すると，試料のスペクトルが測定できないだけでなくイオン源を汚染してしまう可能性もあり，さらには装置の故障の原因にまで発展してしまう場合もある．また，質量分析法はいったん測定した試料を測定後に回収することができない，いわゆる試料消費型の測定法なので，試料を適当でないイオン化法で測定してしまった場合は貴重な試料が無駄になってしまう．したがって，試料に適したイオン源を搭載していない質量分析計を所有している場合は，無理に測定するのではなく，試料に最適なイオン源が搭載されている質量分析計を所有している他者に測定を依頼することも念頭におくべきである．これほどイオン化法の選択は重要なことなのである．では，上記三つの検討材料がどのようなイオン化法と最終的に結びつくのかをこれから説明していくことにしよう．

表3-1 イオン化法と質量分離装置との相性

	Sector MS	QMS	ITMS	TOFMS	ICRMS
EI / CI	◎	◎	◎	○	◎
FAB / SIMS	◎	◎	○	△	◎
ESI / APCI	○	◎	◎	◎	◎
MALDI	○	×	○	◎	◎

この表は大まかな目安であり，個々の装置によって異なる場合がある．
◎ よく使われる　○ 場合に応じて使われる　△ あまり使われない　× ほとんど使われない

電子イオン化(EI)法

KMS KeyWord

電子イオン化(electron ionization；EI)，熱電子(electron beam)，分子イオン(molecular ion)，フラグメントイオン(fragment ion)，リペラー電圧(repeller voltage)，加速電圧(accelerating voltage)，イオン化エネルギー(ionization energy)，フラグメンテーション(fragmentation)，正イオン(positive ion)，負イオン(negative ion)

どのような試料に用いるか

電子イオン化(electron ionization；EI)法はさまざまなイオン化法のなかで最も古くから用いられている方法であり，分子量が1000程度以下の低分子量の試料で，揮発性が高い試料(固体や液体)や常温で気体の試料に用いられる．

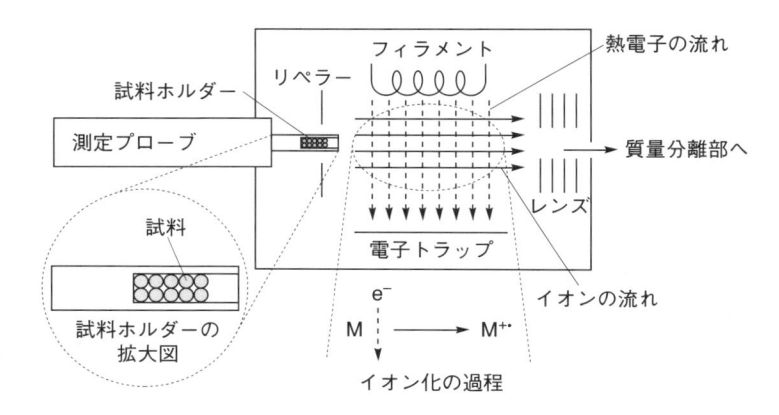

図3-1　EI法に用いるイオン源とイオンの生成過程

EI法とはどのような原理か

試料約0.01 mg(それ以上の量でも可)をガラスや金属製の試料ホルダー(図3-2)に挿入した後，試料ホルダーを測定プローブに取りつけ$10^{-6} \sim 10^{-8}$ Torr程度に減圧されたイオン源に導入する．この試料導入の方法は直接導入法と呼ばれている．ガスクロマトグラフィー(GC)と質量分析計(MS)を連結させてGCから試料を導入する間接導入法もあり，EI法はGC/MS(2章参照)に適したイオン化法である．

イオン源内の試料ホルダー温度を数百℃まで徐々に加熱すると，試料は気化しはじめる．電流を流して高温に加熱したタングステンまたはレニウム製のフィラメントからは熱電子が放出されており，イオン化室を通過して陽極(電子トラップ)へ向かう．熱電子はイオン化室内で気体状の試料分子Mの近傍をかすめるように設計されている．その際，試料分子Mは熱電子のエネルギー(典型的には70 eV)によってイオン化され，分子イオン$M^{+\cdot}$が生じる．

$$M + e^- \rightarrow M^{+\cdot} + 2e^-$$

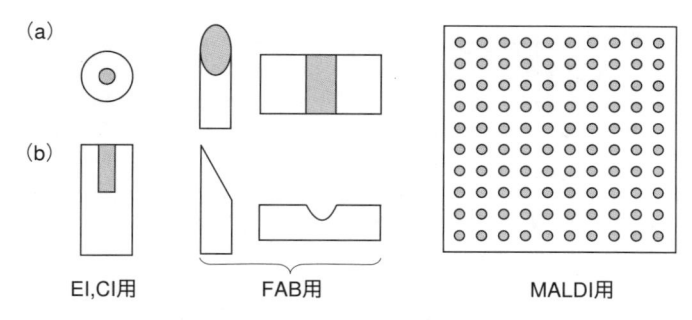

図 3-2　さまざまな試料ホルダー
EI, CI 用そして FAB 用の試料ホルダーを上から見た図(a)，横から見た図(b)を示す．MALDI 用は上から見た図である．アミかけした箇所に試料を挿入または塗布する．

　生成した分子イオンやフラグメントイオン(後述)は，リペラー電圧(生成したイオンをイオン源から質量分離部へ押しだすための電圧)によって，イオン化室から押しだされ，さらにイオン化室(またはイオン化室の出口にある電極)に印加された電圧によって加速される(加速電圧)．そして，次のレンズで左右，上下のイオンの広がりを収束させ，イオンを正しく質量分離部へ導く．

EI 法でのピークの現れ方

　試料分子が自己のイオン化エネルギーよりも過剰なエネルギーをイオン化の際に受け取った場合には，そのエネルギーによって分子イオンはイオン源内で分子構造に依存してさまざまに開裂する．これをフラグメンテーションとよび，試料分子の構造情報をもつフラグメントイオン A^+ が生じ，分子構造解析に活用される．しかし，すべての $M^{+\cdot}$ がフラグメントイオンに開裂するわけではないので，$M^{+\cdot}$ と A^+ がともに観測される．

$$M^{+\cdot} \rightarrow A^+ + N^\cdot \quad (\text{N は中性フラグメント})$$

　EI 法は後述するほかのイオン化法に比べて最もフラグメンテーションが起こりやすいため，CID 法(2 章参照)を用いなくても必要な構造情報は得やすい．また，EI 法ではおもに正の分子イオンが生成するため，正イオンモードで測定が行われる．熱電子のエネルギーが大きい場合には，電子が奪われやすい化合物(多環芳香族化合物など)は正の 2 価イオン M^{2+} を生じる．低速の熱電子が電子捕捉性がある試料分子の近傍をかすめた場合は，試料分子に電子が捕獲されて負の分子イオン $M^{-\cdot}$ が生じることもある．しかし，このような例はあまり多くないので，スペクトル解析には 1 価の正イオンだけを念頭において解析するとよい．

化学イオン化(CI)法

KMS KeyWord: 化学イオン化(chemical ionization；CI)，試薬ガス(reagent gas)，イオン分子反応(ion / molecule reaction)，反応イオン(reactant ion)，分子量関連イオン(molecular-related ion)，プロトン化分子(protonated molecule)，脱プロトン化分子(deprotonated molecule)，内部エネルギー(internal energy)

どのような試料に用いるか

化学イオン化(chemical ionization；CI)法はEI法についで古くから用いられている．EI法と同様，分子量が1000程度以下の揮発性の高い低分子量の試料に有効で，使用する試料量も試料導入の方法も(直接，間接導入法とも)EI法と同じである．

CI法とはどのような原理か ── 試薬ガスの役割

EI法と最も異なる点は，試薬ガスとよばれる，ある種の気体をあらかじめ気密なイオン化室内に封入し，そこに試料を導入して熱電子によるイオン化を行う点である．EI法に比べてイオン化室内の圧力は高くなる(1 Torr前後)．試料分子に比べ試薬ガスが多量に存在するので，試料分子より先に試薬ガスがイオン化し，試薬ガス相互のイオン分子反応により，ある特定の反応イオンが生じる．試薬ガスにはメタンやイソブタン，アンモニアなどが用いられる．

反応イオンとして，メタンからはCH_5^+や$C_2H_5^+$が，イソブタンからは$(CH_3)_3C^+$，アンモニアからはNH_4^+がおもに生成する．

続いて，多量に生成した反応イオンと試料分子のあいだでイオン分子反応が起こり，試料分子はイオン化される．気相反応によって「ソフト」にイオン

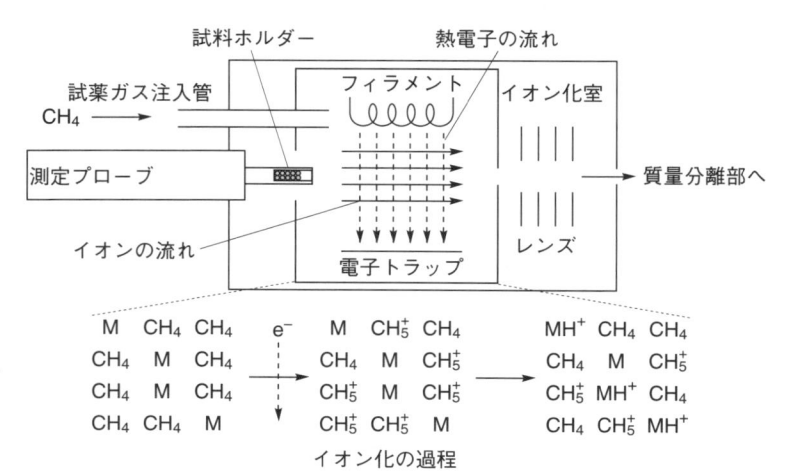

図3-3　CI法に用いるイオン源とイオンの生成過程
試薬ガスとしてメタンを用いた場合の主反応の様子．
$M + CH_5^+ \longrightarrow [M+H]^+ + CH_4$
(プロトンの付加：主反応)

化させるこの方法は，試料分子を直接イオン化させるEI法とは異なったスペクトルが得られる．まず，分子量関連イオンがEI法ではおもに分子イオン$M^{+\cdot}$であるのに対し，CI法では正イオンと負イオンの両方を生成させることができる．正イオンはおもにプロトン化分子$[M+H]^+$などが，負イオンはおもに脱プロトン化分子$[M-H]^-$や$M^{-\cdot}$などのイオンが生成する．試薬ガスにジクロロメタンなどを用いる(混ぜる)と，$[M+Cl]^-$などの負イオンを生成させることもできる．

CI法でのピークの現れ方

次におもなイオン生成機構を示そう．

- 試薬ガスがメタンの場合

    $M + CH_5^+ \rightarrow [M+H]^+ + CH_4$　　　（プロトンの付加：主反応）
    $M + C_2H_5^+ \rightarrow [M+C_2H_5]^+$　　　（反応イオンの付加）
    $M + C_2H_5^+ \rightarrow [M-H]^+ + C_2H_6$　　　（ハイドライドイオンの引き抜き）

- 試薬ガスがイソブタンの場合

    $M + (CH_3)_3C^+ \rightarrow [M+H]^+ + (CH_3)_2C=CH_2$　　　（プロトンの付加：主反応）
    $M + (CH_3)_3C^+ \rightarrow [M+(CH_3)_3C]^+$　　　（反応イオンの付加）
    $M + (CH_3)_3C^+ \rightarrow [M-H]^+ + (CH_3)_3CH$　　　（ハイドライドイオンの引き抜き）

- 試薬ガスがアンモニアの場合

    $M + NH_4^+ \rightarrow [M+NH_4]^+$　　　（反応イオンの付加：主反応）

- 試薬ガスがジクロロメタンの場合

    $M + Cl^- \rightarrow [M-H]^- + HCl$　　　（プロトンの引き抜き）
    $M + Cl^- \rightarrow [M+Cl]^-$　　　（反応イオンの付加）

ソフトなイオン化法

EI法と比べてCI法では生成する分子量関連イオンの内部エネルギーが小さくなるので，フラグメンテーションは起こりにくい．いわゆるソフトなイオン化法であるといえる．ただし，ある程度のフラグメンテーションは起こっており，その開裂の度合いは分子量関連イオンがもつ内部エネルギーに依存する．内部エネルギーを与えるもとである反応イオンのエネルギーは$CH_5^+ >(CH_3)_3C^+ > NH_4^+$の順であるので，使用する試薬ガスによりフラグメンテーションのパターンはある程度変えられる．さらに，より詳細な試料の構造情報を知りたいときには分子量関連イオンからのCID測定を行うとよい*．

* CID法の原理は2章参照．

また，CI法はEI法に比べてフラグメントイオンがもたらす構造情報は乏しいものの，分子量関連イオン(プロトン化分子や脱プロトン化分子)の強度が強く観測され，試料の分子量決定には威力を発揮する．EI法で分子イオンが観測されなかった試料にはCI法を試みる価値がある．

高速原子衝撃(FAB)法

KMS KeyWord　高速原子衝撃(fast atom bombardment；FAB)，液体二次イオン質量分析(liquid secondary ion mass spectrometry；LSIMS)，マトリックス(matrix)，衝突カスケード(collision cascade)，スパッタリング(sputtering)

どのような試料に用いるか

　高速原子衝撃(fast atom bombardment；FAB)法は，分子量が3000付近まで測定が可能で，常温で固体や液体の試料に用いられ，試料量は数ナノモルオーダーで測定できる．FAB法は加熱操作を行わないため，EI法では測定できない熱に不安定な試料や揮発性の低い試料，または生体関連物質に対して非常に有効なイオン化法である．

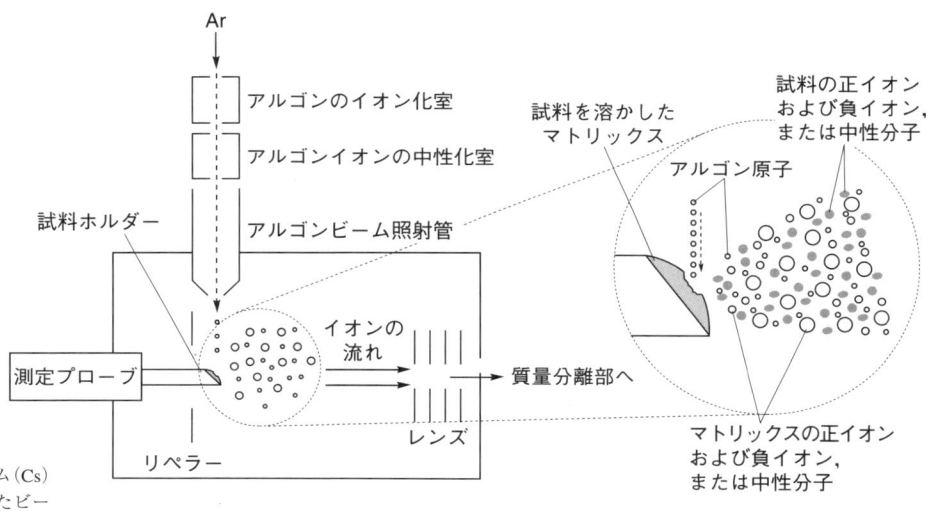

図3-4　FAB法に用いるイオン源とイオンの生成過程
高速原子としてアルゴンを用いた場合．

FAB法とはどのような原理か

　電子衝撃によってイオン化したアルゴン(Ar)またはキセノン(Xe)などを8 keV程度に加速する．この一次イオンを同種のガス(中性原子)を導入した電荷交換チャンバー内を通過させると，イオンと中性原子とのあいだで電荷交換反応が起こる．こうするとイオンビームはその運動エネルギーを失わずに中性原子ビームに変換される．これを一次ビームとよぶ[*1]．一方，ステンレススチール(または銅など)製の試料ホルダー上で，試料とマトリックスとよばれる低揮発性有機溶剤(グリセロールなど)を混合し(固体試料の場合はあら

[*1] アルゴンやセシウム(Cs)原子などをイオン化したビーム(Ar^+など)を中性原子ビームに変えずにそのまま使用する方法もある．これを液体二次イオン質量分析(liquid secondary ion mass spectrometry；LSIMS)法とよぶ．LSIMS法では試料層が帯電し(マトリックスが流動するので試料ホルダーを通して電荷が放出される)，イオン化がされにくくなることが指摘され，FAB法の中性原子ビームを使用する方法が開発されたが，最近ではエネルギーの大きいCs^+(20 keV)を用いたSIMS法がよく使われている．

かじめ可溶溶媒に溶かしておいたほうがよい．詳しくは5章参照），そこを一次ビームの高速原子を当てることにより，試料の気化とイオン化を同時に起こさせる．

　FAB法では何よりも見逃せない特徴として，このマトリックスを利用する点があげられる．一次ビームを試料，つまりマトリックス混液に当てると一次ビーム原子とマトリックス分子が弾性衝突を繰り返し（衝突カスケードとよぶ），ついには混液の表面の分子を弾きだし（これをスパッタリングとよぶ），イオン（二次イオン）が生成する．この過程ではマトリックスから試料分子へプロトンや電子の授受が行われ，試料分子がイオン化する．試料のイオンとともにマトリックス自身のイオンも検出される．

FAB法でのピークの現れ方

　正イオンモードでは$[M+H]^+$，$[M+Na]^+$など，負イオンモードでは$[M-H]^-$が分子量関連イオンとなる．$[M+Na]^+$のナトリウムは特別に加えたものではなく，測定前の試料調製の際に試料容器から混入したものである．試料の性質によっては，試料分子の二量体のイオンや試料分子にマトリックスが付加したイオンも検出されることがあるので，そのm/z値が試料の質量であると誤認しないように注意する必要がある．

　また，試料のピークと同時にマトリックスのピークも現れるので，あるピークがどちらから由来しているのか判定が難しい場合には，2種類のマトリックスを用いてそれぞれ測定を行う．その結果，あるピークが両スペクトルから共通に現れている場合は試料由来のピークである確率が高い．しかし，試料とマトリックスの組合せが悪い場合は試料のピークが現れなくなることがあるので，片方のスペクトルのみにピークが現れている場合でも試料のピークである可能性は十分ありうる．表3-2におもなマトリックスの種類，分子量，性質，おもに検出されるm/z値，そして測定に適した試料の例を示そう．

マトリックスの役割

　FAB法でよいスペクトルを得るためには，その試料に合った最適なマトリックスを選ぶことが肝要である．マトリックスには試料に対するプロトンの授受が容易で，かつある程度の粘性をもったものが広く使われている．この粘性は，試料がイオン源内で長時間安定にイオン化されるためにも重要な役割を果たしている．また，試料が一次ビームから直接衝撃を受けないような緩衝効果ももっており，フラグメンテーションを起こしにくいソフトなイオン化法であるといえる．一般に試料とマトリックスがよく混和することがよいスペクトルを得る秘訣である．したがって，試料をあらかじめ適当な可溶

表3-2 FAB法で使用されるおもなマトリックス

種類	分子量	性質	おもに検出されるマトリックスのm/z値 （+）：正イオンモード測定 （−）：負イオンモード測定	測定に適した試料 （分子量約3000 以下の化合物）
グリセロール （glycerol） CH$_2$OH | CHOH | CH$_2$OH	92	水溶性の試料とよく混和する．試料にプロトンを与えやすくプロトン化分子を生成させる．自身のプロトン化分子も容易に生成する	（+）：45, 57, 75[M+H−H$_2$O]$^+$, 93[M+H]$^+$, 115[M+Na]$^+$, 185[2M+H]$^+$, 207[2M+Na]$^+$, 277[3M+H]$^+$, 369[4M+H]$^+$, 461[5M+H]$^+$ （−）：91[M−H]$^-$, 183[2M−H]$^-$, 275[3M−H]$^-$, 367[4M−H]$^-$, 459[5M−H]$^-$	塩基性化合物 中性化合物
3-ニトロベンジルアルコール （3-nitrobenzyl alcohol; 3-NBA） NO$_2$-C$_6$H$_4$-CH$_2$OH	153	試料にプロトンを与え，プロトン化分子を生成させる．また，試料から電子を引き抜きやすく，試料のラジカルカチオンも生成させやすい	（+）：136[M+H−H$_2$O]$^+$, 154[M+H]$^+$, 289[2M+H−H$_2$O]$^+$, 307[2M+H]$^+$ （−）：152[M−H]$^-$, 153 M$^{-\cdot}$, 305[2M−H]$^-$, 306 2M$^{-\cdot}$, 458[3M−H]$^-$, 459 3M$^{-\cdot}$	塩基性化合物 難水溶性化合物
チオグリセロール （thioglycerol） CH$_2$OH | CHOH | CH$_2$SH	108	蒸気圧が高いため持続力に欠けるが，グリセロールよりも試料にプロトンを与えやすい．一般に，グリセロールと混和させて用いる	（+）：単独ではあまり用いられない	グリセロール使用時にプロトン化分子の強度が弱い化合物
ジエタノールアミン （diethanolamine; DEA） NH(CH$_2$CH$_2$OH)$_2$	105	おもに負イオンモードで用いられる．試料からプロトンを引き抜きやすく，脱プロトン化分子を生成させる	（−）：104[M−H]$^-$	酸性化合物
トリエタノールアミン （triethanolamine; TEA） N(CH$_2$CH$_2$OH)$_3$	149	ジエタノールアミンよりも難水溶性試料とよく混和する．おもに負イオンモードで用いられる．試料からプロトンを引き抜きやすく，脱プロトン化分子を生成させる	（−）：148[M−H]$^-$	酸性化合物 難水溶性化合物

溶媒（水や揮発性の高い有機溶媒，またはその混液が好ましい）に溶解した後，その試料溶液とマトリックスを試料ホルダー上で混和するようにしたほうがよい．

　正イオンモードで用いられる代表的なマトリックスとしては，グリセロール，3-ニトロベンジルアルコール，チオグリセロールなどがある．グリセロールは試料分子にプロトンを与えやすいので広く用いられている．3-ニトロベンジルアルコールはプロトンも与えるが自身のニトロ基による求電子反応

により試料分子から電子を奪い，分子イオン M+· を生じさせることもある．また，チオグリセロールのプロトン供与性はグリセロールより高いものの，イオン源内で揮発しやすいため，グリセロールや3-ニトロベンジルアルコールと混合させて(体積比1：1など)使用されることが多い．また，試料分子にプロトンをより供与しやすくするために，ジチオトレイトール(DTT)などの還元剤とマトリックスの混液(体積比1：1など)も用いられている．DTTやチオグリセロールなどの還元性マトリックスを使う場合，還元されやすい試料は要注意である．

　負イオンモードでは試料分子からプロトンを奪いやすいジエタノールアミンやトリエタノールアミンなどのアミン系マトリックスが用いられる．カルボキシル基や硫酸基，リン酸基などをもった酸性の試料に対してはジエタノールアミンなどのマトリックスを用いた負イオンモード測定を，窒素などを含む塩基性の試料に対してはグリセロールなどのマトリックスを用いた正イオンモード測定を行うことで感度のよいスペクトルが得られる．

　また，試料量が少ない場合はマトリックスの量にとくに気をつけよう．マトリックスはイオン化されやすいので，とくに微量試料の場合にはほとんどのピークがマトリックス由来のイオンになってしまうことがある．その場合は持続性などが欠けるようになるが，微量試料に対してできる限りマトリックスの量を少なく混合し測定するとよい．

試料の構造情報をより詳しく把握するには？

　FAB法はソフトなイオン化法であるため，EI法に比べればフラグメンテーションが起こりにくい．このような場合，試料の詳細や構造情報を得るためにはCID法が有効となる．その際，負イオンモードの場合は$[M-H]^-$からのCID法による測定を行う．正イオンモードで$[M+H]^+$と$[M+Na]^+$の両分子量関連イオンが検出された場合には，まずイオン強度の強いほうから行えばよい．CID法では一般に$[M+Na]^+$からのフラグメンテーションは$[M+H]^+$からのフラグメンテーションよりも起こりにくいといわれている．プリカーサーイオン($[M+H]^+$や$[M+Na]^+$)の強度が十分にないことには測定ができないので，個々の試料のスペクトルの状況に応じた対応が重要である．

　また，プリカーサーイオンとして選ぶものは$[M+H]^+$や$[M+Na]^+$に限らず，ノーマルスペクトル(はじめに測定したスペクトルのこと．CIDスペクトルと対比した呼称)に現れるフラグメントイオンでもよい．フラグメントイオンをプリカーサーイオンとして選択しCID法を用いることにより，分子量関連イオンからのCIDスペクトルとは異なった，試料のより詳細な構造情報が得られる場合もあるので，ぜひチャレンジしてほしい[*2]．

*2 CID法の原理は2章参照．

エレクトロスプレーイオン化(ESI)法

KMS KeyWord
エレクトロスプレーイオン化(electrospray ionization ; ESI), 大気圧イオン化(atmospheric pressure ionization ; API), 多価イオン(multiply-charged ion), テイラーコーン (Taylor cone), レイリーリミット(Rayleigh limit), クーロン崩壊(coulomb explosion), デコンボリューション(deconvolution)

どのような試料に用いるか —— 試料を溶液にする

エレクトロスプレーイオン化(electrospray ionization ; ESI)法は, 分子量が10万程度以下の全分子量領域で測定が可能であり, FAB法と同じく生体関連物質や難揮発性の試料の測定に有効である. とくにFAB法では測定不可能なタンパク質や高分子量の複合糖質などに有効なイオン化法である. また, 測定に必要な試料量も数ピコモルオーダーなので, 生体由来の微量な試料に対してもたいへん有効である. 反対にイオン化の原理上, 試料は溶液状態にしなければならないので, 溶解しにくい試料や溶解できたとしてもその溶媒がESI測定に適していない場合などは, 測定ができない. このようなときは, ほかのイオン化法に頼るしか方法はない.

大気圧下でのイオン化の利点 —— いろいろな分離手法との合わせ技

このイオン化法は溶液試料を噴霧する手法をとるので, EI法やCI法, FAB法とは異質の大気圧下でのイオン化法(atmospheric pressure ionization ; API法とよぶ. ESI法はその一種)である. その大きな特徴は, 液体クロマトグラフィー(LC)やキャピラリー電気泳動(CE)と接続することによってLC/MSやCE/MSが可能なことである. 詳細は解説⑨を参照してほしい.

ESI法とはどのような原理か —— 高電圧を用いた液相の科学

このイオン化法は, 電気伝導性の液体を細管に通し高電圧を印加すると, 帯電した均一で微細な液滴として噴霧され, それらの液滴から溶媒を蒸発させることによって試料分子の多価イオンが生成するという原理に基づいている(図3-5, 6).

イオン源内では金属キャピラリーの先端に高電圧(3～5 kV)が印加され, そこからマイクロシリンジ(シリンジポンプを使用)やLCで押しだされた試料溶液が流出すると, 先端の強い電場のために先端部の液体中で正と負のイオン分離が起こる. たとえば先端に正の高電圧をかけた場合, 先端の液体表面に正イオンが集まり, これらは電場により対極(質量分離部側)に向かって引きつけられ, 液体が円錐状になる(これをテイラーコーンとよぶ). そして,

---

液滴表面に多数のプロトンが存在する
↓
試料溶液(試料＋溶媒)イオンの生成
↓
窒素ガスや対向電極電圧による液滴の破断, 霧化
↓
微小液滴化
↓
溶媒の蒸発による液滴中の電荷密度の増加
↓
電荷密度がレイリーリミットに達する
↓
クーロン斥力による液滴の分裂, 気相イオン化
↓
気相多価イオンの生成

図3-5　気相多価イオンの生成過程

その先端から過剰の正電荷で帯電した液滴が切り離され，微細な液滴として質量分離部側に噴霧（スプレー）される．負イオンは正イオンとは逆方向の金属キャピラリーのほうへ逆流し，金属表面に電子を与え中性化する．

安定なエレクトロスプレーのためには，安定なテイラーコーンを形成させる必要がある．測定溶媒の電気伝導度は $10^{-13} \sim 10^{-5} \Omega^{-1} cm^{-1}$ の範囲が都合がよい．電気抵抗が高すぎる無極性溶媒や，逆に電解質濃度の高い試料溶液を取り扱う場合は，それらの電気伝導度が適当な範囲に納まるように調製しなければならない（詳細は解説⑨を参照）．さらに，窒素ガスを金属キャピラリーのスプレー出口のまわりからスプレー方向と同方向に噴射して，高流量でも安定した液滴を形成させる工夫がなされている．この窒素圧の高低もよいス

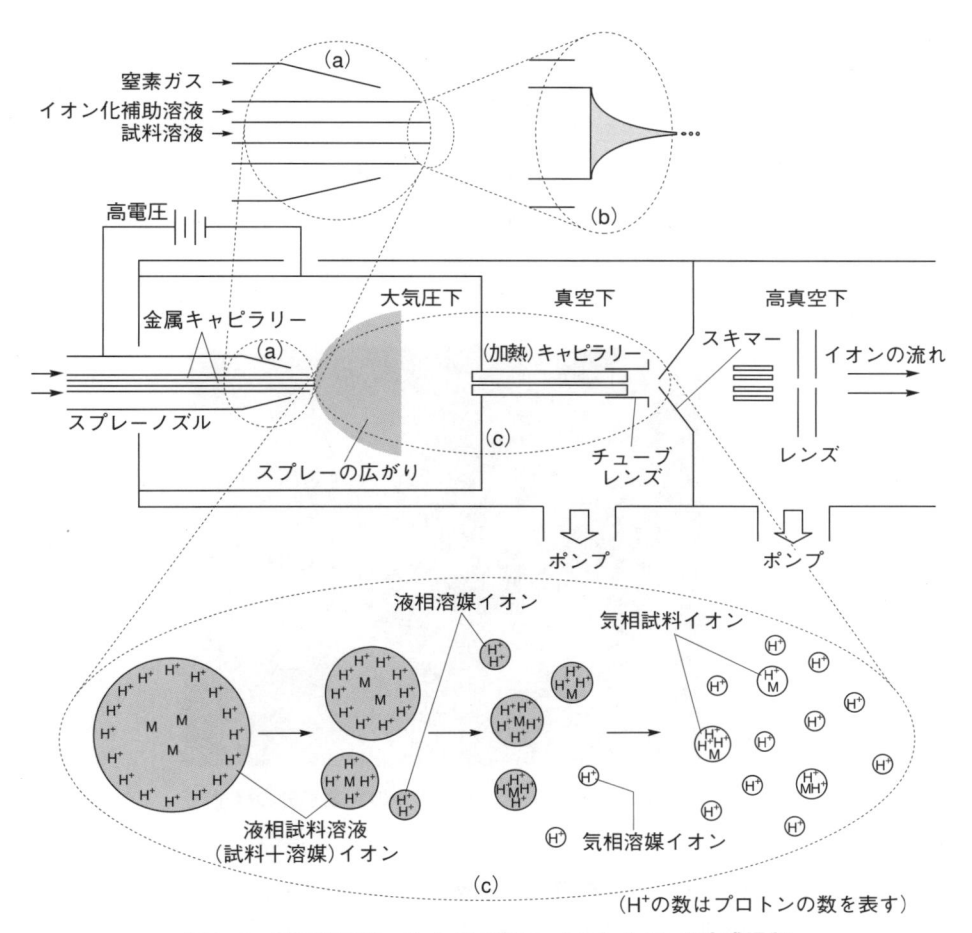

図3-6　ESI法に用いるイオン源のしくみとイオンの生成過程
　　　（正イオンモード測定の場合）
（a）スプレーノズル先端のしくみ，（b）金属キャピラリー先端でのテイラーコーン（アミ部分）からの過剰に帯電した液滴の生成過程，（c）多価イオンの液相から気相への移行の様子．

ペクトルを得るためには重要な要素であり，測定溶液に適した最適な窒素流量を探し当てる必要がある．とくにLC/MSのように流量が50〜1000 μl/minのように大きくなる場合には，通常のシリンジを使った導入法(インフュージョン法)よりも窒素ガス流量を多めにする必要がある(後述の加熱キャピラリーなどの脱溶媒温度もLC/MSは高めに設定する).

　帯電した液滴から溶媒を蒸発させるため，スプレー方向と逆向きから加熱した窒素ガス(対向流ガス)を噴射させたり，熱した金属管(加熱キャピラリー)を通したりしてイオンを液相から気相に移行させるとともに，高真空下の質量分離部へと導く．そして，液滴から溶媒が蒸発するのに伴って，液滴の体積が減少して液滴内の電荷密度が増大する．その過剰電荷によるクーロン斥力が，液滴表面の電荷によるクーロン斥力と表面張力が釣り合った極限の状態(レイリーリミット)を超えたとき，液滴は爆発的に細分化される(クーロン崩壊)．そして，液滴表面に過剰に存在するプロトンやナトリウムイオンは液滴中の試料分子と接触するようになり，おもに試料分子中のイオン性の官能基に付加する．このように蒸発，細分化を繰り返すことによって最終的に液相の多価イオンから気相の多価イオンが生成する．これがESI法独特の多価イオン生成の原理である．

写真①　ESIスプレーノズルの先端部分の様子

ESI法でのピークの現れ方──多価イオンピーク

　これらの結果，ESI法の大きな特徴であり，ほかのイオン化法には見られない多価イオンの生成が起こる．正イオンモードならば試料分子にプロトンが多数付加した正の多価イオン$[M+nH]^{n+}$が生成し，負イオンモードならば試料分子からプロトンが複数個脱離した負の多価イオン$[M-nH]^{n-}$を生じる．

多価イオンの利点

　マススペクトルは，縦軸に生成したイオンの強度（生成量）を示し，横軸は"質量(m)"ではなく"質量／電荷数(m/z)"を示す．したがって，多価イオンが生じ電荷数(z)が増えると，横軸のm/z値が小さくなり，通常では質量分析計の測定範囲を超えている高分子量物質（タンパク質など）も測定が可能となる．多価イオンピークの詳細については，解説⑩を参照してほしい．試料がタンパク質やペプチドの場合はN末端のアミノ基のみならず，塩基性アミノ酸側鎖のアミノ基などにプロトン付加が起こる．だが実際は生成したイオンのごく一部（数％程度）が質量分離部を通って検出される．また，測定されるイオンの強度は試料の濃度に比例して強くなるが，まわりの電荷が使い果たされる濃度以上では感度は高くならないので，試料の無駄な消費や質量分析計内の汚染を防ぐためにも，解説⑨で説明するようにESI法の適正な試料濃度に試料を調製する必要がある．

　このように，ESI法を用いることにより，質量分析計を大型化して測定質量範囲を広げることなく，これまで測定不可能だった高分子量の試料が測定できるようになった．ESI法は質量分析関連の分野に大きな影響を与え，現在，低分子，高分子ともによく使われるイオン化法になっていることはいうまでもない．

試料の構造情報をより把握するには？

　ESI法はCI法，FAB法以上にソフトなイオン化法であり，イオン化段階ではほとんど分子は開裂しない．したがって，試料の構造情報を調べたいときには，気相イオンを質量分離部に導入する金属管の先端とスキマーと呼ばれる小さいイオンの通り穴とのあいだに電位差を与え，イオンに内部エネルギーを与えて開裂させるスキマーCID法を利用したり，タンデムMSによるCID法を用いてフラグメンテーションを起こさせる必要がある．また，質量分析計としてはおもに四重極型質量分析計が用いられていたが，最近はイオントラップ型や飛行時間型質量分析計も用いられるようになってきた（2章参照）．

解説⑨　ESI 測定に適した試料溶液の調製

　エレクトロスプレーイオン化（ESI）マススペクトルのよし悪しは，測定前の試料調製のよし悪しで決まるので，試料を測定溶液にする段階がとても重要である．ここでは ESI 測定に適した試料溶液の作成手順を解説しよう（5 章も参照のこと）．

最適溶媒 ── 溶媒の組成によってイオン強度が変わる

　まず，試料（固体または液体）を ESI 測定用の溶媒に 1～10 p mol/μl 程度の濃度になるように溶かす．この測定溶媒は粘性が低く，かつ試料分子とのあいだでプロトンの授受が容易なものがよい．よく使われる溶媒としては，メタノールやアセトニトリル，水/メタノール混液（体積比で 1：1 など），水/アセトニトリル混液（体積比で 1：1 など）で，いずれも有機溶媒の容積率が水よりも高いほうがうまくイオン化できる．有機溶媒に溶けにくい試料の場合でも，最低 10％ は有機溶媒を入れるようにしたい．溶媒として水だけを用いると高い表面張力のため溶液の噴霧がうまくいかず，よいスペクトルは得られない．

　イオン強度を強める工夫としては，まず試料が塩基性物質である場合は塩基性基にプロトンをより多く付加させる目的で，測定溶液の 1％ 以下程度の酢酸を加えて正イオンモードで測定を行う．また，酸性物質の場合には酸性基からプロトンをより解離させるために 1％ 以下程度のアンモニア水を加えて負イオンモードで測定を行うとよい．とくにタンパク質の場合は分子量が大きいので，プロトンがなるべく多く付加した多価イオンを生成させ分析範囲内に多価イオンが現れるようにしたい．この場合は酢酸を加えて正イオンモードで測定することを勧める（解説⑩参照）．しかし，ここで注意をしなければならないのは，測定溶液は試料が完全に溶解していなければならない点である．とくにタンパク質の場合は等電点で凝集，沈殿が起こるため，測定溶媒は等電点付近の pH を避けるように調製しなければならない．また，有機溶媒を添加する際にタンパク質の変性に伴う沈殿現象にも十分注意を払う必要がある．もし未溶解の試料や汚染物質が存在したまま測定すると，イオン源に測定溶液を導くチューブが詰まったり，イオン源や質量分離部，イオン検出器の内部を汚染してしまうことがある．いったん内部が汚れると真空状態を破って洗浄しなければならないし，洗浄しないでいると汚染物質由来のイオンピークがいつまでも現れ，試料のイオン化を抑制したり，阻害することにもなりかねない．

最適試料濃度 ── 試料の濃度は低過ぎ，高過ぎに注意

　試料の濃度があまりに高い場合は装置内を汚染してしまったり，最適電気伝導度を超えてしまい，試料が十分であるにもかかわらずピークがまったく現れないこともある．したがって，適当な濃度を常に意識しながら試料調製をすることが大切である．

　イオン強度は試料の性質にもよるので一概にはいえないが，はじめは 1～10 p mol/μl 程度の試料濃度で測定すればよい．ピークが相当高い場合には濃度を下げる必要があるが，反対にピークが低かったり現れないときには，試料濃度が低い場合と上述のように試料濃度が濃すぎる場合（モニターしているスプレーの電流値が通常値よりも相当高いとき）が考えられるので，そうしたときは試料濃度を適宜調整する．

　また，測定溶液中に塩や可塑剤，さらには界面活性剤などが混入している場合は著しくイオン化を妨げる．緩衝液（バッファー溶液）や塩が高濃度で入っている場合は，遠心フィルターや透析膜などを用いて ESI 法に適した溶媒に置換しなければならない（5 章参照）．ただし，試料の性質上バッファー溶液を使用しなければならないときには，酢酸アンモニウム溶液（5 mM，pH 5.0）などの揮発性バッファー溶液を用いるとよい（この場合もメタノールやアセトニトリルなどを 10％ 以上加えたほうが，よいスペクトルが得られる．不揮発性のバッファー溶液などは気相イオンの生成効果を下げてしまうので用いない）．

　上記のように調製した試料溶液をマイクロシリンジにとり（50～100 μl），マイクロシリンジをシリンジポンプにセットしてイオン源に試料溶液を送液する（3～5 μl/min）．

LC/MS 測定

　この試料導入には液体クロマトグラフィー（LC）やキャピラリー電気泳動（CE）を用いることも可能である．LC の場合，水／アセトニトリル系の溶媒を用い，送液の流量はイオン源の性能にもよるが最大で数百 μl/min～1 ml/min が可能である．しかし，イオン化効率の観点からなるべく内径の細いカラム（内径 1 mm 以下）を使用し，流量を数 μl/min～数十 μl/min 程度に押えるとよい．

　また，HPLC 溶媒には一般にトリフルオロ酢酸（TFA）0.1 ％溶液が用いられるが，強い酸性のため試料分子とイオン対を形成し試料分子の電気的性質を中性化してしまうので，検出感度が低くなることがある．したがって，LC/MS 測定時は 0.1 ％ TFA 溶液のかわりに 0.1 ％ ギ酸溶液を使用するとよい．しかし，クロマトグラフィーとしての分離能は下がる．

　試料溶液は数 μl を注入する．逆相系カラムを使用する場合はカラムで脱塩や試料濃縮などが行えるため，試料溶液をあらかじめ脱塩処理したり溶媒置換などを行う必要がなく，とても簡単である．塩や低分子量の夾雑物などは最初にカラムから分離されてでてくるので，質量分析計内の汚染を防ぐためにも，はじめのうちは質量分析計とは接続せず，LC に付属している UV 検出器などでそれらが流出し終わった頃を見計らい，質量分析計と接続することが好ましい．

　なお，インフュージョン法，LC/MS ともに試料を導入する際は気泡がイオン源内に入らないようにするために，はじめからシリンジ内や LC 内に気泡を入れないように心がけよう．

(S. K)

COLUMN　ちゃんと勉強してね！

その1　電子イオン化法の測定では試料は加熱して気化させてから行う．しかし，測定申込み用紙には「熱に不安定なため，加熱しないで測定して」と書いてある．どうやって気化させる？

その2　測定試料の融点のところに，「何度で分解」と書いてある試料がある．試料が気化しないことにはイオン化できないよ．どうやって電子イオン化法で測定する？　ほかのイオン化法を検討してね．

その3　合成中間体で保護基がいっぱいの試料，電子イオン化法では開裂が起こって分子イオンピークは検出できないことが多い．依頼者は「イオン化電圧を下げて何とかして分子イオンピークを出してください」といっている．ソフトイオン化法を知らないか？

その4　イオン結合している試料で，「イオンペアーまでピークにだして!!」??　この場合もほかのイオン化法の検討をしなければ！

(Y. S)

解説⑩　多価イオンピークのスペクトル上での現れ方

例として測定範囲が m/z で 4000 までの質量分析計を用いて，分子量が 10,000 のタンパク質を正イオンモードで測定した場合を考えてみよう．プロトン H^+（質量は 1）が 10 個付加したイオン $[M+10H]^{10+}$ が生成したとすると，このイオンピークの横軸の m/z 値（ここでは簡単に整数値で表す）は $m=10,000$（タンパク質の質量）＋ 10（プロトン 10 個分の質量），$z=10$（電荷数）であるので，

$$m/z = (10,000+10)/10 = 1001$$

と表される．したがって，試料の分子量が装置の測定範囲を超えている場合でも，測定範囲内の多価イオンが生成すれば測定は可能になる．実際には，上記の例のように 10 価イオンだけが生成することはなく，その前後にも連続した多価イオンピーク（…，6 価，7 価，…，11 価，12 価，…）が現れ（価数が不連続になることはない），一連の多価イオンピーク群が形成される．この多価イオンピーク群の形は，ある価数のピークを最大の高さとしてその前後の多価イオンピークの高さが徐々に低くなっていくいわゆる正規分布のような広がりを示す．しかし，高 m/z 側から低 m/z 側にいくほどピーク間の幅が狭くなっていき，左右非対称形になる〔図 1(a) にアポミオグロビンというタンパク質の実際の ESI スペクトルを示す〕．この様子は次のような簡単な計算で求められる．上述の分子量 10,000 のタンパク質を正イオンモードで測定した場合を例にすると，10 価のイオンの m/z 値は上述の式より 1001 であった．11 価のイオンの m/z 値は 910.1，9 価のイオンの m/z 値は 1112.1 となり，価数が増えるにつれて m/z 値は低くなり，かつピーク間も 111.1Da（1112.1〜1001）から 90.9Da（1001〜910.1）へと狭くなっていく．このように，多価イオン群は特徴的な形状になるので容易に判別ができるが，これら数本のピークが複数の試料の 1 価イオンの集まりであると勘違いしないように注意したい．

また，分子量が大きくなると価数も増える傾向があり，より高分子量のタンパク質や高分子ポリマーでは，50 価や 100 価などになる場合もある．さらに，測定溶媒の種類，組成などによって価数はさまざまに変化する．得られた多価イオンからデコンボリューション法という計算手法を用いて（このソフトウェアは質量分析計に付属している）分子量（上記の例では 10,000）が算出できる〔図 1(b) 参照〕．

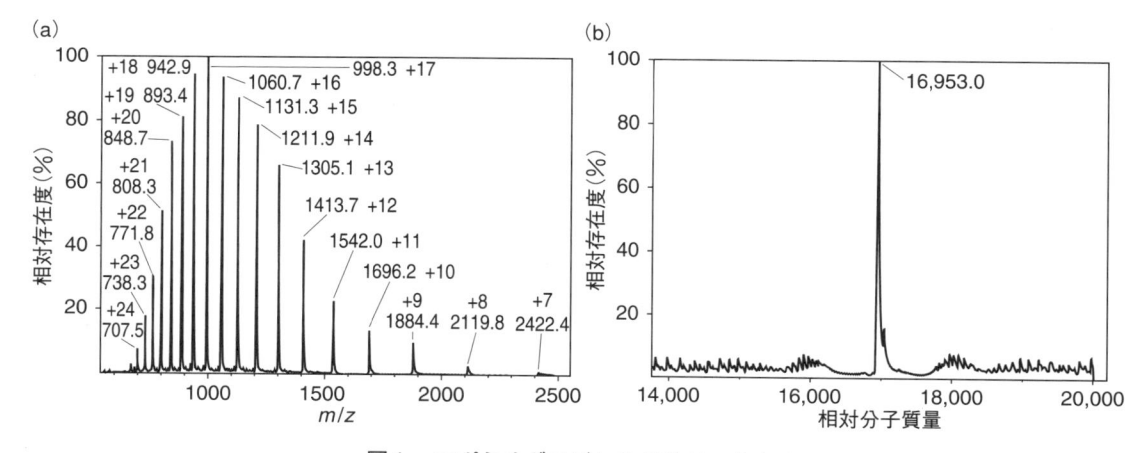

図 1　アポミオグロビンの ESI スペクトル
(a) 多価イオンピーク群〔＋の数字は価数（付加しているプロトンの数）〕を示す．
(b) デコンボリューション後のスペクトル，相対分子質量を表している．アポミオグロビンの相対分子質量 16,953 と一致した結果が得られている．

(S. K)

COLUMN ちょっとまってよ！ MS事件簿

その1 低質量部のピークが消えない！ 実は試料がクロロホルムに溶かしてある場合，昇温していくと，先に試料のほうがなくなることがある．揮発性のある別の溶媒を使ってね．

その2 マススペクトルのピークに m/z 149, 167, 279がある．みごとなスペクトルだが，これはフタル酸エステルだ．構造決定の必要ないよ．プラスチックの可塑剤だから．

その3 その続き．「すべてガラス容器を使っているから，フタル酸エステルが入る余地はありません」という．でも溶媒を石油缶からだすときポンプ（醤油チュルチュル）を使っていた．

その4 天然物の抽出過程で，最後に粘性のある物質を取りだした．m/z 147, 281, 355, 429, 503. そう，最後にごみを取りだしましたね．

その5 依頼された測定で，「イオン化法は適当に見つくろって測定してください」とあった．？？？

その6 依頼された測定で試料について質問した．その試料は粉体？ 結晶？ 融点は？ 推定構造は？ 合成？ 天然物から？
答え，全部秘密！ 「分子量が知りたいから黙って測定してください」
再度アーアッため息！ 私ら占い師じゃないよ．

その7 磁場型の質量分析計で，分解能の調整をしているとき，いやにピークが不安定であった．イオン源を覗いてびっくり．部屋を暗くして眺めるとオーロラ状態．実は試料による汚れで放電していたのだ．加速電圧は8 kVもあるのだもの．

その8 依頼された測定にて．「数日旅行に行ってきますから，そのあいだに測定しておいてください」数日後，「ただいま，測定終わっていますか？」

その9 「TVのドラマで測定シーンを撮りたいのですが」，との注文．いざ本番，ロータリー真空ポンプの音が入るので「止めてください」？？？「空調も，コンピュータの音もうるさい」…すべての装置のスイッチをOFFにされ，部屋は物音一つ聞こえない静寂に包まれて，撮影は進んだ．

その10 TVドラマなどに施設を貸すと，撮影が終わるのは午前2時ごろ．それから再度機器類を立ち上げて，帰途につく．時間はご想像におまかせします．ただ眠い．

その11 精密質量マススペクトルを測定するためにはけっこう苦労の末やっと取れる場合もある．測定も順調に進んで，いざ終わろうとしたとき，コンピュータがフリーズ．こんなこと，ときどきあるのです．

その12 「電子イオン化法がだめなら高速原子衝撃で測定して，分子イオンがでたらついでに精密質量マススペクトルをお願いします」
そんなことお願いされたって!!

その13 「このピークの精密質量マススペクトルを測定してください」といってくる依頼者がいた．ときどきノイズにナンバーがふってあるので，それに目をつけて．「これはピークではないの!!」

その14 LC/MSを測定している人から突然電話があった．「先ほどまで感度よくイオンが観測されたのですが，いま突然イオンが消えてしまった」エレクトロスプレーイオン化のインターフェイスを分解してみると，まるで鍾乳洞のミニチュア版のよう．HPLCの移動層，あるいは溶出液にリン酸バッファーを使っていたため，スプレーした瞬間にバッファー中のリン酸カリウムが析出してしまったのだ．

その15 「LC/MSで血中濃度を測りたい」といって血液をもってこられても困りものである．ときどきこんなことがある．

その16 外部から電話，「あのー，漢方薬を処方されたのですが，この薬のなかで効く成分の分析をお願いしたいのですが」えっ？？

(Y.S)

大気圧化学イオン化(APCI)法

KMS KeyWord　大気圧化学イオン化(atmospheric pressure chemical ionization ; APCI), 加熱キャピラリー(heated capillary), 加熱噴霧(thermal nebulizing), コロナ放電(corona discharge), 反応イオン(reactant ion)

どのような試料に用いるか

大気圧化学イオン化(atmospheric pressure chemical ionization ; APCI)法は,分子量が1500程度以下の幅広い極性の化合物の測定が可能であり,測定溶媒も水系,アルコール系の極性溶媒からクロロホルムやヘキサンなどの低極性溶媒または無極性溶媒[*1]まで適用可能である.ESI法と同様に大気圧下でのイオン化法であるが,イオン化の直前に加熱するため,熱に不安定な試料は分解してしまう恐れがあり注意を要する[*2].ESI法のような多価イオンは生成せず,おもに1価イオンが生成される.測定に必要な試料量は試料分子の性質にもよるが,ESI法と同程度か数十倍である.ESI法と同様に試料溶液をイオン源に送液する(流速は数百 μl/min ～数 ml/min)手法をとるので,農薬や薬物代謝物などの低分子量の試料を対象としたLC/MSに威力を発揮する.

APCI法とはどのような原理か

ESI法では高電圧を印加して試料分子をイオン化するのに対し,APCI法では送液管を加熱し(数百℃),同方向に窒素ガスを流して試料溶液の気化と噴霧を行う.この加熱噴霧で生じた試料分子はイオンになっていないのでイオン化させる手段が必要になる.噴霧口近くに設置した針電極に数kVの電圧

[*1] 数%の極性溶媒(エタノール,酢酸エチルなど)を添加すると試料のイオン化効率が向上することがある.

[*2] 溶媒の気化熱が奪われるために試料が過度に加熱されることはない.また,水酸基をもつ化合物は脱水反応が起こることがある.

写真②　APCI加熱噴霧ノズルの先端部分および針電極の様子

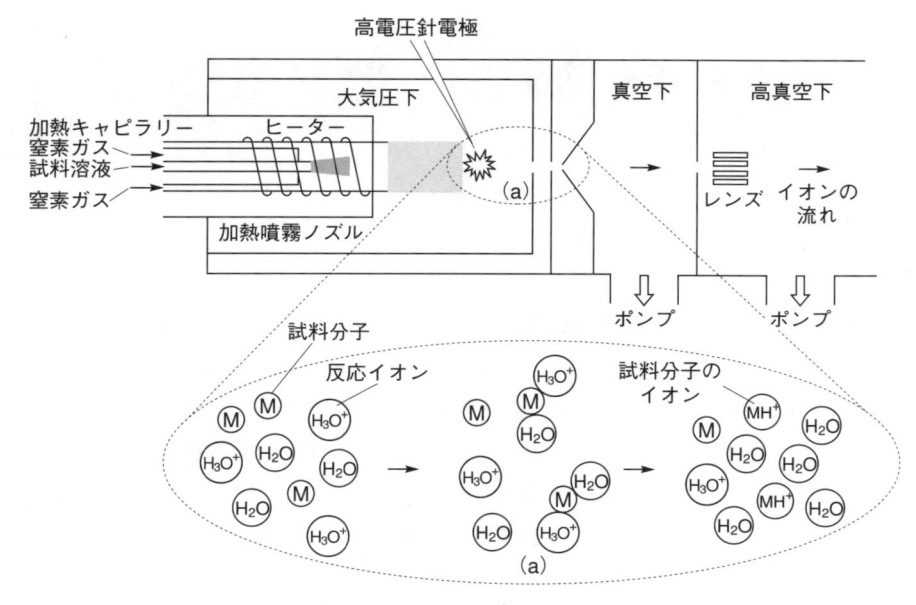

図3-7 APCI法に用いるイオン源のしくみとイオンの生成過程
正イオンモードの測定の場合で，(a)は針電極付近での反応イオンの生成，反応イオンと試料分子の反応，試料分子のイオン生成の様子である．

を印加してコロナ放電を起こし，まわりに大量に存在する窒素ガスや大気中の水分子，溶媒分子をイオン化する．その結果，針電極に正の高電圧を印加した場合はN_4^+やH_3O^+などの反応イオンが，また，負の高電圧を印加した場合はOH^-やO_3^-といった反応イオンが生成され，これらの反応イオンが試料分子と反応して試料分子がイオン化される．このように，このイオン化法は大気圧(atmospheric pressure)下で気相反応イオンを用いた化学イオン化(chemical ionization)を行うのでAPCI法とよばれる．

APCI法でのピークの現れ方

コロナ放電電極(針電極)に正電圧をかけた場合は正イオンモードでおもに$[M+H]^+$が検出され，負電圧をかけた場合は負イオンモードでおもに$[M-H]^-$が検出される．また，正イオンモードではアンモニウム塩(酢酸アンモニウム10^{-3}M程度)を加えることによってNH_4^+反応イオンを生成させて試料分子にプロトンを与えやすくし($[M+NH_4]^+$も検出されることがある)，負イオンモードでは酢酸緩衝液(同じく酢酸アンモニウム10^{-3}M程度)を加えることによって$CH_3CO_2^-$イオンを生成させて試料分子からプロトンを受け取りやすくしたり($[M+CH_3CO_2]^-$も検出されることがある)，クロロホルムを数％添加することによって塩素付加イオン$[M+Cl]^-$を生成させたりして，試料分子のイオン生成効率を上げることも行われている．

マトリックス支援レーザー脱離イオン化(MALDI)法

KMS KeyWord
マトリックス支援レーザー脱離イオン化(matrix-assisited laser desorption/ionization ; MALDI)，ケイ皮酸(cinnamic acid)，混晶(co-crystal)，遅延引き出し(ディレイドエクストラクション)(delayed extraction ; DE)，レーザー脱離イオン化(laser desorption ionization ; LDI)

どのような試料に用いるか

　マトリックス支援レーザー脱離イオン化(matrix-assisted laser desorption/ionization ; MALDI)法は，分子量が100万程度までの分子について測定が可能である．MALDI法と相性がよい飛行時間型質量分析計(2章参照)を用いることで，現在使用されている質量分析計のイオン化法のなかでは最も高質量領域まで測定が可能である．これまで述べてきたイオン化法よりも広範な試料が測定可能であり(気体は除く)，数百の低分子量の試料から数十万の高分子量の試料まで現在最も汎用性の高いイオン化法となっている．また，MALDI法は試料の化学的性質にも左右されにくいイオン化法であるので，はじめて測定を試みる試料にはまずこのイオン化法を試してみるのもよい．また，測定に必要な試料量もESI法をしのぐ数フェムトモルオーダーから測定可能であり，微量な生体由来試料に対しての適性は絶大である．また，試料の純度に対する許容度も大きく，ESI法のように試料を高純度に調製する必要はないが，純度が高ければ試料分子のピーク形状もよく，感度も高くなることはいうまでもない．

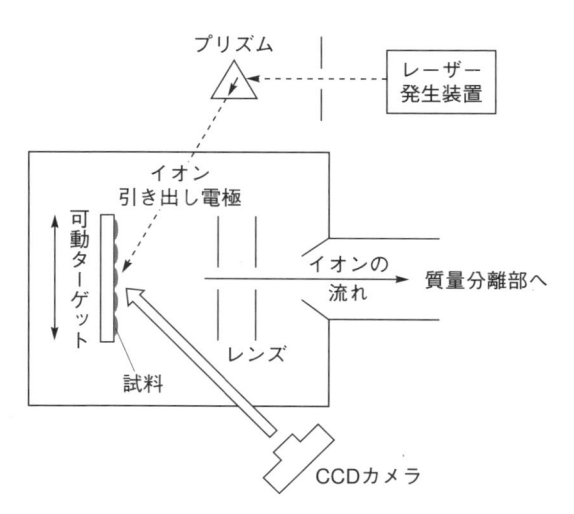

図3-8　MALDI法に用いるイオン源

MALDI 法とはどのような原理か

　MALDI法では紫外線レーザーを当てエネルギーを試料に与えるために，紫外線吸収性の固体マトリックスを使う．レーザー源としてはおもに窒素レーザー（波長337 nm）が用いられ，マトリックスはこの波長領域に吸収帯をもつシナピン酸などのケイ皮酸系の化合物がおもに用いられる．現在，試料とマトリックスがもつ化学的性質によって，ある程度の試料とマトリックスとの適切な組合せが報告されており，さらに新規のマトリックスも年々増加している．

　試料溶液とマトリックスの溶液を試料ホルダー上で混和し，自然乾燥や風乾などで溶媒を蒸発させて乾固し，試料とマトリックスの混晶をつくる．この混晶の結晶状態のよし悪しがスペクトルのよし悪しを決定づけるといっても過言ではない（写真③a, b, c 参照，試料－マトリックスの詳しい調製法については5章を参照）．次に試料ホルダーをイオン源のなかに挿入し，紫外線レーザーのパルスを当ててマトリックスを励起し，熱エネルギーに変換する．この結果，マトリックスと試料は瞬時に気化・イオン化する．その際マトリックスと試料分子間でプロトンの授受が起こるため，おもに $[M+H]^+$（試料によってはM^+も検出される）や $[M+Na]^+$, $[M-H]^-$ が生じる[*1]．そして，生成したイオンは加速電圧（20〜25 kV）により加速されイオン検出器まで飛行していく．最近ではイオンの生成時間の若干の違いによるピーク感度や分解能の低下を防ぐため，イオン生成が完了されるある一定時間（数十〜数百 ns）まで加速するのを遅らせて，イオン生成が完了した後にそれらのイオンを一斉に加速してイオン検出器のほうへ飛行させる，遅延引き出し（ディレイドエクストラクション）法という手法がよく利用されている．飛行後のイオンの検出の仕方は2章を参照していただきたい．

　MALDI法はEI法やFAB法と同じように高真空下でイオン化を行うので，GC/MSやLC/MS，CE/MSといったクロマトグラフィーと結合するのは困難である．したがって現在はおもにクロマトグラフィーを用いていったん試料を分離，分取し，分けられたそれぞれの試料をMALDI用の試料ホルダー上に塗布して測定するという間接的な手法をとっている．

MALDI法でのピークの現れ方

　試料の酸性度と塩基性度で正負どちらの極性のイオンが生成しやすいかが決まる．酸性試料であれば$[M-H]^-$を負イオンモードで，塩基性試料であれば$[M+H]^+$や$[M+Na]^+$を正イオンモードで検出する．また，マトリックスや試料溶液のpH値によっても$[M+H]^+$や$[M-H]^-$の生成量は影響を受ける．極性の低い中性試料の場合はあまり高い感度は望めないが，両イオンモード

*1 高分子量の試料には表3-3に示した代表的なマトリックスのうち，シナピン酸（SA；分子量224）をおもに用いるが，その脱水物が試料分子に付加しやすいので注意する必要がある．
　また，低質量領域（約$m/z=$400以下）にはマトリックス由来のピーク（表3-3参照）が数本強く現れるので，試料のピークと誤解しないようにする．

で測定を試みるとよい．タンパク質やペプチドは，おもに正イオンモードで十分に測定できる．

表3-3におもなマトリックス，分子量，性質，推奨可溶溶媒，おもに検出される m/z 値，そして測定に適した試料の例を示した．マトリックスの溶液は光によって劣化してしまうので，毎回使う量のみ調製することが好ましいが，翌日以降も同じマトリックス溶液を使用する場合は遮光し冷蔵庫などで冷暗所保存する．MALDI法が開発される前はマトリックスを用いないレーザー脱離イオン化(laser desorption ionization；LDI)法が使われていたが，レーザーを当てることによって試料が直接高エネルギー状態に励起されるのでフラグメンテーションを起こしやすく，熱に不安定な(分解しやすい)試料などの測定には向いていなかった．マトリックスを介して試料をソフトにイオン化することによって，そのような試料の測定も可能にした方法がMALDI法である．

MALDI法でもモル吸光係数(ε)が大きいマトリックス[α-シアノ-4-ヒドロキシケイ皮酸(CHCA)など]を用いた場合は感度も高くなるが[*2]，フラグメンテーションを起こす場合もある．

*2 分解能は低くなる．

マトリックスの pK_a (酸の解離定数)値も試料のイオン生成に大きな影響を与えている．試料の pK_a 値がマトリックス(溶液)の pK_a 値よりも大きい場合は，マトリックスから試料分子へ効率よくプロトンがわたされ，$[M+H]^+$ が生成されやすくなる．反対に，試料の pK_a 値がマトリックス(溶液)の pK_a 値よりも小さい場合は，試料分子からマトリックスへプロトンがわたされ，$[M-H]^-$ が生成されやすくなる．さらに，pK_a 値の小さいマトリックス(CHCAなど)を用いた場合は $[M+nH]^{n+}$ (n は2〜3程度)などの多価イオンが生成する場合もある．なお，一般的に，マトリックス量が多い場合は多価イオンが生成されやすく，マトリックス量が少ない場合やレーザーパワーが大きい場合は試料分子の多量体(クラスター)$[nM+H]^+$ (n は2〜10程度)が検出されやすい傾向にある．

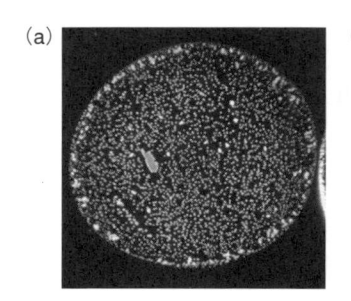

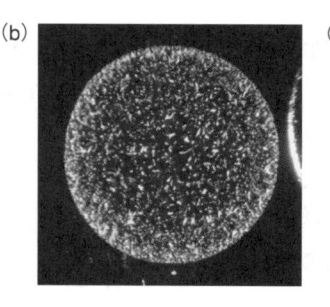

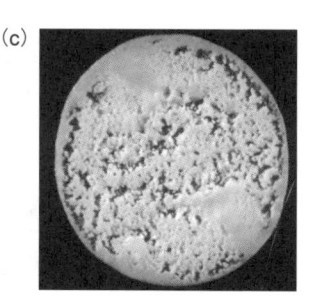

写真③　試料ホルダー上の結晶の状態
(a) 合成ペプチドと α-シアノ-4-ヒドロキシケイ皮酸の混晶，(b) アポミオグロビンとシナピン酸の混晶，(c) 塩濃度が高いタンパク質試料を用いた例．多量の塩が析出している(マトリックスはシナピン酸)．

表3-3　MALDI法で使用されるおもなマトリックス

種類	分子量	性質	推奨可溶溶媒（約10 mg/mlの濃度に溶解）	おもに検出されるマトリックスのm/z値 (+): 正イオンモード測定 (−): 負イオンモード測定	測定に適した試料
シナピン酸（ほとんどがトランス体） (sinapinic acid ; SA) (3,5-ジメトキシ-4-ヒドロキシケイ皮酸)	224	高分子量の試料に適している。CHCA使用時よりも高分解能のピークが得られる。体に害をおよぼすおそれがあるので、調製時は吸引しないように注意する	水/アセトニトリル（体積比で50:50）にTFAを0.1%加える	(+): 207$[M+H-H_2O]^+$, 224 $M^{+\cdot}$, 225$[M+H]^+$ (−): 223$[M-H]^-$, 447$[2M-H]^-$, 671$[3M-H]^-$, 895$[4M-H]^-$	タンパク質 ペプチド 高分子量化合物
α-シアノ-4-ヒドロキシケイ皮酸 (α-cyano-4-hydroxy-cinnamic acid ; CHCA)	189	中〜高分子量の試料に適している。SA使用時よりも高感度にピークが得られる。体に害をおよぼすおそれがあるので、調製時は吸引したり、肌に直接触れないように注意する	水/アセトニトリル（体積比で50:50）にTFAを0.1%加える	(+): 172$[M+H-H_2O]^+$, 189 $M^{+\cdot}$, 190$[M+H]^+$, 212$[M+Na]^+$, 379$[2M+H]^+$ (−): 144$[M-CO_2H+H-H]^-$, 188$[M-H]^-$	ペプチド タンパク質 中〜高分子量化合物
フェルラ酸 (ferulic acid ; FA) (トランス体) (trans-4-ヒドロキシ-3-メトキシケイ皮酸)	194	中〜高分子量の試料に適している。CHCA使用時よりも高質量側にピークが得られる。体に害をおよぼすおそれがあるので、調製時は吸引しないように注意する	水/アセトニトリル（体積比で30:70）にギ酸を5%加える	(+): 177$[M+H-H_2O]^+$, 194 $M^{+\cdot}$, 195$[M+H]^+$, 217$[M+Na]^+$, 371$[2M+H-H_2O]^+$ (−): 193$[M-H]^-$, 387$[2M-H]^-$, 581$[3M-H]^-$, 603$[3M-H+Na-H]^-$, 775$[4M-H]^-$, 797$[4M-H+Na-H]^-$	ペプチド タンパク質 中〜高分子量化合物
ゲンチシン酸 (gentisic acid ; GA) [2,5-ジヒドロキシ安息香酸(DHBA)]	154	低〜中分子量の試料に適している。とくに糖類の測定には有効である。体に害をおよぼすおそれがあるので、調製時は吸引しないように注意する	水/アセトニトリル（体積比で70:30）にTFAを0.1%加える。または水100にに対しTFAを0.1%加える。この水含量が多い溶媒は乾燥後周辺部に混晶が形成されやすいので、一度混晶が形成された後、アセトニトリル含量の多いCHCAやFA調整時の溶媒を同量添加し、再度混晶を形成させるとよい	(+): 137$[M+H-H_2O]^+$, 154 $M^{+\cdot}$, 155$[M+H]^+$, 177$[M+Na]^+$, 273$[2M+H-2H_2O]^+$ (−): 153$[M-H]^-$, 307$[2M-H]^-$	糖, 多糖, 糖脂質 ペプチド 低〜中分子量化合物
3-ヒドロキシピコリン酸 (3-hydroxypicolinic acid ; HPA)	139	おもに負イオンモードでの核酸の測定に適している。体に害をおよぼすおそれがあるので、調製時は吸引しないように注意する	水/アセトニトリル（体積比で70:30）、または水100。この水含量が多い溶媒は乾燥後周辺部に混晶が形成されやすいので、一度混晶が形成された後、アセトニトリル含量の多いCHCAやFA調整時の溶媒を同量添加し、再度混晶を形成させるとよい	(+): 96$[M-CO_2H+H+H]^+$, 122$[M+H-H_2O]^+$, 140$[M+H]^+$, 279$[2M+H]^+$ (−): 138$[M-H]^-$	核酸

解説⑪　MALDI 法の試料調製から測定まで

　MALDI 法の測定方法について詳しく説明しよう．まず固体試料や液体試料を 1～10 pmol/μl から 100 fmol/μl 程度に適当な溶媒（塩や可塑剤，さらに界面活性剤などがなるべく混入していない純粋な溶媒がよい）で濃度を調整し，その試料の 0.5 μl をピペットでステンレス製の試料ホルダー上に塗布する（ESI のときと同様に試料濃度が低すぎては感度が得られないが，高すぎる場合でもレーザーパワーを強めなければならなかったり，分解能のよいスペクトルが得られないといった問題が生じる）．そして，あらかじめ 1.5 ml のチューブなどを用いて作製しておいた 10 mg/ml 濃度のマトリックス飽和溶液（溶媒の種類は表 3-2 を参照．マトリックスが溶けきらない場合は軽く遠心して上澄み溶液を使用する），その 0.5 μl をピペットを用いて試料ホルダー上の試料溶液と混和する（5 章参照）．マトリックスの量は試料の量よりはるかに多く，試料の周囲近傍には必ずマトリックスが存在することとなる．これによってレーザーが当たる際に効率よくマトリックスから試料へのエネルギー供与やプロトン供与が行われ，さらにレーザーを当てた際の試料の分解も抑えることができる．

　有機溶媒のみを用いた試料溶液やマトリックス溶液を試料ホルダー上に添加した場合，これらの表面張力が小さいため試料ホルダー上に薄く広がってしまう．このとき小さなスポットにしたい場合は多少の水を加えておくとよい．また，試料溶液とマトリックス溶液が互いに溶解しない場合は，先にマトリックス溶液を添加し乾燥させた後，試料溶液を載せてまた乾燥させるという手法をとる．

　試料ホルダー上の混合試料を乾燥させながら混合試料の結晶（混晶）を形成させる（5 章参照）．試料ホルダーをイオン源に装着し，真空下で試料にレーザーを当てる．レーザーを当てる場所は試料ホルダーを移動させることでいろいろ変えることができ，CCD カメラで映しだされた試料ホルダーを見ながら測定者が判断できる装置もある．その際，混品のない場所やでき具合の悪い混晶にレーザーを当ててもよいスペクトルは得られないので，でき具合のよさそうな混晶を探し，その部分にレーザーを当てる．しかし，一か所に長いあいだ連続してレーザーを当てると，混晶が徐々に剥がれていくので，ある程度測定したら別の場所（混晶）に移動して測定したほうがよい．しかし反対に，とくに厚く形成された結晶では，同一箇所にある程度の時間レーザーを当てていると，はじめはピークが現れないが，徐々にピークが現れてくる場合がある．また，はじめのレーザー強度でピークが現れない場合やピークの数が少ない場合には，レーザー強度を徐々に高めていくとピークが現れてくることもある．ピークがある程度の高さで現れたら，逆に少しずつレーザーの強度を弱めていくと分解能のよいピークが得られる．さらに，測定された数回のスペクトルを積算（順に加えていくこと）することにより，ピークの分解能を向上させたり，ノイズ（バックグラウンド）も減らすことができる．また，試料測定の前に標準物質を用いた質量校正（2 章解説⑥も参照）測定を行うが，加速電圧の値やマトリックスの種類を質量校正測定と試料測定で同じものにしておかなければならない．そうしないと，試料の正確な質量分析が行えない．

　これでスペクトルが得られるが，スペクトルのよし悪しは，実は混合試料をつくる段階ですでに決まっているといってもいいだろう．すなわち，よい MALDI スペクトルを得るためには，よい混晶をつくる必要がある．5 章にマトリックスと試料のよい混晶をつくるためのいろいろな混和法や乾燥法を紹介しているので参照していただきたい．しかしながら，試料とマトリックスの性質，調製の仕方，両者の組合せの種類によって混晶のでき方はさまざまであるため，いまのところこれといった決定的な方法は見つかっていない．しかし，混晶をつくる際にマトリックスや有機溶媒成分が試料に比べあまりにも過剰だったり，乾燥過程が速すぎたり，試料に不純物が入っていたりした場合は，一般によい混晶ができにくいようである．結局，実際に自分の試料を用いていろいろ試してみた結果，最適なスペクトルが得られた調製法が一番よい方法といえる．CCD カメラで混晶を観察したときにマトリックスが細かく一面に均一に広がっている場合は，よいスペクトルが得られるようである．

　このように MALDI 法は非常に簡便で汎用性のあるイオン化法であるが，測定者個人個人の混晶の調製法によってスペクトルの質が大きく変わってしまうという特徴も合わせもっていることを忘れてはならない．

(S. K)

4 マススペクトルの読み方の常識

この4章では，マススペクトルが得られるまでの流れなど，実際にマススペクトルを読む前に知っておいてほしいことを学んでもらったうえで，それぞれの数値の読み方を習得してほしい．

空気のマススペクトル

KeyWord: eV（electronvolt），電子エネルギー（electron energy），イオン（ion），二重収束質量分析計（double-focusing mass spectrometer），質量電荷比（mass-to-charge ratio），整数質量（nominal mass），相対存在量（relative abundance），電荷数（charge unmber），電気素量（elementary electric charge）

通常，質量分析計の置かれている部屋は特別な環境条件にはなく，ふつうに人が住むことはできる．この部屋の空気を質量分析計のなかに導入し，そのマススペクトルを測定した場合，空気の主成分である窒素分子 N_2 と酸素分子 O_2 の質量に対応する位置にピークが観測される．部屋の水蒸気に由来する水分子 H_2O の質量に対応する位置にもピークが観測される．感度を高くすればもっとさまざまな空気中の成分が検出されるが，通常の環境ならばどこでも図4-1に近いマススペクトルが得られるに違いない．

水蒸気を除いた空気のおもな組成は，重量比で N_2 が約76％，O_2 が23％である．モル比では N_2 と O_2 の割合はだいたい4：1になるので，マススペクトルに現れるそれらのイオンのピーク強度も4：1になることが期待される．実際，図4-1のマススペクトルも N_2 のピーク強度を100％にとれば，O_2 のピークは約25％である．

まずは，専門用語などの予備知識なしに図4-1を見てみよう．図4-1は質量分析計の設置してある実験室の空気成分の電子イオン化マススペクトルである．70 eVの電子エネルギーによって空気をイオン化し，生成した正イオンのみを検出した測定結果である．イオンの質量分離には正配置型の二重収

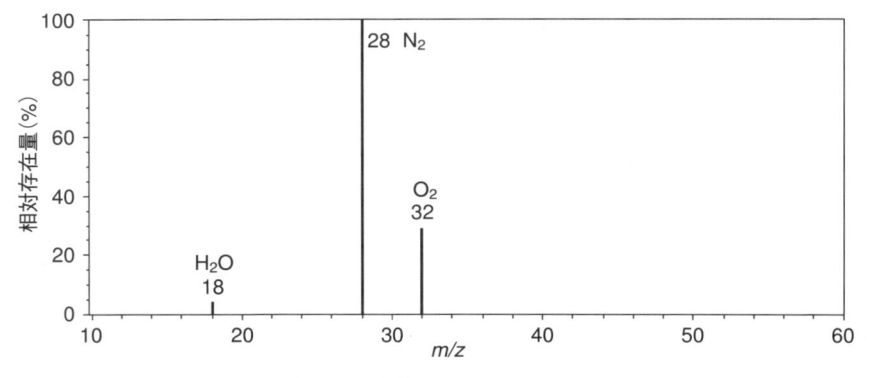

図4-1 空気のマススペクトル
質量分析計の置かれている部屋の空気を，電子イオン化法によってイオン化して計測した．窒素分子と酸素分子に対応するイオンのピークが4：1の強度割合で観測されている．

束質量分析計を使っている．観測されているピークは低質量側から水分子，窒素分子，酸素分子の1価の正の分子イオン$M^{+\cdot}$であり，それぞれの質量電荷比(m/z)を整数質量で表すと，m/z 18, m/z 28, m/z 32である．各ピークの相対存在量は，この部屋の空気成分のモル量比を反映する．相対存在量100％のベースピークを示す窒素分子が最も多く存在していることがわかる．

もう少しやさしく詳しく説明しよう．中性分子Mから電子が1個放出されて生成するイオンを分子イオンといい，$M^{+\cdot}$で表す．中性分子では，電子はパウリの排他律に従い2個一組で安定な一つの電子状態にあるため，その電子状態から1個の電子が放出されることにより，もう1個の電子は残ることになる．その残った電子が$M^{+\cdot}$の不対電子・を表し，＋は負の電荷をもった電子が放出された後に生じる正電荷を意味する．

マススペクトルの横軸を表す質量電荷比m/zのmは，各分子の質量を表している．N_2とO_2の質量は，それぞれ整数質量で表すと28Daと32Daである．また，質量電荷比m/zのzは，生成したイオンのもつ電荷数を意味する．電子1個の電気量に対応する電気素量eを単位とし，これを1とすれば電荷数は整数値($z = 1, 2, 3, 4, \cdots$)をもつ量である．マススペクトルの縦軸は，生成した各イオンの相対存在量を表す．このなかで最も数多く存在するイオンの量を100％とし，これをベースピークとする．測定した部屋の空気成分のなかで最も多く存在するのはN_2ということになる．重要なのは，このマススペクトルにおけるN_2とO_2のイオンに対応するピーク強度が，空気成分中のそれぞれの成分のモル比を反映するということである．

以上が空気のマススペクトルの説明である．しかし，これだけではマススペクトルに隠されている情報を十分に引きだしているとはいえない．単に観測されているピークを表面的に見ているだけにすぎない．マススペクトルを間違いなく読みこなし，見た目だけからはわからない情報を十二分に引きだすためには，マススペクトロメトリーに特有の基礎的な常識を備えていなければならない．

マススペクトルの読み方に入る前の常識

KMS KeyWord イオン源（ion source）

　マススペクトルは核磁気共鳴スペクトルや赤外線吸収スペクトル，電子スペクトル，発光スペクトル，原子スペクトル，光のスペクトルなどといったスペクトルと名のつく集団の仲間である．適当な要素からなる集団を，共通の物理量を選んでその値の大きさの順に並べたものを一般にスペクトルという．マススペクトルは，原子や分子を"マス"という物理量の値の順に並べたものである．マススペクトルの"マス"は"mass"であり，"質量"を意味する．

　一般にマススペクトルの"マス"は，アリやゾウの体重を決める"質量"であってもよいし，月や地球の"質量"であってもよい．"質量"という共通の物理量ではかれる要素からなる集団ならば，何でも質量の値の順に並べればマススペクトルにすることができる．しかし，これから説明するマススペクトルは，特定のサイズの階層にある物質集団に対してだけ使われる．原子を構成する素粒子群よりは大きく，また動植物の細胞より小さな粒子群が対象である．この集団には，原子や分子あるいはそれらの集合体であるクラスターなどが含まれる（図4-2）．

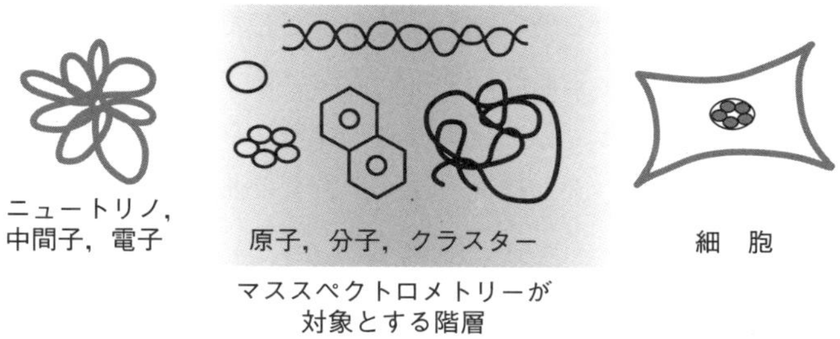

| ニュートリノ，中間子，電子 | 原子，分子，クラスター
マススペクトロメトリーが対象とする階層 | 細　胞 |

図4-2
マススペクトロメトリーが対象とする物質の階層は，原子を構成する素粒子と生物細胞との中間にある．

　この階層に属する物質の集団を質量の大きさの順に並べると，小さいものは水素原子から大きいものは大人の身長ほどの長さをもつデオキシリボ核酸（DNA）分子まで，対数目盛を使わなければ間に合わないほどの広範なスペクトルになる（図4-3）．これも一つのマススペクトルといえる．

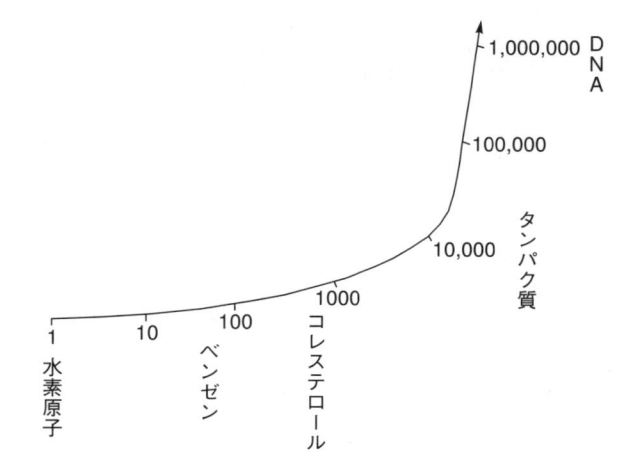

図 4-3 水素原子からDNA分子まで包括する階層にある物質群を質量の順に並べたスペクトル

原子や分子を質量の順に並べる

　ベンゼンやコレステロールなどの有機分子，あるいはタンパク質やDNAなどの生体高分子をマススペクトルとして観測するには，1個1個の分子をあらかじめイオンにしなければならない．イオンとは，プラスまたはマイナスの電荷をもった粒子（荷電粒子）のことである．マススペクトロメトリーにおけるイオンは，溶液中で周囲を溶媒分子などによって囲まれているイオンとは異なり，真空中で単独に浮遊できる自由な気体状のイオンである．有機分子や生体高分子を1個1個の気体状のイオンにして真空中を漂わせると，電場や磁場を使ってその運動を自由に操ることができるようになる．こうして真空中で自由に漂う分子のイオンは，電場あるいは磁場によって直進運動や振動運動，回転運動をしながらその質量別に分離され，質量の大きさの順に検出器まで送られていく．

　試薬ビンに収められている塩化ナトリウムやコレステロールなどの結晶は手のひらにとることができる．そこにはアボガドロ定数（6.022×10^{23}個）ほどの分子が含まれている．それらの分子1個1個をピンセットで拾いあげてその質量をはかりで秤量するわけにはいかないが，質量分析計を用いて真空中を漂うことのできる自由なイオンにすることで，1個1個の分子の質量を計測できるようになる．手のひらにとることができるような塩化ナトリウムやコレステロールの結晶を，装置のイオン源に導入すると1個1個の原子や分子のイオンをつくりだすことができる．マススペクトルを得るには，原子や分子を1個1個の気体状の自由なイオンにすることがどうしても必要なのである．このことがほかの化学分析法や物理計測法との大きな違いであり，マススペクトロメトリーの特徴にもなっている．

マススペクトルとは

KMS KeyWord マススペクトロメトリー(mass spectrometry),相対分子質量(relative molecular mass),モノアイソトピック質量(monoisotopic mass),精密質量(exact mass),同位体(isotope)

　マススペクトロメトリーという言葉は,マス(質量)-スペクトロ(分ける)-メトリー(計測法)のように分解することができる.扱う物質は圧倒的に分子が多い.イオンを生成する段階では化学反応などの化学的過程も含まれるが,全体としては,むしろ物質としての原子や分子の基本物理量である"質量"を電場,磁場を用いて計測する物理的過程が主である.この意味でマススペクトロメトリーは,分析法というよりも計測法といえる.いうなれば質量分析計は,1個1個の原子や分子の質量を計測するはかり(メーター)であり,天秤や体重計の仲間の一つともいえよう.ただし,天秤や体重計が巨視的な物体を対象にして重力加速度 g を利用するのに対し,質量分析計は微視的な物質を対象にして,電荷と関連した電磁気力を利用しているところに大きな違いがある.

　重さ W と質量 m は厳密に区別しなければならない.実際の質量計測では分子の運動速度の違いや加速度的な運動によって生じる力の違いを利用するので,質量という物理量を直接に計測しているわけではない.重さ W が質量 m と間接的な関係 $W = gm$ によって結ばれているのと同様,マススペクトロメトリーでも分子の運動性の違いを利用して間接的に質量を計測しているのである.

気体状のイオンは質量と電荷の両方をもっている

　マススペクトルを読む際,イオンになった原子や分子の質量(mass を略して m)の値には注意を払うが,そのイオンが同時に電荷または電気量 q をもっている事実には注意しないことが多い.イオンはその性質上,プラスまたはマイナスの電荷を帯びていて,電気素量 e を単位電荷として1価というよび方をする.1価の電荷を担う基本的な粒子は電子 e^- やプロトン H^+ などであり,中性の分子にこれら基本的な電荷粒子が結合すると,その数 n に応じて n 価のイオンが生成する.この価数のことを z で表し電荷数という.「電荷をもつ」とは原子や分子はクーロンの法則に従ってその反対符号の電荷とは引き合い,同一符号の電荷とは反発し合うことを意味する.また,電場のなかでは加速したり減速したり,交流電場のなかでは振動運動を行い,磁場のなかで

は回転運動を生じる．このように，原子や分子が電荷をもつということは，宇宙空間のような真空中に置かれたときには，何ものにも邪魔されずに自由にダイナミックな運動ができることを意味している．そして，電荷数 z が大きければ大きいほど電場や磁場に対して運動する反応もすばやく，引き合う力や反発し合う力も大きくなることを意味している．質量 m はもとの運動を維持しようとする慣性的性質である一方で，電気量 q は電場や磁場に反応して運動状態を変えようとする性質である．このように，イオンは電場や磁場のなかでは相反する運動傾向を示す性質，「質量と電荷」を同時に備えているのである．

マススペクトルは棒グラフ

質量分析計に接続しているパソコンの画面上に現れたマススペクトルやプリンタから出力されたマススペクトルは一種の棒グラフである（図4-4）．縦に伸びた棒の上端には数値が記載されているが，これはイオンの質量 m の値である．正確には，試料分子をイオン化したときに生成するイオンの質量電荷比 m/z の値である．単なるイオンの質量の値ではなく，電荷にも関係しているところにマススペクトロメトリーの特徴がある．

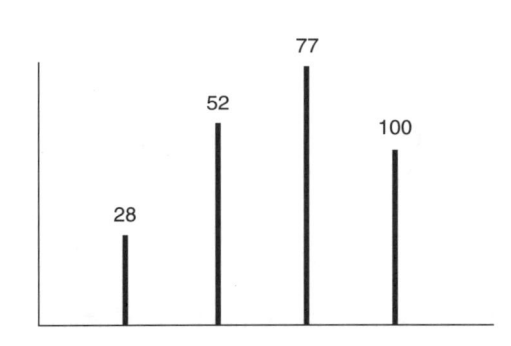

図4-4 マススペクトルは棒グラフ
各棒の先端の数値は，「棒」に対応するイオンの質量電荷比 m/z の値を示す．棒の高さはイオンの量を表している．

よく間違える質量の値

棒グラフの上端に記載された数値をそのまま読むと，マススペクトルの解釈を取り違えることがある．分子の質量の値の正確な読み方は化学の教養程度であるが，手のひらにのるほどの量の有機化合物の重さに関連する相対分子質量（M_r）と1個1個の分子の質量との違いを混乱して理解することが多いため，マススペクトルを正しく解析できなくなることがある．後で詳しく説明するが，1個1個の分子の質量の表し方には，整数質量，モノアイソトピック質量，精密質量などのように，その場その場で使い分けなければならない適切な質量の値がある．分子を構成する元素の種類と原子の数が多ければ多いほど，質量の値の読み方の間違いは深刻な問題を生じる．

図 4-4 において，整数値 28 は窒素分子 N_2 なのか，一酸化炭素 CO なのか，それともエチレン C_2H_4 なのか，このままでは意味不明である．また各ピークの値は，1 個 1 個の分子の精密質量を四捨五入した値なのか，質量数と同じ意味をもつ整数質量なのか，あるいは平均値を意味する相対分子質量を四捨五入した値なのか，判断に困ることが多い．

もう一つの間違えやすい常識中の常識として，同位体の理解がある．マススペクトロメトリーは同位体の発見を歴史的な起源の一つとしている．実際，その計測において同位体まで分離してしまうことがマススペクトロメトリーの特徴になっている．

マススペクトルを読む際には，この各元素の同位体とその存在度に注意する必要がある．一般に各元素は複数の同位体からなるため，そのことと関連してマススペクトルを読む際に実際的な疑問がいくつも生じる．たとえば，分子のなかに同じ種類の原子が複数含まれると，同じ同位体が含まれる確率は原子の数とどのように関係しているのか？　あるいは，分子に含まれる同位体の数と種類が増えると，マススペクトルにどのような影響を与えるのか？　マススペクトルを読むうえでこうした疑問はいつも発生する．この章では，こうした問題を具体例を取りあげながら詳しく解説していこう．

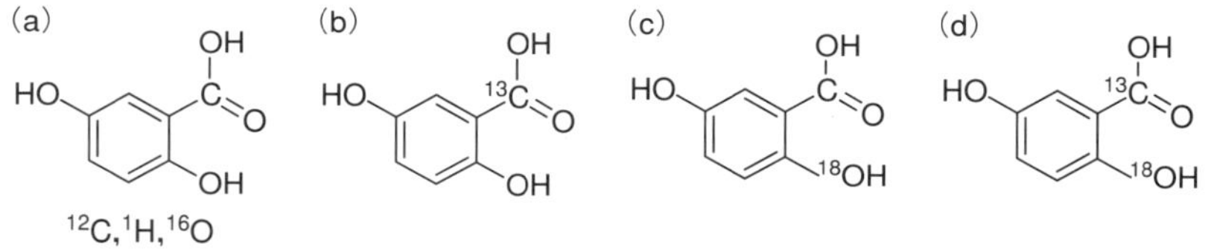

図 4-5　$C_7H_6O_4$ の分子式をもつ 2,5-ジヒドロキシ安息香酸の化学構造式といろいろな同位体組成
(a) は ^{12}C，^1H，^{16}O の同位体からなる．(b) は ^{13}C を 1 個含み，(c) は ^{18}O を 1 個含み，(d) は ^{13}C を 1 個と ^{18}O を 1 個含む．これらはすべて質量が異なり，質量分析計によって分離計測できる．

親イオンと娘イオン

「親イオンはどれかな？」，あるいは「親はどれかな？」．かつてはマススペクトルを手にした研究者が最初に発する言葉の一つであった．専門用語に直せば，「分子量関連イオンはどれかな？」となる．

あらゆるマススペクトロメトリー用語が海外から輸入されていた1970年代より前は，分子量関連イオンといえば分子イオン M^+ のことであり，それは親イオン（parent ion）ともよばれていた．これに対しフラグメントイオンは娘イオン（daughter ion）とよばれていた．マススペクトルに現れるフラグメントイオンは分子量関連イオンから単分解反応によって生成し，フラグメントイオンからさらにフラグメントイオンが生成する．この因果関係を指して，親（分子量関連イオン）から娘（フラグメントイオン）が生まれ，その娘からまた娘（フラグメントイオン）が生まれる，ということになる．

欧米生まれのこの洒落た用語も，現代ではジェンダーを想起させるものとしてIUPACの用語集から消えてしまった．性差別やセクシャルハラスメントの後進国（？）ともいわれる日本の研究者のあいだでは，いまだに「親イオンはどれ？」といってしまうため，それを聞いた初心者が真似をするという悪循環が続いている．それにしても，なぜ母イオンや父イオンではなく親イオンなのか？　また，なぜ娘イオンで息子イオンではなかったのか？

(M. T)

あ～あ，失敗！

その1　GC/MS測定時には温度の設定場所がたくさんある．ヘリウム圧と流量設定，インジェクション温度設定，カラム温度は昇温させるか一定にするか，インターフェースの温度など…．MS側の諸条件の設定を完了．一部手動でほかはコンピュータで設定を行った．そしてあるとき，最初に測定した標準試料はうまくいった．ほかもすべて順調に測定できると思いながら，ごく微量の試料をインジェクションから注入，待てど暮らせどピークがでてこない．ほかの分析機器では目的物質はあるのに．何回もチェックしてやっと見つけたその原因は，途中のコールドポイントだった．インターフェースの温度設定が手動だったため，測定を開始したときから下がり始めていたのである．ご注意あれ．

その2　測定したスペクトルから分子量に微妙なずれを発見して，「学生め，分子量の計算くらいまともにやれ」と独りごとをいいながら，次の試料の測定を完了．ここでも分子量に違いが？？？？　そうかキャリブレーションテーブルが別の名前で登録してあったのだ．ミスっちゃったよう…．ごめんなさい学生さん．

キャリブレーションテーブルは一種のものさしである．標準試料で常にものさしを校正しているのである．だから安心して質量ナンバーを読み取ることができる．10 kmを10マイルと勘違いしたらとんでもないことになりますね．

その3　気をつけて校正したから本書にはないと思うが，毎分 $5 \mu l$ の流量に設定すると書くところ，μを抜かしてしまったことがある．でもHPLCで $5 l$ も流すことはないから間違いに気がつくと思うのだが….でも間違いだ!!

その4　高速原子衝撃の測定中に依頼者が現れた．
私：汚いサンプルもってきましたね．このきたないスペクトル見て!!
彼：精製したんですが，どれくらいの試料を測定に使うのですか？
私：あまり多すぎてもだめなんですよ．もう一度測定してみましょう．
サンプルはこれくらい少量でいいんです．
あっ，きれいなスペクトルになった!!??

(Y. S)

マススペクトルが得られるまで

KMS KeyWord　イオン化(inonization), 分子イオン(molecular ion)

試料調製

- フィールドからの動植物の組織や反応容器からの試料の採取
- 目的化合物(単体または混合物)の分離精製
- 試料導入法やイオン化法に応じたマススペクトロメトリーのための試料調製

　ある試料のマススペクトルを得るには，フィールドからの草木の採取や試験管のなかでの合成反応などを含め，各行程で何度か試料を調製する必要がある．最終的にはマススペクトロメトリーに適した試料調製が必要になる．現在の質量分析計は目的に合わせて製作されていることが多く，その意味では完成度が高い．これは逆に，装置に導入する試料の性質や量，形態に至るまで最適な試料調製をしておく必要があることを意味している．そういった試料調製は，誰でも同じ結果を得るうえで重要である．ただし，現実には試料調製に分離精製の熟練を要することが多いうえ，試料の性質に合わせてイオン化法を適切に選ぶところにも経験が要求される．

　装置のなかに導入された試料化合物は，その試料の性質に合わせて選択されたイオン化法によってイオン化され，次に示すような手順に従ってマススペクトルが得られる．

マススペクトロメトリー

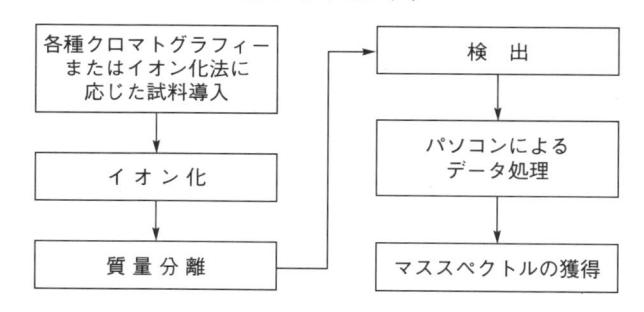

各種クロマトグラフィーまたはイオン化法に応じた試料導入 → イオン化 → 質量分離 → 検出 → パソコンによるデータ処理 → マススペクトルの獲得

マススペクトルになる前のパソコン中のデータ

　質量分析計に接続されたデータ処理システム(通常はパソコン)にはマススペクトルにする前の生データが格納される．通常，一つのファイルには一つの測定試料のデータが収められている．測定試料は単一物質の場合もあるし混合物の場合もある．パソコン中に格納される生データは，質量電荷比の値 m/z と強度の値 I を一対としている．つまり，マススペクトルの基本データは(質量電荷比 m/z；強度 I)のような一対のデータの集まりである．

質量電荷比は，一つのイオンがもっている質量 m と電荷数 z の比 m/z であり，強度 I はそのイオンの数量に対応している．つまり，一対のデータ $(m/z; I)$ は，m/z という値をもったイオンが何個あるかを表している．一つの試料に対応する生データは，基本データ $(m/z; I)$ を複数含む集合である（図 4-6）．

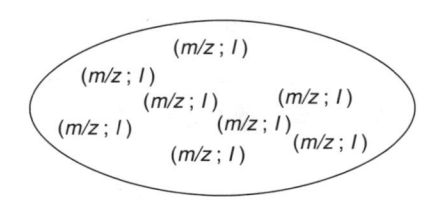

図 4-6 パソコン中のハードディスクに格納されているマススペクトルの生データ

各イオンの m/z とその強度 I の値の一対 $(m/z; I)$ の集合からマススペクトルがつくられる．

$(m/z; I)$ の集合からマススペクトルを作成する

質量分析計に接続されたパソコン中に格納されているマススペクトルの生データは $(m/z; I)$ の集合である．これらのデータからマススペクトルを作成するために，パソコンの内部では次の二つの処理が行われる．

1) $(m/z; I)$ のデータを質量電荷比 m/z の大きさの順に並べ，これを横軸とする．

2) 横軸に並べた各 m/z の位置に強度 I の高さの棒を伸ばし，これを縦軸とする．

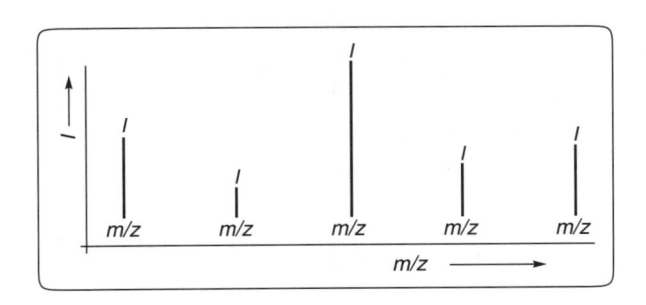

これにより，m/z を横軸とし，I を縦軸とした棒グラフが完成する．これがマススペクトルである．このようにマススペクトルの横軸は原子や分子の質

量 m を電荷数 z で割った値 m/z で，縦軸は m/z の値をもつ各イオンの数量で表される．

イオンの質量電荷比 m/z

イオンは正または負の電荷をもった原子や分子，クラスターなどの粒子である．これを荷電粒子という．マススペクトロメトリーにおけるイオンは自由に運動できる気体状の荷電粒子であり，質量 m と電気量 q の両方を併せもっている．電気量 q は単位電荷（1個の電子がもつ電気素量 e）の整数倍である．この比例係数を電荷数といい，z で表す．

$$q = z \cdot e \quad (z = 1, 2, 3, 4, \cdots)$$

中性分子 M に電子が 1 個付加して生成した負の分子イオン M^{-} の電荷数は 1 であり，2 個付加したイオン M^{2-} の電荷数は 2 である．また，中性分子 M から電子が 1 個放出されて生成した正の分子イオン M^{+} の電荷数は 1 であり，2 個放出されて生成したイオン M^{2+} の電荷数は 2 である．電荷数 1 のイオンを 1 価のイオンといい，電荷数 2 のイオンを 2 価のイオンという．

同様にして，最も小さな 1 価の正イオンであるプロトン H^+ が中性分子 M に n 個結合すると正の n 価のイオン $[M+nH]^{n+}$ が生成し，プロトンが n 個放出されると負の n 価のイオン $[M-nH]^{n-}$ が生成する．このように電荷数 z は，単位電荷を 1 としてその整数倍の値をもつ．

イオンの存在量

マススペクトロメトリーにおいて扱うイオンは，質量と電荷の両方をもつ粒子である．この電荷粒子は，真空に保たれた質量分析計の内部で自由に浮遊しているか，ある方向に向かって運動している．イオン化室で生成したばかりのイオンはイオン化室のなかを浮遊している．

イオン化室のなかにはいろいろな質量電荷比 m/z の値をもったイオンが浮遊している．m/z の値に応じてイオンを分離するには，イオン化室のあるイオン源から質量分離装置へ向かってイオンを加速して，直進運動させなければならない．イオン源から質量分離装置に入り，そこを通過したイオンは m/z によって分離される．そして，各 m/z の値をもったイオンの数が数えられることになる．

実際にはイオンの数ではなく，検出器で受けたイオン，つまり電気信号を増幅した後に電流値として検出・記録された値のことである．この記録値が，各 m/z の値をもつイオンの存在量（abundance）である．これがマススペクトルの縦軸，すなわち棒グラフの強度 I である．各 m/z ごとのイオンの存在量は，

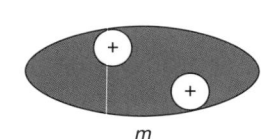

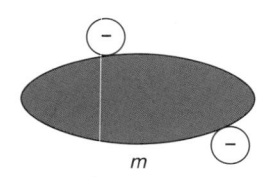

図 4-7
イオンは質量 m と電荷の両方をもっている．電荷の量は電気量 q ではなく，単位電荷をもつ電子 e^- やプロトン H^+ の数，すなわち電荷数 z で表される．

最も多いイオンを100％で表す．これを相対存在量として縦軸にすることもあれば，検出器によっては検出・記録された値をそのまま縦軸にすることもある．いずれもイオンの存在量を表している．

マススペクトルから何がわかるか

1枚のマススペクトルにはさまざまな情報が含まれるが，一般には次のような基本的な情報が得られる．

  1）分子量関連イオンのピークから分子の質量（分子量情報）
  2）フラグメントイオンのピークから分子の構造（構造情報）
  3）同位体ピークの高さから構成元素の種類と数（元素情報）

マススペクトルから得られる情報は，イオン化された粒子の質量電荷比 m/z とそれに対応するピーク強度 I が基本であるが，その意味するところは応用分野ごとに異なる．特定の科学分野との組合せは，その分野に特有の意味と情報を生みだす．たとえば分子認識化学の分野では，互いに特異的な相互作用をする二種類の分子 M_d と M_a が結合体 (M_d+M_a) を形成する場合，その結合体のイオンピークを検出することが一つの情報になる（図4-8）．また特定の官能基を同位体標識した場合，標識前後での同位体による質量の値のシフトの検出が情報獲得を意味する．

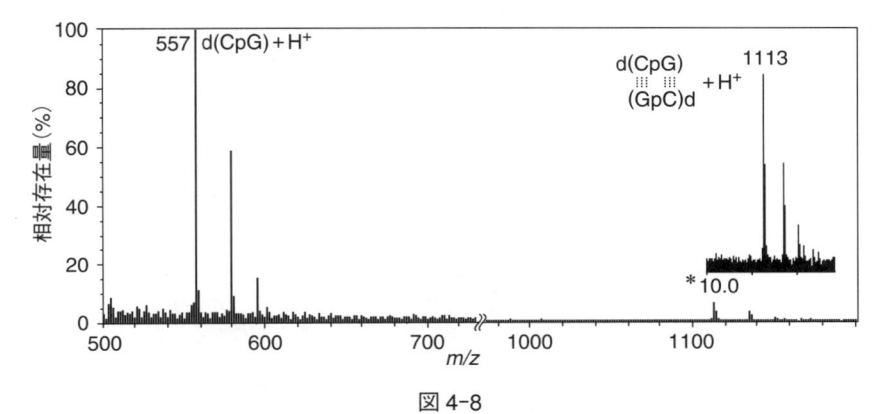

図4-8
マススペクトルから得られる情報は応用分野によってさまざまである．塩基間自己相補結合体（ミニヘリックス）を形成するジヌクレオチド dCpG のホモダイマーイオン $[2(dCpG)+H]^+$ が，高速原子衝撃マススペクトルにおいて m/z 1113 の位置に観測される．

マススペクトルのピークの読み方

KMS KeyWord　同位体イオン(isotopic ion)，バックグラウンドイオン(background ion)，イオン化室(ionization chamber)，ベースピーク(base peak)，主イオン(principal ion)，主同位体(principal isotope)，同位体分子イオン(isotopic molecular ion)，主分子イオン(principal molecular ion)

横軸と縦軸

マススペクトルの横軸は，生成したイオンの質量数 m をそのイオンの電荷数 z で割った値，質量電荷比 m/z を表す．マススペクトルの縦軸は，イオン化室で生成したイオンの量あるいは数を表す．生成した全イオンのうち，各イオンの存在割合を相対存在量(％)で表示する．

アセトアニリド $C_6H_5NHCOCH_3$ を 70 eV の熱電子によって衝撃し，イオン化すると，図 4-9 のような電子イオン化マススペクトルが得られる．このときイオン化室で最も多く生成するのは m/z 93 の整数質量をもつイオンであることがスペクトルからわかる．その次に多く生成するのは m/z 135 の整数質量をもつイオンである．これらは1価の正イオン($z=1$)として観測される．

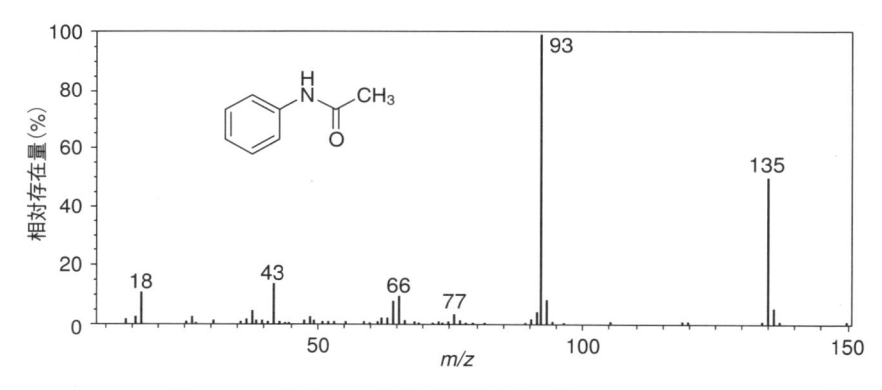

図 4-9　アセトアニリドの電子イオン化マススペクトル
70 eV の運動エネルギーをもった熱電子によってアセトアニリド分子を衝撃すると，イオン化室では m/z 93 のイオンが最も多く生成する．

分子量関連イオンのピーク

試料化合物の分子量情報の獲得に直接役立つイオンのことを分子量関連イオンといい，通常マススペクトルの最も高質量側に出現するピーク群を指す．アセトアニリドの相対分子質量(M_r)は，整数質量では 135 Da である．図 4-10 の電子イオン化マススペクトルの高質量側に出現している m/z 135 以上の質量

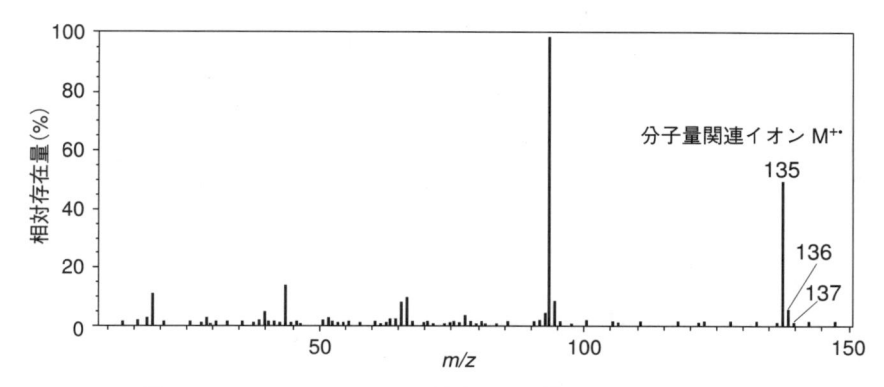

図 4-10 アセトアニリドの電子イオン化マススペクトルに
おける分子量関連イオンのピーク

m/z 135, 136, 137 のピークはいずれもアセトアニリドの分子イオンであり，分子量情報の獲得に役立つ．

をもつピーク群（m/z 136 と 137 の同位体イオンのピークも含む）は，アセトアニリドの電子イオン化マススペクトルに現れる分子量関連イオンのピークである．分子量関連イオンのなかでも，中性分子 M から電子 1 個が失われて生成したものを分子イオンといい，$M^{+\cdot}$ で表す．$M^{+\cdot}$ の＋は正電荷を，・は不対電子を意味する．

　分子量関連イオンのピークは，一つの試料化合物に対して 1 本だけ出現するわけではない．一般には図 4-10 のように，同位体イオンのピークを伴って数本のまとまったピーク群として出現する．

フラグメントイオンのピーク

　マススペクトルには，一つの試料化合物に対する分子量関連イオンのピーク群だけでなく，分子量関連イオンがイオン化室中で分解反応（フラグメンテーション）を起こして生成したフラグメントイオンのピークも出現する．フラグメントイオンは，分子量関連イオンよりも低質量側のピークとして出現する．

　図 4-11 のマススペクトルにおいて，m/z 135 の分子イオンのピークより低質量側に出現している m/z 93, 77, 66, 43 などのピークは，分子イオンがある決まったフラグメンテーションの規則に従って結合の開裂を起こして生成したもの，あるいはフラグメントイオンからフラグメントイオンへと逐次的に開裂を起こして生成したフラグメントイオンである．フラグメントイオンは試料分子の部分構造を反映することが多いため，構造解析に利用できる．

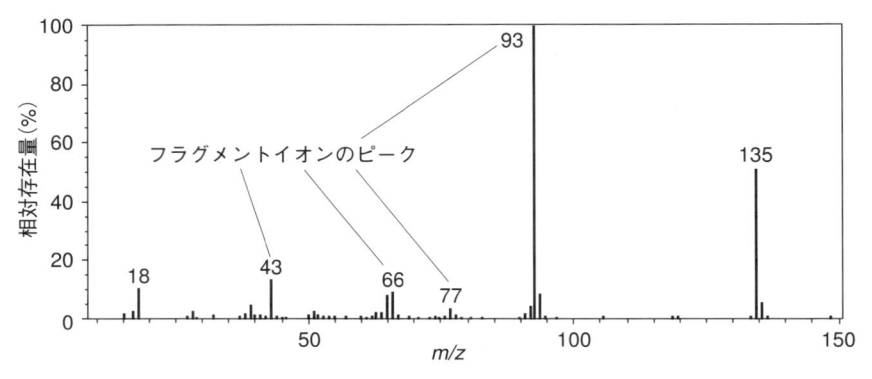

図 4-11　アセトアニリドの電子イオン化マススペクトルに現れる
フラグメントイオンのピーク
フラグメントイオンの質量は，分子量関連イオンの質量よりも小さい．

バックグラウンドイオンのピーク

　質量分析装置の内部は一般に高真空に保たれているが，装置の置かれている部屋の空気成分，真空用ゴムパッキンの成分，真空ポンプ用オイルの成分などがイオン化室に達することもある．図 4-11 に現れている m/z 18 のピークは，イオン源に微量に残留する水分に由来していると考えるのが妥当である．また試料調製中に化成品容器などから混入する可塑剤であるフタル酸エステル類の一つであるフタル酸ジオクチルエステルは，電子イオン化マススペクトルでは m/z 149, 167 に特徴的なピークが現れ（図 4-12），高速原子衝撃マススペクトルでは m/z 149, 167, 279, 391 に特徴的なピークが現れる（図 4-13）．これらのピークはバックグラウンドイオンといわれる．

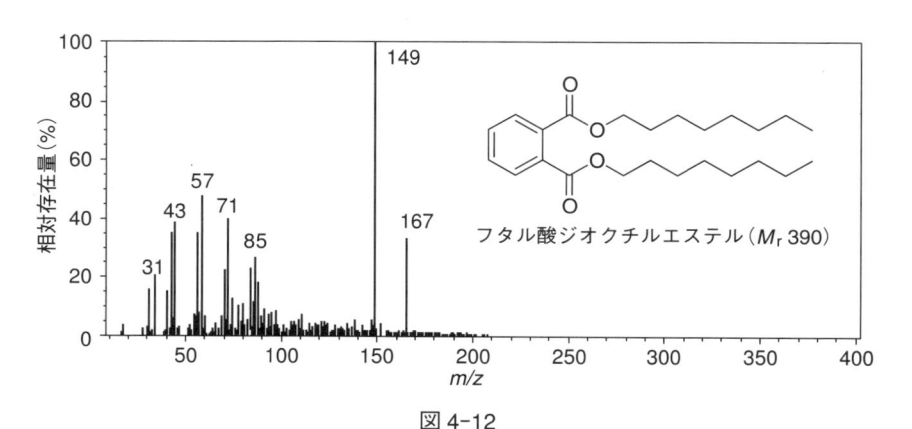

フタル酸ジオクチルエステル（M_r 390）

図 4-12
電子イオン化マススペクトルに現れるバックグラウンドイオン
m/z 149 のピーク．

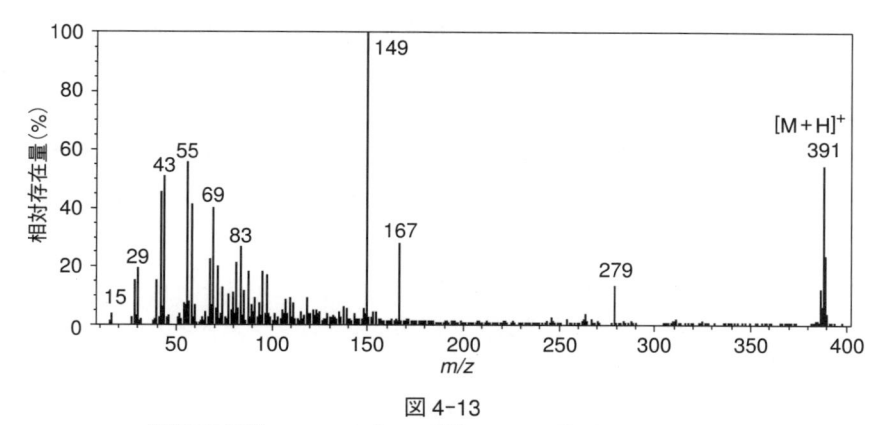

図 4-13
高速原子衝撃マススペクトルに現れるフタル酸ジオクチルエステル(M_r 390)由来のバックグラウンドイオン m/z 149, 167, 279, 391 のピーク．フタル酸エステル類は電子衝撃に対して不安定なため，電子イオン化法では分子量関連イオンは観測されない．

ベースピーク

　マススペクトルにおいて，縦軸すなわち相対存在量が 100 ％のピークをベースピークという．ベースピークに対応するイオンは，イオン化室で最も多く生成する，あるいは最も多く存在するものであると考えることができる．最も多く存在するイオンは，与えられたイオン化条件の下で最も安定なイオンであると見なすこともできる．このため，ベースピークは，電子イオン化マススペクトルにおいて化合物の同定に役立つので，データベース上の重要な意味をもっている．

　使用するイオン化法によっては，ベースピークに意味がない場合もある．たとえば，高速原子衝撃やマトリックス支援レーザー脱離イオン化法では，

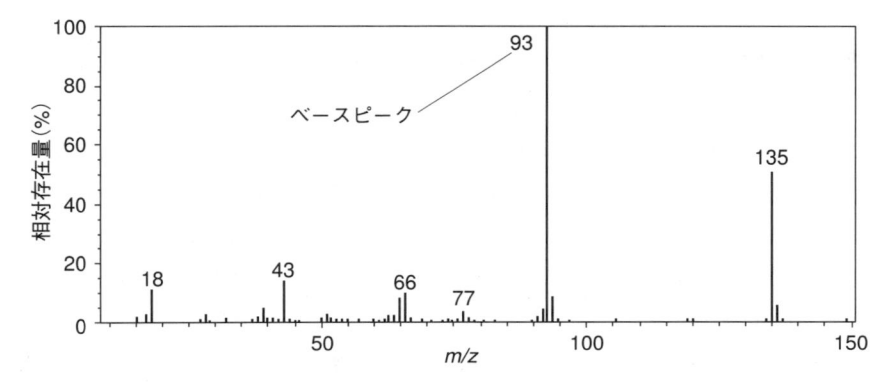

図 4-14　アセトアニリドの電子イオン化マススペクトルのベースピーク
ベースピークは使用するイオン化法やイオン化条件によって変化する．70 eV の熱電子によって衝撃すると，m/z 93 がベースピークになるが，より低エネルギーの 20 eV では m/z 135 がベースピークになる（図 4-24 b を参照）．

試料化合物はマトリックスとよばれる基質材料と混合してから測定するため，イオン化の際には基質材料に由来するイオンが多量に発生する．このため，目的試料の分子量関連イオンを検出するには，基質由来のイオンはマススペクトルの縦軸に収まりきれなくなり，ピーク強度はスケールオーバーしてしまう場合も多い．こうした場合，ベースピークはほとんど意味をなさない．

主イオンと同位体イオンのピーク

マススペクトルに観測される分子量関連イオン，フラグメントイオン，バックグラウンドイオンのいずれのピークも，1本だけで単独に出現するということは滅多にない．多くの場合，質量1Daごとに離れた数本のピーク群になって現れる．各ピーク群は，天然同位体存在度が最大の同位体（主同位体）からなる主イオンのピークと，それ以外の同位体からなる複数の同位体イオンのピークからなる．主イオンの高質量側に隣接して現れるピークを一般に同位体イオンという．これが分子イオン $M^{+\cdot}$ の場合，その同位体イオン $[M+1]^{+\cdot}$ や $[M+2]^{+\cdot}$ のことを同位体分子イオンといい，主イオンを主分子イオンという．

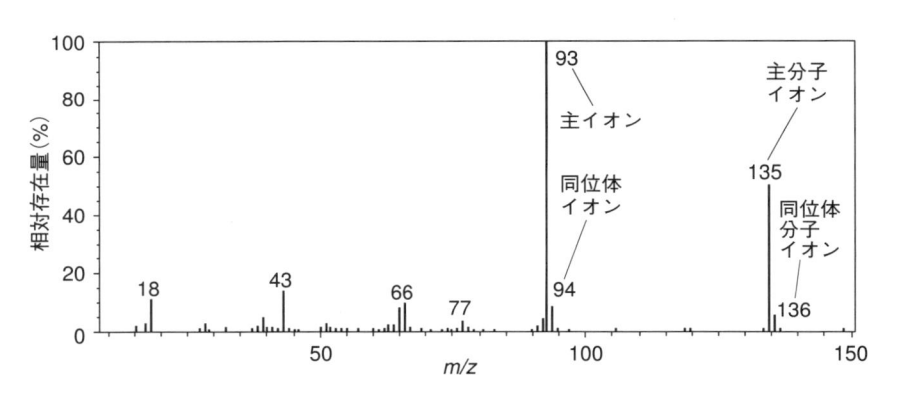

図4-15 アセトアニリドの電子イオン化マススペクトル
主分子イオン m/z 135とその同位体分子イオン m/z 136，およびフラグメントイオンにおける主イオン m/z 93とその同位体イオン m/z 94．

多価イオンのピーク ── ハードイオン化の場合

質量電荷比 m/z の電荷数 z は，イオンの正負にかかわらず1価イオンは1，2価イオンは2のように整数値をもつ．通常は1価イオン（$z=1$）を検出することが多いため，m/z の値はイオンの質量 m の値に一致する．マススペクトルの横軸は m/z を表すため，2価イオンや3価イオンは，質量 m のイオンに対して1/2や1/3の質量位置にピークを与える．これらを一般に多価イオンのピークという．

多価イオンの生成は簡単には次のように理解することができる．中性分子 M から n 個の電子が放出されれば正の n 価の分子イオン M^{n+}，n 個の電子が付加すれば負の n 価の分子イオン M^{n-}，n 個のプロトンが付加すれば n 価のプロトン化分子 $[M+nH]^{n+}$，n 個のプロトンが放出されれば n 価の脱プロトン化

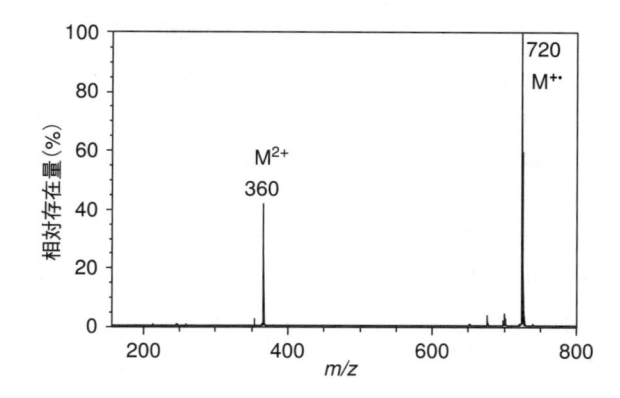

図 4-16　フラーレンC_{60}の電子イオン化マススペクトル

1価の分子イオン$M^{+\cdot}$(m/z 720)と2価の分子イオンM^{2+}(m/z 360)．強度は小さいが，m/z 240には3価の分子イオンM^{3+}も観測されている．

分子$[M-nH]^{n-}$が生成する．いずれもnは2以上の値をもつ．

電子イオン化法などのハードイオン化法を使うと原子や分子から複数個の電子が放出され，M^{2+}やM^{3+}のような多価イオンが観測されることがある．これら多価イオンの生成には，最低でも数十 eV の電子エネルギーが必要なため，構造的に不安定な化合物では分解のほうが優先してしまうこともある．マススペクトルにおいて多価イオンの観測される位置は，1価イオンの質量電荷比$m/1$に対して$m/2$，$m/3$のように低質量側へシフトする．同時に，多価イオンの主イオンと同位体イオンのピーク間隔は，電荷数が増すにつれて$1/2$，$1/3$のように狭くなる（図 4-17 参照）．

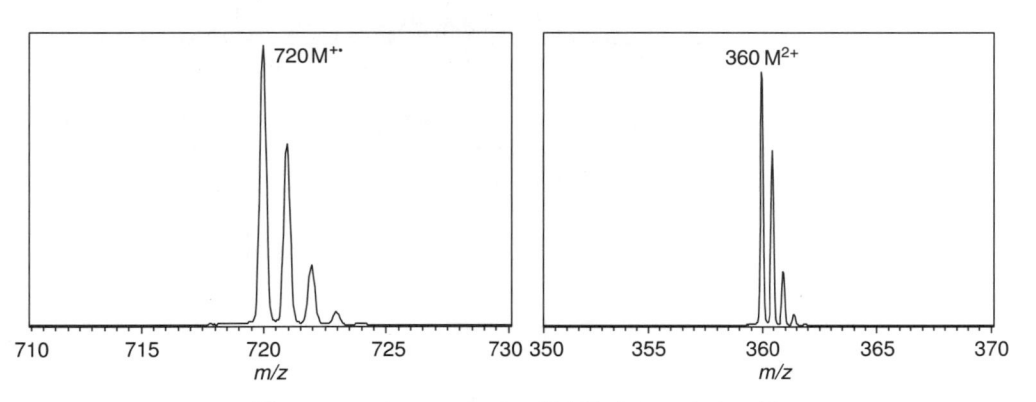

図 4-17　フラーレンC_{60}の1価分子イオン$M^{+\cdot}$と2価分子イオンM^{2+}のピーク間隔の違い

1価イオンのピークは1Daごとのピークなのに対し，2価イオンのピークはDa/2ごとのピークになる．

多価イオンのピーク —— ソフトイオン化の場合

ソフトイオン化法の一つであるエレクトロスプレーイオン化法では，中性分子 M に複数個のプロトン H^+ が付加した多価プロトン化分子$[M+nH]^{n+}$が

生成する．あるいは中性分子 M から複数個のプロトン H^+ が脱離した多価脱プロトン化分子 $[M-nH]^{n-}$ が生成する．とくに，タンパク質などの生体高分子では，プロトン H^+ と結合する塩基性官能基やプロトン H^+ を放出する酸性官能基が多数存在するため，30〜50価（z = 30〜50）といった大きな価数の多価イオンが生成する．

図 4-18 には，相対分子質量 29023.5 のカルボニックアンヒドラーゼⅡというタンパク質のエレクトロスプレーイオン化マススペクトルを示した．計測質量範囲は m/z 2000 までだが，イオンが多価イオンとして生成するため，本来の質量 m より 1/20 から 1/40 の m/z 位置に多価イオンのピークが観測される．観測された価数も，16 価から 46 価にまでおよぶ．これらの観測されている多価イオンのピーク群に対してデコンボリューション法という計算手法を用いると，相対分子質量の値が求められる（図 4-19）．

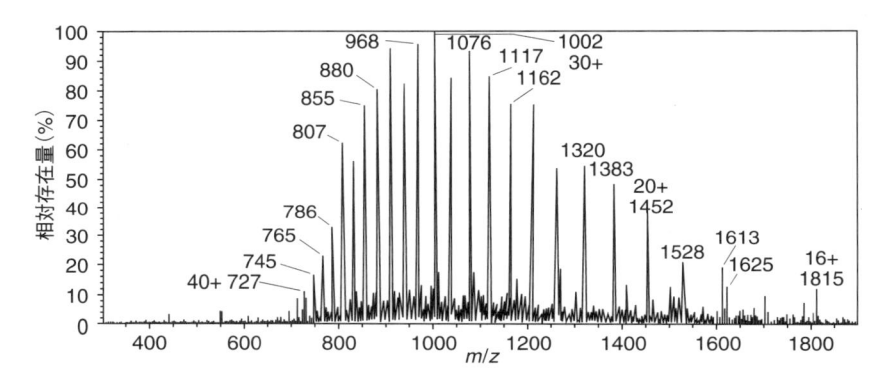

図 4-18　多価プロトン化分子 $[M+nH]^{n+}$ のピーク群
16 個のプロトンが付加して生成した多価プロトン化分子 m/z 1815 から，43 個のプロトンが付加したイオン m/z 677 まで多価イオンのピーク群が観測される．

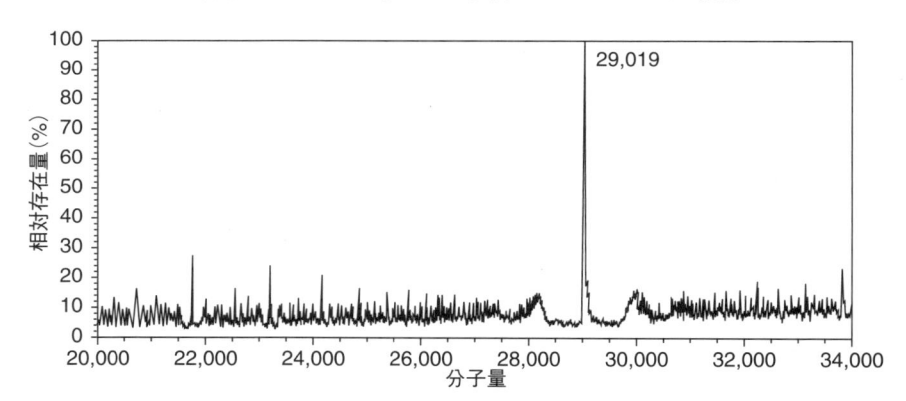

図 4-19　図 4-18 の多価プロトン化分子のピーク群をデコンボリューション操作して得たマススペクトル
分子量関連イオンの質量 m/z 29,019 が直接観測される．3〜4Da の質量誤差が生じているが，測定したこの装置（イオントラップ型質量分離装置）の性能は高いほうである．

分子量関連イオンとは

KMS KeyWord 多価プロトン化分子（multiply protonated molecule），多価脱プロトン化分子（multiply deprotonated molecule），多価分子イオン（multiply charged molecular ion），脱ハイドライド分子（dehydride molecule），クラスターイオン（cluster ion），質量分解能（mass resolution）

　分子量情報の獲得に直接役立つイオンを分子量関連イオンという．しかし，その種類は使用するイオン化法や試料の性質に応じてさまざまである．いくつかの典型的な分子量関連イオンとその名称を以下に示そう．

　$M^{+\cdot}$：分子イオン，M^{n+}：多価分子イオン，$[M+Na]^+$：ナトリウムイオン付加分子，
　$[M+H]^+$：プロトン化分子，$[M-H]^-$：脱プロトン化分子，$[M-H]^+$：脱ハイドライド分子，
　$[M+nH]^{n+}$：多価プロトン化分子，$[M-nH]^{n-}$：多価脱プロトン化分子，
　$[M+H+M]^+$：プロトンバウンドダイマー，$[nM+H]^+$：クラスターイオンまたは
　プロトン化クラスター，M^+：イオン解離分子，X^-：イオン解離対イオン

プロファイル型のマススペクトルのピーク

　マススペクトルは横軸に質量電荷比 m/z を，縦軸に各イオンの相対存在量（％）をとった棒グラフである．各イオンは正確な m/z 値をもつので，それらを m/z の順に並べその存在量を縦軸にして棒グラフにできる．しかし実際の測定においては，分析管を通過して検出器に到達したイオンは，ある決まった m/z をもったイオンでも，最初から棒グラフにできるような離散的（デジタル）な性質をもったものではない．検出器に到達するイオン流は，実はガスクロマトグラフや液体クロマトグラフのような釣り鐘状の連続的（アナログ）な信号として記録される．この連続的な信号として記録されたスペクトルをプロファイル型のマススペクトルといい，図4-17やあとの図4-25に示したような滑らかな形をしている．各イオンのピークは釣り鐘状をしていて，この釣り鐘の面積が各イオンの存在量，すなわち棒グラフの高さに相当している．特定の質量のイオンが一点の質量の値に収束せず，釣り鐘状の幅をもつのは，イオンが電場や磁場の影響下で m/z の値をもって運動するときに，その運動量 mv や運動エネルギー $mv^2/2$ に幅が生じているためである．これらの幅は，イオン化室においてイオンが生成したときの衝撃やイオンが置かれている状態の微妙な違いに由来する．また，イオンの流れを規制するスリットの幅にも依存する．スリットの幅を狭めてピーク間の分離の程度を向上させることを「装置の質量分解能を高くする」という．

質量とその値の取扱い方

KMS KeyWord: 原子質量単位(atomic mass unitまたはunified atomic mass)，平均質量(average mass)，分子量(molecular weight)，相対原子質量(relative atomic mass)，原子量(atomic weight)，フラーレン(fullerene)

イオンの質量とその単位[*1] ── 正式な単位は u

質量 m は，一般には物体間に働く万有引力(Gm_1m_2/r^2)，運動方程式($F = m\alpha$)，物体の運動量(mv)，運動エネルギー($mv^2/2$) などを定義したり決定するための，物体に固有の基本的な量である．質量の単位は，国際単位系(SI)では kg(キログラム)を用いるが，原子や分子では 1 個の ^{12}C 原子の質量の 1/12 を原子質量単位として u で表す．u は，1.6605×10^{-27} kg の値をもつ．

$$u = 1.6605 \times 10^{-27} \text{ (kg/個)}^{*2}$$

アボガドロ定数個の ^{12}C 原子の質量の 1/12 は 1 g になるが，u は 1 g をアボガドロ定数 $N_A = 6.022 \times 10^{23}$ 個で割った値に等しい．

$$u = 1/N_A \text{ (g/個)}$$

u をモル(mol)単位を使って表すと，1 モル $\equiv N_A$ 個なので，次のようになる．

$$u = 1/N_A \text{ (g/個)} \times N_A \text{ (個/mol)} = 1 \text{ (g/mol)}$$

これが，試薬ビンのラベルなどに記載されている相対分子質量(M_r)としてなじみの深い分子の質量の単位である．たとえば，水分子の整数質量は 18u のように書ける．

整数質量と精密質量の違い

これまで示してきたマススペクトルは，質量の値の表示には整数を用いてきた．整数質量の表示には，

$$^{12}C = 12, \quad ^{1}H = 1, \quad ^{14}N = 14, \quad ^{16}O = 16, \quad ^{35}Cl = 35$$

などのような整数値を用いる[*3]．しかし炭素同位体 ^{12}C の質量を基準値として 12.0000000Da とすると，各元素の質量は整数ではなく以下のような精密な値をもつ．

$$^{1}H = 1.00782503, \quad ^{14}N = 14.0030740, \quad ^{16}O = 15.9949146, \quad ^{35}Cl = 34.9688527$$

[*1] 国際的に承認されている質量の単位は u であるが，この項以外ではすべて dalton (Da)を使っている．この項に現われる u をすべて Da と読みかえても間違いではない．

[*2] 通常，u の単位は kg だが，ここではあえて 1 個の ^{12}C 原子の質量を強調するために (kg/個)の単位を使っている．

[*3] 整数質量の計算には，天然同位体存在度が最大の同位体元素の質量数を用いる．

このため，分子イオン$M^{+\cdot}$やプロトン化分子$[M+H]^+$の精密質量は，元素の数や構成元素の種類に応じて整数質量からプラス方向またはマイナス方向にずれる．すなわち次のような質量差が生じる．

質量差 δm ＝ 精密質量－整数質量

つまり，簡単にいえば水素原子Hと窒素原子Nの数が増せば増すほど質量差はプラス方向に，酸素原子Oや硫黄原子S，ハロゲン原子の数が増せば増すほどマイナス方向にずれていくことになる．表4-1には，いくつかの分子について分子量関連イオンの主イオンの精密質量の値が，それぞれの元素の原子数や構成元素の種類によっていかに整数値からずれるかを示してある．もともと精密質量の値をもつイオンを，マススペクトル上で整数質量の表示をする場合は，四捨五入などの計算処理が必要なことがわかる．

表 4-1 元素の数や種類の異なるいろいろな化合物の分子量関連イオンの整数質量と精密質量の差

元素組成（試料名：分子量関連イオン）	整数質量	精密質量	質量差 δm
S_8（硫黄：$M^{+\cdot}$）	256	255.7766	－0.2234
$C_8H_8NO^{79}Br$（パラブロモアセトアニリド：$M^{+\cdot}$）	213	212.9789	－0.0211
C_{60}（フラーレン：$M^{+\cdot}$）	720	720.0000	0
C_8H_9NO（アセトアニリド：$M^{+\cdot}$）	135	135.0682	＋0.0682
$C_{27}H_{44}O$（ビタミンD_3：$M^{+\cdot}$）	384	384.3392	＋0.3392
$C_{81}H_{139}N_{22}O_{23}$（CD4 37-53：$[M+H]^+$）*4	1787	1788.0383	＋1.0383

＊4 ヒト白血球分化抗原CD4の37番目から53番目までのペプチドフラグメント．

整数質量と窒素ルール

マススペクトルから得られた分子量関連イオンの質量の値が偶数か奇数かにより，窒素原子の有無あるいはその分子に含まれる窒素原子の数が偶数か奇数かを決めるルールがある．

1) 窒素原子を奇数個含む化合物の整数質量は奇数になる．
2) 窒素原子を含まないか，または偶数個含む化合物の整数質量は偶数になる．

これを窒素ルールといい，マススペクトルから得られる元素情報の一つを与える．しかし，窒素ルールをこのままの表現で使うには，次の二つの条件が満たされていなければならない．

3) 分子量関連イオンは，正の主分子イオン$M^{+\cdot}$または負の主分子イオン$M^{-\cdot}$でなければならない．
4) 分子イオンは整数質量で表示されていなければならない．

分子量関連イオンがプロトン化分子[M+H]$^+$，ナトリウムイオン付加分子[M+Na]$^+$あるいは脱プロトン化分子[M−H]$^-$であったりする場合には，整数質量の偶奇性が逆転する．たとえば，dynorphin A 1-7 というペプチドはC$_{40}$H$_{62}$N$_{13}$O$_9$ の分子式をもつ．この化合物の高速原子衝撃マススペクトルの分子量関連イオンはプロトン化分子[M+H]$^+$であり，その整数質量は868Daと偶数だが，分子のなかの窒素の数は13の奇数である．この場合，窒素ルールを運用するには，分子量関連イオンが[M+H]$^+$であることを考慮してプロトンの整数質量 1Da を引き，整数質量を867Daとしなければならない．また，表4-1に示したCD4 37-53 というペプチドのように，質量の大きな化合物では精密質量が整数質量から＋1Da以上ずれる．この場合には，マススペクトルに表示されている数値が整数質量なのか精密質量（あるいはその四捨五入した値）なのかを確認したうえで，窒素ルールを適用しなければならない．

相対分子質量 M_r は平均値

主イオンと同位体イオンの各ピークの強度を重みとして平均化した質量を相対分子質量といいM_rで表す．相対分子質量は単に平均質量あるいは分子量とよばれることもある．相対分子質量の計算には各元素の相対原子質量（単に原子量ともいう）を用いる．

C$_3$H$_9$O$_3$の分子式をもつグリセリンの高速原子衝撃マススペクトルには，そのプロトン化分子[M+H]$^+$のピークが観測される．このピークの相対分子質量，整数質量，精密質量の違いを図4-20に示した．相対分子質量M_rは元素組成C$_3$H$_9$O$_3$と原子量からただちに計算できるが，整数質量と精密質量は各元素の同位体を指定してから計算する必要がある．図4-20のスペクトルの例では，^{12}C$_3$^{1}H$_9$^{16}O$_3$の同位体組成（主同位体のみからなる）を用いて計算している．計算に使用した数値は付録の表（p.159）を参考にしている．

図 4-20 グリセロールの高速原子衝撃マススペクトル
グリセロールのプロトン化分子の相対分子質量，整数質量，精密質量の値．相対分子質量は，高質量側の同位体ピークも含めた加重平均値であるため，一般にほかの質量の値よりも大きくなる．

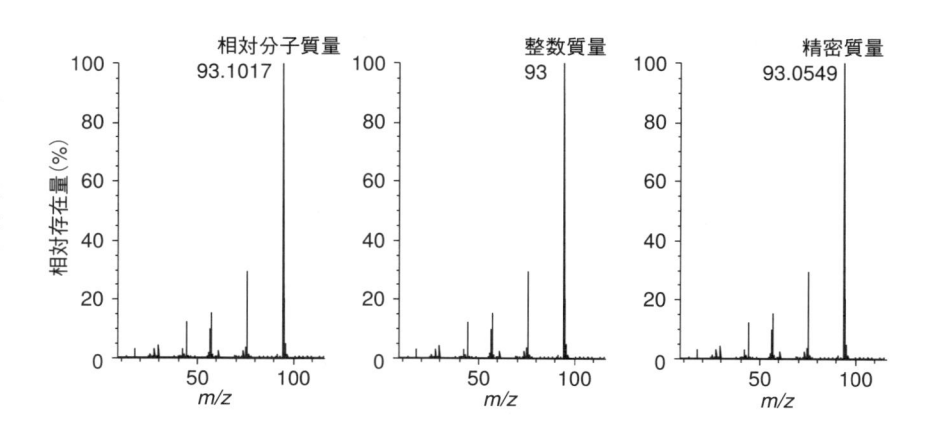

各種元素の天然同位体存在度と質量

試料化合物の質量を計算する際，相対分子質量を計算するには各元素の相対原子質量（原子量）を用い，整数質量を計算するには各元素の質量数を用い，また精密質量を計算するには各元素の精密質量を用いる必要がある．巻末の付録に，各元素の天然同位体存在度と各同位体の精密質量のデータを示した（p. 159〜161 参照）．

モノアイソトピック質量 M_m

試料分子の構成元素が多種類の同位体を含んだり構成元素の種類が多くなるにつれて，主イオンに隣接する同位体イオンのピークの数と高さはともに増していく．その際，一群のピークから代表的なピークを選択するための基準が必要となることがある．試料分子を構成する各元素の単一の同位体のみからなる分子の精密質量をモノアイソトピック質量といい，M_m で表す．通常は単一同位体として天然同位体存在度が最大の主同位体が選ばれる．主同位体からなるモノアイソトピック質量は主イオンの精密質量に一致する．この好例は，炭素原子のみからなるサッカーボール形のフラーレン分子 C_{60} の分子量関連イオンのピーク群である．

フラーレン分子の主分子イオン $M^{+\cdot}$ のモノアイソトピック質量は，同位体 ^{12}C だけから構成される $^{12}C_{60}$ の精密質量 720.0000 Da に等しい．同位体 ^{13}C が1個，2個，3個，4個含まれる同位体分子イオン $[M+1]^{+\cdot}$, $[M+2]^{+\cdot}$, $[M+3]^{+\cdot}$, $[M+4]^{+\cdot}$ の精密質量は，モノアイソトピック質量ではない．特別な場合として，同位体 ^{13}C のみからなる $^{13}C_{60}$ という分子を合成した場合には，その精密質量はモノアイソトピック質量といえる．

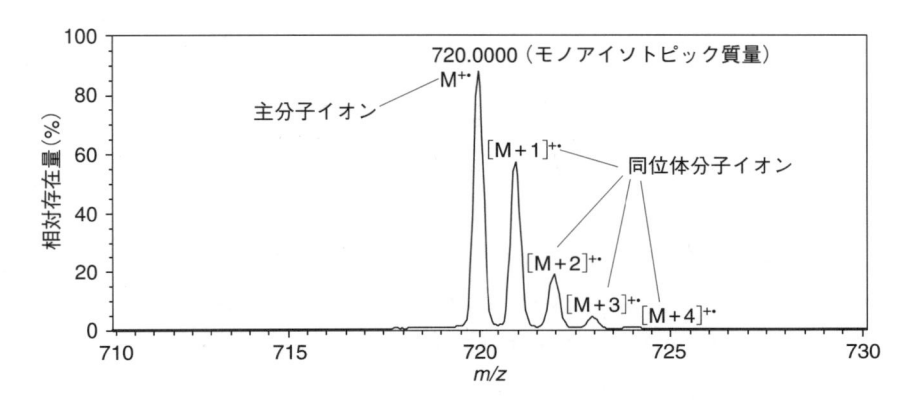

図 4-21 電子イオン化マススペクトルに観測されるフラーレン C_{60} の分子量関連イオンのピーク群

主分子イオン $M^{+\cdot}$ に対して，同位体分子イオンが $[M+1]^{+\cdot}$, $[M+2]^{+\cdot}$, $[M+3]^{+\cdot}$, $[M+4]^{+\cdot}$ まで観測される．このなかで単一の同位体 ^{12}C のみからなるのは主分子イオン $M^{+\cdot}$ のみであり，その質量がモノアイソトピック質量である．

同位体イオンとは

KMS KeyWord

同位体イオン（isotopic ion），同位体存在度（isotopic abundance），硫黄（sulfur），フラーレン（fullerene），ハロゲン（halogen）

同位体イオンの組成

C_8H_9NO の分子式をもつアセトアニリドの電子イオン化マススペクトル（図4-10）の主分子イオン（m/z 135）の高質量側には，同位体分子イオンのピーク m/z 136 と 137 が隣接して現れている．これらのピーク m/z 135，136，137 はいずれも分子イオンというが，習慣上 m/z 135 の主イオンのみを分子イオン $M^{+\cdot}$ とする．

安定同位体のみを考慮すると，アセトアニリドの主分子イオンと同位体分子イオン m/z 135，136，137 の同位体組成は表4-2のようになる．

表4-2 アセトアニリドの同位体組成

主分子イオン $M^{+\cdot}$（m/z 135）	: $^{12}C_8\,^1H_9\,^{14}N\,^{16}O$
同位体分子イオン $[M+1]^{+\cdot}$（m/z 136）	: $^{12}C_7\,^{13}C\,^1H_9\,^{14}N\,^{16}O$
	: $^{12}C_8\,^1H_8\,^2H\,^{14}N\,^{16}O$
	: $^{12}C_8\,^1H_9\,^{15}N\,^{16}O$
	: $^{12}C_8\,^1H_9\,^{14}N\,^{17}O$
同位体分子イオン $[M+2]^{+\cdot}$（m/z 137）	: $^{12}C_6\,^{13}C_2\,^1H_9\,^{14}N\,^{16}O$
	: $^{12}C_8\,^1H_7\,^2H_2\,^{14}N\,^{16}O$
	: $^{12}C_8\,^1H_9\,^{14}N\,^{18}O$
	: $^{12}C_7\,^{13}C\,^1H_8\,^2H\,^{14}N\,^{16}O$
	: $^{12}C_7\,^{13}C\,^1H_9\,^{15}N\,^{16}O$
	: $^{12}C_7\,^{13}C\,^1H_9\,^{14}N\,^{17}O$
	: $^{12}C_8\,^1H_8\,^2H\,^{15}N\,^{16}O$
	: $^{12}C_8\,^1H_8\,^2H\,^{14}N\,^{17}O$
	: $^{12}C_8\,^1H_9\,^{15}N\,^{17}O$

このように分子量関連イオンの各ピークは，同位体組成の異なるイオンの重ね合わせからなる．m/z 136 と 137 のいずれのイオンも整数質量の値は同じだが，それぞれのピークを構成する異なる同位体組成のイオンの精密質量は異なる．表4-2からわかるように，m/z 136 のピークは十分に分離精度の高い装置を用いれば，同位体組成の異なる4本のピークに分離される．元素の種類と数が増せば増すほど，この組合せはおびただしい数になることがわかる．

同位体イオンのピーク強度と元素の数との関係(1)

　元素は固有の同位体からなり，同位体の存在度(％)も知られている．原子のマススペクトルを測定すると，同位体存在度の数値そのままのピーク強度をもつ同位体イオンが現れることが期待される．しかし多種類の元素からなる分子では構成元素の同位体の組合せが異なるため，1種類の化合物に対してもさまざまな同位体組成が可能になり，それに応じてさまざまな質量をもつ同位体分子が存在する．また分子を構成するある元素の数が複数の場合，その元素の数が多ければ多いほど主同位体に対してほかの同位体を含む確率も増していく．元素Aの主同位体a_0に対して質量が1Da大きい同位体a_1を考えると，「主イオンに対する同位体イオンのピーク強度の比は，試料分子に含まれる元素の数に比例し，天然同位体存在度の比が比例係数になる」．これらは，簡単に次のような比例関係で表すことができる．

$$\frac{a_1 \text{由来の同位体イオンのピーク強度}}{a_0 \text{由来の主イオンのピーク強度}} = \frac{a_1 \text{の天然同位体存在度}}{a_0 \text{の天然同位体存在度}} \times \text{元素 A の数}$$

　複数の元素A，B，C，Dからなる分子では，その主分子イオン$M^{+\cdot}$に対する同位体分子イオン$[M+1]^{+\cdot}$のピーク強度の比は，次のような各元素についての和で表せる．

$$\frac{\text{同位体分子イオン}[M+1]^{+\cdot}\text{のピーク強度}}{\text{主分子イオン}M^{+\cdot}\text{のピーク強度}}$$
$$= \frac{a_1 \text{の天然同位体存在度}}{a_0 \text{の天然同位体存在度}} \times \text{元素 A の数} + \frac{b_1 \text{の天然同位体存在度}}{b_0 \text{の天然同位体存在度}} \times \text{元素 B の数}$$
$$+ \frac{c_1 \text{の天然同位体存在度}}{c_0 \text{の天然同位体存在度}} \times \text{元素 C の数} + \frac{d_1 \text{の天然同位体存在度}}{d_0 \text{の天然同位体存在度}} \times \text{元素 D の数}$$

　このような特定の同位体イオン(ここでは$[M+1]^{+\cdot}$)のピーク強度に対する和の関係は，元素Aの質量が2Da，3Da，4Da大きい同位体a_2，a_3，a_4の寄与からなるそれぞれの同位体イオン$[M+2]^{+\cdot}$，$[M+3]^{+\cdot}$，$[M+4]^{+\cdot}$についても成り立つ．この比例関係の典型例として，硫黄分子のマススペクトルについて説明しよう．

硫黄分子のマススペクトル

　硫黄分子S_8の電子イオン化マススペクトルは，分子量関連イオンとして主分子イオンであるm/z 256のピークとその同位体分子イオンであるm/z 258のピークを示す．この質量差2Daは，硫黄原子の同位体^{32}Sと^{34}Sに由来して

いる．硫黄分子の電子イオン化マススペクトルには，分子イオン$M^{+\cdot}$から硫黄原子Sが逐次的に脱離して生成したフラグメントイオンm/z 224, 192, 160, 128, 96, 64がそれぞれ2Da離れた同位体イオンm/z 258, 226, 194, 162, 130, 98, 66を伴って観測される．それぞれの主イオンに対する各同位体イオンのピーク強度は，硫黄原子の数が2個，3個，4個と増すにつれて分子内に^{34}Sを含む確率が2倍，3倍，4倍と増すため，硫黄原子の数に比例して高くなる（図4-22）．

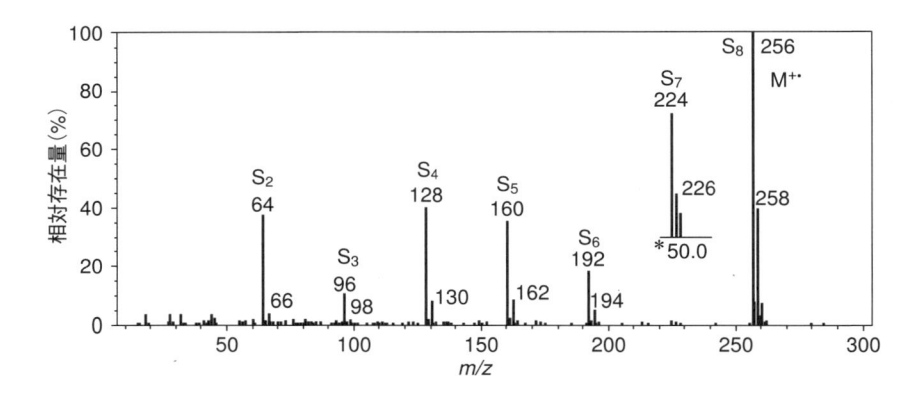

図4-22 硫黄分子の電子イオン化マススペクトル
硫黄原子の数の異なるフラグメントイオンが観測される．硫黄原子の数が増すと，その数に比例して主イオンに対する同位体イオンのピーク強度が高くなる．

表4-3には，図4-22のマススペクトルから得た同位体イオンのピーク強度を示した．各同位体イオンの強度は，各主イオンの強度を100としてその相対強度で示してある．計算的には，以下の比例関係からピーク強度比が求められる．nは硫黄原子の数を表す．

$$\frac{S_n の同位体イオンピーク強度}{S_n の主イオンピーク強度} = \frac{^{34}S の天然同位体存在度 4.29}{^{32}S の天然同位体存在度 94.93} \times n$$

表4-3 硫黄分子の電子イオン化マススペクトルに観測される分子イオンとフラグメントイオンの主イオンと同位体イオンの強度

Sの数n	主イオンの強度(m/z)	同位体イオン$[M+2]^{+\cdot}$の強度(m/z)
2	100(64)	9.86(66)
3	100(96)	14.0 (98)
4	100(128)	19.3(130)
5	100(160)	23.1(162)
6	100(192)	27.3(194)
7	100(224)	34.1(226)
8	100(256)	38.8(258)

同位体イオンのピーク強度と元素の数の関係（2）

　先ほど示した比例関係は，1個の分子のなかに1個の同位体が入る確率を表している．したがって，1個の分子に同時に同じ同位体が複数個入る確率を表すものではない．元素 A を n 個含む分子に同位体 a_1 が複数個入る場合，主同位体 a_0 に対する a_1 由来の各同位体イオンのピーク強度比は，次の二項定理の展開式の各項から求められる．

$$(Xa_0 + Xa_1)^n = (Xa_0)^n + n(Xa_0)^{n-1}(Xa_1) + n(n-1)(Xa_0)^{n-2}(Xa_1)^2/2! + \cdots$$

　ここで，Xa_0 は主同位体 a_0 の存在度を，Xa_1 は同位体 a_1 の存在度を表す．右辺第1項は主イオンのピーク強度を，第2項は同位体 a_1 を1個含む同位体イオンのピーク強度を，第3項は同位体 a_1 を2個含む同位体イオンのピーク強度を表す．先の比例関係は，この展開式の最初の二つの項だけを考慮したものであることがわかる．

　同位体 a_1 が，分子中に2個，3個，4個入る確率は，それぞれ Xa_1 の2乗，3乗，4乗に比例して減少するが，かわりに元素 A の数 n のおおよそ2乗，3乗，4乗に比例して増加する．このため，元素の数 n が多い場合には，同位体イオン $[M+2]^{+\cdot}$，$[M+3]^{+\cdot}$，$[M+4]^{+\cdot}$，のピーク強度も無視できないほど高くなる．この典型例には，図4-21で示したフラーレン C_{60} のマススペクトルがある．

フラーレン C_{60} の分子イオンの同位体パターン

　どのような化合物でも一般に主分子イオン $M^{+\cdot}$ には，$[M+1]^{+\cdot}$，$[M+2]^{+\cdot}$，$[M+3]^{+\cdot}$，$[M+4]^{+\cdot}$ などの同位体分子イオンのピークが付随して現れる．分子を構成する同位体をもつ元素の原子の数が増せば増すほど各同位体イオンのピーク強度は高くなり，同位体イオンのピークの本数も増す．炭素原子のみからなる分子であるフラーレン C_{60} の主分子イオン m/z 720 と各同位体分子イオン m/z 721, 722, 723, 724 のピークの理論的な強度比を，先ほど示した展開式から求めてみよう．^{12}C の天然同位体存在度を a，^{13}C の存在度を b，元素の数を $n = 60$ として，$(a+b)^n$ を展開すると以下のようになる．

$$(a+b)^{60} = a^{60} + 60a^{59}b + 1770a^{58}b^2 + 34220a^{57}b^3 + 487635a^{56}b^4 + \cdots$$

　右辺第1項は60個の ^{12}C からなる主分子イオン $M^{+\cdot}$ の強度に，第2項は ^{13}C を1個含む同位体分子イオン $[M+1]^{+\cdot}$ の強度に，第3項は ^{13}C を2個含む同位体分子イオン $[M+2]^{+\cdot}$ の強度に，第4項は ^{13}C を3個含む同位体分子イオン $[M+3]^{+\cdot}$ の強度に対応する．計算によって求めた各イオンピークの強度を表4-4に示す．この表4-4には，図4-21の C_{60} の分子イオンのマススペクトル

表 4-4 フラーレン C_{60} の主分子イオンと同位体イオンのピーク強度の計算値と実験値の比較

	$M^{+\cdot}$	$[M+1]^{+\cdot}$	$[M+2]^{+\cdot}$	$[M+3]^{+\cdot}$	$[M+4]^{+\cdot}$
m/z	720	721	722	723	724
計算値	100	64.9	20.7	4.33	0.67
実験値	100	66.8	22.9	5.40	1.10

から得られた実験値のピーク強度の比も示してある.

塩素の同位体イオンのピークパターンと元素情報

ある種の金属やハロゲン元素の同位体群は固有の存在比を示す. そのため, それら元素を含む化合物のマススペクトルに観測される同位体イオンのピークパターンから, 含まれる元素の種類とその個数を推定できることがある. たとえば, 特徴的な二種類の同位体からなる塩素 (^{35}Cl と ^{37}Cl) または臭素 (^{79}Br と ^{81}Br) を含む化合物のマススペクトルは, 含まれる元素の数によって特徴的な同位体イオンのピークパターンを示す. そのパターンからハロゲン元素の存在とその個数を推定できる. 一方の同位体の存在度を a, もう一方の同位体の存在度を b とすれば, 元素の数 n が 1 から 3 までの二項定理の展開の結果は次のようになる.

$$(a+b)^1 = a+b$$
$$(a+b)^2 = a^2 + 2ab + b^2$$
$$(a+b)^3 = a^3 + 3a^2b + 3ab^2 + b^3$$

塩素を含む化合物では, 塩素の同位体 ^{35}Cl と ^{37}Cl の天然同位体存在度はそれぞれ 75.78 % と 24.22 % である. これを上の展開式の右辺の a と b に代入すれば, 次のような結果が得られる. (　) はおおよその整数比に直したものである.

$n = 1$, $75.78 : 24.22$　　$(3:1)$
$n = 2$, $5743 : 3671 : 587$　　$(10:6:1)$
$n = 3$, $435175 : 417258 : 133360 : 14208$　　$(31:29:9:1)$

塩化ナトリウム結晶の高速原子衝撃マススペクトルを測定すると, 正イオンの測定では, ナトリウムイオン Na^+ (m/z 23) のピークのほかに, $[NaCl + Na]^+$ や $[2NaCl + Na]^+$ などの塩化ナトリウムのクラスターイオンが観測される. 図 4-23(a), (b), (c) は, マススペクトルをそれぞれのピーク付近を部分的に拡大したものである. ナトリウム原子は ^{23}Na の同位体のみからなるた

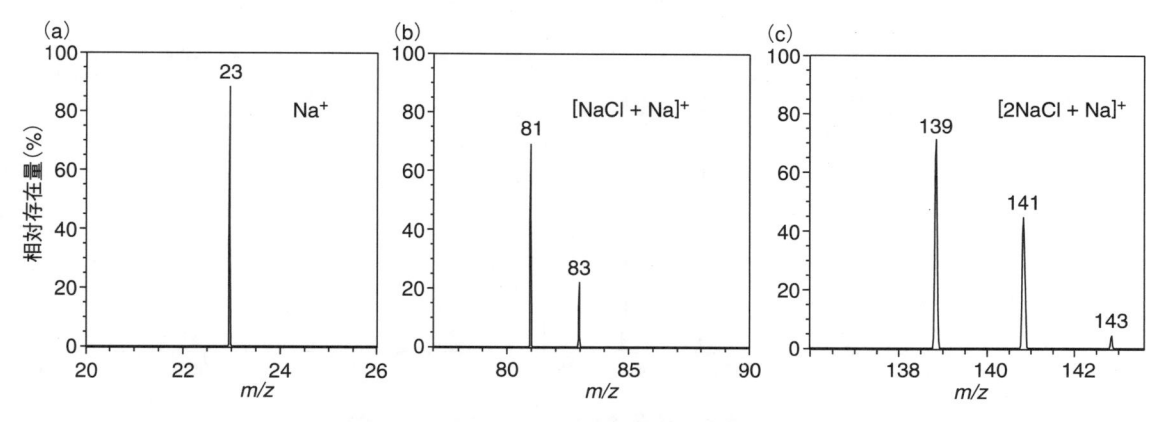

図4-23 塩化ナトリウムNaClの結晶の高速原子衝撃マススペクトル
(a) ナトリウムイオン Na^+ のピーク，(b) $[NaCl+Na]^+$ のピーク，(c) $[2NaCl+Na]^+$ のピーク．(b)と(c)は塩素の数を反映したピーク強度のパターンである．

め，Na^+ のピークは1本だけである．$[NaCl+Na]^+$ のイオンには1個の塩素原子が含まれるため，上の展開式の $n=1$ の場合に対応し，$[Na^{35}Cl+Na]^+$ ($m/z\,81$) と $[Na^{37}Cl+Na]^+$ ($m/z\,83$) のピークが3：1の強度比で観測される．また，$[2NaCl+Na]^+$ のイオンには2個の塩素原子が含まれるため，上の展開式の $n=2$ の場合に対応し，$[2(Na^{35}Cl)+Na]^+$ ($m/z\,139$) と $[(2Na+{}^{35}Cl{}^{37}Cl)+Na]^+$ ($m/z\,141$) と $[2(Na^{37}Cl)+Na]^+$ ($m/z\,143$) のピークが10：6：1の強度比で観測されている．

臭素の同位体イオンのピークパターンと元素情報

臭素を含む化合物では，臭素の同位体 ${}^{79}Br$ と ${}^{81}Br$ の天然同位体存在度はそれぞれ50.69％と49.31％である．先ほどの展開式から同様に以下の結果が得られる．

$n=1$, 50.69：49.31　（1：1）
$n=2$, 2569：4999：2431　（1：2：1）
$n=3$, 130247：380103：369755：119896　（1：3：3：1）

（　）の整数比は，$M^{+\cdot}$：$[M+2]^{+\cdot}$：$[M+4]^{+\cdot}$：$[M+6]^{+\cdot}$ の各イオンのおおよそのピーク強度の比を表している．臭素 ${}^{79}Br$ と ${}^{81}Br$ のように天然同位体存在度がほぼ1：1のときには，（　）内の整数比はいわゆるパスカルの三角形[*1]になる．

図4-24には，臭素原子が含まれる場合と含まれない場合とで同位体イオンのピークパターンがどのように変化するか，典型例を示した．例には，図4-9以降何回か示してきたアセトアニリドの電子イオン化マススペクトルとアセ

[*1] パスカルの三角形
```
        1   1
      1   2   1
    1   3   3   1
  1   4   6   4   1
1   5  10  10   5   1
```

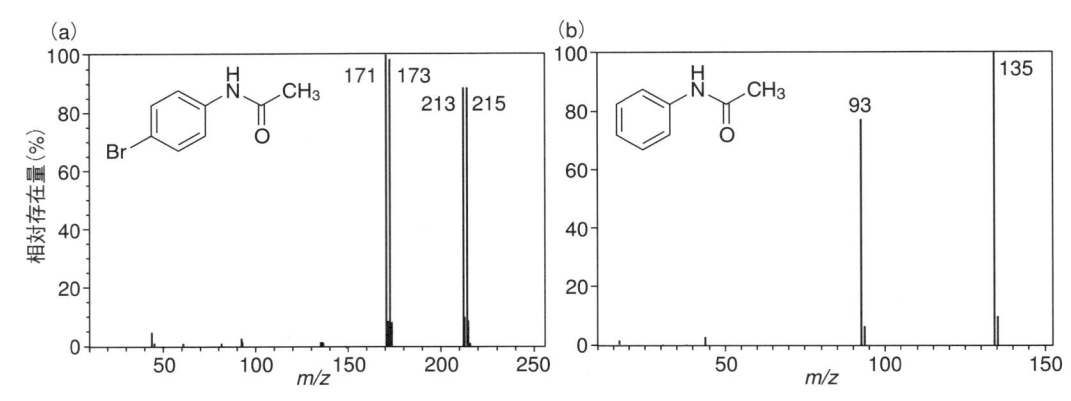

図 4-24 臭素原子を含む化合物と含まない化合物の電子イオン化マススペクトルの比較
(a) *p*-ブロモアセトアニリドの 20 eV 電子イオン化マススペクトル，(b) アセトアニリドの 20 eV 電子イオン化マススペクトル．同じアセトアニリドの化学構造骨格をもつが，臭素原子が1個含まれると1：1の強度比のダブレットピークを示すようになる．

トアニリドのパラ位に臭素原子が結合した *p*-ブロモアセトアニリドのマススペクトルを比較してある．比較を簡単にするため，熱電子のエネルギーを 20 eV とし，フラグメントイオンの数が少なくなるような条件で測定した．

図 4-24(a)のマススペクトルに観測されている分子量関連イオンのピーク m/z 213 と 215 は，それぞれ ^{79}Br と ^{81}Br の同位体に由来するものである．先ほどの展開式の $n = 1$ に対応するため，各イオンの強度比はほぼ1：1になっている．

炭素原子の数と同位体イオンのピークパターン

塩素や臭素を含まない C, H, N, O の元素からなる有機化合物でも，$[M + 2]^{+\cdot}$ 型の同位体イオンのピーク強度は，図 4-21 および表 4-4 に示したように炭素原子の数が多くなると無視しえない高さになる．主イオンに対する同位体イオン $[M + 2]^{+\cdot}$ のピーク強度は，炭素原子の数が6個になると酸素の同位体 ^{18}O の1個分に相当し，炭素原子9個になると ^{18}O が2個分，炭素原子10個になると ^{18}O が3個分に相当するようになる．つまり，C, H, N, O からなる有機化合物では，同位体イオンのピーク強度に与える炭素原子の数は無視しえないものとなる．この例を次に示そう．

分子を構成する元素の種類が増せば増すほど主イオンより同位体イオンのピークのほうが高くなる．相対分子質量が数千から数万の分子では，1個の分子中に炭素同位体 ^{13}C が複数含まれる確率が高くなり，同位体イオンのピーク強度は高くなると同時にピークの本数も増す．その結果，全体のピー

パターンは徐々に幅広い釣り鐘状に近くなり，主分子イオン $M^{+\cdot}$ や主プロトン化分子 $[M＋H]^+$ などのピークは相対的に低くなる．以下には，プロトン化分子 $[M＋H]^+$ のモノアイソトピック質量が 868.4793Da ($C_{40}H_{62}N_{13}O_9$) の dynorphin A 1-7，1788.0383Da ($C_{81}H_{139}N_{22}O_{23}$) の CD4 37-53，3481.6235Da ($C_{153}H_{226}O_{49}N_{43}S$) のグルカゴンの分子量関連イオン付近のマススペクトルを示す．いずれもポリペプチドの高速原子衝撃マススペクトルである．炭素原子の数が 40，81，153 個と増すにつれて相対分子質量は大きくなり，同位体イオン $[M＋H＋1]^+$，$[M＋H＋2]^+$，$[M＋H＋3]^+$ などのピーク強度も増し，主イオン $[M＋H]^+$ より高くなることがわかる．

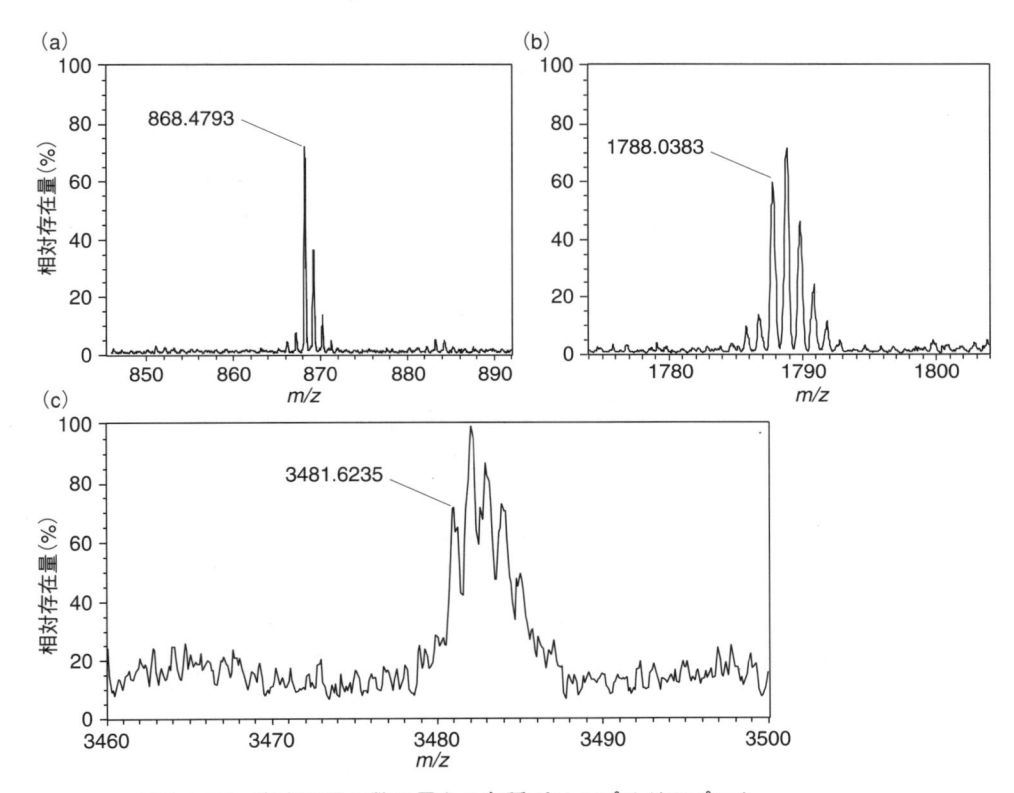

図 4-25　炭素原子の数の異なる各種ポリペプチドのプロトン化分子の同位体ピークパターン

プロトン化分子のモノアイソトピック質量が 868.4793Da ($C_{40}H_{62}N_{13}O_9$) の dynorphin A 1-7(a)，1788.0383Da ($C_{81}H_{139}N_{22}O_{23}$) の CD4 37-53(b)，3481.6235Da ($C_{153}H_{226}O_{49}N_{43}S$) のグルカゴン (c) の分子量関連イオン付近のマススペクトル．炭素の数が 40，81，153 と増すにつれて，主プロトン化分子 $[M＋H]^+$ に対する同位体プロトン化分子のピーク強度が増す．

フラグメンテーションを読むための常識

KMS KeyWord　不対電子(unpaired electron), ヘテロ原子(heteroatom), 非共有電子対(nonbonding electron pair)

フラグメンテーションの引き金は不対電子が多い

マススペクトルを読むことは，フラグメンテーションを読むことでもある．「フラグメンテーションを読む」とは，分子量関連イオンからフラグメントイオンが生成する過程を合理的に説明することである．フラグメンテーションは気相中で起こる最も簡単な化学反応であり，単分子分解反応ともいわれる．

分子量関連イオンからのフラグメンテーションの引き金になるのは，おもに不対電子と電荷である．とくに分子イオン $M^{+\cdot}$ のフラグメンテーションの引き金は，不対電子・であることが多い．分子中で不対電子の生じる位置は，おもにヘテロ原子上の非共有電子対とベンゼン環などの二重結合部分である．図4-26には，アセトアニリド分子のヘテロ原子上の非共有電子対のn電子とベンゼン環の二重結合のπ電子の位置を示した．

二重結合 π 電子　　ヘテロ原子の
　　　　　　　　　非共有電子対n電子

図 4-26
分子イオン $M^{+\cdot}$ のフラグメンテーションの引き金は不対電子であることが多い．アセトアニリドの分子イオンにおいて，不対電子・が局在しやすい場所は二重結合のπ電子とヘテロ原子上の非共有電子対のn電子の位置である．

アセトアニリドのフラグメンテーションを読む

図4-9に示されたアセトアニリドの電子イオン化マススペクトルのフラグメンテーションを読んでみよう．不対電子を引き金とするフラグメンテーションは，その不対電子・が新たに共有結合：を形成できるような位置にある近くの共有結合が切断されることによって起こる．したがって，分子イオン $M^{+\cdot}$ からのフラグメンテーションを読むとき，最初に不対電子あるいは電荷をどの原子上にあると仮定するかが最も重要になる．分子イオンの電子構造

はただ一つであり，電荷や不対電子がどの原子に存在分布するかは確率によって表現される．そして，確率の高い位置が，ヘテロ原子上の非共有電子対とベンゼン環の二重結合なのである．

分子イオンのフラグメンテーションを読む際には，不対電子と電荷の位置を局在化させたある一つの構造から出発すると理解しやすい．図 4-27 には，不対電子によって引き起こされるアセトアニリドの分子イオンのフラグメンテーションを示してある．図の(a)と(b)は，ヘテロ原子上の非共有電子対に不対電子と電荷を局在化させた構造，(c)はベンゼン環の二重結合部分に不対電子と電荷を局在化させた構造を仮定している．これらの局在化した構造から，フラグメントイオン m/z 93, 43, 77 の生成が説明され，フラグメンテーションを読むことができる．

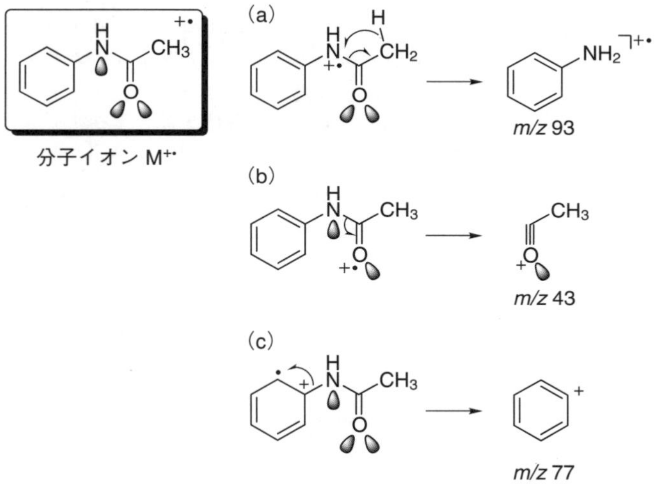

図 4-27 アセトアニリドの分子イオンのフラグメンテーション

ある日の MS

その1 なんだか今日は部屋が静かだなぁと思ったら，真空ポンプが止まっていた．

その2 なんとなく MS の調子が悪いので，装置を止めていろいろ点検してから再起動したら，なんと本当に故障してしまった．電源投入時にどこかに過電流が流れたか？

その3 「うわっ．故障だぁ」こんな言葉が発せられるのは，なぜか夜も更けてから．それも金曜日が多いのだ．メーカーのアドバイスを聞きたいのに！

その4 MS の具合いが悪いので，サービスエンジニアに来てもらうとなぜかトラブルは発生しない．いろいろ調べてもらうがどこも悪くないので，様子を見ることにした．サービスエンジニアが帰って 10 分もたたないうちにトラブル再発生．MS よ，お前はどんな根性してるんだ！

その5 LC/MS を快調に測定中，ちょっとお茶でも一服と思い，MS の前を離れた．測定は終了しているだろうと MS の前に戻ってみると，終わってはいたが，異常終了….それも測定したいピークがでてくる直前で．あんたはえらい！

その6 化学イオン化法で測定しようとするが，どうしても化学イオン化の状態にならない．イオン源の温度を上げたり下げたり，反応ガスの流入量を変えたり，2 時間以上も悪戦苦闘した末に，一番やりたくなかったイオン源を洗浄したら，あらまぁ不思議！

いかん，いかん．不思議でも何でもない，急がば回れなのでした．

その7 磁場型の装置で LC/MS を測定していました．サンプルを入れて待つこと数十分，そろそろサンプルがでてくる頃だとドキドキしていると「パチッ！」．磁場型のイオン源には一万ボルトくらいの電圧がかかっているから，放電しやすいんです．データの取り込みも止まって，もうクラクラとめまいがしそう….もう一度サンプルを入れられるようになるまで，さらに数十分はかかるのだ．

「君の瞳は一万ボルト」なんて心にぐさりとくる歌もありました．

(T. K)

5 実際の試料を測定するために

この5章では，実際の試料の準備のいろいろな方法を中心に，よりよい測定を行うためのヒントを紹介する．また，導入の際の試料の取扱いについてもわかりやすく解説する．

試料を準備する

KMS KeyWord　試料調製(sample preparation)，化学的純度(chemical purity)，不純物(impurity)，界面活性剤(detergent)，高速液体クロマトグラフィー(high performance liquid chromatography；HPLC)，試料量(sample amount)

　現在の質量分析計は装置の改良やコンピュータの進歩に伴って完成度も高くなり，質量分析法の原理やイオン化法などを詳しく理解しなくても装置の操作方法を知っていれば解析可能なマススペクトルが得られるようになった．そのため，測定の際にまず求められるのは，測定技術の高さもさることながらどれだけ質の高い測定試料をつくれるのかということである．つまり，質の悪い試料からはどんなに努力してもよいマススペクトルは得られないといっても過言ではない．しかし，実際には純粋な試料を用意できないことも多い．よりよいマススペクトルに近づけるための重要なポイントとして，

1) 試料がどのくらいの純度と濃度なのか
2) 目的の化合物の化学的・物理的性質はどのようなものなのか
3) 目的の化合物以外のもの(たとえば，無機塩や可溶化剤としての界面活性剤など)は，どのようなものがどのくらい入っているのか
4) 不純物の性質はどのようなものなのか

などを考慮しながら，試料の調製と準備をする必要がある．よいマススペクトルを得るためには試料に対する総合的な知識が求められるのである．
　また質量分析計についても見てみよう．市販されている多くの機種のなかから研究目的に合った機種を選択できればよいが，高額な装置を複数設置できるところは多くない．したがって，手もとにある装置の特性を理解してその装置にあった試料調製を行い，目的のマススペクトルを得る努力も必要になる．
　この章まで読み進むなかで感度などについて記載された箇所を通して，質量分析はごく微量でも測定できることが理解できただろう．では，実際に測定するために試料はいったいどのくらいの量を用意したらよいのだろうか．実際の場面で測定者が試料を取り扱える量と考えると，おのずからその最少量というのは決まってくる．試料を試料管へ移したり，マトリックスと混ぜたりするなど，一連のサンプリング操作を考慮すれば，数十 μg から 1 mg 程度は用意すべきであろう．質量分析は破壊分析であるから，一部の試料導入法では，ターゲット上に残った試料を回収することも可能であるが，ほとんど

の場合はイオン源に導入した試料は失われることを覚悟しなければならない．
したがって，微量の試料量しかない場合では導入試料量に悩むこともある．
導入試料量が少ないとスペクトルは得られないし，多く使いすぎると試料が
たりなくなって，ほかのいろいろな測定ができなくなる．

　以上のことをふまえて，この章では微量の試料調製のためにそろえておく
と便利な器具を紹介し，よいスペクトルを得るための微量試料のクリーンナ
ップ方法と各種イオン化法における注意点を簡潔に説明しよう．これから測
定をはじめる人にとっては試料調製のヒントや測定のガイドになるように，
また，すでに測定している人にとっては自分の測定方法の確認や測定法の改
良について考える手がかりになれば幸いである．

試料の純度は？

　試料の純度については，どのように考えたらよいのだろうか．測定対象と
なる化合物だけからなる試料が用意できれば，一番よい結果が得られること
は明白である．しかしながら生命科学分野に代表されるように，そのような
試料がどのようにしても用意できない研究分野もある．そこで問題になるの
が，純度に対する理解の仕方である．

　イオン化がイオンや分子のさまざまな反応によって進行することを考えれ
ば，質量分析で求められる純度はあくまでも化学的な純度である．ところが，
最近質量分析法でも取り扱うことが多くなってきたタンパク質を研究する分
野では目的とするタンパク質がほかのタンパク質と混ざらずに取りだせれば
純粋な試料として扱われることもある．タンパク質の場合，純粋な水には溶
けにくいとか，生理活性を維持できないなどの理由から，さまざまな添加物
が加えられる．また，生理活性物質の研究では生理活性による純度が重要な
ので，その活性だけを指標に試料を精製することもある．このように，化学
的純度を必ずしも必要としない研究分野もあるので，質量分析を行う際には
試料に対する情報を十分に集める必要がある．

　さらにつけ加えれば，クロマトグラフィーが発展する以前の物質の精製は
蒸留や再結晶などの操作によって，物質が目に見える形で行われてきた．し
かし，現代の研究では肉眼で確認できない量の試料を扱うことは特別なこと
ではなくなった．たとえば，高速液体クロマトグラフィー（HPLC）は微量の
試料を短時間に分離・精製するのにとても便利な装置であるが，いくつかの
落とし穴があるので注意しよう．

　まず，多くのHPLCは紫外線検出器を装備しているはずである．われわれ
の身のまわりにある化合物は必ずしもこの検出器ですべて検出できるとはか
ぎらない．200～210 nmくらいの短波長領域を使っているときにはかなりの

種類の有機化合物を検出できるが，タンパク質や生体由来の生理活性物質などのように250 nm以上の波長を使う場合には多くの化合物は検出されないままになる．このときタンパク質はかなりきれいに精製されるが，ほかの不純物が含まれているかどうかの情報は得られないので注意が必要である．

また，長期間使ったHPLCカラムでは蓄積している不純物が継続的に溶出している場合がある．ところが，クロマトグラムのベースラインは大きなうねりとなって短時間ではほとんど変動しないように見えるので，カラムはきれいな状態であると勘違いしてしまう．ピーク幅が数時間になるような物質が溶出している場合もほとんど気づかずに操作してしまうだろう．試料をきれいにしたつもりが，余計に汚してしまったなどということはよくある．

このように文明の利器も扱い方を間違うと，せっかくの試料を台無しにしてしまうことがある．

必要な試料量は？

手もとにある試料を測定しようとする場合，どれぐらいの量が必要なのだろうか．測定に必要な試料の量には，2通りの考え方がある．一つは測定をするために準備すべき試料量であり，もう一つは実際に装置に導入する試料量である．質量分析法は，微量分析が大きな特徴であるが，文献などに記載されている「○○pgで測定できた」などという表現はスペクトルを測定した際にイオン源内に導入した量あるいはスペクトルを測定している時間内に消費した量であり，測定に際して準備した試料量でないことが多い．したがって，数字だけに注目してしまうと大きな誤解を招くことになりかねない．

測定に際し，準備すべき試料量は質量分析計に導入する量の少なくとも数倍から10倍程度は必要であると考えておくべきである．測定を依頼された場合には，依頼者にこの点を十分に説明して理解してもらわないと，たった1回の測定でマススペクトルを測ることになり，測定データの質や信頼性に問題を残すことにもなる．このような少ない試料量の場合は，相対的に不純物が多く含まれることが多いので状況はさらに悪くなる．

また準備すべき試料量は使用するイオン化法や測定モード，実験目的にも左右される．通常のマススペクトルを測定するのであれば電子イオン化(EI)法，化学イオン化(CI)法，高速原子衝撃(FAB)法あるいは二次イオン質量分析(SIMS)法などでは10〜100 μg程度，エレクトロスプレーイオン化(ESI)法では10〜50 μMの試料溶液を50〜100 μlくらい，マトリックス支援レーザー脱離イオン化(MALDI)法なら100 nM〜10 μMの試料溶液を数μlくらいを目安にして用意すればよい．マトリックスを使うイオン化法では，試料を溶かす溶媒とマトリックスとの親和性や試料の性質などによっても必要となる試料

量は大きく変わってくる．これらは経験を重ねるうちにつかめるものなので，経験が浅いうちは試料を少し多めに用意しておけば，安心して測定することができる．

　質量分析計は小型から大型の装置まで多種多様であるが，試料導入部の構造はどの装置もそれほど変わらない．したがって，試料の取扱い方は多くの場合には装置ではなく，イオン化法に依存する．質量分析のための試料調製では微量な試料を扱うため，場合によっては拡大鏡（写真⑩参照）の下で作業をするほど細かな作業となる．ここでは試料調製あるいは測定の際にあると便利な小道具を取りあげるが，使い方によってはかえって試料を汚染してしまうこともあるので，注意事項も併せて記しておこう．また，ここで紹介した器具類だけでなく，個人個人がそれぞれに創意工夫した便利なものを使っている場合もあるので，測定経験をもつ人たちからアドバイスを受けるのも大事なことである．

COLUMN　　　試料がない！

その1　試料がない．測定を依頼されて試料を預かっていたのだが，数時間後に測定しようとフラスコを覗いたら何もない．依頼者に聞くと，この試料は昇華性があるとか．硬くキャップをして冷凍庫で保管すべきだったのだ！

その2　試料がない．電子イオン化（EI）法の測定では内径1 mm，長さ2 cmくらいの細いガラスチューブに試料を入れてイオン化室に挿入する．いざ測定，いくら温度を上げてもイオンがでてこない．プローブを抜いて試料チューブを支えているホルダーを見ると，試料チューブ自体がない．実は試料チューブが細すぎて途中で落ちていたのだ！

その3　試料がない．測定時温度を上げてもイオンがでてこない．実は試料が揮発性の高いオイル状で予備排気のときに空気といっしょに揮んでいってしまったのだ．このような試料でも活性炭に吸着させれば逆に高温度にしないとでてこなくなる．昇華性のある結晶でも上にふたをするように活性炭をつめておけば，きちんと測定できるのだ．

その4　オープン利用施設で測定したときのできごと．プローブに試料をセットして予備排気を行った．数秒後イオン化室との境が開いて無事測定終了．プローブは予備排気室に戻し，イオン化室との境を閉じてから大気圧に戻す．しかし中間作業を省略，そこから一気に抜いてしまった．一瞬にして高速回転していたターボポンプの羽根はメロメロ．アー…

(Y.S)

微量の試料を扱うための小道具

KMS KeyWord　マイクロシリンジ(microsyringe)，マイクロピペット(micropipette)，マイクロチューブ(microtube)，実体顕微鏡(stereoscopic microscope)，遠心機(centrifuge)，キャピラリーカッター(capillary cutter)

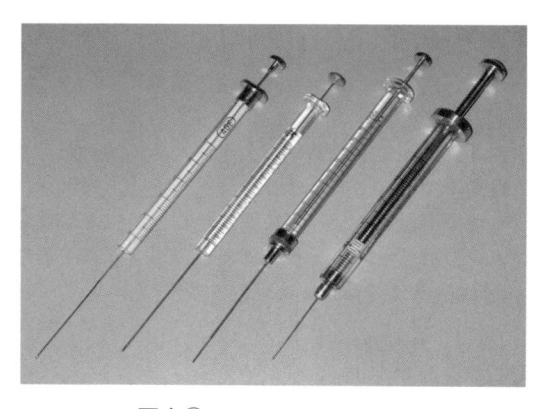

マイクロシリンジ

　マイクロシリンジ(写真①)はニードル(針)の先端が異なったタイプのものが数社から各種販売されている．本体部分はガラス製なので，有機溶媒の秤量にも問題なく使用できる．微量の試料を溶媒に溶解するときや希釈に使用する．1～100 μl くらいのものを数種類用意しておくと便利である．特殊な溶媒を使用する場合は，専用のものを用意すると溶媒どうしの汚染を防ぐことができる．

　試料をマトリックスと混合したり，ターゲット上に乗せたりする場合にも利用できるが，使い捨てではないので使用後は試料が溶ける溶媒で十分に洗浄しておかなければならない．このときシリンジのみを洗浄するのではなく，プランジャー部分(ピストンの役割をするもの)を取りだし，溶媒で拭き取っておく．このようにすれば，次回の測定時に試料の汚染を防いだり，シリンジを詰まらせることもない．

　水溶液を扱っていると脂溶性成分が徐々に蓄積してプランジャーの滑りが悪くなってくる．そのような場合はイソプロパノールなどで拭き取るとよい．逆に有機溶媒を扱っている場合には水で拭き取ればよい．また，酸性溶液を扱った後はプランジャーやニードルが錆びないように，ていねいに洗浄しておくことが大切である．

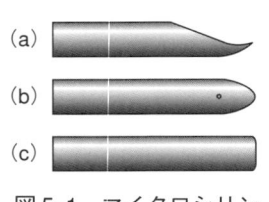

図 5-1　マイクロシリンジの針先の形
(a) GC もしくは GC/MS で使用する．セプタムを刺すのに適したように先端がカットされている．先端はわずかに切断面に反りがもたせてあり，針のつまりを防ぐ工夫がされている．
(b) GC もしくは GC/MS で使用する．横穴のため，針の絡まりが気になるときに用いる．
(c) HPLC もしくは LC/MS で使用する．先端部は 90°にカットされており，針部分も(a)に比べると太くできている．液体の分注にも用いられる．

写真①　マイクロシリンジ

シリンジポンプにセットとしてインフュージョン法（解説⑬参照）での試料送液に使用したり，溶媒を時続的に微量送液するシリンジポンプとして使用することもできる．

ワイヤーマイクロピペット

本来は薄層クロマトグラフィーのプレートに試料をのせる器具だが，安価で使い捨ても可能なので，FAB あるいは SIMS 法の試料をターゲットに載せる場合や試料とマトリックスを混ぜる際に用いると便利である．先端に 1 μl ずつの目盛りが刻まれたものもある．ワイヤーへの試料などの付着を防ぐには使用後に溶媒でよく拭き取るか，ワイヤーも使い捨てのタイプを選ぶとよい．

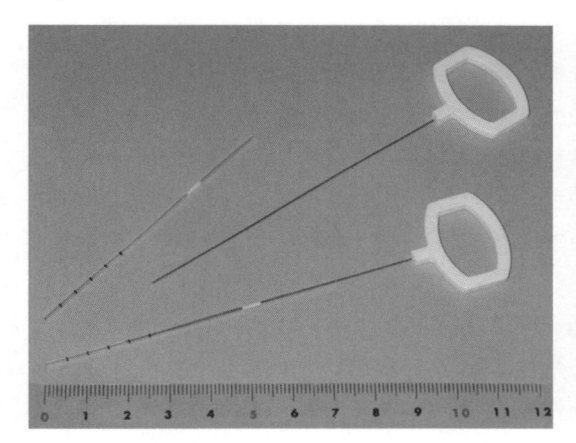

写真②　ワイヤーマイクロピペット

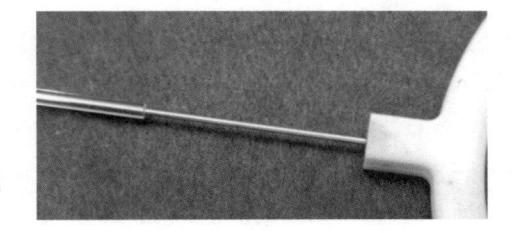

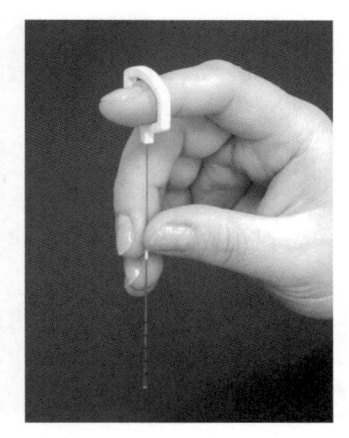

写真③　ワイヤーマイクロピペットの使い方

写真④　ワイヤーマスクロピペットの拡大図
細いガラス管のなかにステンレスワイヤーが入っている．

マイクロピペット

有機合成化学の分野ではあまりなじみのない器具であるが，生命科学分野ではこれがなくては実験が成り立たないほどよく使用されている液体計量器具である．

計量する目的量により 0.1〜1000 μl まで数本に分かれている（写真⑤）．使用時には，先端に使い捨ての専用チップを取りつけて液体試料や溶媒を計量

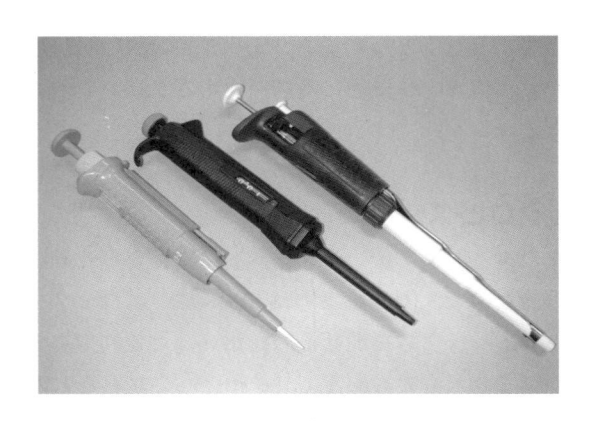

写真⑤　マイクロピペット

する．現在，数 μl 程度の微量溶液を手軽に扱える器具がないことや，質量分析の応用範囲がペプチドやタンパク質などの生命科学分野で扱う物質にまで広がってきたため，質量分析の分野でもこの器具が頻繁に使用されるようになった．測定溶媒の粘性や揮発性のために正確な計量ができない場合や，有機溶媒を使うとチップの材料が溶けて試料を汚染する原因になる場合もあるので，使用する際にはこの点も十分に知っておくべきである．非常に簡便で便利な器具であるが，使い方によってはトラブルのもとになるので注意しよう．

　マイクロピペットの構造を模式図(図5-2)で示そう．本体はプラスチック製なので有機溶媒に対する耐性は低い[*1]．塩化ビニルやポリプロピレンが使われているものはいくつかの溶媒に耐性はあるが過信は禁物である．通常ピストンはステンレス製である．トリフルオロ酢酸(TFA)や塩酸などの揮発性強酸の場合はピストンがすぐに錆びるので要注意である．

　ピストンと本体のあいだにあって気密性を保つ役割をするのが O リングである．O リングには滑りをよくして気密性を向上させるためにシリコーン系グリースが塗ってある．O リングは合成ゴムなので，やはり有機溶媒への耐性は低い．シリコーン系グリースは当然有機溶媒に溶けるし，使い続けると有機溶媒の蒸気を吸収して粘性が低下するので気密性は悪くなる．定期的な

*1 プラスチック類に与える影響が比較的少ない有機溶媒はメタノール，エタノール，プロパノールなどのアルコール類くらいである．アルコール類でもある程度の時間接触していれば，プラスチック中のモノマーや可塑剤が溶けだしてくるので安心できない．

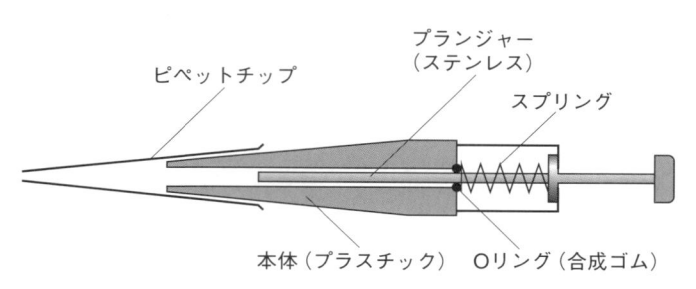

図5-2　マイクロピペットと専用チップの模式図

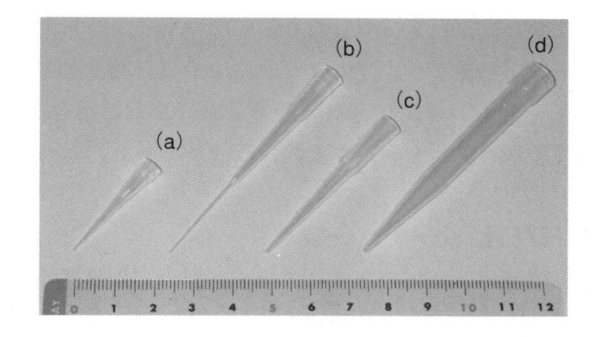

写真⑥　ピペットチップ
(a) ～20 μl 用チップ
(b) ～200 μl 用チップ
　　（先端部が細くなっているタイプ）
(c) ～200 μl 用チップ
(d) ～1000 μl 用チップ

分解・清掃など，メンテナンスはつねに行うほうがよい．

　ピペットチップはポリプロピレン製で見た目はいろいろな有機溶媒に耐性があるが，溶媒に直接接触するのでポリプロピレン中のフタル酸エステル類といった可塑剤が溶媒のなかに溶けだして測定に思わぬ障害を引き起こすこともある．この種のピペットで正確な液量をはかることができる理由は，水がポリプロピレンとなじまないのでピペットチップ表面を濡らさないためである．したがって，ピペットチップを濡らしてしまう有機溶媒の計量は正確さに欠けるので注意しよう．また，多くの有機溶媒は揮発性が高いので，吸引した溶媒が気化して内圧が高くなり吸引した溶媒が押しだされてしまい，正確な計量ができないことが多い．

　これらのことから，高価なマイクロピペットの寿命を短くしたり試料を汚染したりする危険性があるので，有機溶媒や揮発性強酸を計量するのはなるべく避けるようにし，やむをえない場合にはこまめに手入れをするようにしたい．

ガラスキャピラリー

　化学系の実験でガラス管からガラスキャピラリーをつくることは基本中の基本であり，実験室でごくふつうに行われている．身近にあり安価で取り扱

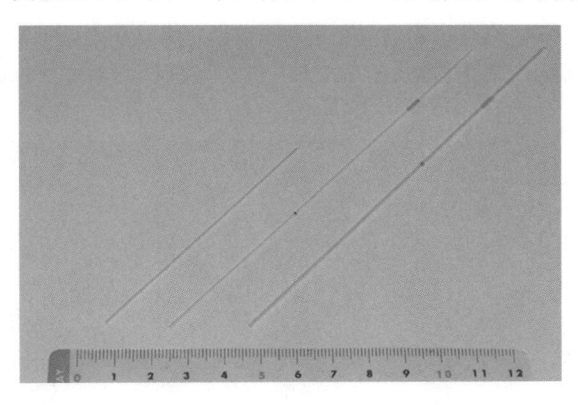

写真⑦　ガラスキャピラリー

いが簡単なことから，試料を採取したり溶媒やマトリックスを加えたりするときに使われる．試料量が多くマトリックス中の試料濃度などに正確さや再現性を求めなくてもよい合成化合物の分子量確認などの場合に適している．使い捨てなので多数の試料を測定する際には便利である．

マイクロポリプロピレンチューブ

生命科学分野で多用されているプラスチック製少容量容器である．一般的に内容量が 1.5 ml と 0.5 ml の 2 種類のものがよく使用されるが，これ以外にも特殊な形状をしたものや内容量の少ないものが各メーカーから販売されている．低価格なのでさまざまな用途に気軽に使える．材質はポリプロピレンのため有機溶媒を入れた状態で長時間放置したり保存したりすると，ポリプロピレンから可塑剤であるフタル酸エステル類などが溶出し，試料が汚染されるので注意が必要である．

試料調製のためにタンパク質やペプチドの酵素消化をするときや凍結乾燥などをするときの容器としてもよく使用されている．

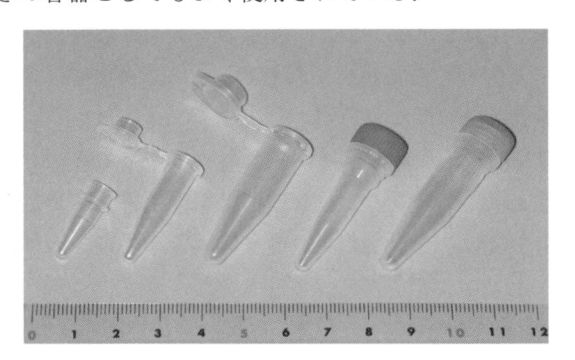

写真⑧　マイクロポリプロピレンチューブ

マイクロガラスチューブ

ガラス製のマイクロ試験管で，試料を溶解したり保存する際に使用する．ガラス製なので，有機溶媒に対しても問題なく使用できる．不純物として測定の際に問題となる無機物（とくにナトリウムイオン）がガラスから溶けだし

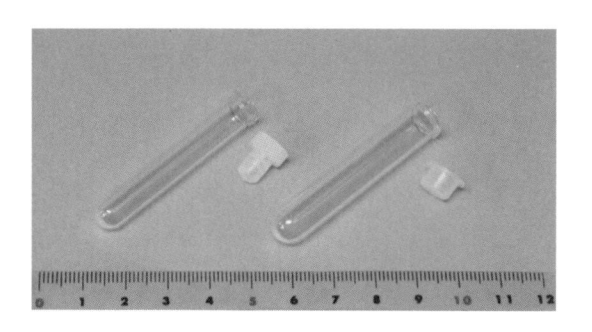

写真⑨　マイクロガラスチューブ

て試料を汚染することがあるので，FABあるいはSIMS法，MALDI法，ESI法などでは長期間保管した試料の測定やデータ解析に注意を払う必要がある．長期間保管した溶液試料では多くの場合，分子量関連イオンとしてナトリウム付加イオン$[M+Na]^+$が強く観測されるようになる．

また，ふたはポリエチレン製なので，有機溶媒を入れたときには可塑剤による汚染に注意する．

拡大鏡

FABあるいはSIMS法やMALDI法で測定する際にターゲット上にのせた試料の状態を観察したり，ESI法，大気圧化学イオン化(APCI)法の噴霧キャピラリーチューブの先端位置や流出状態を確認するなどの細かい作業に用いる．倍率が数倍～二十数倍ぐらいまでの片手で扱える小さなルーペから，拡大鏡下で両手を使って作業ができるほどの大きい卓上型のものまで多種類ある(写真⑩)．

さらに高倍率と解像度を求めるなら双眼実体顕微鏡を使用するとよい(写真⑪)．双眼実体顕微鏡の像は立体感があるので非常に細かい作業でも楽に行える．MALDI法では試料とマトリックスの混合結晶のでき具合が得られるマススペクトルに大きな影響を与えることが多い．したがって，よいスペクトルが得られないときには注意深く結晶状態を観察して，何が原因かをよく考えよう．

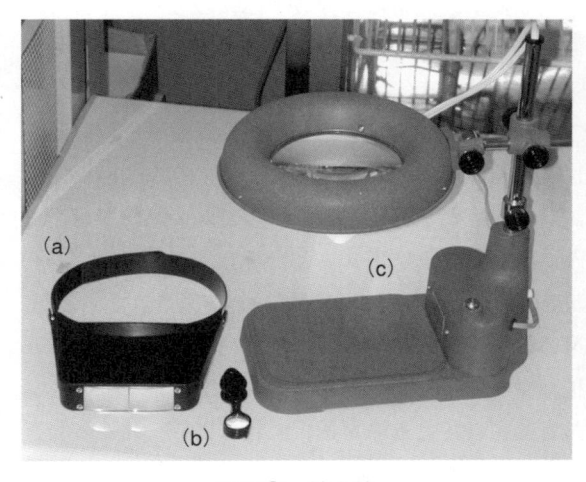

写真⑩　拡大鏡　　　　　　　写真⑪　双眼実体顕微鏡

(a) 頭からかぶって使用するタイプ．両手が自由になるので，連続して細かい作業をするときに向いている．
(b) 小型ルーペ，(c) 固定式卓上型拡大鏡．

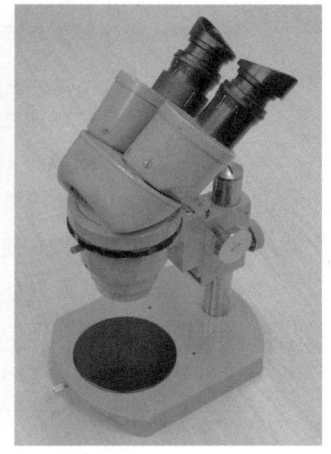

小型試験管ミキサー

先ほど説明したマイクロポリプロピレンチューブやマイクロガラスチューブの内容液を撹拌するときに使用する．チューブの容量に対して溶液量が少ない場合に使用すると，短時間で効率よく撹拌できる．撹拌後は器壁に溶液がついてしまい，とくに微量のときは溶液がなくなったように見えることがある．そのような場合は，次に紹介するマイクロチューブ用遠心機で軽く遠心して，チューブ壁面などに飛び散った溶液をチューブ底に集めればよい．

写真⑫　小型試験管ミキサー

マイクロチューブ用遠心機

マイクロポリプロピレンチューブに入っている溶液を遠心することで，チューブの底に溶液を集めたり，不溶物を沈殿させることができる．

機種により最高回転数が異なるが，通常は毎分数千回転のもので十分である．器壁に飛び散った溶液を集める程度の作業だけであれば固定回転数の廉価なパーソナルミニ遠心機で十分である（写真⑬a）．LC/MSに注入する試料などを扱うときは，HPLCカラムの目づまりを防ぐために微粒子を取り除かねばならず，回転数が 10,000 rpm 以上のものが必要になる（写真⑬b）．高速回転では空気との摩擦で試料の温度が上昇するので，熱に弱い試料では冷却機能のついた遠心機を使う．耐腐食性真空ポンプと接続し，遠心エバポレーターとして遠心機室内が真空にできるタイプも（写真⑬c）市販されているが，少量試料の濃縮と軽度の遠心の両方に使用できるので便利である．

使用できるチューブの種類や一度にセットできるチューブ数によりさまざまな大きさや種類があり，目的に合ったものを選択すればよい．異なる大きさのチューブを遠心するためにローターを交換できる遠心機もあるが，そのようなものを使わなくても少し工夫すればいろいろなチューブでも遠心できる．たとえば 1.5 ml チューブ用の遠心機で 0.5 ml チューブを遠心したい場合は，1.5 ml チューブのふたを切り離したものをアダプターにして 0.5 ml チューブをセットすればよい．

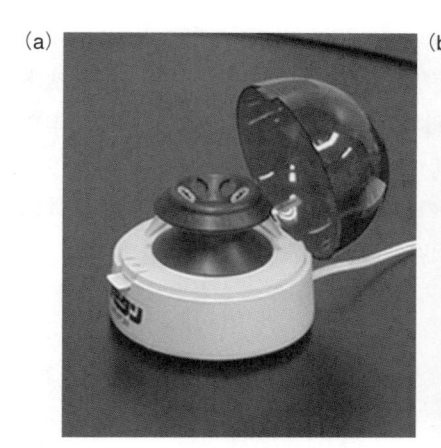

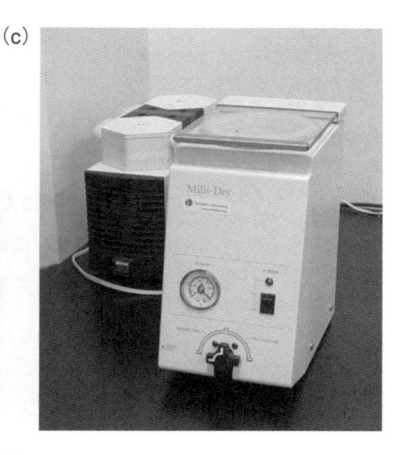

写真⑬　マイクロチューブ用遠心機
(a) パーソナル型ミニ遠心器.
(b) 10,000 rpm 以上まで使用できる小型遠心器.
(c) 小型遠心エバポレーター.

キャピラリーチューブカッター

　GC 用フェーズドシリカ（溶融石英）キャピラリーカラムの切断工具としてよく使われる．同じ材質を使用している ESI 法や APCI 法の噴霧（先端部に使用されている）キャピラリーチューブの先端を切断するときに使う．刃先の材質はダイヤモンドやサファイア，セラミック，タングステンカーバイドなどさまざまで形状もいろいろなものがある（写真⑭）．キャピラリーチューブ先端の垂直な切断面は噴霧状態に直接影響をおよぼすので，手近にある鉄ヤスリやアンプルカッター，ハサミ，ナイフなどをキャピラリーチューブの切断に使用するのは避けたい．

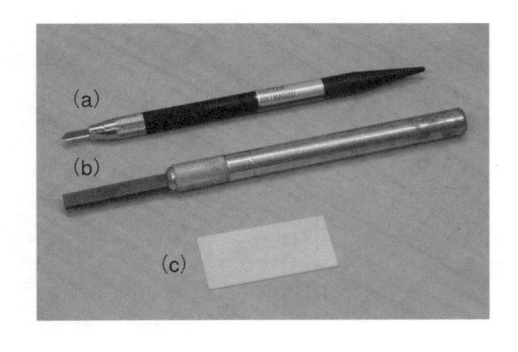

写真⑭　キャピラリーチューブカッター
(a), (b) タングステンカーバイト製ペン型.
(c) セラミック製プレート型.

ガス加圧型送液装置

　ESI 法や APCI 法で溶媒を継続的に一定速度で送液する場合に使う装置である．流速は接続するテフロンチューブの内径と長さおよび接続のガス圧によ

*2 ESI 測定時にイオン化を促進させる目的でサンプルラインの外側から導入し，噴霧先端部で試料溶液と混ざり一緒に噴霧される溶液．アセトニトリルや 2-メトキシエタノール，イソプロパノールなどを添加したメタノール溶液を用いることが多い．流速は噴霧する試料溶液の流速によって異なる．

って決まる．通常数 μl/min から数十 μl/min の流速で流せるので，パルスインジェクション法（解説⑬）を行うときの溶媒送液や加熱キャピラリー部を洗浄するときの水/メタノール溶液の送液時に使う．セットできるボトルは一本なので，二液混合などはできない．

HPLC ポンプを使用しても一定流速の送液は可能であるが，この装置は価格的に HPLC ポンプに比べはるかに安いので，単純な送液系で十分なとき，シース液*2 や洗浄液の送液用装置として，HPLC ポンプのかわりになり便利である．

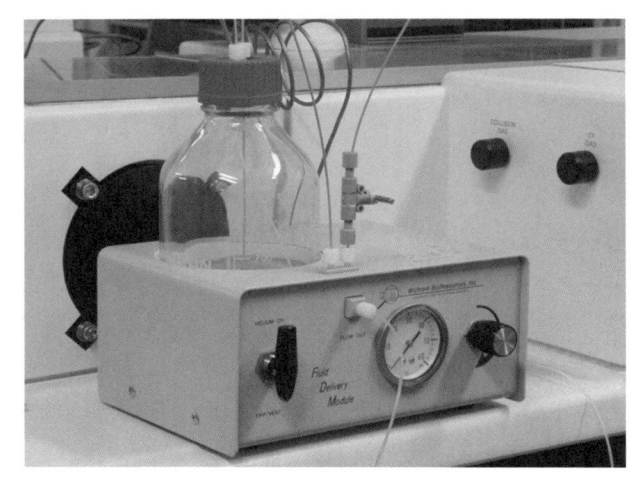

写真⑮　ガス加圧型送液装置

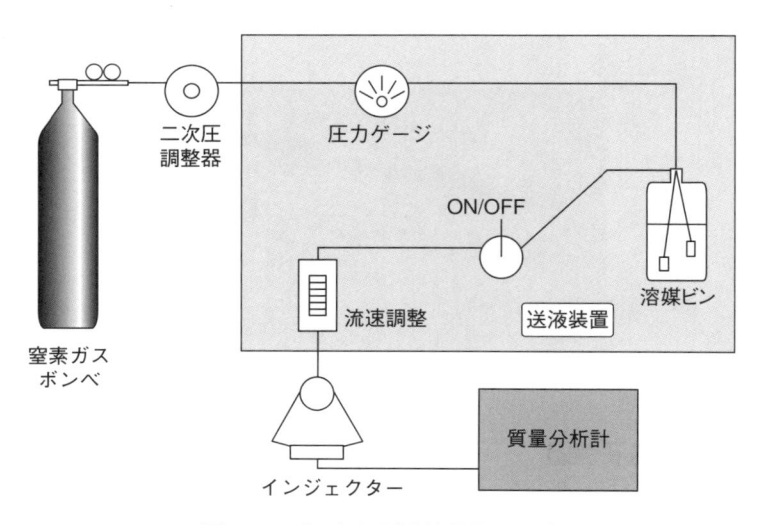

図 5-3　ガス加圧型送液装置の概略

無機塩を除去する

KeyWord 脱塩(desalting)，フィルター膜(membrane filter)，ミニカラム(minicolumn)

ソフトイオン化法ではイオンの生成に大きく影響する不純物の一つとして無機塩がある．無機塩，つまりナトリウムイオンやカリウムイオンは試料よりもイオン化効率が高いため，FAB あるいは SIMS 法では試料のイオン化を阻害してしまう．また後で詳しく説明するようにプロトン化分子$[M+H]^+$よりもアルカリ金属付加イオン$[M+Na]^+$や$[M+K]^+$のほうが観測されることが多くなり，マススペクトルの解析が複雑になる．MALDI 法ではマトリックスの均一な結晶化を阻害して目的のスペクトルが得られなくなる．ESI 法では試料の噴霧時に溶液中の無機塩が質量分析計の細孔周辺に堆積して細孔を狭くしたり詰まらせたりするので，感度が低下したり測定不能になる．化学合成した化合物や脂質などのように有機溶媒から調製した試料では塩の混入はあまり起こらないが，タンパク質やペプチドのように水溶液から調製した試料では塩類の混入を避けられないことが多い．無機塩の存在は測定に悪影響を与えたり，測定不能の原因となったりするため，次に述べるような方法で脱塩を行うことをお勧めする．

測定試料を希釈する

MALDI 法では測定試料がサンプルターゲット上に fmol(フェムトモル)から pmol(ピコモル)程度あれば測定ができるので，試料濃度が十分に高いときには蒸留水やマトリックス溶液で単純に希釈して含有塩濃度を下げればマススペクトルを測定できることがある．MALDI 法は微量の無機塩(試料溶液に換算しておおむね 50 mM 以下)が含まれていても測定できるので，一番簡単なこの方法をまず行ってみるとよい．筆者らの測定経験では，リン酸緩衝液の濃度が希釈後 50 mM 程度で TOF-MS 法の良好なスペクトルが得られている．

ターゲット上で塩類を除去する

MALDI 法では，測定用のターゲット上で塩類をある程度除くことができる．試料を通常の方法でマトリックスとともに結晶化させた後，0.1 % TFA 水溶液や蒸留水を結晶の上に液滴として覆うように載せ，数秒後(筆者らは 5〜10 秒くらいを目安にしている)に結晶をチップの先端で傷つけないように

十分注意しながら載せたTFA水溶液や蒸留水を吸い取る．試料中に含まれる塩濃度が非常に高い場合には，この方法を何回か繰り返すことで，測定に支障がない程度まで塩類を除去できる．これは試料，塩，マトリックスそれぞれの水溶液に対する溶解度の違いを利用したものであり，親水性試料やごく微量の試料では試料量も減少するので，どの程度（1回あたりの時間，回数など）まで行うかがキーポイントになる．

フィルター膜上で脱塩する

ディスポーザブル仕様の疎水性低分子用フィルター膜を水面上に浮かべ，その上に試料溶液を液滴の状態になるように静かにのせる．水面上に浮かべた透析膜が沈まないように注意する．あまり膜の面積が小さいと試料をのせた重みでフィルターの縁から水が浸入して試料が希釈されたり，膜自体が沈んでしまったりするので細心の注意を払う必要がある．試料溶液には20％程度のアルコールかアセトニトリルを入れておくとよい．試料が非常に少なく，通常の透析操作が行えないような場合には有効な方法の一つである．

脱塩用ピペットチップを使う

最近，マイクロピペット用チップの先端部分にごくわずかな量の逆相系充填剤をつめたものが脱塩チップとして販売されている＊．マイクロピペットに脱塩チップを取りつけ，試料溶液の吸引・排出を数回繰り返して試料を充填剤に吸着させた後に，0.1％TFA水溶液や数％酢酸溶液などを数回吸引・排出を繰り返して塩類を除去する．この操作は逆相系充填剤に対する試料と塩類の親和性の違いを利用したものである．試料の親水性が高い場合は試料が充填剤に保持されにくいので試料量が減って測定できないこともあるが，充填剤の種類を変えたり洗浄溶液の種類や回数を変えたりすることで試料の減少を抑えることもできる．まったく測定できなかった試料の塩濃度を下げるだけで測定できることもある．ごく微量であっても脱塩した試料が得られれば，マススペクトルを測定できる可能性があるので，決してあきらめずに脱塩を試みるべきである．

＊ タンパク質の脱塩に使用すると，タンパク質の性質によっては回収率が非常に悪かったりできないことがある．

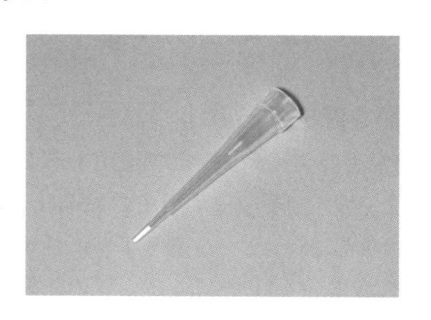

写真⑯ ZipTip^{TM}
先端部に充填剤（C_{18}やC_4など）が少量固定されている．

ミニカラムで脱塩する

ESI 法の場合にミニカラムやトラップカラムとよばれる容量の小さいカラムを使うと，オンラインで脱塩をすることができる．ESI インターフェースに HPLC ポンプやガス加圧式送液装置などを取りつけて，そのあいだに HPLC インジェクターを設置する．脱塩用ミニカラムはインジェクターの直後に取りつける．まず，インジェクターと ESI インターフェースのあいだのラインを外しておいて，水溶液試料をインジェクターから注入するとすぐに塩類だけが溶出してくる．脱塩用ミニカラムの容量の 10 倍くらいの水を流した後でインジェクターと ESI インターフェースのあいだのラインをつないで溶媒を噴霧できる状態にし，20〜50％程度のアセトニトリルをミニカラムに流せば，試料は溶出してマススペクトルが得られる．この方法はカラム内の充填剤に対する試料と塩類の吸着能の差を利用して脱塩する方法である．ペプチドやタンパク質などの試料ではブチル基結合シリカゲル(C_4)やオクタデシル基結合シリカゲル(C_{18}, ODS)などの充填剤を用いることが多い．

最近はカラム型のものではなくて，カラムフィッティングのなかに微量の充填剤をつめたものも販売されている(図 5-4，写真⑱)ので，ごく微量の試料を測定したいときには便利である．また，ある程度試料量があるときにはガードカラムを利用することもできる．

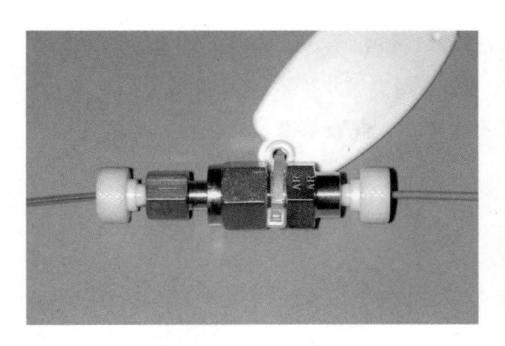

写真⑰　ミニカラム
内径 1〜2 mm × 10〜20 mm のミニカラム．充填剤としてC_{18}やC_4などがつめられている．

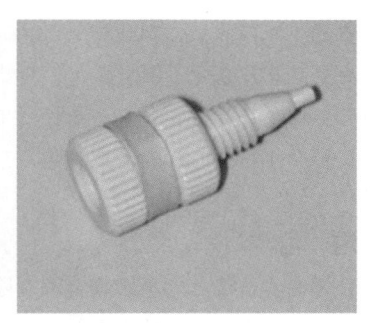

写真⑱　充填剤入りカラムフィッティング
図 5-4 のように先端部分に少量の充填剤(C_4, C_8, C_{18} など)がつめられている．種類の違う充填剤をつなげて使用したり，HPLC のカラムの入口側に取りつけて使用する．

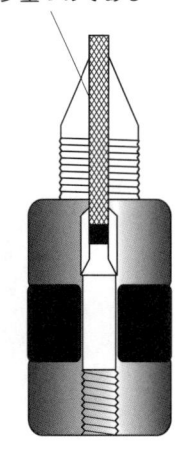

図 5-4　充填カラムフィッティングの模式図

この部分に充填剤が少量つめてある

塩類以外の物質を除去する

KMS KeyWord　ろ過(filtration)，遠心(centrifugation)，分配(partition)，固相抽出(solid phase extraction ; SPE)，アフィニティーカラム(affinity column)

　どのようなイオン化法を選択したとしても，試料がイオン化しなければマススペクトルは得られない．これまでにイオン化を阻害する無機塩の除去法をいくつか紹介した．

　しかし，実際の試料に混在する不純物には無機塩以外にもいろいろなものが存在する．ここではそれらの物質を除去する代表的な方法を取りあげよう．これらの方法で試料をクリーンナップすることは，バックグラウンドの低い良好なマススペクトルを得るうえで重要なことであるが，一歩間違えると逆に試料の汚染を拡大することにもなりうる．この点を十分に考慮したうえでこれらの不純物の除去法を試すことをお勧めする．

ろ 過

　繊維くずなどの目に見えるほどのゴミや粒子を取り除くには通常のろ紙でろ過すればよい．LC/MSでは試料溶液に微粒子が含まれていると，カラムを目詰まりさせる原因になるので，細孔径(ポアサイズ)0.45あるいは0.22 μmのメンブランフィルターを使ってろ過する．試料溶液量が少ない場合には次に紹介する遠心操作で取り除く．

遠 心

　遠心することで不溶物を取り除くことはできるが，当然のことながら不溶物の比重が溶液の比重よりも大きいことが前提である．遠心の回転速度はなるべく高速のもの(10,000 rpm程度)を用いる．遠心時間はどの程度の微粒子まで取り除くかによるが，5～10分程度を目安にすればよいだろう．長時間遠心すると空気との摩擦により温度が上昇してくるので，熱に弱い試料は冷却機つきの遠心機を使うとよい．

液液分配

　混じり合わない二種類の溶媒を用いて，それぞれの溶媒に親和性のある物質に分離する方法である．たとえば，水とクロロホルムを使って水溶性成分と脂溶性成分とに分けたり，エーテルと水酸化ナトリウム水溶液を使って酸

性基をもつ化合物を水層に取りだしたりする．ある程度の試料量があって，分離したい成分どうしにはっきりとした性質の違いがあるときに有効である．

固相抽出

すでに説明したミニカラムによる脱塩もこの操作の一例である．シリカゲル，オクタデシル基結合シリカゲル（ODS），イオン交換樹脂，アルミナ，活性炭などの充填剤を使ったオープンカラムを用いる．さまざまな種類のものが市販されている．充填剤に吸着される成分とされない成分に分ける方法であるが，使う溶媒の性質によって充填剤への吸着が変化するので，充填剤との組合せなど工夫次第で応用範囲が広がる．

アフィニティーカラム

基質特異的相互作用を利用した精製法である．精製しようとする物質に対して親和性のある物質（リガンド）をアガロースなどの担体に固定化した充填剤を入れたカラムを使う．試料中の目的物質はリガンドに吸着されるので，リガンドに吸着しない不純物を洗浄して除いた後に，リガンドに優先的に吸着する溶出剤を流すことで目的物質をカラムから溶出させる．

COLUMN　ヒューマンネットワークは宝物！

コンピュータが進歩して，最近の質量分析計は昔に比べて格段に操作しやすくなった．昔とはいっても10年とか20年ぐらいなのだが…．質量分析計もやっと扱いやすい分析機器の仲間入りをした感がある．しかし，時と場合によってはまだまだ測定者の技量がものをいうときがあるのも事実である．

同じサンプルから得られるマススペクトルは誰が測定しても同じようになるはずである．しかし，実際に測定されたスペクトルを比べてみると，一枚のマススペクトルが与えてくれる情報の量や質が測定者によって違うこともある．このようなところに，俗にいう「キャリアの差＝ノウハウ」が現れてくるのであろう．

では，その道の達人がもっているノウハウをどのようにしたら早く身につけられるかを考えてみよう．たくさんある答えのなかの一つは，大げさにいえば「ヒューマンネットワーク」，くだけていえば「友達の輪」，すなわち先輩方も含めた気軽に質問しあえる人のネットワークをつくったり広げたりすることだと思う．自分よりも経験を豊富にもつ人や別な分野の人に教えを請う方法である．

はじめのうちは誰に質問したらよいのかわからなかったり，自分の質問に答えてもらえるかと不安だったり，なかなか勇気がでないかもしれない．いつまでもうやむやのままMSとのかかわりをもち続けるよりも，ちょっぴりの勇気をもって先輩方がもつノウハウや知恵を分けていただくほうが，よりよいスペクトルに出会える近道になるだろう．そしていつの日か，ノウハウを分けてあげられる実力が身についてくるに違いない．

自分がつくりあげた「ヒューマンネットワーク」は，なにものにも代えられない宝物であるとともに，「独自のノウハウ集」となることはいうまでもない．

(T. T)

マトリックスを選択する

KMS KeyWord　マトリックス(matrix)，高速原子衝撃(fast atom bombardment；FAB)，二次イオン質量分析(secondary ion mass spectrometry；SIMS)，マトリックス支援レーザー脱離イオン化(matrix-assisted laser desorption/ionization；MALDI)，プロトン供与性(protonation)，化学的性質(chemical property)

　マトリックスを使うイオン化法には，FABあるいはSIMS法，MALDI法がある．マトリックスの種類を測定方法別に簡単に説明しよう．

　まずFABあるいはSIMS法で使用されるマトリックスは，それ自体がプロトン供与体になりやすく，試料の溶解性がよいもの，粘性のあるものが選ばれる．よく用いられるのは，グリセロール，チオグリセロール，3-ニトロベンジルアルコールなどである．マトリックスの特性などについてまとめたものが3章の表3-2にあるので参照してほしい．測定試料の溶解性やプロトン供与性などの相性があるので，試料の物理的あるいは化学的性質を考慮して選択する必要がある．試料についての情報がない場合は，上に挙げたような代表的なマトリックスを用いて測定を行い，データを検討してから適したマトリックスを再度選択する方法もある．またマトリックスは類似化合物の測定例が記載されている文献からも探すことができる．測定に必要なマトリックス量は数μl程度であるが，試薬として販売される量は使用量に比べてはるかに多い．

　市販されているマトリックスキットは，無駄なく複数のマトリックスを用意できる方法の一つである．異なるマトリックスを組み合わせると相互の欠点を補った優れたマトリックスをつくりだせることもある．筆者らがマトリックスの選択基準について検討した結果を日本質量分析学会誌(44巻，493～497頁，1996年)に発表している．

　MALDI法のマトリックスはイオン化に使用されるレーザー光を吸収する化合物を使う．よく使用されるマトリックスは，シナピン酸，α-シアノ-4-ヒドロキシケイ皮酸，2,5-ジヒドロキシ安息香酸などである．3章の表3-3に現在よく使用されているマトリックスをまとめたものがあるので，参照してほしい．これらは測定化合物との相性が経験的に決まっている．

　現在，マトリックスの情報源としては装置メーカーの技術資料が役立つことが多い．また，類似化合物の測定に用いられたものを使用することが一番早く最適なマトリックスを探す道である．しかし筆者らの経験では，基本骨格が同じ化合物でも官能基の種類が異なれば，別のマトリックスを使わなければ良好なマススペクトルが得られなかったこともある．一概に類似化合物

の測定例が参考になるとは限らないので，試料の化学的性質をよく理解することが重要である．

　過去にどんな測定データがあったとしても，いま目の前にある試料についてはその提供者や測定者が一番多くの，そして詳細な情報をもっているので，その試料に適した条件を探しだすことで質のよいデータを得られる可能性があることを忘れずにいたいものである．

COLUMN　質量分析計はイヌかネコか？

　身近なペットの代表としてよくイヌとネコがあげられ，どちらが好きかとかどちらのタイプの人間かなど，当のイヌやネコが聞いたら気分を害しそうな話をすることがある．一般的にイヌは，忠実で，飼い主とのきずなを築きやすく（最近は，わがままなイヌも増えているようではあるが），ネコは飼い主よりも，自分の思う通りに行動するとされているのではないだろうか．どちらのタイプの人間かどうかは個人的にゆっくりと結論をだしていただくとして，本書で扱った質量分析計（MS）はどちらに近いのか？　と，独断と偏見で考えてみた．もちろん異論のあることと思うが，しばし，日頃自分が接している質量分析計のイメージを思いえがきつつ筆者のおしゃべりにお付き合いいただきたい．

　最近市販されている多くの質量分析計は，性能のよいコンピュータが接続されて瞬時に測定データをマススペクトルに表示したり，予想できない電圧降下や瞬間停電に対して対応できたりと，教えれば（使い方をおぼえれば!?）その通り忠実に作業をこなしてくれる機器になってきた．しかし，命令すればその通りに動いてくれるという，ごく当たり前のことが，ときとして質量分析計ではできないことがある．そのため機器を優しくなだめすかしたり，こちらのいうことを聞くようになるまでじっと待ってみたり，またあるときは自分の手が腫れることを顧みずにたたくという厳しい態度で接したり，あらゆる手段を使って何とか質量分析計と意思の疎通を図ろうと試みるのである．これをかの2匹の特徴に当てはめてみれば，前者は聞き分けのよいイヌ的性格が，後者は気ままなネコ的性格が現れているように思う．

　最近の装置はイヌ的な傾向が強くなっている．つまり突発的なトラブルに従順な機器になったように見えるのかもしれない．でも，実際の測定ではなぜか偶然が重なり，「ここぞ！」というときにかぎってアクシデントが起こり，装置が止まったり測定を中断しなければならなかったりすることをしばしば経験する．このようなことが重なるとやっぱり質量分析計の本質はネコなのか？　と思ってしまうのである．「質量分析計はやはりネコだ!!」との思いは，つき合いが長ければ長いほど強くなる傾向にあるようである．

　さしずめ名前をつけるとするならば「たま」なのか，それとも輸入品が多くなってきているので「キャシー」となるのであろうか．

　できれば，いつの日か「ぽち」や「ラッシー」を相手に仕事をしたいと願ってやまないのだが….

　期待もむなしく質量分析計の前で測定者の貴重な一日が今日も暮れていくのであった──

(T.T)

それぞれのイオン化法における注意点

KMS KeyWord　フラグメンテーション（fragmentation），試薬ガス（reagent gas），ソフトイオン化（soft ionization），インフュージョン（infusion），ナノエレクトロスプレー（nanoelectrospray），バックグラウンド（background）

電子イオン化法の場合

　1970年代以降に難揮発性物質や高質量分子などを対象とする各種のソフトイオン化法が開発されて，質量分析法は生命科学の分野で広く利用されるようになった．この分野で質量分析計を使用する人のなかには，最初からESI法やMALDI法で質量分析をはじめることが多くなっているため，質量分析法の基礎のイオン化法である電子イオン化（EI）法を経験したことがない人も増えてきている．しかしEI法での測定は質量分析法のなかで最も基本的な操作であり，多くの化学物質の測定に使えることからEI法に携わっている人も多いので，ここで簡単に復習してみよう．

　EI法は，イオン化室内で加熱気化させた試料にフィラメントから放出される熱電子を照射してイオン化する．熱電子のエネルギーは通常70 eVである．フラグメンテーションを押さえる目的で，数十eV以下のエネルギーで測定する場合もある．試料の導入法としては，試料管に試料を入れてイオン化室に直接導入する方法（直接導入法）とガスクロマトグラフのような分離装置を通して導入する方法（GC/MS）とがある．どのように試料を導入するのか，いくつかの方法を説明しよう．

　試料は微結晶や粉末の固体や油状あるいはそれらの溶液でもかまわないが，加熱によって気化することが前提である．試料を装置に入れる容器は試料管とよばれ，内径が1～1.5 mmで長さが5～10 mm程度のガラスやアルミニウム製である．試料の形態は多様であるが，試料管に入れる試料量は最近の装置では10 μg以下でも十分である[*1]．固体試料を細い試料管へ入れるには，すでに紹介したガラスキャピラリーやマイクロシリンジの針先部を使用すると簡単である．用意する試料量は，試料管へ移し替えることができる程度は必要なので最低でも粉体で1 mg前後，液体で数十μlを用意したほうがよい．試料が微量しか用意できない場合には，試料が溶ける揮発性溶媒に溶かしてから試料管にマイクロシリンジなどを使って移し替え，30～50℃に温めて溶媒を気化させてから測定すればよい．イオン源の真空ですぐに気化してしまうような試料については，GC/MSで測定するか液体試料導入装置を使う．

　融点が200℃以上の試料の測定では，試料管をイオン源内に入れるときに

[*1] 試料をあまりにも多量に使うとイオン化室内の試料ガス濃度が高くなり，自己化学イオン化という現象が起こってマススペクトルパターンが変化するので注意すること．GC/MSでも同様のことが起こるので，データ解析の際には大きいGCピークのマススペクトルには注意を払う必要がある．

使うプローブとよばれる道具の先端や試料管を直接手で触れると，皮脂成分が付着してバックグラウンドイオンとして検出されることがある．したがって，試料管などの取扱いには十分な注意が必要である．EI法でのサンプリングの操作方法をまとめると，次のようになる．

1) 準備できる試料量が多い場合は直接試料管に入れる．
2) 準備できる試料量が少ない場合は溶媒に溶かしてマイクロシリンジなどで試料管に入れる．
3) オイル状の場合はそのまま試料管に入れるか，石英ウールなどを詰めてからそこにしみ込ませる(真空にしたときに詰めた試料が飛びださないようにする工夫が必要である)．
4) 揮発性が高い場合はGC/MSか液体試料導入装置を使う．
5) 場合によっては，試料の性質に応じた独自の工夫も必要である．

化学イオン化法の場合

1960年代の終わりごろから広まった化学イオン化(CI)法は，初期のソフトイオン化法である．扱える試料と基本的な操作はEI法とほぼ同じである．

CI法のサンプリングも基本的にはEI法と同じであるが，測定をはじめる前に試薬ガス由来のイオン[*2]が出現していてCI反応が起こっていることを確かめておく必要がある．イオン化室の気密性[*3]が悪いと十分なCI反応が起こらず，EI法と同じようなスペクトルしか得られない．

CI法で長時間測定するとイオン源が汚れるので，測定は手短かに行い，終了後はフィラメント電流を切るか試薬ガスを止めるとよい．GC/MSではどうしても長時間の測定になるので，感度低下を防ぐためにこまめにイオン源のクリーニングをする必要がある．また，試料と試薬ガスの組合せによっては分子量関連イオンがでにくい場合もあるので，通常2, 3種類の試薬ガス[*4]を用意しておく．

CI法の測定ではイオン化室内の試薬ガス圧力とイオン化室温度はマススペクトルパターンに大きく影響する．とくにイオン化室温度の影響は顕著で，低温では分子量関連イオンが強調され，高温ではフラグメントイオンが強調される．

高速原子衝撃あるいは二次イオン質量分析法の場合

アルゴンやキセノンなどの高速原子流や高電圧で加速したセシウムイオンを，マトリックスに溶解した試料に照射してイオン化する方法である．マトリックスに対する試薬の濃度は0.1〜1％でよい．試料を塗布するターゲット

[*2] メタンを使ったCI法では$m/z\,17(CH_5^+)$，$m/z\,29(C_2H_5^+)$，イソブタンを使ったCI法では$m/z\,57(C_4H_9^+)$，アンモニアを使ったCI法では$m/z\,18(NH_4^+)$が目印になる．また，いずれのCI法でも質量分析計内の残留水蒸気から$m/z\,19(H_3O^+)$が生成する．

[*3] イオン源の構造上，直接試料導入部やGC導入ラインに盲栓をしたり，直接導入プローブを挿入しておかないとイオン化室の気密性が保てない装置もある．したがって，CI反応の確認のときなどには注意が必要である．

[*4] 一般にはメタンやイソブタン，アンモニアが用いられるが，場合によっては水，メタノール，ベンゼン，アルゴンなども用いられる．

は板状か円柱を斜めにカットしたような形状をしており，1～2 μl 程度のマトリックスをのせることができる．試料塗布の方法として一番簡便な方法は，1 μl 程度のマトリックスをターゲットにのせて，そこへ試料を直接溶かし込む方法である．混ぜるときは細い金属ワイヤーを用いたり，マイクロシリンジの針先を用いる．高速原子衝撃（FAB）や二次イオン質量分析（SIMS）法ではマトリックスに試料がよく溶け込んでいないと安定にイオン化しないので，混合の方法やマトリックスの選択に注意する[*5]．再現性が必要な場合などの厳密な測定には，前もってマトリックスと試料を混ぜておいてからターゲットにのせる．この方法ではターゲット上で混ぜるときよりも試料を多く消費するが，正確な濃度の試料を調製したり，試料を完全に溶解させることができる．

FABやSIMS法はソフトイオン化法なのでフラグメントイオンが生じないと思われることもあるが，ソフトイオン化法のなかではCI法についでフラグメントイオンが生じやすい．とくにエステル結合やアミド結合などの化学的に切断されやすい結合の周辺で開裂が起こりやすい．このようにFABあるいはSIMS法で測定したマススペクトルは一見単純そうにみえるが，有用な情報を含んでいることも多いので注意深く解析しよう．

実際のマススペクトルではプロトン化分子 $[M+H]^+$ の強度がごく弱く，$[M+Na]^+$ や $[M+K]^+$ が強く検出されることが少なくない．このようなとき $[M+Na]^+$ や $[M+K]^+$ はペアで検出されることが多いので（ふつうは $[M+Na]^+$ の強度が強い），$[M+Na]^+$ と $[M+K]^+$ の差（16 Da）をもつ二本のピークが分子量付近に検出されていないかどうか確認する必要がある．

マススペクトルの解析で注意しなければならない点は，マトリックスも同時にイオンとなって現れるので，試料分子のイオンと混同したり，不純物が含まれていると勘違いしないようにすることである．さらに，マトリックスどうしが複数個会合したクラスターイオンも検出されるので，あらかじめマトリックスの2倍，3倍…の質量も知っておく必要がある．グリセロール（Gと略記，分子量92）をマトリックスにした場合，m/z 1000以下に10量体くらいまで観測されることがある．10量体までの $[nG+H]^+$（n は1～10）の m/z 値は93, 185, 277, 369, 461, 553, 645, 737, 829, 921である．また，$[M+H]^+$，$[M+Na]^+$ や $[M+K]^+$ にさらにマトリックスが付加したイオンが検出されることもある．

しばしばマトリックス由来のピークが非常に大きくでたり，低質量領域にたくさんのピークが出現する場合がある．これらのなかには重要な情報が含まれることもある．これらは解析に慣れていない人には判断が難しいかもしれないが，ピーク間の質量差にも注意を向けてマススペクトルを解析する必

試料を少量採るには

粉末試料の場合はマイクロシリンジの針先を使ってごく少量をとる．溶液試料の場合はマイクロシリンジで0.5～1 μl くらいをはかり取る．液体試料の場合は針先を濡らす程度の量で十分である．

[*5] 試料が多すぎるとマトリックス表面での試料濃度が高くなりすぎてイオン化しなくなることがある．とくにマトリックスへの溶解度があまり高くない分子や界面活性能のある分子の測定で起こりやすい．

要がある．

　試料が微量でマトリックスが過多となる場合はマトリックスのイオンだけが検出され，試料分子のイオンが検出されないこともある．その場合は，できるかぎりマトリックスの量を減らして測定を行えばよい．しかし，マトリックスの量をあまり減らすとイオン化効率が低下したりイオンの継続時間が短くなることもあるので，注意が必要である．

　分子量関連イオンが観測されなかったり強度が弱い場合には，0.1％以下の塩化ナトリウムや塩化カリウム，塩化リチウム水溶液などを加えてアルカリ金属の付加イオン$[M+Na]^+$，$[M+K]^+$，$[M+Li]^+$として検出する方法がある．逆に試料に混在するアルカリ金属イオンによって，分子量関連イオンが$[M+H]^+$，$[M+Na]^+$，$[M+K]^+$などの複数のイオンに分かれて感度低下を招くこともある．このようなときはイオン交換樹脂を使って付加イオンをそろえたり，クラウンエーテルのようなキレート剤を微量加えてアルカリ金属イオンを抑えたり，さらにはしっかりとした脱塩処理が必要になることもある．

　分子のなかにイオン性官能基が少ない試料の場合には，まず正イオンモードで試してみるを勧める．ナトリウムやカリウムなどのアルカリ金属付加イオンがよく検出されることがある．もし，それでも感度が低い場合には先に述べたようにアルカリ金属塩の水溶液を試料-マトリックス混液にごく少量加え，アルカリ金属付加イオンが検出できるかどうかを検討してみるのもよい．また，塩類を混ぜる前に負イオンモードの測定も行っておくとよい．

　一方，カルボキシル基をもつ化合物では感度がよいので負イオンモードのマススペクトルを測定することが多い．しかし，カルボキシル基がナトリウム塩になっているか否かを判断するためにあえて正イオンモードの測定を行うこともある．すなわち，最初からナトリウム塩になっている場合は$[M+H]^+$や$[M+Na]^+$のほかにもう一つ水素がナトリウムと交換した$[M+2Na-H]^+$が検出される．カルボキシル基がナトリウム塩になっていないときには$[M+2Na-H]^+$はほとんど検出されない．

　分子量の確認や未知物質の分子量推定の場合には，正・負イオン両モードによる測定データの総合的判断が重要なことはいうまでもない．

エレクトロスプレーイオン化法の場合

　最近のソフトイオン化法のなかで最も広く使われている方法はエレクトロスプレーイオン化(ESI)法であるといっても過言ではない．この方法はLC/MSのインターフェースとして広く使われているが，ESI法の基本的な試料導入法は試料溶液を継続的にスプレーするインフュージョン法[*6]である．試料

アルカリ金属付加イオン
とくに生体組織や天然物から精製したような試料やガラス容器に溶液状態で長く保存した試料では，アルカリ金属付加イオンが現れやすい．

ESI法の放電
ESI法は金属キャピラリーなどに3〜5 kVの高電圧をかけて均一で微細な液滴のスプレーを起こさせる．電気伝導度の高い試料ではスプレー電圧が高いと放電が起こってしまいマススペクトルがまったく測定できなくなるので，適当にスプレー電圧を調節する．また，負イオンモードの測定では液滴中の電子が放電を引き起こしやすいので，正イオンモードの測定より低い電圧で操作する．放電しやすい場合には，スプレー溶媒のなかに1％くらいの四塩化炭素やクロロホルムといったハロゲン系溶媒を添加すると電子捕捉剤として働き放電を抑制する．

[*6] シリンジポンプを用いて試料溶液を数 μl/min 程度の流速でESIイオン源に導入する方法をインフュージョン法(infusion)という．連続的に一定濃度の試料がイオン源に送り込まれるので長時間イオンを観測でき，SN比向上のためにスペクトルを積算したり，時間をかけたMS/MSスペクトルが測定できる．

スプレーキャピラリーの被覆

溶融石英キャピラリーの被覆材であるポリイミド樹脂は，アセトニトリルによって膨潤する性質がある．LC/MSなどで長時間スプレーしているとポリイミド樹脂の被覆が伸びてきてスプレーが不安定になり，感度が低下してくる．伸びる長さは数mmになることもあるので，測定の間にルーペで調べるようにしよう．キャピラリーチューブカッターで少し多めに切り落とすか，ライターの小さい炎で焼き切ってしまうとよい．

*7 メタノールやエタノール，プロパノール，イソプロパノール，ブタノール，アセトニトリル，アセトン，クロロホルム，ジクロロメタン，水などがよく使われる．溶媒の条件は，試料が溶媒のなかでイオンに解離しやすいこと，溶媒和を起こしにくいこと，表面張力が高くなく，気化しやすいことである．また，溶媒の品質もバックグラウンドの大きさに影響するのでHPLC用の溶媒を使わなければならない．水も自家製の蒸留水ではなく市販されているHPLC用の蒸留水を使ったほうがよい結果が得られることもある．

*8 ギ酸や酢酸，トリフルオロ酢酸(TFA)，アンモニア水，酢酸アンモニウム，ギ酸アンモニウム，トリエチルアミン，ヘプタフルオロ酪酸(HFBA)，水酸化テトラエチルアンモニウム(TEAH)，水酸化テトラブチルアンモニウム(TBAH)などが利用可能な添加剤である．揮発性が高く，電気伝導度が低い化合物が適しているが，あまり高濃度になるとイオン化を抑制するので注意する．

が純品の場合によく用いられ，試料溶液が数百μlあればMS/MSスペクトルも余裕をもって測定できる．試料溶液量が少ない場合には，シリンジポンプもしくはHPLCポンプとESIイオン源のあいだにHPLC用のインジェクターを設置して，インジェクターから数μlの試料を導入して測定するパルスインジェクション法も有用である．また試料量も少なく濃度も薄い場合には，内径数μmのスプレーニードルを使って試料を数十nl/minでスプレーするナノエレクトロスプレー法が有効である．

ESI法は試料溶液中でイオンに解離しやすい物質に適していることはすでに説明した．塩基性物質や塩基性アミノ酸を多く含むペプチドなどでは正イオンの測定を行うが，イオン化の効率を上げるために試料溶液のpHは低くしておく．添加剤として酢酸(pH 3〜4)，ギ酸(pH 2〜3)，トリフルオロ酢酸(pH 1〜2)を0.1〜0.5%くらいの濃度で加える場合が多い．酸性物質や酸性アミノ酸を多く含むペプチドなどでは負イオンモードの測定を行うが，イオン化の効率を上げるために試料溶液のpHは高くする．添加剤としてアンモニアやトリメチルアミンを0.1〜0.5%くらいの濃度で加える場合が多い．中性物質では50μMくらいの酢酸ナトリウムなどを加えると，カチオン付加が起こって感度が向上することがある．

通常，一つの化合物には一つの多価イオンピーク群が検出されるが，化合物のコンホメーション(とくにタンパク質などの三次元的な立体構造)が溶媒の影響などで2種類存在したとすると，一つの化合物でも二つの多価イオンピーク群が検出される場合もある(図5-5)．試料に不純物が含まれていると不純物の多価(または1価)イオンのピークと目的化合物の多価イオンのピークが重なってそれらの識別が煩雑になり解析を妨げることもあるので，できるかぎり不純物が含まれない純度の高い試料が好ましい．

ESI法はあまり高濃度の試料ではうまく測定できないので慎重に試料濃度を調節して測定する．装置や測定する化合物により多少異なるが，1〜10$pmol/\mu l$前後がイオン化を行うのに効率のよい濃度といわれている．

ESI法は溶液試料を測定するので，溶解しにくい試料は測定が難しい．また溶解できる溶媒が見つかったとしても，ESI法に適した溶媒*7でなければイオン化は起こらない．ESI法はほかのイオン化法に比べてイオン化が試料の精製度にたいへん左右されやすい．不純物や測定条件に適さない化合物*8が混入している場合には，それらの妨害ピークによってマススペクトルの解析が煩雑になるだけでなく，最悪の場合にはイオン化が阻害されてスペクトルがまったく得られない場合もある．貴重な試料を無駄に消費してしまうのを避けるためにも，ESI法では測定前に試料をできるだけ高純度にすることが必要不可欠である．測定後に後悔しないよう「急がば回れ」の精神で慎重に

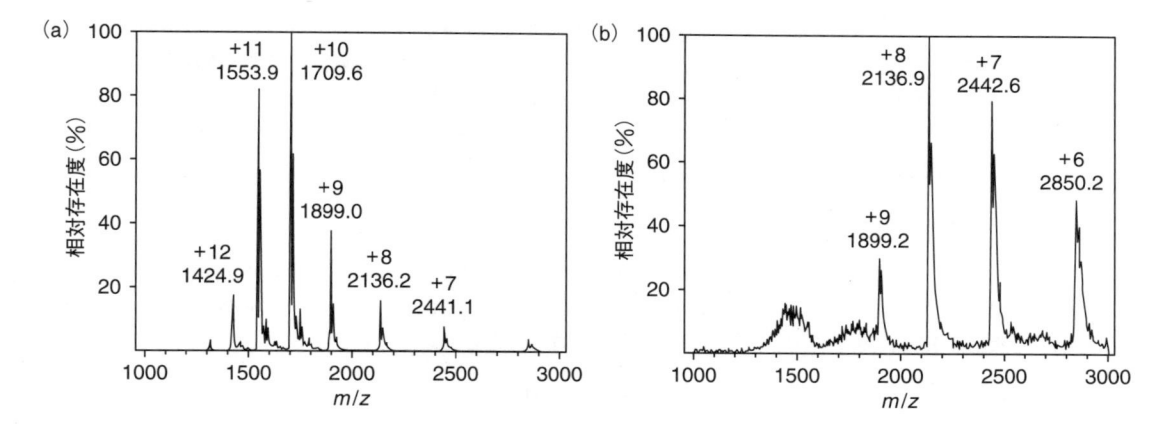

図 5-5 タンパク質であるコムギ胚芽凝集素(WGA)の正イオン ESI スペクトル

異なる測定溶媒(a) 1 %酢酸水溶液/アセトニトリル(体積比 1:1)，(b) 10 mM 酢酸アンモニウム緩衝液 pH 7.4 を用いることによって，それぞれ異なった多価イオンピーク群が検出される．溶媒(a)中の WGA は溶媒(b)中の WGA よりもプロトンの付加する場所が増えているので，より変性した状態であると考えられる．

試料調製を行いたい．とくにタンパク質などの測定では，タンパク質の純度を上げるだけでなく，不揮発性の塩類や界面活性剤を除いた化学的に不純物の少ない試料をつくるように心がけよう．

解説⑫　多価イオンの価数の求め方

多価イオンは，装置の分解能が十分に高い場合には質量幅が 1 の範囲にその価数分のピークが現れるので，すぐにそのイオンの価数を決めることができる．たとえば，質量 1000 の化合物の 1 価分子イオンは天然同位体が存在するので，m/z 1000 以外に m/z 1001 や m/z 1002 なども同時に観測される．質量分析では質量を電荷数で割った値 (m/z) が求められるから，2 価イオンの m/z 値は 500.0，500.5，501.0 となり，質量幅が 1 の範囲に二つのイオンが現れることになる．この様子は図 1 のようになる．

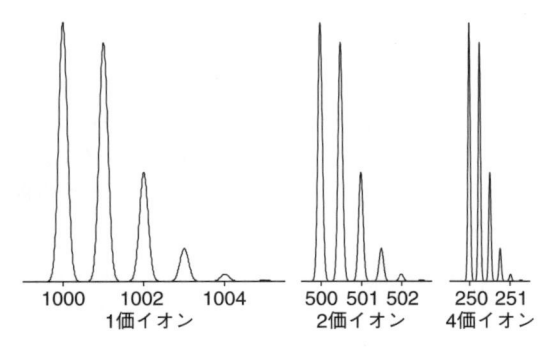

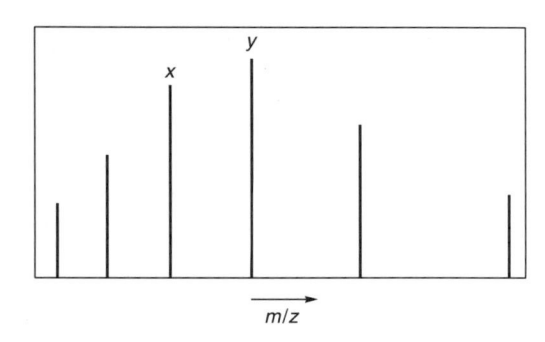

図 1　　　　　　　　　　　　　　　　図 2

エレクトロスプレーイオン源とともに最もよく用いられる四重極型質量分離装置の場合には分解能が単位質量程度なので，m/z 500.0 と m/z 500.5 のイオンを完全に分離することは難しい．このような場合にイオンの価数を求める方法は次のようになる．マススペクトル上の価数を求めたいイオンの m/z 値が x で，高質量側に現れた次のイオンの m/z 値が y のとき（図2），イオン x の価数を n とすればイオン y の価数は $n-1$ となる．このとき，これらの数値には次の関係式(a)が成り立つ．

$$x \times n = y \times (n-1) + 1 \quad (a)$$

すなわち，ソフトイオン化法では n 価のイオンが生成するときに分子に n 個のプロトン（水素原子核，H^+）が付加して $[M+nH]^{n+}$ となるので，n 価のイオンと $n-1$ 価のイオンでは質量が1だけ（正確には1.008）異なる．式(a)を変形すると式(b)となり，イオン x の価数 n が求められる．

$$n = \frac{y-1}{y-x} \quad (b)$$

イオンの価数が求められればイオンの質量もわかる．式(b)で求められた n が整数に近い値にならない場合には，イオン x とイオン y は異なる分子から生成したイオンである．多価イオンは何本ものピークとなって現れるので，それぞれについて価数から質量を求めて平均値を計算すればより確からしい値が求まる．この質量をもとに多価イオンの質量を再計算して結果が正しいことを再確認するのを忘れないようにしよう．

測定した多価イオンのマススペクトルから1価イオンのマススペクトルに変換するデコンボリューションという機能をもった解析ソフトウェアが最近の質量分析計には用意されている．マススペクトルのプロファイルに重要な情報が含まれている場合には，1価イオンに変換したプロファイルを表示してくれるデコンボリューションは便利な機能であるが，イオンの価数を求めたり質量を求めたりするだけならば頭の体操を兼ねて計算機を片手に計算してみるのも悪くはない．

(T. K)

解説⑬　エレクトロスプレーイオン化法の試料導入法

エレクトロスプレーイオン化法の場合，試料は次のような方法で導入する．

インフュージョン法（infusion）

シリンジポンプを用いて試料溶液を数 μl / min 程度の流速で ESI イオン源に導入する方法をいう．連続的に一定濃度の試料がイオン源に送り込まれるので長時間イオンを観測でき，SN 比向上のためにスペクトルを積算したり，時間をかけた MS / MS スペクトルを測定したりできる．比較的多量の試料を必要とする．

パルスインジェクション法（pulse injection）

LC / MS のシステムのうち，送液ポンプとインジェクターだけを使用してサンプルを導入する方法である．この方法は試料が純品であるが量的に少ない場合に有効である．持続的に溶媒を送液・噴霧しているなかに，HPLC インジェクターから試料を注入する．HPLC の場合と異なり，試料溶液をある一定時間イオン源に試料をほぼ一定に導入できる利点がある．その結果，クロマトグラムのようなデータが得られるので，試料が噴霧されているときのデータから溶媒だけが噴霧されているときのデータを差し引くことで試料だけのマススペクトルを得ることができる．

写真①　infusion 接続時　　　　　　写真②　LC / MS 接続時

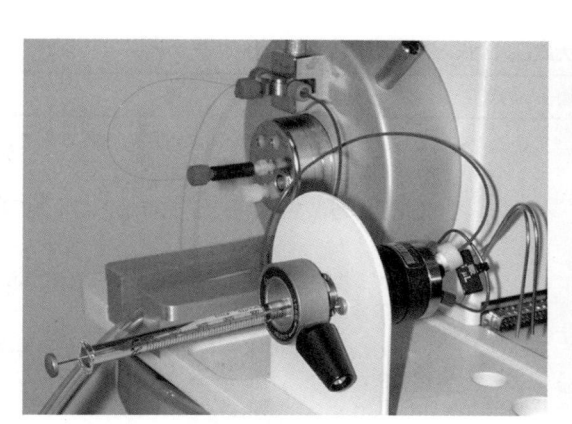

HPLC

　　HPLC を利用する，すなわち LC / MS である．カラムのサイズはなるべく細いものを使ったほうが高濃度の試料が溶出してくるので感度よく測定できる．しかし，あまりに細いミクロカラムを使うときは流路などを含めシステム全体を最適化しないと分離能が低くなるので操作に熟練を要する．初心者には内径が 1～2 mm のセミミクロのカラムが扱いやすい．

(T. T)

大気圧化学イオン化法の場合

　LC / MS のインターフェイスとして ESI 法とならんで広く使われている方法が大気圧化学イオン化(APCI)法である．移動相流量は各社のインターフェイスにより最適流量域が異なるがおおむね数十 μl / min から 2 ml / min 前後流せるので，HPLC カラムとして内径 1～2 mm のセミミクロカラムや通常の内径 4.6 mm のカラムを使うことができる．測定対象となる化合物は低極性から中極性のものなので，天然物や農薬，環境物質，薬物など広範囲であるが，ESI 法と測定対象が重複するものもあり，それぞれのイオン化法で測定してみる必要がある．

　APCI 法は大気圧下における気相化学イオン化法なので，イオン化のメカニズムは通常の化学イオン化法と同じである．すなわち，プロトン付加や電荷交換，プロトン脱離，電子捕獲などである．

　APCI 法は 3 章で説明したように大気中などの水分がコロナ放電によって H_3O^+ になり，このイオンと試料分子の反応により試料分子がイオンになるので，噴霧する溶媒[*9]の影響はあまり受けない．したがって LC / MS の場合は HPLC の移動相に対する制限が少なく，分析用に確立された HPLC の条件をそのまま APCI-LC / MS に使うこともできる．

＊9 ESI 法に適した溶媒は APCI 法にも使える．ほかにベンゼンやトルエン，四塩化炭素，二硫化炭素，炭化水素系溶媒なども使える．

表5-1　大気圧イオン化法と液体クロマトグラフィー

分離法	ESI法	APCI法	参考
逆相	◎	○	アルコールや水などの溶媒が用いられるので，試料は溶媒中でイオン化しやすい
順相	○	◎	低極性の溶媒を用いると，試料は溶媒中でイオン化しにくい
分子ふるい	◎	△	添加する塩類を揮発性のものに代える必要がある．試料の分子量が大きい
イオン交換	△	○	溶出した試料を再度イオンに解離させる．溶媒の揮発性が低い
イオンペア	○	○	イオンペア剤の選択が重要で，イオン化を妨げることがある
アフィニティー	◎	△	試料は揮発性が低い

マトリックス支援レーザー脱離イオン化法の場合

　TOF-MSとの組合せにより測定可能な質量上限が数十万から百万Da近くまでになったことに加え，ESI法のように多価イオンのスペクトルから1価イオンのスペクトルを求め直すような操作をせずに，直接分子量領域のマススペクトルを見ることができるため，このマトリックス支援レーザー脱離イオン化(MALDI)法は最近では生命科学分野を中心に広く使用されている．測定方法はターゲットとよばれる金属板上にマトリックスと試料を混ぜた溶液をのせて結晶化させた後，レーザーによりイオン化するだけである．ほかの測定方法に比べて簡単な操作でマススペクトルが得られるので誰でもすぐに測定できるといわれるが，あくまでも「ほかの測定と比較して」ということを忘れるわけにはいかない．簡単な操作に見える試料の混合や結晶化でさえいくつかの方法のなかから試料に合ったものを選ばなければ，満足のいくマススペクトルは得られない．以下に試料とマトリックスの混和法，結晶化法について説明しよう．ここにあげられていない方法もいくつかあるが，まず最初に試せるものを紹介しておこう．

　試料溶液とマトリックス溶液の混和法にはいろいろな方法が考案されている．前もってマイクロチューブのなかやそのキャップの内側などで両者を混合させてからターゲット上に滴下する方法や，ターゲット上にまずマトリックス溶液を滴下してから試料溶液を混ぜ合わせる方法などがある．溶媒が揮発しやすい場合には両者を混ぜ合わせる前に乾燥してしまうことを防ぐため，少し多めに混ぜたもののなかから一部をターゲット上に滴下したほうがよい．また，ターゲット上での両溶液の混ぜ方にもマイクロピペットを用いて数回吸引排出して混ぜ合わせる方法や，一方の溶液にもう一方の溶液を滴下して

乾燥するときに起こる対流により均一化する方法などがある．

さらに乾燥の方法にも大きく分けて三つある．一つ目は室温で自然に乾燥するのを待つ方法，二つ目はゆるやかな風（温風でもよいが，熱に不安定な試料分子には避ける）を当てて乾燥させる方法，三つ目はターゲットを真空乾燥器に入れて急速に乾燥させる方法がある．

次によい混晶をつくる方法を説明しよう．まず使うマトリックスがどのような性質なのか，過去にどのような試料を測定するときに使用されたのかなどを知ることである．3章の表3-3のようにそれぞれのマトリックスが溶ける溶媒は異なっている．有機溶媒に溶けるマトリックスもあれば，水に溶けるマトリックスもあり，調製したマトリックス溶液と試料溶液を混ぜるときに，それぞれの溶媒がうまく混じり合わなければならない．また，マトリックスの溶液から結晶が析出しはじめてから試料の溶液を混ぜるとよい混晶ができないので，すばやく二液を混合する．MALDI法はほかのイオン化法に比べて夾雑物に対する許容度が高いといわれるが，バックグラウンドを低くし感度や分解能をあげるためには夾雑物はより少ないほうがよい．さまざまな緩衝液や可溶化剤（尿素やSDSなど）が試料溶液中に含まれる場合は，それらを取り除いたり濃度をなるべく低くすることが大切である．

薄膜法

少々技法的であるが，感度や分解能も高めるサンプリング法が報告されている．鏡面加工したターゲットにアセトンで溶解したマトリックスを滴下すると表面に一瞬で広がり，マトリックスの非常に薄い均一な膜ができる．そこに試料水溶液とマトリックスの混合液を滴下して乾燥させる．ただし，この方法は分子量数千くらいまでのペプチドなどに有効である．したがってこの方法で使うマトリックスは通常α-CHCAである．有機溶媒にだけ溶ける試料ではマトリックスの薄膜が溶けてしまうので使えない．

簡易真空乾燥法

デシケーターの代わりにマイクロ遠心エバポレーターを利用すると，簡単に真空下でターゲット上の試料を結晶化させることができる（写真⑬c参照）．

COLUMN　お耳ダンボの情報収集活動？

ヒューマンネットワークをもつことの大切さを別のコラムで書いたが，実際にどこにそのような場があるかを考えてみよう．

まず一番身近なのは，メーカーのアプリケーションケミストの方を頼ることだろう．彼らはいろいろ困難な試料や初心者を相手に日々努力しているから，貴重な助言をしてもらえるだろう．最近ではインターネットで質問を受けているMSメーカーもあるようなので，困ったときの○○頼みではないが，一度その門をたたいてみよう．また，いろいろなメーカーではセミナーなどを年に一度くらいの割合で開催しているので，積極的に参加し，ほかのMSユーザーとの交流をもつようにするとよいのではないだろうか．このような場にも経験豊富な方が結構参加しているものである．

それ以外では，経験をもつ人を探したり，質問をしたりする機会はどこにあるのだろうか？　身近にMSの経験者がいる人は幸せであるが，見つからないときはどうしたらよいのか？　その手がかりとして，質量分析関連の学会の場などを活用してみてはどうだろうか．

筆者らが活動している日本質量分析学会（http://wwwsoc.nacsis.ac.jp/mass/index-jp.html）では，毎年初夏に質量分析総合討論会を開催し，講習会や研究会なども随時行っている．バイオ関連の部会によるBMSコンファレンスは7月初旬に行われる．これは合宿タイプのセミナーであり，和やかな雰囲気と密度の高い討論がもち味で，多くの参加者との交流の輪を広げやすい場になっている．

質量分析計の前を離れ，外にでるチャンスは多くないかもしれないが，ぜひ達人のいる場所に来て，そして「お耳ダンボ（大きな耳）」で，解決のヒントになる情報をもち帰ってほしいと願っている．

(T. T)

さらに詳しく知りたい人のための参考図書

1) J.B.Lambert 他 著, 務台 潔・小林啓二 訳, 『有機化合物の構造解析(下)』, 東京化学同人 (1979).

2) J.R.Chapman 著, 土屋正彦 他 訳, 『有機質量分析法』, 丸善-Wiley (1995).

3) 丹羽利充 編, 『最新のマススペクトロメトリー』, 化学同人 (1995).

4) 原田健一・岡 尚男 編, 『LC/MSの実際―天然物の分離と構造決定』, 講談社サイエンティフィク (1996).

5) 上野民夫・平山和雄・原田健一 編, 『バイオロジカルマススペクトロメトリー』, 現代化学増刊31, 東京化学同人 (1997).

6) 奥野和彦・高山光男・中田尚男・平岡賢三 編, 『マススペクトロメトリー関係用語集』, 国際文献印刷社 (1998).

付録 元素の安定同位体の質量と存在度

原子番号	元素記号〔原子量〕	質量数	質量(u)	天然同位体存在度(原子百分率,%)	備考
1	H 〔1.00794(7)〕	1	1.0078250319	99.9885(70)	
		2	2.0141017779	0.0115(70)	a
2	He 〔4.002602(2)〕	3	3.0160293094	0.000137(3)	b
		4	4.0026032497	99.999863(3)	
3	Li 〔6.941〕*	6	6.0151223	7.59(4)	c
		7	7.0160041	92.41(4)	
4	Be 〔9.012182(3)〕	9	9.0121822	100	
5	B 〔10.811(7)〕	10	10.0129371	19.9(7)	
		11	11.0093055	80.1(7)	
6	C 〔12.0107(8)〕	12	12	98.93(8)	
		13	13.003354838	1.07(8)	
7	N 〔14.0067(2)〕	14	14.0030740074	99.632(7)	b
		15	15.000108973	0.368(7)	
8	O 〔15.9994(3)〕	16	15.9949146223	99.757(16)	
		17	16.99913150	0.038(1)	
		18	17.9991604	0.205(14)	
9	F 〔18.9984032(5)〕	19	18.99840320	100	
10	Ne 〔20.1797(6)〕	20	19.992440176	90.48(3)	b
		21	20.99384674	0.27(1)	
		22	21.99138550	9.25(3)	
11	Na 〔22.989770(2)〕	23	22.98976966	100	
12	Mg 〔24.3050(6)〕	24	23.98504187	78.99(4)	
		25	24.98583700	10.00(1)	
		26	25.98259300	11.01(3)	
13	Al 〔26.981538(2)〕	27	26.98153841	100	
14	Si 〔28.0855(3)〕	28	27.97692649	92.2297(7)	
		29	28.97649468	4.6832(5)	
		30	29.97377018	3.0872(5)	
15	P 〔30.973761(2)〕	31	30.97376149	100	
16	S 〔32.065(5)〕	32	31.97207073	94.93(31)	
		33	32.97145854	0.76(2)	
		34	33.96786687	4.29(28)	
		36	35.96708088	0.02(1)	
17	Cl 〔35.453(2)〕	35	34.96885271	75.78(4)	
		37	36.96590260	24.22(4)	
18	Ar 〔39.948(1)〕	36	35.96754626	0.3365(30)	b
		38	37.9627322	0.0632(5)	
		40	39.962383124	99.6003(30)	
19	K 〔39.0983(1)〕	39	38.9637069	93.2581(44)	
		40	39.96399867	0.0117(1)	R
		41	40.96182597	6.7302(44)	
20	Ca 〔40.078(4)〕	40	39.9625912	96.941(156)	d
		42	41.9586183	0.647(23)	
		43	42.9587668	0.135(10)	
		44	43.9554811	2.086(110)	
		46	45.9536927	0.004(3)	
		48	47.952533	0.187(21)	
21	Sc 〔44.955910(8)〕	45	44.9559102	100	
22	Ti 〔47.867(1)〕	46	45.9526295	8.25(3)	
		47	46.9517637	7.44(2)	
		48	47.9479470	73.72(3)	
		49	48.9478707	5.41(2)	
		50	49.9447920	5.18(2)	
23	V 〔50.9415(1)〕	50	49.9471627	0.250(4)	R
		51	50.9439635	99.750(4)	
24	Cr 〔51.9961(6)〕	50	49.9460495	4.345(13)	
		52	51.9405115	83.789(18)	
		53	52.9406534	9.501(17)	
		54	53.9388846	2.365(7)	
25	Mn 〔54.938049(9)〕	55	54.9380493	100	
26	Fe 〔55.845(2)〕	54	53.9396147	5.845(35)	
		56	55.9349418	91.754(36)	
		57	56.9353983	2.119(10)	
		58	57.9332801	0.282(4)	
27	Co 〔58.933200(9)〕	59	58.9331999	100	
28	Ni 〔58.6934(2)〕	58	57.9353477	68.0769(89)	
		60	59.9307903	26.2231(77)	
		61	60.9310601	1.1399(6)	
		62	61.9283484	3.6345(17)	
		64	63.9279692	0.9256(9)	
29	Cu 〔63.546(3)〕	63	62.9296007	69.17(3)	
		65	64.9277938	30.83(3)	
30	Zn 〔65.39(2)〕	64	63.9291461	48.63(60)	
		66	65.9260364	27.90(27)	
		67	66.9271305	4.10(13)	
		68	67.9248473	18.75(51)	
		70	69.925325	0.62(3)	
31	Ga 〔69.723(1)〕	69	68.925581	60.108(9)	
		71	70.9247073	39.892(9)	
32	Ge 〔72.64(1)〕	70	69.9242500	20.84(87)	
		72	71.9220763	27.54(34)	
		73	72.9234595	7.73(5)	
		74	73.9211784	36.28(73)	
		76	75.9214029	7.61(38)	

付録 元素の安定同位体の質量と存在度（続き）

原子番号	元素記号〔原子量〕	質量数	質 量 (u)	天然同位体存在度 (原子百分率, %)	備考
33	As 〔74.92160(2)〕	75	74.9215966	100	
34	Se 〔78.96(3)〕	74	73.9224767	0.89(4)	
		76	75.9192143	9.37(29)	
		77	76.9199148	7.63(16)	
		78	77.9173097	23.77(28)	
		80	79.9165221	49.61(41)	
		82	81.9167003	8.73(22)	R
35	Br 〔79.904(1)〕	79	78.9183379	50.69(7)	
		81	80.916291	49.31(7)	
36	Kr 〔83.80(1)〕	78	77.920388	0.35(1)	b
		80	79.916379	2.28(6)	
		82	81.9134850	11.58(14)	
		83	82.914137	11.49(6)	
		84	83.911508	57.00(4)	
		86	85.910615	17.30(22)	
37	Rb 〔85.4678(3)〕	85	84.9117924	72.17(2)	
		87	86.9091858	27.83(2)	R
38	Sr 〔87.62(1)〕	84	83.913426	0.56(1)	
		86	85.9092647	9.86(1)	
		87	86.9088816	7.00(1)	d
		88	87.9056167	82.58(1)	
39	Y 〔88.90585(2)〕	89	88.9058485	100	
40	Zr 〔91.224(2)〕	90	89.9047022	51.45(40)	
		91	90.9056434	11.22(5)	
		92	91.9050386	17.15(8)	
		94	93.9063144	17.38(28)	
		96	95.908275	2.80(9)	
41	Nb 〔92.90638(2)〕	93	92.9063762	100	
42	Mo 〔95.94(1)〕	92	91.906810	14.84(35)	
		94	93.9050867	9.25(12)	
		95	94.9058406	15.92(13)	
		96	95.9046780	16.68(2)	
		97	96.9060201	9.55(8)	
		98	97.9054069	24.13(31)	
		100	99.907476	9.63(23)	
44	Ru 〔101.07(2)〕	96	95.907604	5.54(14)	
		98	97.905287	1.87(3)	
		99	98.9059385	12.76(14)	
		100	99.9042189	12.60(7)	
		101	100.9055815	17.06(2)	
		102	101.9043488	31.55(14)	
		104	103.905430	18.62(27)	
45	Rh 〔102.90550(2)〕	103	102.905504	100	
46	Pd 〔106.42(1)〕	102	101.905607	1.02(1)	
		104	103.904034	11.14(8)	
		105	104.905083	22.33(8)	
		106	105.903484	27.33(3)	
		108	107.903895	26.46(9)	
		110	109.905153	11.72(9)	
47	Ag 〔107.8682(2)〕	107	106.905093	51.839(8)	
		109	108.904756	48.161(8)	
48	Cd 〔112.411(8)〕	106	105.906458	1.25(6)	
		108	107.904183	0.89(3)	
		110	109.903006	12.49(18)	
		111	110.904182	12.80(12)	
		112	111.9027577	24.13(21)	
		113	112.9044014	12.22(12)	R
		114	113.9033586	28.73(42)	
		116	115.904756	7.49(18)	
49	In 〔114.818(3)〕	113	112.904062	4.29(5)	
		115	114.903879	95.71(5)	R
50	Sn 〔118.710(7)〕	112	111.904822	0.97(1)	
		114	113.902783	0.66(1)	
		115	114.903347	0.34(1)	
		116	115.901745	14.54(9)	
		117	116.902955	7.68(7)	
		118	117.901608	24.22(9)	
		119	118.903311	8.59(4)	
		120	119.9021985	32.58(9)	
		122	121.9034411	4.63(3)	
		124	123.9052745	5.79(5)	
51	Sb 〔121.760(1)〕	121	120.9038222	57.21(5)	
		123	122.9042160	42.79(5)	
52	Te 〔127.60(3)〕	120	119.904026	0.09(1)	
		122	121.9030558	2.55(12)	
		123	122.9042711	0.89(3)	R
		124	123.9028188	4.74(14)	
		125	124.9044241	7.07(15)	
		126	125.9033049	18.84(25)	
		128	127.9044615	31.74(8)	R
		130	129.9062229	34.08(62)	R
53	I 〔126.90447(3)〕	127	126.904468	100	
54	Xe 〔131.293(6)〕	124	123.9058954	0.09(1)	
		126	125.904268	0.09(1)	
		128	127.9035305	1.92(3)	
		129	128.9047799	26.44(24)	
		130	129.9035089	4.08(2)	
		131	130.9050828	21.18(3)	
		132	131.9041546	26.89(6)	

付録 元素の安定同位体の質量と存在度（続き）

原子番号	元素記号〔原子量〕	質量数	質量(u)	天然同位体存在度(原子百分率,%)	備考	原子番号	元素記号〔原子量〕	質量数	質量(u)	天然同位体存在度(原子百分率,%)	備考
		134	133.9053945	10.44(10)		78	Pt〔195.078(2)〕	190	189.959930	0.014(1)	R
		136	135.907220	8.87(16)				192	191.961035	0.782(7)	
55	Cs〔132.90545(2)〕	133	132.905447	100				194	193.962663	32.967(99)	
56	Ba〔137.327(7)〕	130	129.906311	0.106(1)				195	194.964774	33.832(10)	
		132	131.905056	0.101(1)				196	195.964934	25.242(41)	
		134	133.904504	2.417(18)				198	197.967875	7.163(55)	
		135	134.905684	6.592(12)		79	Au〔196.96655(2)〕	197	196.966551	100	
		136	135.904571	7.854(24)		80	Hg〔200.59(2)〕	196	195.965814	0.15(1)	
		137	136.905822	11.232(24)				198	197.966752	9.97(20)	
		138	137.905242	71.698(42)				199	198.968262	16.87(22)	
73	Ta〔180.9479(1)〕	180	179.947466	0.012(2)	R			200	199.968309	23.10(19)	
		181	180.947996	99.988(2)				201	200.970285	13.18(9)	
74	W〔183.84(1)〕	180	179.946706	0.12(1)				202	201.970625	29.86(26)	
		182	181.948205	26.50(16)				204	203.973475	6.87(15)	
		183	182.9502242	14.31(4)		81	Tl〔204.3833(2)〕	203	202.972329	29.524(14)	
		184	183.9509323	30.64(2)				205	204.974412	70.476(14)	
		186	185.954362	28.43(19)		82	Pb〔207.2(1)〕	204	203.973028	1.4(1)	d
75	Re〔186.207(1)〕	185	184.952955	37.40(2)				206	205.974449	24.1(1)	d
		187	186.9557505	62.60(2)	R			207	206.975880	22.1(1)	d
76	Os〔190.23(3)〕	184	183.952491	0.02(1)				208	207.976636	52.4(1)	d
		186	185.953838	1.59(3)	R	83	Bi〔208.98038(2)〕	209	208.980384	100	
		187	186.9557476	1.96(2)	d	90	Th〔232.0381(1)〕	232	232.0380495	100	R
		188	187.9558357	13.24(8)		92	U〔238.02891(3)〕	234	234.0409447	0.0055(2)	R
		189	188.958145	16.15(5)				235	235.0439222	0.7200(51)	c, d, R
		190	189.958445	26.26(2)				238	238.0507835	99.2745(106)	R
		192	191.961479	40.78(19)							
77	Ir〔192.217(3)〕	191	190.960591	37.3(2)							
		193	192.962923	62.7(2)							

備考欄
a) 温帯地方の天然水の値（市販水素ガス中の²H の存在度は 0.0032％～0.0184％）.
b) 空気中の気体元素の値（当該元素のすべての同位体の存在度に該当）.
c) ⁶Li，²³⁵U を抽出したあとのリチウムやウランが試薬として市販されているので注意を要する．
d) 大部分の試薬などにはこの表の値が適用できるが，市販品のなかにはこの同位体存在度の値が適用できないものもある．
R) 天然放射性同位体．

質量は中性 ^{12}C 原子の質量を 12 とした原子質量単位で表したものである．1997 年の IUPAC 総会で承認されたもの〔G. Audi, A. H. Wapstra, *Nuclear Physics*, **A565**(1993), 1〕．
同位体存在度は IUPAC 原子量および同位体存在度委員会で承認されたもの〔*Pure and Applied Chemistry*, **70**(1998) 217〕．
( ) 内の数字は存在度の不確かさで，自然あるいは人為的に起こりうる変動の幅，実験誤差を含む．
原子番号 57～72 の La から Hf までの 15 元素は省略した．原子番号 84～89，91 の Po, At, Rn, Fr, Ra, Ac, Pa は安定同位元素がない，あるいはないと考えられている．原子番号 43 の Tc と原子番号 61 の Pm および原子番号 93 以降の元素は人工元素である．
＊ 市販化合物の Li の原子量は 6.939～6.996 の幅があるので，正確な原子量は個々の試料で測定する必要がある．

索 引

あ

IR	3
ITMS	39
アセトアニリド	104, 122, 124
アフィニティーカラム	145
α 崩壊	15
アンモニア	70
EI 法	5, 7, 14, 23, 31, 53, 68, 148
ESI 法	5, 14, 24, 76, 151
硫黄	117, 118
イオン	30, 95, 96
——加速法	41
——源	66
——生成機構	71
——トラップ型質量分離装置	39, 49
——反射器	51
——分子反応	70
一次——	72
親——	99
擬分子——	23
クラスター——	150
主——	108, 115
主分子——	116
準分子——	23
娘——	99
選択——検出	18
多価——	9, 76, 108, 109, 153
多価——ピーク	78, 81
同位体——	108, 115, 116, 119
同位体分子——	116
ナトリウム——	120
二次——	73, 149
バックグラウンド——	106
反応——	70
フーリエ変換——サイクロトロン型質量分離装置	43, 50
フラグメント——	8, 31, 69, 99, 124
プリカーサー——	48, 50, 75
プロダクト——	48
分子——	8, 23, 93, 116
分子量関連——	71, 99, 104, 111
イオン化	7, 66
——エネルギー	69
——室	4
大気圧——インターフェース	54
電子——マススペクトル	92
マトリックス支援レーザー脱離——	86
イオン化法	14, 56, 66
エレクトロスプレー——	5, 14, 51, 54, 76, 109, 151
化学——	14, 53, 70, 149
高速原子衝撃——	14, 44, 107
ソフト——	7, 109
大気圧——	32, 76
大気圧化学——	54, 84, 155
電子——	5, 7, 14, 23, 31, 53, 68, 148
ハード——	7, 108, 109
マトリックス支援レーザー脱離——	14, 107, 156
レーザー——	42
レーザー脱離——	88
イソブタン	70

一次イオン	72	換気	61
一次ビーム	72	環境ホルモン	19
医薬品	6	還元剤	75
インターフェース	54, 99, 155	感度	57
大気圧イオン化――	54	検出――	25
インフュージョン法	78, 133, 151, 154	γ崩壊	15
宇宙空間用質量分析計	13	揮発性	131
液体クロマトグラフィー質量分析法	52, 54	擬分子イオン	23
液体二次イオン質量分析	73	キャピラリー	
SIM	19, 24	――チューブカッター	139
SIMS	44, 150	ガラス――	135
HPLC	6, 14, 129, 155	QMS	38
NMR	3	強度比	12
API	32, 76	クーロン	
APCI	84, 155	――斥力	78
FAB	72, 150	――崩壊	78
FT-ICR型質量分離装置	43, 50	――力	30
MALDI	14, 86, 156	クラスター	30, 88, 94
MS/MS	46	――イオン	150
m/z	93	グリセロール	74
LC/MS	25, 52, 54, 81	ケイ皮酸	87
LDI法	88	原子	
エレクトロスプレーイオン化法		――質量単位	112
	51, 54, 76, 109, 151, 154	――量	114
遠心エバポレーター	138	高速――衝撃	72, 107, 149
塩素	120	相対――質量	114
親イオン	99	ヘテロ――	124
		検出感度	25
か		ゲンチシン酸	89
化学イオン化法	53, 70, 149	香気成分	10
大気圧――	54, 84, 155	高速液体クロマトグラフ	6, 14, 129
化学雑音	58	高速原子衝撃	72, 107, 146, 149
核磁気共鳴分光法	3	後段加速型検出器	35
拡大鏡	137	小型試験管ミキサー	138
ガス加圧型送液装置	139	コールドポイント	99
ガスクロマトグラフ	6, 10, 25	コロナ放電	85
ガスクロマトグラフィー質量分析法	52, 53	混晶	87, 90
活性炭	131		
加速電圧	69	**さ**	
荷電粒子	95, 102	最適試料濃度	80
加熱キャピラリー	84	最適溶媒	80
加熱噴霧	84	シアノヒドロキシケイ皮酸	89
カフェイン	18	CID	46, 69, 71, 75, 79
ガラスキャピラリー	135	CI法	70, 149
カラム		GC	6, 52, 68
アフィニティー――	145	GC/MS	25, 52, 53, 68
ミニ――	143	ジエタノールアミン	74
カルボニックアンヒドラーゼⅡ	110	紫外分光法	3

四重極型質量分離装置	38, 154
四重極マスフィルター	38
質量	28, 94
――欠損	45
――較正	44
――電荷比	93, 100, 101, 104
――範囲	56
――分解能	111
原子――単位	112
整数――	93, 97, 112
精密――	97, 112, 114
相対原子――	114
相対分子――	97, 114
平均――	114
モノアイソトピック――	97, 115
質量分析 → マススペクトルの項も参照	
――計	2, 4, 92
宇宙空間用――	13
液体クロマトグラフィー――	52, 54
ガスクロマトグラフィー――	52, 53
タンデム――	46
タンデム四重極型――	47
二次イオン――	130, 149
飛行時間型――	51, 86
質量分離装置	
イオントラップ型――	39, 49
FT‐ICR型――	43, 50
四重極型――	38, 154
磁場型――	36
二重収束磁場型――	37
飛行時間型――	41
フーリエ変換イオンサイクロトロン型――	43, 50
シナピン酸	87, 89
磁場型質量分離装置	36
試薬ガス	70, 149
主イオン	108, 115
臭素	121
10％谷の分解能	58
主同位体	108, 114, 119
主分子イオン	116
準分子イオン	23
娘イオン	99
昇華	131
衝突	46
――ガス	73
――カスケード	46, 72
――活性化解離	46
――誘起解離	128
試料	
――純度	129
――調製	100, 128
――濃度	80, 128
――ホルダー	6
――量	6, 129, 130
真空	
――度	4, 32
――ポンプ	5, 32
――漏れ	63
スパッタリング	73
整数質量	93, 97, 112
正イオン	69
正電荷	105
精密質量	97, 112, 114
赤外分光法	3
選択イオン検出	19, 24
騒音	61
相対原子質量	114
相対存在量	93, 104
相対分子質量	97, 114
ソフトイオン化法	7, 109, 149
存在量	102
相対――	93, 104

た

ターボ分子ポンプ	3, 4
ダイオキシン	20, 25
大気圧イオン化	
――インターフェース	54
――法	32
大気圧化学イオン化法	54, 84, 155
多価イオン	9, 76, 108, 109, 153
――ピーク	78, 81
多価脱プロトン化分子	110
多価プロトン化分子	110
脱塩	141
Da（ダルトン）	17, 41
単位	
――の接頭語	45
原子質量――	112
タンデム	
――四重極型質量分析計	47
――質量分析計	46
タンパク質	6
遅延引き出し	87
チオグリセロール	74
窒素ルール	113

チャンネルトロン	35
チューブ	
キャピラリー——カッター	139
マイクロ——用遠心機	138
マイクロガラス——	136
マイクロポリプロピレン——	136
TMS化	21
ティックル電圧	50
テイラーコーン	76
デコンボリューション法	82, 110
テトロドトキシン	21
データベース	11
電荷	93, 96
——数	96, 102
質量——比	93, 100, 101, 104
正——	105
電気素量	96, 102
電気量	96, 102
電子	96
——イオン化法	7, 31, 53, 68, 148
——イオン化マススペクトル	92
——エネルギー	92
——衝撃法	7
——増倍管	34
熱——	68
非共有——	124
不対——	93, 105
天然同位体存在度	115, 118
天然物	6
同位体	8, 12, 98, 119
——イオン	108, 115, 116, 119
——存在度	117
——分子イオン	116
主——	108, 114, 119
天然——存在度	115, 118
放射性——元素	15
ドーピング検査	18
トリエタノールアミン	74
トリメチルシリル化	21
Torr(トル)	4, 33

な

内部エネルギー	70
ナトリウムイオン	120
二次イオン	73
——質量分析	130, 146, 149
二重結合	124
二重収束磁場型質量分離装置	37
ニトロベンジルアルコール	74
ニュートラルロス	49
ニードル	132
熱電子	68
年代測定	15

は

ハードイオン化法	7, 108, 109
破壊分析	3, 128
Pa(パスカル)	4, 33
パスカルの三角形	121
バックグラウンド	57
——イオン	106
パルスインジェクション法	154
ハロゲン	120
——化合物	11, 120
半減期	16
反応イオン	70, 85
ピーク	
——高さの50%の位置でのピーク幅	58
多価イオン——	78, 81
フラグメント——	7
ベース——	93, 107
非共有電子対	124
飛行時間型	
——検出器	14
——質量分析計	51, 86
——質量分離装置	41
必要試料量	130
ヒドロキシピコリン酸	89
非破壊分析	3
表面張力	78
微量汚染物質	11
負イオン	68
フェルラ酸	89
psi(プサイ)	33
不純物の除去	144
フタル酸エステル	83
フタル酸ジオクチルエステル	106
不対電子	93, 105
フラグメンテーション	69, 105, 124, 148
フラグメント	
——イオン	8, 31, 69, 99, 124
——ピーク	7
プランジャー	132
フラーレン	109, 115
プリカーサーイオン	48, 50, 75
プロダクトイオン	48

プロトン	7, 96		ロータリー真空――	5
――化分子	71			
――供与性	146		**ま**	
多価――化分子	110		マイクロ	
多価脱――化分子	110		――ガラスチューブ	136
ブロモアセトアニリド	122		――シリンジ	132
フーリエ変換イオンサイクロトロン型質量分離装置			――チューブ用遠心機	138
	43, 50		――ピペット	133
分解能	42, 56, 153		――ポリプロピレンチューブ	136
質量――	111		マススペクトル → 質量分析の項も参照	8, 92, 94, 103
10%谷の――	58		電子イオン化――	92
分子			マススペクトロメトリー	96
相対――質量	97, 114		マトリックス	32, 72, 74, 87, 108, 146
多価脱プロトン化――	110		マトリックス支援レーザー脱離イオン化	
多価プロトン化――	110			14, 86, 107, 146, 156
ターボ――ポンプ	5		ミニカラム	143
分子イオン	8, 23, 68, 93, 116		メタン	70
擬――	23		モノアイソトピック質量	97, 115
主――	116			
準――	23		**や**	
同位体――	116		有機合成中間体	6
分子量	114		誘導体化	21
――関連イオン	23, 99, 104, 111		――反応	53
平均質量	114		油拡散ポンプ	5
ベースピーク	93, 107		u(ユニット)	17, 29, 112
β崩壊	15		UV	3
ヘテロ原子	124		ヨウ化セシウム	44
ペルフロロアルキルホスファジン	44		予備排気	5
ペルフロロケロセン	44			
ペルフロロトリブチルアミン	44		**ら**	
崩壊	15		リペラー電圧	69
α, β, γ――	15		冷却水循環装置	61
クーロン――	78		レイリーリミット	76
放射性同位体元素	15		レーザーイオン化法	42
ポリエチレングリコール	44		レーザー脱離イオン化	88
ポリプロピレングリコール	44		漏洩磁場	60
ホルモン剤	18		ロータリー真空ポンプ	5
ポンプ	4		ローレンツ力	30
真空――	32			
ターボ分子――	5		**わ**	
油拡散――	5		ワイヤーマイクロピペット	133

【著者紹介】

志田　保夫（しだ　やすお）… 1章担当
1945年　山梨県生まれ．1970年　東京理科大学理学部卒業．
現在，東京薬科大学中央分析センター助教授．農学博士．
専門は魚介類毒のMSによる探索，液体イオン化法の応用．

笠間　健嗣（かさま　たけし）… 2章担当
1951年　福島県生まれ．1976年　東京理科大学大学院理学研究科修士課程修了．
現在，東京医科歯科大学機器分析センター助教授．理学修士．
専門は糖脂質を中心とした生体内微量脂質の構造解析．

黒野　定（くろの　さだむ）… 3章担当
1965年　愛知県生まれ．1994年　電気通信大学大学院電気通信学研究科博士課程修了．
現在，オクラホマ大学ヘルスサイエンスセンター助手．理学博士．
専門は質量分析法を用いた生体内シグナル伝達機構の解明．

高山　光男（たかやま　みつお）… 4章担当
1955年　群馬県生まれ．1980年　工学院大学化学工学コース卒業．
現在，横浜市立大学大学院総合理学研究科助教授．薬学博士．
専門は気相イオンの物理化学，MSの環境生物学への応用．

高橋　利枝（たかはし　としえ）… 5章担当
東京都生まれ．徳島文理大学薬学部卒業．
現在，東京大学大学院医学系研究科助手．
専門は医学・薬学領域への質量分析の応用．

これならわかるマススペクトロメトリー

2001年3月15日　第1版第1刷　発行	著者代表　　志田　保夫
2001年7月20日　　　　第2刷　発行	発行者　　　曽根　良介

発行所　　（株）化学同人
〒600-8065　京都市下京区富小路通五条上ル
編集部 TEL 075-352-3711　FAX 075-352-0371
営業部 TEL 075-352-3373　FAX 075-351-8301
振替 01010-7-5702
E-mail　webmaster@kagakudojin.co.jp
URL　http://www.kagakudojin.co.jp
印刷　創栄図書印刷（株）
製本　清水製本所

検印廃止

乱丁・落丁本は送料小社負担にてお取りかえいたします．

Printed in Japan © Y.Shida et al.　2001　無断転載・複製を禁ず　　ISBN4-7598-0863-9